El evangelio en pocas palabras

365 *Meditaciones* DIARIAS

(PARA **REFRESCAR EL CAMINO**)

Editorial CLIE
www.clie.es

El evangelio en pocas palabras

365 Meditaciones DIARIAS

PARA **REFRESCAR EL CAMINO**

HAROLD SEGURA

EDITORIAL CLIE
C/ Ferrocarril, 8
08232 VILADECAVALLS
(Barcelona) ESPAÑA
E-mail: clie@clie.es
http://www.clie.es

EL EVANGELIO EN POCAS PALABRAS
365 MEDITACIONES DIARIAS PARA REFRESCAR EL CAMINO
ISBN: 978-84-17131-48-7
Depósito legal: B 14210-2023
Vida cristiana / Devocional
REL012020

Impreso en Estados Unidos de América / *Printed in the United States of America*

23 24 25 26 27 LBC 5 4 3 2 1

PRÓLOGO

No hay nada más difícil que definir en pocas palabras las muchas enseñanzas del Evangelio sin caer en la trivialidad. Es un reto intelectual de no fácil resolución que se mueve justo en el medio resbaladizo entre las aguas profundas de la teología y las aguas someras destinadas al público en general, que ponen a prueba la habilidad del autor, pues debe mantener un equilibrio delicado y un balance efectivo entre lo estudiado con mucho esfuerzo y lo explicado a un auditorio externo. Lo bueno es que la teología tiene que ver con la vida, y esta lo que más necesita son dosis apropiadas de verdad, no sermones complacientes de pura retórica.

En la Biblia encontramos ese viejo método de enseñar y reflexionar consistente en cápsulas verbales de fácil asimilación, proverbios y pensamientos cortos, que no son consignas, sino resumen de un saber aquilatado por la experiencia y la meditación. Desde la antigüedad nos vienen esos refranes y aforismos de los sabios que se mueven entre la tradición y la originalidad; lo arcaico y la renovación. La literatura bíblica canónica y extra-canónica está repleta de ese modo de comunicación que apela al alma que necesita verdades esenciales breves y rotundas como un pan bien horneado que alimente y conduzca el espíritu en medio de las múltiples voces del siglo.

La literatura sapiencial es un logro cultural de los pueblos sabios de antaño. De una forma y otra, se ha manifestado en los aforismos y reflexiones de muchos teólogos y filósofos que llegan a nuestros días, con el ejemplo de los apotegmas de los Padres del Desierto, en espiritualidad, o los aforismos de Nietzsche en filosofía, que conquistó hasta las masas más alejadas de la filosofía, o un Cioran convertido en casi un autor de culto.

La brevedad no es carencia de ideas, sino todo lo contrario, riqueza de las mismas, pues solo el que no sabe, el que domina insuficientemente la materia a estudiar cae en la verborrea de dar vueltas y vueltas a lo mismo sin llegar a ninguna parte. La brevedad siempre es de agradecer cuando procede de un maestro. En sentido general, puede llegar a convertirse en la mejor arma de un buen escritor, y de un predicador, por aquello de "lo bueno, si breve, doblemente bueno". Es bueno dejar al auditorio con ganas de saber, que no con hartura de saber.

Todos sabemos por experiencia personal que nada es peor que la divagación intelectual, ese vagabundeo verbal que se extiende sin medida, lo cual, en ocasiones, es signo de vaguedad mental y expresiva.

No es este el caso de Harold Segura, con una larga experiencia ministerial y literario-teológica, que en esta pequeña obra ha puesto lo mejor de percepción del cristianismo tal como apela a nuestra vida diaria y a nuestra intelección y preocupación modernas respecto nuestro camino y testimonio como cristianos. Así, puede hablar de "ecumenismo" con ecuanimidad, sin distracciones polémicas, como "esa unidad que crece y se robustece por medio de la diversidad y el pluralismo. En su vasta diversidad valora la riqueza de las diferencias". O cuando habla de la oración a Dios como un "estar ante su presencia, quietos y en confiado reposo".

En otro lugar, al hablar de la presencia de Cristo en la vida del creyente, Harold Segura afirma: "La fe hace que la vida sea un viaje acompañado. Cuando las tormentas azotan la barca, Él sigue allí, aunque, a veces, parezca dormido".

No nos dejemos, pues, de engañar por la brevedad del texto y sus variadas reflexiones, exhortaciones, consuelos y retos. Leámoslo como quien atiende al profesor o al médico que nos prescribe lo mejor para nuestra salud.

Si alguno anhela la santidad y la espiritualidad, entienda que "la espiritualidad cristiana conjuga dos dimensiones. Una es el desarrollo de la interioridad personal (lo que Dios nos dice en nuestra íntima oscuridad, según Mateo 10:27) cuyo fin es cultivar la «calidad humana profunda». La otra es la exterioridad social (lo que se pregona desde las terrazas, según el mismo versículo de Mateo), relacionada con la proclamación del Reino de Dios, reclamando justicia, demostrando misericordia, promoviendo la reconciliación y dando testimonio del amor amplío y gracioso (con gracia) del Señor".

Basten estas pocas palabras a modo de prólogo para un texto breve, que no es sino abreviatura de un gran caudal de conocimientos esenciales.

Alfonso Ropero
En un lugar de La Mancha, 31 de enero de 2023

INTRODUCCIÓN

Me viene a la mente el texto del Sermón de la montaña en el que Jesús enseña a sus oyentes a no usar vanas repeticiones (Mt.6:7-8). Está hablando de la oración, como sabemos, pero podría tener también aplicación para la predicación y la enseñanza. ¡Cuántas veces, en estos más de cuarenta años como predicador, he dicho en una hora —a veces más— lo que hubiera podido decir en veinte minutos! Seguro que Uds. estarán pensando en sus propios sermones… o en muchos de los sermones escuchados a través de los años. Pasa en el mundo católico y mucho en el protestante y evangélico.

Pues bien, aquí estoy con este ejercicio de expresar en pocas palabras lo mucho que se podría decir sobre cualquiera de los textos de los Evangelios. Me propuse la meta de escribir cada día esta serie de meditaciones bíblicas —porque eso son, meditaciones y no extensas lecturas piadosas, ni mucho menos, pequeños sermones— que envié a un nutrido grupo de amigos, amigas y seguidores de mis redes sociales, esperando que, después de leerlas, me dijeran lo que debía mejorar y lo que, en su generosa opinión, creían que debía conservar. Así nació, creció y maduró *El Evangelio en pocas palabras*. Ha pasado la prueba de la crítica y, en cierta manera, es producto madurado de las conversaciones diarias con quienes tuvieron a bien seguirlas y comentarlas. Es producto colectivo, si se me permite esa expresión, de paso para agradecerles a todas las personas que me siguieron en este itinerario bíblico y que, muchas de ellas, lo siguen haciendo cada día.

El calificado equipo editorial de Editorial Clie hizo el resto del trabajo, quizá uno de los más arduos antes de cualquier publicación, el de corregir, ordenar, clasificar y, cómo no, mejorar el estilo y corregir los errores gramaticales y otros que nunca faltan. A todas las personas que tuvieron en sus ordenadores el manuscrito inicial, gracias por invertir tiempo y esfuerzo hasta lograr la versión que ahora tenemos en nuestras manos.

Estas meditaciones se pueden seguir cada día, en forma individual, como guía para los momentos de espiritualidad o también en pequeños grupos; en este caso como un insumo inicial que provoque conversaciones más fecundas alrededor de cada texto bíblico. No dudo que pueda servir también como, eso que hace ya varios años llamábamos, semillero homilético, es decir, ideas en germen para futuros sermones o enseñanzas (eso sí, que no demoren tanto como los sermones que ya comenté antes).

La organización de los textos se ha hecho, también por sabia sugerencia de la editorial, según cada Evangelio. Esto hace más fácil seguir el curso de las narraciones y el sentido distintivo de cada uno de los cuatro evangelistas. Se sigue, además, un orden según el calendario cristiano, destacando las fechas y temporadas especiales: Semana Santa, Navidad, etc.

El propósito del libro no es otro que animar la comprensión, breve, pero siempre profunda, de las palabras de Jesús de Nazaret, según nos las trasmitieron los escritores de los Evangelios canónicos y el consenso de las primeras comunidades cristianas. Esos textos fueron escritos para animar nuestro seguimiento de Jesús y, siguiéndolo, encontrarnos con él, que es la fuente de vida plena (Jn.10:10).

Jesús nos enseñó que cuando un maestro de la ley se convierte en discípulo del reino de los cielos, es como un hombre que saca de un baúl tesoros nuevos y viejos (Mt.13:52). El Evangelio de Jesús es un tesoro y yo he intentado encontrar allí joyas, algunas viejas, otras nuevas, que iluminen nuestro diario caminar y nos permitan disfrutar de la riqueza de ese joyero.

Harold Segura C.

Mis notas:

Jesús salió desde Galilea, la provincia del norte, y fue hasta el río Jordán, a un poco más de 60 kilómetros, donde Juan estaba bautizando. Para el Bautista, su acto ritual servía para que la gente expresara arrepentimiento (Mt 3:6).

Jesús fue hasta allá para que ser bautizado, pero Juan se negó porque consideraba que no era digno. Según él, debía ser al revés, que Jesús lo bautizara. Pero Jesús insistió diciéndole que lo hiciera porque así lo quería Dios.

Juan aceptó. Aceptó que Dios tiene otro concepto de dignidad. Para Él, la dignidad no depende del rango jerárquico, ni del origen social, ni mucho menos del poder económico. Y Juan así lo entendió aquel día. Entendió que es menester vivir según lo que Dios ha dispuesto y no lo que los seres humanos hemos propuesto.

"Por aquel tiempo llegó Jesús al Jordán procedente de Galilea para que Juan lo bautizara. Pero Juan se resistía diciendo: — Soy yo quien necesita ser bautizado por ti, ¿y tú vienes a que yo te bautice? Jesús le contestó: — ¡Déjalo así por ahora! Es menester que cumplamos lo que Dios ha dispuesto. Entonces Juan consintió". (Mt. 3:13-15)

UNA VOZ
DESDE EL CIELO

Mis notas:

Cuando Juan bautizó a Jesús, al salir del agua hubo tres señales extraordinarias que el otro Juan, el evangelista, presenta en este orden: se abrieron los cielos, el Espíritu de Dios descendió y se escuchó una voz que venía del cielo.

Por más de tres siglos, según la comprensión judía, la voz de Dios había dejado de escucharse por medio de los profetas. Los últimos habían sido Joel, la última parte de la profecía de Isaías y Malaquías.

Con el Bautista resonó de nuevo esa voz (que clamaba en el desierto), pero con Jesús, la voz regresó con su timbre personal y directo. Habló desde el cielo y dijo esto: que él era el Hijo amado del Padre y que gozaba de su complacencia.

Sea Jesús o sea cualquiera, ningún mensaje mejor puede escucharse desde el cielo que cuando se nos recuerda lo que somos: hijos amados del Padre. Hijos e hijas del Padre que nos acepta, ama y se complace de lo que somos. ¿Podría escucharse algo mejor?

"Una vez bautizado, Jesús salió en seguida del agua. En ese momento se abrieron los cielos y Jesús vio que el Espíritu de Dios descendía como una paloma y se posaba sobre él. Y una voz, proveniente del cielo, decía: — Este es mi Hijo amado en quien me complazco". (Mt. 3:16-17)

3
enero

ANUNCIAR Y DENUNCIAR

Mis notas:

Juan el Bautista siempre supo cuál era su papel dentro del proyecto histórico de Dios. No era el Mesías, pero sí su predecesor. Por lo tanto, reconocía el alto valor de su ministerio, sin por eso negar la superioridad del que vendría.

Sabía que Jesús era más poderoso que él y que bautizaría, no con agua, sino con el Espíritu. Su venida sería la buena noticia que a él le correspondía anunciar.

Dios le asignó a Juan algo grandioso y a Jesús algo extraordinario. No había, entonces, lugar para la competencia, ni los conflictos y menos para las luchas de poder.

Para Juan, la predicación de la buena noticia incluía dos grandes asuntos: anunciar a Jesús como Cordero de Dios que da vida (Jn 1:29) y denunciar con valor lo que atentaba contra la dignidad de esa vida, por eso entró en conflicto con los poderosos de su tiempo, hasta que le dieron muerte.

Anunciar y denunciar, cómo corresponde a todo profeta, fue la labor de Juan y es la de todo cristiano y cristiana.

"Tuvo, pues, Juan que declarar públicamente: — Yo los bautizo con agua, pero viene uno más poderoso que yo. Yo ni siquiera soy digno de desatar las correas de sus sandalias. Él los bautizará con Espíritu Santo y fuego. Llega, bieldo en mano, dispuesto a limpiar su era; guardará el trigo en su granero, mientras que con la paja hará una hoguera que arderá sin fin. Con estos y otros muchos discursos exhortaba Juan a la gente y anunciaba al pueblo la buena noticia. También se encaró con el rey Herodes, reprendiendo su conducta con Herodías, la mujer de su hermano, y todas las demás perversidades que había cometido. Entonces Herodes metió a Juan en la cárcel, con lo que colmó la cuenta de sus crímenes". (Luc. 3:16-20)

PARA QUE HAYA LUZ AQUÍ EN LA TIERRA

Mis notas:

E
l encuentro con Jesús es una experiencia que asombra y sobrecoge. Encontrarse con Él es encontrarse con dimensiones inesperadas de la vida... y con nosotros mismos.

Este fue el caso de Natanael, quien conoció a Jesús por medio de su hermano Felipe. Natanael quedó maravillado porque Jesús demostró que lo conocía desde antes. Se sintió descubierto por el Nazareno quien lo conocía mejor que su hermano y más y mejor que él a sí mismo.

Eso que sobrecogió a Natanael, según Jesús, era solo una pequeñísima muestra de las muchas experiencias que vendrían. La historia apenas comenzaba: "¡Cosas mucho más grandes has de ver!".

La experiencia espiritual con Jesús nos puede descubrir el mundo exterior, auto-descubrir el interior y revelarnos los misterios de la existencia. Es como si el cielo se abriera y la tierra se afirmara. Como transitar por una escalera entre la realidad que padecemos y el mundo que anhelamos (los cielos). Jesús nos invita a soñar con la sociedad que no tenemos y a trabajar por ese sueño. "Les aseguro que verán cómo se abren los cielos" y se ilumina la tierra (Hch 9:3).

"Al ver Jesús que Natanael venía a su encuentro, comentó: — Ahí tienen ustedes a un verdadero israelita en quien no cabe falsedad. Natanael le preguntó: — ¿De qué me conoces? Jesús respondió: — Antes que Felipe te llamara, ya te había visto yo cuando estabas debajo de la higuera. Natanael exclamó: — Maestro, tú eres el Hijo de Dios, tú eres el rey de Israel. Jesús le dijo: — ¿Te basta para creer el haberte dicho que te vi debajo de la higuera? ¡Cosas mucho más grandes has de ver! Y añadió: — Les aseguro que verán cómo se abren los cielos y los ángeles de Dios suben y bajan sobre el Hijo del hombre". (Jn 1:47-51)

¿QUÉ DEBEMOS HACER?

Mis notas:

Cuando Juan el Bautista comenzó a predicar, la gente entendió que lo que anunciaba era una nueva forma de vida y por eso le preguntaron intrigados qué era lo que, al fin y al cabo, debían cambiar. El Bautista, aunque procedía de estirpe sacerdotal (su padre era sacerdote) no se refirió a los asuntos relativos al rito, sino a la vida diaria.

Primero les dijo que compartieran el vestido con quien no tenía y la comida con quienes pasaban hambre. Se acercaron después unos recaudadores de impuestos para que los bautizara. A estos les dijo que lo que debían hacer era comportarse como cobradores justos, que no exigieran más de lo establecido.

Se acercó otro grupo más, el de los soldados y preguntó qué debían hacer ellos. Juan respondió que no se aprovecharan de su función para extorsionar y chantajear a los ciudadanos y que, en lugar de eso, vivieran conformes con lo que les pagaban. Juan, al igual que Jesús, conocía bien sus prácticas corruptas.

Compartir, ayudar, no abusar de la autoridad, no engañar, no intimidar al prójimo y no querer ganar más de lo que se ganaba atropellando a los demás. Es decir, la predicación de Juan buscaba darle esperanza al pueblo (a los que eran abusados) e intranquilidad a los abusadores. Eran estos los que debían cambiar para que todos pudieran vivir como Dios quería. Y lo que había que cambiar estaba relacionado con la vida, no con el Templo.

"La gente preguntaba a Juan:
— ¿Qué debemos hacer?
Y él les contestaba:
— El que tenga dos túnicas, ceda una al que no tiene ninguna: el que tenga comida, compártala con el que no tiene.
Se acercaron también unos recaudadores de impuestos para que los bautizara y le preguntaron:
— Maestro, ¿qué debemos hacer nosotros?
Juan les dijo:
— No exijáis más tributo del que está establecido.
También le preguntaron unos soldados:
— Y nosotros, ¿qué debemos hacer?
Les contestó:
— Conformaos con vuestra paga y no hagáis extorsión ni chantaje a nadie.
Así que la gente estaba expectante y todos se preguntaban en su interior si Juan no sería el Mesías". (Lc 3:10-15)

TRANSFORMACIÓN POR COMPASIÓN

Mis notas:

E l estilo y contenido de la predicación de Juan el Bautista se caracterizó por emplear, casi siempre, mensajes que acusaban a quienes estaban causando mal, además, lo hacía con palabras de juicio y de castigo.

Jesús, aunque en algunas ocasiones usó ese mismo tono (Mt 23:33) —sobre todo contra los maestros de la religión que tanto daño causaban—, optó por mensajes que acogían a los despreciados, sanaba a los maltrechos y consolaba a los agobiados. (Mt 11:28-30).

Entre el Bautista y el Galileo hay diferencias notables, no en el propósito final del mensaje, que era anunciar el Reino de Dios, sino es su forma de proclamarlo. Quizá haya sido este el motivo por el que, en un momento, Jesús decidió separarse de su pariente.

Mientras que Juan buscaba trasformar por medio de juicios implacables, Jesús prefirió hacerlo con gestos compasivos (Jn 4). Y la fe cristiana, es seguidora de este último.

"Decía, pues, Juan a la mucha gente que venía para que la bautizara: — ¡Hijos de víboras! ¿Quién les ha avisado para que huyan del inminente castigo? Demuestren con hechos su conversión y no anden pensando que son descendientes de Abrahán. Porque les digo que Dios puede sacar de estas piedras descendientes de Abrahán. Ya está el hacha preparada para cortar de raíz los árboles, y todo árbol que no dé buen fruto será cortado y arrojado al fuego. La gente preguntaba a Juan: — ¿Qué debemos hacer? Y él les contestaba: — El que tenga dos túnicas, ceda una al que no tiene ninguna: el que tenga comida, compártala con el que no tiene". (Lc. 4:7-11)

Mis notas:

Después de la confrontación de Jesús con el diablo (que significa el acusador o calumniador), el Evangelio de Lucas nos relata que el Maestro regresó del monte de las tentaciones lleno del poder del Espíritu Santo.

Lucas busca demostrar que las acciones de Jesús tienen una explicación de fondo, que es el Espíritu Santo. Su vida está dirigida por ese Espíritu y a eso se debe todo cuanto hace y la admiración que causa.

Lo qué pasó después de las tentaciones, Lucas lo sintetiza diciendo que regresó a Galilea, que su fama se extendió y que enseñaba en las sinagogas y gozaba de prestigio ante los ojos de todo el pueblo.

Entonces, esa admiración del pueblo, como sus proezas extraordinarias y la pericia de sus enseñanzas, no se explican por su alto desempeño pedagógico, ni su capacidad estratégica (expresión del mundo corporativo), ni su sofisticado carisma de liderazgo (otra expresión reciente de las ciencias administrativas). ¡Nada de eso!

En su caso, todo se explica por el Espíritu que lo dirigía e inspiraba. Esa razón interna que, más allá de ser instrumental es utópica. Es razón espiritual. Y, de tal Espíritu, tales logros.

"Jesús, lleno del poder del Espíritu Santo, regresó a Galilea. Su fama se extendió por toda aquella región. Enseñaba en las sinagogas y gozaba de gran prestigio a los ojos de todos". (Lc. 4:14-15)

CAMBIAR LA VIDA Y, A VECES, LA RELIGIÓN

Mis notas:

Y, entonces, después del bautismo, Jesús se fue a Galilea e inició su tarea como maestro de un movimiento nuevo y diferente al de Juan, el que lo había bautizado y ahora estaba en la cárcel.

Aunque diferente a Juan en su estilo y contenido, coincidió con él en la necesidad de invitar al pueblo a que se arrepintiera. Esto es cambiar la manera de vivir, de pensar y relacionarse. No se refiere a cambiar de religión, sino de vida, aunque muchas veces, para cambiar de vida, haya que cambiar también la manera de vivir la religión.

"Después de que encarcelaron a Juan, Jesús se fue a Galilea a anunciar las buenas nuevas de Dios. «Se ha cumplido el tiempo —decía—. El reino de Dios está cerca. ¡Arrepiéntanse y crean las buenas nuevas!» Pasando por la orilla del mar de Galilea, Jesús vio a Simón y a su hermano Andrés que echaban la red al lago, pues eran pescadores. «Vengan, síganme —les dijo Jesús—, y los haré pescadores de hombres».

Un poco más adelante vio a Jacobo y a su hermano Juan, hijos de Zebedeo, que estaban en su barca remendando las redes. En seguida los llamó, y ellos, dejando a su padre Zebedeo en la barca con los jornaleros, se fueron con Jesús". (Mr 1:14-20)

Mis notas:

En Caná, una aldea de Galilea, Jesús realizó su primer milagro: convirtió agua en vino. Eso ocurrió en una fiesta de bodas de una pareja amiga de Jesús y su familia. También estuvieron como invitados los discípulos.

Hay un detalle, no menor, que el cuarto Evangelio registró en su cuidadosa narración: que las vasijas eran de piedra y eran utilizadas por los judíos para sus ritos religiosos de purificación (Jn 2:6).

No eran vasijas cual quiera, ni agua para uso común. El milagro implicó una enseñanza de fe. Jesús convirtió el agua ritual en un vino festivo; trasformó la religión tristona y adusta en fe alegre y jovial.

Con él, sobra el vino para la fiesta y se termina el agua para los ritos. Él hace de maestresala y nos invita a la fiesta de la vida.

"Tres días después tuvo lugar una boda en Caná de Galilea. La madre de Jesús estaba invitada a la boda, y lo estaban también Jesús y sus discípulos. Se terminó el vino, y la madre de Jesús se lo hizo saber a su hijo: — No les queda vino. Jesús le respondió: — ¡Mujer! ¿Qué tiene que ver eso con nosotros? Mi hora no ha llegado todavía. Pero ella dijo a los que estaban sirviendo: — Hagan lo que él les diga. Había allí seis tinajas de piedra, de las que utilizaban los judíos para sus ritos purificatorios, con una capacidad de entre setenta y cien litros cada una. Jesús dijo a los que servían: — Llenen las tinajas de agua. Y las llenaron hasta arriba. Una vez llenas, Jesús les dijo: — Saquen ahora un poco y llévenselo al organizador del banquete. Así lo hicieron, y en cuanto el organizador del banquete probó el nuevo vino, sin saber su procedencia (solo lo sabían los sirvientes que lo habían sacado), llamó al novio y le dijo: — Todo el mundo sirve al principio el vino de mejor calidad, y cuando los invitados han bebido en abundancia, se saca el corriente. Tú, en cambio, has reservado el mejor vino para última hora. Jesús hizo este primer milagro en Caná de Galilea. Manifestó así su gloria y sus discípulos creyeron en él. Después de esto, bajó a Capernaum acompañado por su madre, sus hermanos y sus discípulos. Y permanecieron allí unos cuantos días". (Jn 2:1-12)

CAMBIO DE PESCA

Mis notas:

Cuando Jesús invitó a Pedro y su hermano Andrés para que fueran sus discípulos lo hizo mientras paseaba por la orilla del lago de Galilea. Los dos hermanos estaban cumpliendo su faena diaria como pescadores. La llamada se hizo con palabras muy comprensibles para ellos: Venid conmigo y os haré pescadores de hombres. La tarea sería la misma, pescar, pero la misión no, de ahora en adelante sería trabajadores del Reino.

Es de notar que en esta invitación y en la siguiente, la de los otros dos hermanos, Santiago y Juan, hay un cambio en cuanto a la relación que tenían los maestros con sus discípulos. Por siempre habían sido estos los que escogían a sus maestros, tanto en Israel con los rabinos, como en Grecia con los filósofos. Pero en este caso, como en otros (Mr 3:14), es el Maestro quien toma la iniciativa para escoger a sus seguidores.

La respuesta de los cuatro fue admirable: abandonaron trabajo, padre y barca y lo siguieron. Todo comenzó con la mirada del Maestro (los vio), continuó con la decisión de ellos (lo dejaron todo) y concluyó con el seguimiento.

Seguir a Jesús es una respuesta que surge de un corazón apasionado por el Reino, que decide hacer de Jesús el Maestro de vida. No es asunto de doctrinas, credos o instituciones. Todo esto vendrá después, y hay que dejarlo llegar siempre y cuando no nublen la vista de lo que más importa: seguir a Jesús en la vida por los caminos del Reino.

"Iba Jesús paseando por la orilla del lago de Galilea, cuando vio a dos hermanos: Simón, también llamado Pedro, y su hermano Andrés. Eran pescadores, y estaban echando la red en el lago. Jesús les dijo:

— Venid conmigo y os haré pescadores de hombres.

Ellos dejaron de inmediato sus redes y se fueron con él. Más adelante vio a otros dos hermanos: Santiago y Juan, los hijos de Zebedeo, que estaban en la barca con su padre, reparando las redes. Los llamó, y ellos, dejando en seguida la barca y a su padre, lo siguieron" (Mt 4:18-22)

METAFÍSICA ABSTRACTA O SER HUMANO CONCRETO

Mis notas:

Así inició Jesús su ministerio:

Recorriendo toda Galilea: para identificarse con su gente y no quedarse aislado en los grandes centros de poder, como lo hacían los demás maestros de la fe.

Enseñando en las sinagogas: para explicar en qué consistía la esencia de su mensaje y debatir con los que confundían fe con esclavitud religiosa.

Anunciando las buenas noticias del reino: libertad, misericordia y paz, en medio de la opresión, insensibilidad humana y violencia que padecía el pueblo.

Y, sanado toda enfermedad y dolencia: que causaban dolor y más exclusión social.

Su mayor preocupación no fue el pecado moral (abstracto), sino el sufrimiento humano (concreto). Esta fue la gran diferencia con los sacerdotes y otros maestros de la ley. A estos les interesaba la metafísica de la fe. A Jesús el ser humano viviente y sufriente. Con sobrada razón "su fama se extendió por toda Siria" y lo seguían las multitudes de "Galilea, Decápolis, Jerusalén, Judea y Transjordania".

"Jesús recorría toda Galilea, enseñando en las sinagogas, anunciando las buenas nuevas del reino, y sanando toda enfermedad y dolencia entre la gente. Su fama se extendió por toda Siria, y le llevaban todos los que padecían de diversas enfermedades, los que sufrían de dolores graves, los endemoniados, los epilépticos y los paralíticos, y él los sanaba. Lo seguían grandes multitudes de Galilea, Decápolis, Jerusalén, Judea y de la región al otro lado del Jordán". (Mt 4:23-25)

¿QUÉ ES LO QUE ESTÁ PASANDO AQUÍ?

Mis notas:

Los sábados, como todo judío observante, Jesús iba a la sinagoga. Todos iban al mismo lugar y al mismo asunto, celebrar el culto y conservar la tradición. Jesús asistía con otros motivos.

Allí donde los demás iban para aprender lo mismo de siempre, Jesús iba para enseñar algo nuevo. Allí donde nadie se asombraba por nada (todo era muy conocido y rutinario), él causaba sorpresa por lo que decía y hacía.

Allí donde el mal (el demonio) andaba "a sus anchas", Jesús, con autoridad, lo mandaba a callar: "¡Cállate y sal de él!" (Mr 1:25). Esto asombraba a todos y se preguntaban qué era lo que estaba pasando allí (Mr 1:27).

Con Jesús vuelve a pasar la vida, la restauración y la salud, allí donde ya no pasaba más que muerte, resignación y malestar.

"Se dirigieron a Capernaum y, cuando llegó el sábado, Jesús entró en la sinagoga y se puso a enseñar. Todos quedaban impresionados por sus enseñanzas, porque los enseñaba como quien tiene autoridad y no como los maestros de la ley. Estaba allí, en la sinagoga un hombre poseído por un espíritu impuro, que gritaba: — ¡Jesús de Nazaret, déjanos en paz! ¿Has venido a destruirnos? ¡Te conozco bien: tú eres el Santo de Dios! Jesús lo increpó, diciéndole: — ¡Cállate y sal de él! El espíritu impuro, sacudiéndolo violentamente y dando un gran alarido, salió de él. Todos quedaron asombrados hasta el punto de preguntarse unos a otros: — ¿Qué está pasando aquí? Es una nueva enseñanza, llena de autoridad. Además, este hombre da órdenes a los espíritus impuros, y lo obedecen. Y muy pronto se extendió la fama de Jesús por todas partes en la región entera de Galilea". (Mr 1:21-28)

UNA EXPERIENCIA
DEL CORAZÓN

Mis notas:

A Jerusalén llegaban cientos de peregrinos para celebrar la fiesta de la Pascua. El Evangelio informa que también llegaban personas paganas, que no pertenecían a la religión de Israel, sin embargo, venían con el mismo propósito de "dar culto a Dios" (Jn 12:20).

Con ese ánimo de calmar su sed espiritual (sed universal que traspasa las fronteras de Israel) buscaron a Jesús. Se acercaron a Felipe diciéndole que querían ver a Jesús y éste fue donde Andrés y le contó lo que querían (estos dos apóstoles tienen nombres griegos).

Mientras que para los fariseos no era suficiente ver lo que Jesús estaba haciendo (sanando, resucitando y dando de comer), aquí hay unos paganos que quieren ver y eso les es suficiente. Los jefes de la correcta religión no quieren ver lo que todos veían. Lo que querían era saber, discutir y razonar (Jn 10:24-30).

Para el cuarto Evangelio, la fe no es una argumentación doctrinal que solo necesita cerebro, sino una experiencia humana que requiere corazón. Jesús quiere ser experimentado, o visto.

"Entre los que habían llegado a Jerusalén para dar culto a Dios con ocasión de la fiesta, se encontraban algunos griegos. Estos se acercaron a Felipe, el de Betsaida de Galilea, y le dijeron: — Señor, quisiéramos ver a Jesús. Felipe se lo dijo a Andrés, y los dos juntos se lo notificaron a Jesús". (Jn 2:20-22)

LA INTIMIDAD
DE CADA PERSONA

Mis notas:

Jesús estuvo en Jerusalén en tres ocasiones. En su tercera y última, mientras se celebraba la fiesta de la Pascua, muchas personas presenciaron sus milagros y creyeron en él. ¡Si hacía cosas tan extraordinarias, debía ser divino!

Jesús, se alegraba de los milagros que hacía por lo que representaban para la gente enferma y otros que sufrían tantos males en la ciudad, pero, ante la avalancha de nuevos creyentes, no le alegraba mucho. Esto le producía desconfianza.

Siendo que conocía tan bien a los seres humanos, ambiguos, ambivalentes y desconcertantes, no se fiaba de los que creían debido a sus milagros.

Y por desconfiar así, nadie necesitaba demostrarle nada bueno (ni siquiera creer) para ser objeto de su amor. Amaba a todos por igual, sin tener que confiar en ellos. Conocía, "la intimidad de cada persona."

"Mientras Jesús permaneció en Jerusalén durante la fiesta de la Pascua, fueron muchos los que vieron los milagros que hacía, y creyeron en él. Pero Jesús no las tenía todas consigo, pues los conocía a todos perfectamente. Como tampoco necesitaba que nadie le informara sobre nadie, conociendo como conocía la intimidad de cada persona" (Jn 2:23-25)

Mis notas:

Después de que Juan bautizó a Jesús, "acto seguido", como lo narra Marcos, el Espíritu lo condujo al desierto donde estaba Satanás (entonces se creía que era allá donde habitaba) quien lo puso a prueba por cuarenta días.

Después de subir del agua, descendió al desierto donde se confrontó, en su interioridad, con sus propias tentaciones y luchó contra ellas. A ambos lugares, al Jordán y al desierto, lo condujo el Espíritu.

El rito religioso, aunque valioso, por sí solo no es suficiente para descifrar, escudriñar y sanar las profundidades del alma humana. Más allá del agua (del bautismo) hay que cruzar el desierto, donde emergen las sombras y "se cruza Satanás".

Entre el río y el desierto está el camino de la transformación. Porque religión, sin transformación, solo es ilusión.

"Acto seguido el Espíritu impulsó a Jesús a ir al desierto donde Satanás lo puso a prueba durante cuarenta días. Vivía entre animales salvajes y era atendido por los ángeles. Después que Juan fue encarcelado, Jesús se dirigió a Galilea, a predicar la buena noticia de Dios. Decía: — El tiempo se ha cumplido y ya está cerca el reino de Dios. Conviértanse y crean en la buena noticia". (Mr 1:12-15)

365 · Harold Segura - El evangelio en pocas palabras

TRANSFORMAR,
TRANSTORNANDO

Mis notas:

Juan el Bautista fue el encargado de anunciar la llegada de Jesús, el Mesías. Desde trescientos años atrás, no se escuchaba la voz de ningún profeta. Malaquías había sido el último.

Y Juan, al igual que Malaquías e Isaías, transmitió un mensaje de esperanza, en medio de las situaciones extremadamente difíciles que vivía la gente. Pero lo hizo, cual voz que irrumpe en medio del desierto. Un desierto social, político y religioso. El pueblo anhelaba la llegada de uno que gritara libertad. Y así lo hizo Juan, a quien los Evangelios lo comparan con Elías, por su mensaje y hasta por su manera de vestir (2 R 1:8).

La tarea de su vida, según Lucas, la había profetizado Isaías (Is 40:3-5). Igual que Jesús (Is 61:1-2). Ambos eran la respuesta que Dios ofrecía a las esperanzas reprimidas de Israel. En el caso del Bautista, Isaías había dicho que su misión sería la de trasformar, trastornando: enderezando los caminos torcidos, alisando las sendas escabrosas, rellenar los valles y nivelar las colinas. Es decir, arreglar lo desarreglado y desarreglar lo aparentemente arreglado. Como Jesús, transformar, trastornando.

"Corría el año quince del reinado del emperador Tiberio. Poncio Pilato gobernaba en Judea; Herodes, en Galilea; su hermano Filipo, en Iturea y Troconítida, y Lisanias, en Abilene. Y Anás y Caifás eran los sumos sacerdotes. Fue entonces cuando Dios habló en el desierto a Juan, el hijo de Zacarías. Comenzó Juan a recorrer las tierras ribereñas del Jordán proclamando un bautismo como signo de conversión para recibir el perdón de los pecados. Así estaba escrito en el libro del profeta Isaías: que los valles, que son planos,

Se oye una voz;
alguien clama en el desierto:
"¡Preparad el camino del Señor;
abrid sendas rectas para él!
¡Que se nivelen los barrancos
y se allanen las colinas y las lomas!
¡Que se enderecen los caminos sinuosos
y los ásperos se nivelen,
para que todo el mundo contemple
la salvación que Dios envía!". (Lc 3:1-6)

17
enero

Mis notas:

Jesús recibió la visita inesperada de un miembro relevante del grupo de los fariseos. Por lo general, éstos se acercaban al Maestro con preguntas capciosas o para tenderle una trampa (Jn 8:6), pero no así Nicodemo.

Él le trajo preguntas honestas, nacidas en un corazón que buscaba respuestas distintas. Y Jesús se las ofrecido.

Nicodemo inició la conversación con palabras de admiración y elogio. También hizo una afirmación teológica poco común para un fariseo al asociar las acciones milagrosas de su interlocutor con la presencia de Dios.

Jesús, sin detenerse en los elogios, fue directo al tema del reino (su tema central) y le dijo que lo que necesitaba para alcanzarlo era nacer de nuevo. ¿Nacer de nuevo? ¿Eso es posible?

El proyecto del reino, lo supo Nicodemo esa noche, no se labra por completo con revoluciones sociales, ni reformas políticas, ni correcciones morales. Es más profundo. Se trata de un nacimiento del Espíritu. No le pertenece a la institución religiosa; es espiritual.

"Un miembro del partido de los fariseos, llamado Nicodemo, persona relevante entre los judíos, fue una noche a ver a Jesús y le dijo: — Maestro, sabemos que Dios te ha enviado para enseñarnos; nadie, en efecto, puede realizar los milagros que tú haces si Dios no está con él. Jesús le respondió: — Pues yo te aseguro que solo el que nazca de nuevo podrá alcanzar el reino de Dios. Nicodemo repuso: — ¿Cómo es posible que alguien ya viejo vuelva a nacer? ¿Acaso puede volver a entrar en el seno materno para nacer de nuevo? Jesús le contestó: — Te aseguro que nadie puede entrar en el reino de Dios si no nace del agua y del Espíritu. Lo que nace de la carne es carnal; lo que nace del Espíritu es espiritual. No te cause, pues, tanta sorpresa si te he dicho que ustedes deben nacer de nuevo. El viento sopla donde quiere; oyes su rumor, pero no sabes ni de dónde viene ni a dónde va. Lo mismo sucede con el que nace del Espíritu".
(Jn 3:1-8)

UN SABIO INDOCTO

Mis notas:

Nicodemo era un fariseo notable (Jn 3:1), como tal, un riguroso lector de las Escrituras y supuesto conocedor de los misterios de Dios. Por eso, resulta sugestivo que el Evangelio de Juan (especializado en asuntos del Espíritu) lo presente como una persona desconocedora de los rudimentos espirituales.

Se sorprende de que Jesús le haya hablado del nuevo nacimiento (Jn 3:3), piensa que se refiere a un nacimiento físico y considera imposible, como en efecto lo es, que una persona siendo vieja pueda entrar de nuevo en el vientre de su madre para volver a nacer (Jn 3:4).

Jesús, con paciencia de maestro y corazón de sabio, le explicó el significado simbólico (espiritual) de sus palabras. Nicodemo no demostró saber lo que Jesús le hablaba, pero reveló querer saber eso que desconocía. He ahí su grandeza, la que explica el interés de Jesús por él.

El que cree que sabe (saber carnal) no sabe hasta cuándo reconoce lo que no sabe (saber espiritual). Así actúa el reino, con sabios indoctos que reconocen su necesidad y se abren a la sabiduría del Espíritu.

"No te cause, pues, tanta sorpresa si te he dicho que ustedes deben nacer de nuevo. El viento sopla donde quiere; oyes su rumor, pero no sabes ni de dónde viene ni a dónde va. Lo mismo sucede con el que nace del Espíritu. Nicodemo preguntó: — ¿Cómo puede ser eso? Jesús le respondió: — ¡Cómo! ¿Tú eres maestro en Israel e ignoras estas cosas? Te aseguro que nosotros hablamos de lo que sabemos y damos testimonio de lo que hemos visto; con todo, ustedes rechazan nuestro testimonio. Si les hablo de cosas terrenas y no me creen, ¿cómo me creerán cuando les hable de las cosas del cielo? Nadie ha subido al cielo, excepto el que bajó de allí, es decir, el Hijo del hombre. Lo mismo que Moisés levantó la serpiente de bronce en el desierto, el Hijo del hombre tiene que ser levantado en alto, para que todo el que crea en él tenga vida eterna". (Jn 3:7-15)

Mis notas:

En la parte final del dialogo entre Jesús y Nicodemo, hablaron sobre el alcance del amor de Dios, el significado de la entrega redentora del Hijo y la vida eterna. Ese amor, según las palabras de Jesús, alcanza a todo el mundo. Esto debió sorprender a Nicodemo porque en su partido de los fariseos pensaban, que Dios restringía su amor al Pueblo escogido.

En cuanto al envío del Hijo de Dios y su entrega, también tuvo que causarle admiración saber que su propósito no era condenar al mundo y dictar sentencia contra él.

La religiosidad popular pensaba que Dios demostraba su amor a su Pueblo castigando a los pueblos vecinos.

Y lo de la enseñanza sobre la vida eterna, Jesús hizo otra afirmación inesperada: que corresponde a cada persona decidir si la acoge o la rechaza. Cada cual toma esa decisión y no Dios. Cada uno vive según la luz que haya escogido para que lo ilumine.

La vida eterna consiste en vivir bajo la luz del Hijo y esa eternidad comienza aquí y ahora.

"Tanto amó Dios al mundo, que no dudó en entregarle a su Hijo único, para que todo el que crea en él no perezca, sino tenga vida eterna. Pues no envió Dios a su Hijo para dictar sentencia de condenación contra el mundo, sino para que por medio de él se salve el mundo. El que cree en el Hijo no será condenado; en cambio, el que no cree en él, ya está condenado por no haber creído en el Hijo único de Dios. La causa de esta condenación está en que, habiendo venido la luz al mundo, los seres humanos prefirieron las tinieblas a la luz, pues su conducta era mala. En efecto, todos los que se comportan mal, detestan y rehúyen la luz, por miedo a que su conducta quede al descubierto. En cambio, los que actúan conforme a la verdad buscan la luz para que aparezca con toda claridad que es Dios quien inspira sus acciones". (Jn 3:16-21)

LUZ QUE REFRESCA LA VIDA

Mis notas:

E l diálogo entre Jesús y Nicodemo continuó más allá del tema del nuevo nacimiento. El Maestro le habló del amor y de la luz. Le dijo que el amor de Dios es inconmensurable y que él, como Hijo del Padre, era la luz que representaba ese amor.

Si lo de nacer de nuevo fue un misterio, lo del amor y la luz debió parecerle a Nicodemo un enigma aún más indescifrable.

Es fácil para la religiosidad tradicionalista comprender cuáles son las normas que hay que acatar y los jerarcas qué hay que obedecer, pero le es difícil acoger el don del amor y dejarse iluminar por la luz de la libertad.

Le sobran tradiciones, reglas y jerarquías, pero le falta el vigor de la nueva vida, la gracia del amor y la viveza de la luz. Y es esto lo que refresca la vida

"Tanto amó Dios al mundo, que no dudó en entregarle a su Hijo único, para que todo el que crea en él no perezca, sino tenga vida eterna. Pues no envió Dios a su Hijo para dictar sentencia de condenación contra el mundo, sino para que por medio de él se salve el mundo. El que cree en el Hijo no será condenado; en cambio, el que no cree en él, ya está condenado por no haber creído en el Hijo único de Dios. La causa de esta condenación está en que, habiendo venido la luz al mundo, los seres humanos prefirieron las tinieblas a la luz, pues su conducta era mala. En efecto, todos los que se comportan mal, detestan y rehúyen la luz, por miedo a que su conducta quede al descubierto. En cambio, los que actúan conforme a la verdad buscan la luz para que aparezca con toda claridad que es Dios quien inspira sus acciones". (Jn 3:16-21)

AUTORIDAD AMOROSA QUE VIENE DEL CIELO

Mis notas:

Ante tantas autoridades que se erigen como supremas (casi divinas), Jesús le aclara a sus discípulos que él, por venir de lo alto, las supera a todas. El, por ser amor y la luz que ilumina la vida, es la autoridad que la puede orientar.

Los discípulos, que estaban discutiendo quién era mayor entre Juan el Bautista y Jesús (Jn 3:22-30) fueron confrontados con su escala de autoridad: ¿quién es más que quien en esta vida? ¿a quién seguir y por qué seguirlo?

Jesús es el que "está por encima de todos" (Jn3:31). No es una autoridad arbitraria, ni arrogante, no se impone por la fuerza de la violencia, sino por la calidez del amor.

Cuando Jesús habla, entonces, es Dios quien se está expresando a través de él. Quienes lo escuchan deben decidir si lo acogen o si, por el contrario, sigue aferrado a las autoridades de siempre. De eso depende su libertad, su vida plena (vida eterna).

"El que viene de lo alto está por encima de todos. El que tiene su origen en la tierra es terreno y habla de las cosas de la tierra; el que viene del cielo está por encima de todos y da testimonio de lo que ha visto y oído; sin embargo, nadie acepta su testimonio. El que acepta su testimonio reconoce que Dios dice la verdad. Porque, cuando habla aquel a quien Dios ha enviado, es Dios mismo quien habla, ya que Dios le ha comunicado plenamente su Espíritu. El Padre ama al Hijo y ha puesto todas las cosas en sus manos. El que cree en el Hijo, tiene vida eterna; pero quien no cree en él, no experimentará esa vida, sino que está bajo el peso de la ira de Dios". (Jn 3:31-36)

EXCLUSIVISMOS VIOLENTOS

Mis notas:

Saberse elegido por Dios, conlleva el riesgo de sentirse exclusivo y con el derecho a mirar a los demás (a los que no fueron elegidos), con desdén y desprecio. Jesús quiso corregir ese error mostrando que cuando Dios eligió a su pueblo, lo hizo para universalizar su amor. Este fue, por ejemplo, el caso de Abraham, elegido para que, por medio suyo, fueran "bendecidas todas las familias de la tierra" (Ge 12:3).

Para acentuar esa lección, Jesús recordó dos casos de la historia de su pueblo: en tiempos de Elías, en medio de una hambruna, aunque había muchas viudas pasando necesidades en Israel, el profeta fue enviado por Dios para hacer un milagro a una extranjera, que vivía en Sarepta. Y en tiempos de Eliseo pasó algo similar, aunque había muchos enfermos de lepra en Israel, ninguno fue sanado, sino Naamán, que era sirio.

Quienes escucharon esto, se enfurecieron tanto con Jesús, que lo expulsaron del pueblo e intentaron matarlo. La religión nacionalista, así como toda fe que se siente poseedora única de la verdad divina puede tornarse inhumana y violenta. Por eso, Jesús prefirió pasar por en medio de ellos e irse lejos, donde no corriera tantos peligros.

> *"Pues bien, les aseguro que a ningún profeta lo aceptan en su propia tierra. No cabe duda de que en tiempos de Elías, cuando el cielo se cerró por tres años y medio, de manera que hubo una gran hambre en toda la tierra, muchas viudas vivían en Israel. Sin embargo, Elías no fue enviado a ninguna de ellas, sino a una viuda de Sarepta, en los alrededores de Sidón. Así mismo, había en Israel muchos enfermos de lepra en tiempos del profeta Eliseo, pero ninguno de ellos fue sanado, sino Naamán el sirio». Al oír esto, todos los que estaban en la sinagoga se enfurecieron. Se levantaron, lo expulsaron del pueblo y lo llevaron hasta la cumbre de la colina sobre la que estaba construido el pueblo, para tirarlo por el precipicio. Pero él pasó por en medio de ellos y se fue". (Lc 4:24-30)*

Mis notas:

Estando Jesús en Nazaret y después de haberse presentado en la sinagoga de su pueblo como el ungido de Dios, supo que lo primero que le iban a pedir, para avalar esa declaración, era que hiciera milagros.

Jesús, antes de que le pidieran esas señales, les dijo que ningún profeta había sido bien recibido en su propia tierra. Y puso dos ejemplos: Elías, quien en una crisis ocasionada por una sequía había hecho un milagro a una viuda, pero no de Israel, sino de Sarepta, en la región de Sidón (hoy, Líbano) fuera de las fronteras del pueblo que se sentía elegido por Dios.

El segundo ejemplo fue el del profeta Eliseo, que curó de lepra a Naamán, una persona siria, región aún más distante que Sidón. De esta manera y con estos dos ejemplos Jesús tuvo la osadía de cuestionar el estrecho nacionalismo de muchos de sus oyentes. Tanto los ofendió con esas alusiones que, en aquel mismo momento, cuando Jesús apenas había empezado su ministerio, tuvieron la intención de matarlo.

El amor inclusivo (planetario) de Dios ofende a muchos. Ofende su amor, exaspera tanto cariño, irrita su gracia. Ante esto, queda el consejo ejemplificado por Jesús: "se abrió paso entre ellos y se fue".

"Jesús les dijo: — Sin duda, ustedes me aplicarán este refrán: "Médico, cúrate a ti mismo. Haz, pues, aquí en tu propia tierra, todo lo que, según hemos oído decir, has hecho en Capernaum". Y añadió: — Les aseguro que ningún profeta es bien recibido en su propia tierra. Les diré más: muchas viudas vivían en Israel en tiempos de Elías, cuando por tres años y seis meses el cielo no dio ni una gota de agua y hubo gran hambre en todo el país. Sin embargo, Elías no fue enviado a ninguna de ellas, sino a una que vivía en Sarepta, en la región de Sidón. Y muchos leprosos había en Israel en tiempos del profeta Eliseo, pero ninguno de ellos fue curado de su lepra, sino Naamán el sirio. Al oír esto, todos los que estaban en la sinagoga se enfurecieron y, echando mano a Jesús, lo arrojaron fuera del pueblo y lo llevaron a un barranco de la montaña sobre la que estaba asentado el pueblo, con intención de despeñarlo. Pero Jesús se abrió paso entre ellos y se fue". (Lc. 4:23–30)

SER LO QUE SE ES
Y NO LO QUE SE HACE

24
enero

Mis notas:

U n día en la vida de Jesús podía ser muy extenuante: en la mañana iba a la sinagoga, después a la casa de uno de los discípulos para sanar a un familiar; en la tarde recibía decenas de enfermos que pedían que los sanara, increpaba a los demonios, además de otras actividades que los Evangelios no cuentan en su totalidad. Días fatigados, pero dichosos, al servicio del bien y combatiendo el mal.

Al final, ya en la noche, cuando el gentío no estaba, ni se oían los ruegos; cuando la noche entraba en calma y ya algunos dormían, Jesús se retiraba a un lugar solitario. ¿Para orar? Quizá sí, o solo para descansar. Para encontrarse consigo mismo y tomar distancia de lo que había hecho. Para cultivar el arte sereno de recordar que él no era lo que hacía; que su identidad sobrepasaba sus acciones. Allá, solo, sin sus discípulos, ni la muchedumbre, él era lo que era.

Por esto podía salir de un lugar e irse con pasmosa tranquilidad hacia otro. Aunque le rogaban que se quedara, él se iba diciendo que su labor debía cumplirse también en otros lugares.

Ni la admiración que le tenían, ni la fama que ganaba, ni las victorias obtenidas lo retenían. Era un ave libre, que no se dejaba atrapara en las jaulas del triunfo. Era lo que su Padre le había dicho que era, "hijo amado" (Mt 3:17). Esta era su identidad. Su persona era más que su personaje. Porque era lo que era y no lo que hacía.

"Al salir de la sinagoga, Jesús fue a casa de Simón. La suegra de Simón estaba enferma, con fiebre muy alta, y rogaron a Jesús que la curase. Jesús, inclinándose sobre ella, increpó a la fiebre, y la fiebre desapareció. La enferma se levantó inmediatamente y se puso a atenderlos. A la puesta del sol, llevaron ante Jesús toda clase de enfermos, y él los curaba poniendo las manos sobre cada uno. Muchos estaban poseídos por demonios, que salían de ellos gritando: ¡Tú eres el Hijo de Dios! Pero Jesús los increpaba y no les permitía que hablaran de él, porque sabían que era el Mesías. Al hacerse de día, Jesús salió de la ciudad y se retiró a un lugar solitario. La gente estaba buscándolo y, cuando lo encontraron, querían retenerlo para impedir que se fuera de allí. Pero Jesús les dijo: Tengo que ir también a otras ciudades, a llevarles la buena noticia del reino de Dios, pues para eso he sido enviado. Y andaba proclamando el mensaje por las sinagogas de Judea". (Lc. 4:38-44)

25
enero

LA VIDA BUENA
ES LA BUENA VIDA

Mis notas:

Los filósofos griegos, siglos antes de Jesús, habían debatido acerca de la buena vida (eudaimonía), en qué consiste, quiénes la adquieren y que virtudes la constituyen.

Jesús tenía como trasfondo esos debates filosóficos y, en su caso, acrecentados por las posiciones de los estoicos y los epicúreos (se mencionan en Hechos 17:18). Unos que creían que la buena vida se lograba por medio de las restricciones morales y otros por medio de los placeres hedonistas.

Jesús tenía que escoger, pero no escogió, en lugar de esto enunció algo nuevo. Para él, la buena vida no se labra renunciando al placer de vivir, pero tampoco entregándose a los placeres utilitarios que, en lugar de otorgar la dicha, la roban y esclavizan (Jn 8:34).

Para él, la buena vida se logra por medio de la entrega servicial, sencilla y humilde; la solidaridad con los que sufren, la compasión misericordiosa que restaura relaciones y hace posible la convivencia social. Sobre todo, buscando hacer la voluntad de Dios que es construir la paz y buscar la justicia. Quienes viven así, son las personas más felices (bienaventuradas).

"Cuando Jesús vio todo aquel gentío, subió al monte y se sentó. Se le acercaron sus discípulos, y él se puso a enseñarles, diciendo: —Felices los de espíritu sencillo, porque suyo es el reino de los cielos. Felices los que están tristes, porque Dios mismo los consolará. Felices los humildes, porque Dios les dará en herencia la tierra. Felices los que desean de todo corazón que se cumpla la voluntad de Dios, porque Dios atenderá su deseo. Felices los misericordiosos, porque Dios tendrá misericordia de ellos. Felices los que tienen limpia la conciencia, porque ellos verán a Dios. Felices los que trabajan en favor de la paz, porque Dios los llamará hijos suyos. Felices los que sufren persecución por cumplir la voluntad de Dios, porque suyo es el reino de los cielos. Felices ustedes cuando los insulten y los persigan, y cuando digan falsamente de ustedes toda clase de infamias por ser mis discípulos. ¡Alégrense y estén contentos, porque en el cielo tienen una gran recompensa! ¡Así también fueron perseguidos los profetas que vivieron antes que ustedes!". (Mt 5:1-12)

¡CÁLLATE!

Mis notas:

El Evangelio de Marcos presenta varios casos en los que Jesús libera a personas atormentadas por demonios. El Hijo de Dios (Mr 1:1) se presenta como lo que es: amor entrañable que entra en conflicto con las fuerzas de la muerte con el fin de ofrecer vida plena.

Lo curioso del primero de estos casos es que el afectado se encontraba en la sinagoga (¿un endemoniado en la sede del culto?) y su liberación ocurrió el día sábado, santo día dedicado a celebrar la fe en comunidad y con quietud. Allí y ese día, Jesús hizo el milagro de restaurar el bienestar de aquel hombre.

Ese día, y desde el primer milagro, el Maestro aclaró para qué deberían servir los lugares de culto, las celebraciones rituales y las jerarquías religiosas, para devolver la vida a quienes les ha sido negada y para enseñar con tal autoridad que las fuerzas del mal sean silenciadas.

"Entraron en Capernaum y, tan pronto como llegó el sábado, Jesús fue a la sinagoga y se puso a enseñar. La gente se asombraba de su enseñanza, porque la impartía como quien tiene autoridad y no como los maestros de la ley. De repente, en la sinagoga, un hombre que estaba poseído por un espíritu maligno gritó: —¿Por qué te entrometes, Jesús de Nazaret? ¿Has venido a destruirnos? Yo sé quién eres tú: ¡el Santo de Dios! —¡Cállate! —lo reprendió Jesús—. ¡Sal de ese hombre! Entonces el espíritu maligno sacudió al hombre violentamente y salió de él dando un alarido. Todos se quedaron tan asustados que se preguntaban unos a otros: «¿Qué es esto? ¡Una enseñanza nueva, pues lo hace con autoridad! Les da órdenes incluso a los espíritus malignos, y le obedecen». Como resultado, su fama se extendió rápidamente por toda la región de Galilea". (Mr 1:21-28)

Mis notas:

Marcos, el primero de los cuatro Evangelios en escribirse, cuenta que Jesús inauguró su ministerio en la sinagoga de Capernaum. Allí había un hombre "poseído por un espíritu maligno" que gritaba y actuaba con violencia.

Esta señal, según Marcos, deja en claro, desde el inicio, que Jesús sí tiene autoridad. No como los maestros de la Ley que solo enseñaban tradiciones de hombres (Mr 7:8) y, lo más penoso, no tenían ni poder ni valor para enfrentar el mal. El mal convivía con ellos en la sinagoga.

Jesús enfrenta el mal, contiende con él y se propone destruirlo, porque su causa es la libertad (Jn 8:32), no la esclavitud, ni siquiera la que convive con apariencia religiosa en el lugar de culto.

"Entraron en Capernaum y, tan pronto como llegó el sábado, Jesús fue a la sinagoga y se puso a enseñar. La gente se asombraba de su enseñanza, porque la impartía como quien tiene autoridad y no como los maestros de la ley. De repente, en la sinagoga, un hombre que estaba poseído por un espíritu maligno gritó: —¿Por qué te entrometes, Jesús de Nazaret? ¿Has venido a destruirnos? Yo sé quién eres tú: ¡el Santo de Dios! —¡Cállate! —lo reprendió Jesús—. ¡Sal de ese hombre! Entonces el espíritu maligno sacudió al hombre violentamente y salió de él dando un alarido. Todos se quedaron tan asustados que se preguntaban unos a otros: «¿Qué es esto? ¡Una enseñanza nueva, pues lo hace con autoridad! Les da órdenes incluso a los espíritus malignos, y le obedecen». Como resultado, su fama se extendió rápidamente por toda la región de Galilea". (Mr 1:21-28)

ENFERMEDAD, MORALIDAD Y EXCLUSIÓN

Mis notas:

La lepra, o "enfermedad de las escamas", por ser en muchos casos contagiosa, tenía desde el Primer Testamento muchos protocolos sanitarios (Lv 13-14). Con el tiempo, esta enfermedad fue asociada al pecado y por eso, a quienes la padecían, se les consideraba personas impuras.

Esa perniciosa asociación entre enfermedad, moralidad y exclusión ha pervivido por siglos. Jesús, al escuchar, tocar y sanar a varios leprosos, no solo hizo un milagro asociado a la salud, sino también a la vida social y espiritual: a los enfermos les limpió la piel, a la comunidad la quiso sanar de sus prejuicios y a la religión pretendió dejarle un modelo de fe compasiva e incluyente.

"Un hombre que tenía lepra se le acercó, y de rodillas le suplicó: —Si quieres, puedes limpiarme. Movido a compasión, Jesús extendió la mano y tocó al hombre, diciéndole: —Sí, quiero. ¡Queda limpio! Al instante se le quitó la lepra y quedó sano. Jesús lo despidió en seguida con una fuerte advertencia: —Mira, no se lo digas a nadie; solo ve, preséntate al sacerdote y lleva por tu purificación lo que ordenó Moisés, para que les sirva de testimonio. Pero él salió y comenzó a hablar sin reserva, divulgando lo sucedido. Como resultado, Jesús ya no podía entrar en ningún pueblo abiertamente, sino que se quedaba afuera, en lugares solitarios. Aun así, gente de todas partes seguía acudiendo a él". (Mr 1:40-45)

Mis notas:

Casi todos los milagros de Jesús sucedieron fuera del Templo y de las sinagogas. Sus escenarios no fueron los lugares llamados sagrados. Tampoco su misión se realizó según los parámetros que los maestros de la Ley habían erigido. Fue un maestro sabio con rango laico.

Jesús fue un laico que, cuando hizo milagros, los hizo en los campos, las calles, las plazas, las casas o los lagos. En esos lugares donde desfilan los dolores y penas de la gente, donde brotan las esperanzas tercas y asombra el valor de los más vulnerables.

Una noche sorprendió a los discípulos que navegaban en el lago. Habían trabajado toda la noche, sin obtener nada. Los encontró con las redes desocupadas, pero los despidió con las redes cargadas de pescados. Tantos que hasta tuvieron para compartir con pescadores de otras barcas.

Eran milagros que consagraban los lugares profanos: el lago. Convertían en sacramentos de vida los instrumentos de trabajo: las redes y la barca. Y trasformaban en liturgia divina los gestos solidarios: compartir la pesca con los que no habían pescado nada. Eran milagros, más allá del milagro.

"Cuando acabó su discurso, dijo a Simón: — Rema lago adentro y echen las redes para pescar. Simón le contestó: — Maestro, hemos pasado toda la noche trabajando y no hemos pescado nada; pero, puesto que tú lo dices, echaré las redes. Así lo hicieron; y recogieron tal cantidad de pescado que las redes estaban a punto de romperse. Entonces avisaron por señas a sus compañeros, que estaban en la otra barca, para que vinieran a echarles una mano. Llegaron ellos y llenaron las dos barcas, hasta el punto que casi se hundían. Al ver esto, Simón Pedro cayó de rodillas delante de Jesús y le dijo: — Señor, apártate de mí, que soy un pecador. Y es que el temor los había invadido a él y a todos sus compañeros a la vista de la gran redada de peces que habían capturado. Lo mismo les ocurría a Santiago y a Juan, los hijos de Zebedeo, que acompañaban a Simón en la pesca. Pero Jesús dijo a Simón: — No tengas miedo. Desde ahora serás pescador de hombres. Y después de sacar las barcas a tierra, lo dejaron todo y se fueron con Jesús". (Lc 5:4-11)

VIDAS PARALIZADAS, SOCIEDADES PARALÍTICAS

Mis notas:

En las aldeas de Galilea y de Judea, Jesús enseñaba a sus discípulos y a las multitudes, debatía con sus opositores religiosos y curaba a los enfermos que venía a él o que, ante su limitación física, eran traídos por otros. Este fue el caso de un paralítico que trajeron unos hombres en una camilla.

Al llegar a la casa donde estaba Jesús enseñando, vieron que no podían entrar al enfermo y, entonces, subieron a la terraza, hicieron un hueco en el techo hasta lograr que el enfermo fuera atendido por Jesús.

Jesús, primero, le dijo que sus pecados quedaban perdonados. Esto, a los amigos, es casi seguro que los decepcionó (no iban a ser tanto trabajo solo para eso). Por su lado, los maestros de la ley, que poco le importaba el enfermo, sino los debates religiosos, increparon a Jesús por blasfemar de esa manera, porque el perdón solo es potestad divina.

Jesús siguió con quien más le importaba, el enfermo. Y lo sanó. De esta manera esgrimió el argumento conclusivo del caso planteado por los religiosos. Les dijo que el poder de Dios se confirma restaurando la vida y perdonando todo pecado que la envilece.

Es pecado todo aquello que mengua la capacidad de vivir en plenitud, ya sea para uno mismo o que se haga en contra de los demás. Y muchas veces, es más fácil levantar a un paralítico de su camilla, que eliminar esos males (pecados) que se originan en el corazón de las personas y en el alma de sus estructuras sociales, religiosas y culturales. Las peores parálisis son las que envilecen la dignidad humana y deshonran la vida.

"Un día estaba Jesús enseñando. Cerca de él se habían sentado algunos fariseos y doctores de la ley llegados de todas las aldeas de Galilea y de Judea, y también de Jerusalén. Y el poder del Señor se manifestaba en las curaciones que hacía. En esto llegaron unos hombres que traían a un paralítico en una camilla y que andaban buscando cómo entrar en la casa para ponerlo delante de Jesús. No encontrando el modo de introducirlo a causa del gentío, subieron a la terraza y, a través de un hueco que abrieron en el techo, bajaron al paralítico en su camilla y lo pusieron en medio, delante de Jesús.

30
enero

Mis notas:

Al ver la fe de quienes lo llevaban, Jesús dijo al enfermo:

— Amigo, tus pecados quedan perdonados.

Los maestros de la ley y los fariseos se pusieron a pensar: "¿Quién es este, que blasfema de tal manera? ¡Solamente Dios puede perdonar pecados!". Jesús se dio cuenta de lo que estaban pensando y les preguntó:

— ¿Por qué están pensando así? ¿Qué es más fácil? ¿Decir: "Tus pecados quedan perdonados", o decir: "Levántate y anda"? Pues voy a demostrarles que el Hijo del hombre tiene autoridad en este mundo para perdonar pecados.

Se volvió al paralítico y le dijo:

— A ti te hablo: levántate, recoge tu camilla y márchate a casa.

Él se levantó al instante delante de todos, recogió la camilla donde estaba acostado y se fue a su casa alabando a Dios. Todos los presentes quedaron atónitos y comenzaron a alabar a Dios. Sobrecogidos de temor, decían:

— ¡Hoy hemos visto cosas increíbles!". (Lc 5:17-26)

HUMANOS ACERCAMIENTOS

Mis notas:

Jesús comía y bebía con quienes, según las estrictas tradiciones religiosas, no debía. Se suponía, entonces, que un maestro espiritual debía representar la pulcritud ética y, como tal, distanciarse de quienes encarnaban la impiedad, como eran los recaudadores de impuestos.

Y no solo comía y bebía con ellos, sino que había invitado a uno de ellos, a Leví, para que fuera su discípulo. Por eso, los rígidos religiosos reclamaban por qué Jesús y el resto de sus seguidores se comportaban así.

Para Jesús la espiritualidad no debería conducirnos a distanciamientos orgullosos, sino a humanos acercamientos. La fe, según Él, nos acerca a los diferentes y promueve la integración de los excluidos. Nos recuerda que todos somos hijos e hijas de un mismo Padre (Mt 5:45).

"Después de esto salió Jesús y se fijó en un recaudador de impuestos llamado Leví, sentado a la mesa donde cobraba. —Sígueme —le dijo Jesús. Y Leví se levantó, lo dejó todo y lo siguió. Luego Leví le ofreció a Jesús un gran banquete en su casa, y había allí un grupo numeroso de recaudadores de impuestos y otras personas que estaban comiendo con ellos. Pero los fariseos y los maestros de la ley que eran de la misma secta les reclamaban a los discípulos de Jesús: —¿Por qué comen y beben ustedes con recaudadores de impuestos y pecadores?". (Lc 5:27-30)

1

febrero

LA ALEGRÍA DE LA FE

Mis notas:

Resulta extraño que a Jesús y a sus discípulos se les haya calificado como personas comilonas y bebedoras que, por su conducta, contrastaban con el comportamiento de Juan el Bautista y sus seguidores. Éstos, siempre sobrios, frugales y estrictos; ayunaban con frecuencia, en cambio los de Jesús, no.

Cuando le preguntaron por qué no ayunaban, explicó que su proyecto espiritual era comparable a una fiesta. ¿Una fiesta? Sí. Como una boda donde hay alegría, muchas ilusiones compartidas, comida y bebidas, como en todo casamiento judío. Y en un festejo así no hay lugar para la congoja, la aspereza, ni la severidad.

¿Puede uno imaginarse el desconcierto de los maestros de la ley y los fariseos? ¿La fe como una fiesta? Para ellos la observancia religiosa había sido (y debía seguir siendo) algo parecido a una ceremonia fúnebre (Lc 7:31-35).

Para Jesús, la fe se vive con actitud de fiesta de bodas; con la alegría de los amigos del novio. Alegría como actitud resistente y Resiliente frente a los avatares de la vida, a la dureza de la existencia y los dolores imprevistos. Puesto que la vida es así, difícil, la fe tiene que ser distinta. Es un bálsamo de ternura que infunde aliento, promueve esperanza y suscita valor.

"Entonces dijeron a Jesús: Los discípulos de Juan ayunan a menudo y se dedican a la oración, y lo mismo hacen los de los fariseos. ¡En cambio, los tuyos comen y beben!

Jesús les contestó: ¿Harían ustedes ayunar a los invitados a una boda mientras el novio está con ellos? Ya llegará el momento en que les faltará el novio; entonces ayunarán.

Además, les puso este ejemplo: Nadie corta un trozo de tela a un vestido nuevo para remendar uno viejo. De hacerlo así, se estropearía el nuevo y al viejo no le quedaría bien la pieza del nuevo. Tampoco echa nadie vino nuevo en odres viejos, pues el vino nuevo rompe los odres, de modo que el vino se derrama y los odres se pierden. El vino nuevo hay que echarlo en odres nuevos Y nadie que haya bebido vino añejo querrá beber después vino nuevo, porque dirá que el añejo es mejor". (Lc 5:33-39)

DIOS TIENE
SUS TIEMPOS

Mis notas:

El Evangelio de Juan tiene su estilo propio para narrar las historias y contar el Evangelio. Al inicio del capítulo cuarto, por ejemplo, al citar a los fariseos, en lugar de asignarles el papel de protagonistas de la escena, como lo hace muchas veces Mateo, se lo asigna a Jesús.

El Maestro se entera de lo que piensan los fariseos y toma la decisión de salir de Judea, donde está Jerusalén, y regresar a Galilea. Sale del eje central de la religión institucional y se radica en los márgenes sociales del Norte, con su gente y entre su pueblo.

En este momento, era mejor "prevenir que lamentar". Su fama estaba creciendo, sus discípulos bautizaban cada vez a más seguidores y todo esto podía despertar los celos farisaicos.

Jesús no solo reconoció lo que el Padre le pedía, sino también cuándo lo quería. El qué y el cuándo tienen el mismo peso cuando se trata de hacer la voluntad de del Padre. Dios tiene sus tiempos (Jn 7:30).

> *"Se enteró Jesús de que los fariseos supieron que cada vez aumentaba más el número de sus seguidores y que bautizaba incluso más que Juan, aunque de hecho no era el mismo Jesús quien bautizaba, sino sus discípulos. Así que salió de Judea y regresó a Galilea".*
> *(Jn 4:1-3)*

Mis notas:

Por las tierras de Samaria, los judíos tradicionales preferían no pasar. Evitaban cruzarla desde los conflictos culturales y políticos que tuvieron con los samaritanos después del del exilio en Babilonia.

Pero Jesús, en lugar de buscar el camino acostumbrado, decidió pasar por Samaria. Y no solo eso: cuando llego a uno de sus pueblos, estando cansado por el viaje, se dirigió a una mujer y le pidió agua.

La escena era inusual: un maestro espiritual judío, desconociendo el protocolo social, viajando por donde no debía pasar y mostrándose vulnerable (cansado y sediento) ante una mujer, y además, samaritana.

El cuadro es insólito. Y así, como éste, con gestos cotidianos, a veces silenciosos y sin mucha divulgación política, Jesús propuso cambiar el mundo. Esta es la revolución cultural de la ternura. La insurrección de los que se atreven a pasar por donde no se debe pasar.

"Y como tenía que atravesar Samaria, llegó a un pueblo de esa región llamado Sicar, cerca del terreno que Jacob dio a su hijo José. Allí se encontraba el pozo de Jacob. Jesús, fatigado del camino, se sentó junto al pozo. Era cerca de mediodía. Y en esto, llega una mujer samaritana a sacar agua. Jesús le dice: Dame de beber". (Jn 4:4-7)

AGUA DE VIDA PARA LOS CONFLICTOS DE LA VIDA

Mis notas:

El Evangelio de Juan revela que mientras Jesús conversaba con la mujer samaritana, los discípulos "habían ido a comprar comida" (Jn 4:8). Jesús, entonces, se encontraba solo con ella.

A la mujer le extrañó que un judío se acercara a pedirle agua (…y que lo hiciera estando solo). Ella le preguntó por qué le pedía agua del pozo y por qué lo hacía siendo un judío. Jesús no le respondió estas dos cuestiones; en lugar de eso, prefirió hablarle del agua, pero de otra, del "agua de vida".

¡Cuánto nos hubiera gustado leer hoy su opinión sobre el conflicto judío-samaritano! Pero no, sobre eso no dijo nada, quizá porque para él, esa disputa, como todos los demás conflictos sociales, se explican por la incapacidad humana para dialogar, perdonar y llegar a acuerdos que apliquen la justicia y respeten la dignidad del adversario.

En otras palabras, porque nos falta el "agua de vida" (Jn 4:10).

Sin esa agua carecemos de vida para defender la vida, la nuestra y la de esos que, en medio del conflicto, llamamos enemigos. Y el acercamiento reconciliador de Jesús hacia ella, ya era una forma de poner en práctica lo que significa vivir colmado de esa agua.

"Los discípulos habían ido al pueblo a comprar comida. La mujer samaritana le contesta: — ¡Cómo! ¿No eres tú judío? ¿Y te atreves a pedirme de beber a mí que soy samaritana? (Es que los judíos y los samaritanos no se trataban). Jesús le responde: — Si conocieras el don de Dios y quién es el que te dice: "dame de beber", serías tú la que me pedirías de beber, y yo te daría agua viva. — Pero Señor —replica la mujer—, no tienes con qué sacar el agua y el pozo es hondo. ¿Dónde tienes esa agua viva?". (Jn 4:8-11)

Mis notas:

En el diálogo entre Jesús y la mujer samaritana, ella, cuando escuchó que él habló de un "agua viva" (Jn 4:10), quiso indagar a qué clase de agua se refería. ¿Acaso existía una mejor que la del pozo del patriarca Jacob? Para ella, no.

Jesús le dijo que el agua de ese pozo, aunque histórico y religiosamente simbólico para Israel, era agua común y corriente. El que la tomaba calmaba la sed, pero solo por un momento. En cambio, el agua de vida la calmaba para siempre.

Y dijo más: que cuando una persona tiene el agua de vida, su interior se convierte en una fuente de vida que nunca termina (es eterna). La diferencia está en cómo esa agua afecta la interioridad de quien la bebe.

Agua es agua. Aunque, como en este caso, provenga del pozo de un patriarca. La tradición inspira valores y ofrece memorias para la vida, pero, de por sí, no es suficiente para trasformar la interioridad humana y generar relaciones transformadoras. Calma los deseos del momento, pero no satisface los anhelos eternos.

"— Pero Señor —replica la mujer—, no tienes con qué sacar el agua y el pozo es hondo. ¿Dónde tienes esa agua viva? Jacob, nuestro antepasado, nos dejó este pozo, del que bebió él mismo, sus hijos y sus ganados. ¿Acaso te consideras de mayor categoría que él? Jesús le contesta: — Todo el que bebe de esta agua volverá a tener sed; en cambio, el que beba del agua que yo quiero darle, nunca más volverá a tener sed sino que esa agua se convertirá en su interior en un manantial capaz de dar vida eterna. Exclama entonces la mujer: — Señor, dame de esa agua; así ya no volveré a tener sed ni tendré que venir aquí a sacar agua". (Jn 4:11-15)

PARA SOÑAR CON NUEVOS RUMBOS

Mis notas:

En la conversación con la samaritana, Jesús hizo otro cambio abrupto cuando le pidió que fuera a su casa y trajera a su marido. ¿Por qué, cuando ella ya estaba tratando el tema espiritual (agua de vida), él puso el tema del marido?

La mujer le dijo la verdad, que no tenía marido. Él respondió señalando lo que ella ya sabía: que su pareja de ahora no era su marido y que habían existido cinco parejas más. No le dijo nada que ella no supiera, sin embargo, admirada lo trató como Señor y lo calificó de profeta: "veo que eres profeta" (Jn 4:19).

¿Profeta? ¿Por haberle dicho lo que ya sabía? Sí, porque un profeta no solo es quien nos vaticina el futuro, sino, quien dice lo que ya sabemos, pero de tal manera y con tanto afecto que, al nombrarlo, nos hace caer en la cuenta de la situación en la que estamos y nos abren los ojos para soñar con nuevos rumbos.

"Jesús le dice: — Vete a tu casa, llama a tu marido y vuelve acá. Ella le contesta: — No tengo marido. — Es cierto —reconoce Jesús—; no tienes marido. Has tenido cinco y ese con el que ahora vives no es tu marido. En esto has dicho la verdad. Le responde la mujer: — Señor, veo que eres profeta". (Jn 4:16-19)

7
febrero

NI AQUÍ NI ALLÁ

Mis notas:

En tiempos de Jesús era controversial el asunto de definir el lugar verdadero para rendir culto a Dios: ¿en el monte Sion en Judá o en el Gerizín en Samaria? Y esta era una polémica vital para la religión de Israel.

La mujer de Samaria, cuando se dio cuenta de que Jesús era un profeta (Jn 4:19) aprovechó para indagar cuál era su respuesta acerca de esa gran pregunta: ¿Jerusalén o Samaria?

Jesús la sorprendió otra vez cuando le respondió que ni aquí, ni allá, porque a Dios se le adora desde lo más profundo del corazón y, cuando así se hace, lo del lugar geográfico es lo de menos. Esa adoración es "en espíritu y en verdad" (Jn 4:24).

Mientras que las tradiciones religiosas ponen el acento de la relación espiritual en los lugares, los objetos, lo externo, Jesús lo pone en el espíritu, en la persona, en lo interior. Para él, Dios es asunto del corazón.

"Nuestros antepasados rindieron culto a Dios en este monte; en cambio, ustedes los judíos dicen que el lugar para dar culto a Dios es Jerusalén. Jesús le contesta: — Créeme, mujer, está llegando el momento cuando para dar culto al Padre, ustedes no tendrán que subir a este monte ni ir a Jerusalén. Ustedes los samaritanos rinden culto a algo que desconocen; nosotros sí lo conocemos, ya que la salvación viene de los judíos. Está llegando el momento, mejor dicho, ha llegado ya, en que los verdaderos adoradores rendirán culto al Padre en espíritu y en verdad, porque estos son los adoradores que el Padre quiere. Dios es espíritu, y quienes le rinden culto deben hacerlo en espíritu y en verdad". (Jn 4:20-24)

EL DIOS QUE CONVERSAMOS

Mis notas:

La samaritana ya había descubierto que Jesús era un profeta (Jn 4:19), pero intenta ir más allá y por eso indaga para ver si también es el Mesías tan esperado. Esta segunda inquietud, no la descubre por su cuenta, como la primera. Ahora Jesús es quien se revela así mismo: "El Mesías soy yo, el mismo que está hablando contigo" (Jn 4:26).

Tenemos, entonces, que primero Jesús descubre quién es ella, después ella acepta ser lo que Jesús le ha dicho que es y, en la tercera parte, él mismo se descubre ante ella.

¡Un maravilloso diálogo amistoso, tan humano como divino! Hablando entendemos a Dios, y a veces hablando, sin darnos cuenta que es con Él. Lo descubrimos mientras nos descubrimos a nosotros mismos.

"…soy yo, el mismo que está hablando contigo" (Jn 4:26).

"La mujer le dice: — Yo sé que el Mesías (es decir, el Cristo) está por llegar; cuando venga nos lo enseñará todo. Jesús, entonces, le manifiesta: — El Mesías soy yo, el mismo que está hablando contigo. En ese momento llegaron los discípulos y se sorprendieron al ver a Jesús hablando con una mujer; pero ninguno se atrevió a preguntarle qué quería de ella o de qué estaban hablando". (Jn 4:25-27)

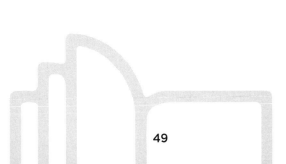

Mis notas:

Cuando los discípulos encontraron a Jesús hablando con una mujer, se sorprendieron. ¡Vamos, entonces, de sorpresa en sorpresa! La mujer se sorprendió de que hablara con ella (Jn 4:8); ahora son ellos los admirados.

Pero ella, sorprendida, se atrevió a hacerle preguntas. Hizo varias. Ellos, en cambio, se quedaron en silencio; "ninguno se atrevió a preguntarle" (Jn 4:27).

El Cuarto Evangelio narra cómo hilando una filigrana. Cada palabra tiene significado teológico, no biográfico. Por eso, tiene sentido el contraste que hace entre una mujer samaritana y estos varones judíos.

Ella indaga, pregunta, busca y encuentra (Jn 4:26). Ellos callan, se abstienen y se quedan sin saber. Ella se comportó como un varón judío quien goza de confianza; ellos como una mujer samaritana sin confianza alguna.

"… y muchos que ahora son últimos, serán los primeros". (Mt 19:30).

"En ese momento llegaron los discípulos y se sorprendieron al ver a Jesús hablando con una mujer; pero ninguno se atrevió a preguntarle qué quería de ella o de qué estaban hablando. La mujer, por su parte, dejó allí el cántaro, regresó al pueblo y dijo a la gente: — Vengan a ver a un hombre que me ha adivinado todo lo que he hecho. ¿Será el Mesías? Ellos salieron del pueblo y fueron a ver a Jesús". (Jn 4:27-30)

CÁNTARO, COMIDA
Y CREENCIA

Mis notas:

La samaritana, al finalizar su conversación con Jesús, dejó su cántaro y regresó de inmediato a su pueblo. ¿Lo dejó por la emoción que sentía de querer contarle a su gente que se había encontrado con el Mesías? Puede ser.

El Evangelio no responde esa pregunta. Prefiere mostrar que, los discípulos, en lugar de preguntar qué había pasado con la mujer samaritana, le expresaron una preocupación poco transcendental es ese contexto: querían que comiera algo.

En fin, otra vez el contraste entre la mujer, afanada por llevar la buena noticia a sus coterráneos y los discípulos, ansiosos por la merienda del Maestro.

Ella fue a su pueblo y le dijo a la gente que vinieran a ver a aquel que le había descubierto toda su vida. Alguien así, debía ser el Mesías esperado. Ella no lo afirmó, aunque lo sabía (Jn 4:26); solo los invitó a que lo comprobaran por ellos mismos.

Para el Cuarto Evangelio, creer no es un asunto de saber, sino de experimentar (ver), como ya le había sucedido a la mujer y pronto sucedería con sus paisanos. Estos "salieron del pueblo y fueron a ver a Jesús" (Jn 4:30).

> *"La mujer, por su parte, dejó allí el cántaro, regresó al pueblo y dijo a la gente: — Vengan a ver a un hombre que me ha adivinado todo lo que he hecho. ¿Será el Mesías? Ellos salieron del pueblo y fueron a ver a Jesús. Mientras tanto, los discípulos le insistían: — Maestro, come". (Jn 4:28-31)*

ALGO MÁS
QUE SOLO COMER

Mis notas:

Ante la preocupación de los discípulos porque Jesús no había comido y, en lugar de eso, había estado hablando con una samaritana, él aprovechó para enseñarles una lección de profunda espiritualidad; tema central en este Evangelio.

Les dijo que su verdadera comida era hacer la voluntad del Padre y cumplir todo lo que Él le había encargado. Por ahora, le correspondía sembrar las semillas del Reino de Dios para que ellos, posteriormente, recogieran la cosecha.

No es que Jesús despreciara la comida común, ni que subestimara el cuidado de sí mismo. No es esa la enseñanza que quiso dejarles, ni la que las primeras comunidades cristianas acogieron.

Jesús, aquí, enseñó que quien tiene fe añade a su vida algo más que lo que el resto de la gente tiene. Todos necesitan comer, él también, pero, además, él tiene otra hambre superior, la de realizar su vida cumpliendo un ideal trascendente. Vivir con fe consiste en tener un algo más en la vida (trascendencia); algo más que lo que todos ya tiene todos los días (hambre).

"Pero él les dijo: — Yo me alimento de un manjar que ustedes no conocen. Los discípulos comentaban entre sí: — ¿Será que alguien le ha traído comida? Jesús les explicó: — Mi alimento es hacer la voluntad del que me ha enviado y llevar a cabo sus planes. ¿No dicen ustedes que todavía faltan cuatro meses para la cosecha? Pues fíjense: los sembrados están ya maduros para la recolección. El que trabaja en la recolección recibe su salario y recoge el fruto con destino a la vida eterna; de esta suerte, se alegran juntos el que siembra y el que hace la recolección. Con lo que se cumple el proverbio: "Uno es el que siembra y otro el que cosecha". Yo los envío a ustedes a recolectar algo que no han labrado; otros trabajaron y ustedes se benefician de su trabajo". (Jn 4:32-38)

CREER
PARA VIVIR

12
febrero

Y la narración del encuentro de Jesús con la samaritana termina con una acción misionera: fue a su pueblo, contó a los suyos lo que le había pasado, los invitó a buscar a Jesús y experimentar (ver) por su propia cuenta quién era él.

La gente, al encontrar al Maestro le pidieron con insistencia que se quedara allí, con ellos. Y él, así como había hecho con la mujer, hizo con ellos, los escuchó, reconoció su interés como genuino... y se quedó allí dos días. Con ella, muchas horas; con su pueblo, varios días.

El evangelista usa en esta parte el verbo creer en dos ocasiones (Jn 4:39,42) para decir, en resumen, que creyeron en Jesús y que lo hicieron por experiencia personal y directa., porque lo habían visto, sentido y escuchado. Esto los convenció de que él era el salvador del mundo.

Creer es un resultado de vivir (experimentar), como vivir lo es de creer, de estar convencidos que Jesús es, antes que un divulgador de verdades teológicas, un salvador de la existencia toda.

"Muchos de los habitantes de aquel pueblo creyeron en Jesús movidos por el testimonio de la samaritana, que aseguraba: — Me ha adivinado todo lo que he hecho. Por eso, los samaritanos, cuando llegaron a donde estaba Jesús, le insistían en que se quedara con ellos. Y en efecto, se quedó allí dos días, de manera que fueron muchos más los que creyeron en él por sus propias palabras. Así que decían a la mujer: — Ya no creemos en él por lo que tú nos has dicho, sino porque nosotros mismos hemos escuchado sus palabras, y estamos convencidos de que él es verdaderamente el salvador del mundo". (Jn 4:39-42)

EL DIOS QUE VINO...Y SE QUEDÓ
SORPRESAS EN GALILEA

Mis notas:

Jesús, después de Judea y Samaria, se dirigió hacia Galilea, donde estaba su familia. Era una región conocida por ser independiente y rebelde. Allí un alto oficial del rey (de Herodes Antipas, que asesinó a Juan el Bautista) se le acercó buscando que sanara a su hijo que estaba muy enfermo.

Jesús le dijo que podía regresar a su casa porque su hijo había quedado sano. Y así fue. El joven comenzó a sentirse mejor en el momento en el que Jesús pronuncio esas palabras. Esta fue la segunda señal milagrosa que hizo Jesús después de volver de Judea a Galilea. La primera había sido la conversión del agua en vino (Jn 2:1-12).

En este caso, el personaje central de la historia es distinto a los que se presentan en la mayoría de los milagros: este es un hombre (casi siempre son mujeres las que ruegan por sus hijos), es oficial del rey (lo común son personas del pueblo, distantes del poder real), y cree en lo que Jesús le dice (los varones del poder, por lo general, se supone que son incrédulos).

La sorpresa fue doble: primero, el hijo que estaba muriendo, volvió a la vida. Y el segundo, se demostró que en Galilea había varones, vinculados al poder, que tenían fe en Jesús y actuaban con afecto y ternura hacia sus hijos. Lo que no se encontró en Judea (centro del poder religioso), apareció en Galilea.

El cuarto Evangelio parece estar indicando que "los malos" no siempre son tan malos, como creemos... ni "los buenos" tan buenos.

"Después de esos dos días Jesús salió de allí rumbo a Galilea (pues, como él mismo había dicho, a ningún profeta se le honra en su propia tierra). Cuando llegó a Galilea, fue bien recibido por los galileos, pues estos habían visto personalmente todo lo que había hecho en Jerusalén durante la fiesta de la Pascua, ya que ellos habían estado también allí. Y volvió otra vez Jesús a Caná de Galilea, donde había convertido el agua en vino.

Mis notas:

Había allí un funcionario real, cuyo hijo estaba enfermo en Capernaum. Cuando este hombre se enteró de que Jesús había llegado de Judea a Galilea, fue a su encuentro y le suplicó que bajara a sanar a su hijo, pues estaba a punto de morir. —Ustedes nunca van a creer si no ven señales y prodigios —le dijo Jesús. —Señor —rogó el funcionario—, baja antes de que se muera mi hijo. —Vuelve a casa, que tu hijo vive —le dijo Jesús. El hombre creyó lo que Jesús le dijo, y se fue. Cuando se dirigía a su casa, sus siervos salieron a su encuentro y le dieron la noticia de que su hijo estaba vivo. Cuando les preguntó a qué hora había comenzado su hijo a sentirse mejor, le contestaron: —Ayer a la una de la tarde se le quitó la fiebre. Entonces el padre se dio cuenta de que precisamente a esa hora Jesús le había dicho: «Tu hijo vive». Así que creyó él con toda su familia. Esta fue la segunda señal que hizo Jesús después de que volvió de Judea a Galilea". (Jn 4:43-54)

SOLO HAY LUGAR PARA EL PRIMERO

Mis notas:

Jesús va de Samaria a Galilea y de allí a Jerusalén para celebrar una de las fiestas judías. Para él, la celebración comenzó en un estanque donde se encontraba una multitud de enfermos en el suelo.

Según creían, en ese estanque se producían extraños milagros. Decían que cuando sus aguas se movían, el enfermo que primero se arrojara al agua, quedaba sano. ¡Eso decían!

Y allí estaba un hombre que padecía de una enfermedad por casi cuatro décadas. Y, cuando las aguas se agitaban, otros se tiraban al agua primero que él. La "competencia" era mucha y los milagros pocos. Solo había lugar para el primero.

Jesús, que es agua de vida (Jn 4:14), se acercó, habló con él, escuchó su historia y lo curó, aunque fuera sábado y eso molestara a los dueños del Templo.

Así celebro Jesús aquella fiesta: fuera del Templo, escuchando a los que más sufrían, devolviéndoles vida y molestando a los que se creían dueños de la religión (Jn 5:10). Agradar a Dios sirviendo a los que más sufrían era la liturgia sagrada que practicaba el Señor.

"Después de esto, Jesús subió a Jerusalén con motivo de una fiesta judía. Hay en Jerusalén, cerca de la puerta llamada de las Ovejas, un estanque conocido con el nombre hebreo de Betzata, que tiene cinco soportales. En estos soportales había una multitud de enfermos recostados en el suelo: ciegos, cojos y paralíticos. Había entre ellos un hombre que llevaba enfermo treinta y ocho años. Jesús, al verlo allí tendido y sabiendo que llevaba tanto tiempo, le preguntó: — ¿Quieres curarte? El enfermo le contestó: — Señor, no tengo a nadie que me meta en el estanque una vez que el agua ha sido agitada. Cuando llego, ya otro se me ha adelantado. Entonces Jesús le ordenó: — Levántate, recoge tu camilla y vete. En aquel mismo instante, el enfermo quedó curado, recogió su camilla y comenzó a andar. Pero aquel día era sábado". (Jn 5:1-3, 5-9)

EL FIN NO ES DIOS. ÉL ESTÁ MUY BIEN

Mis notas:

Quienes estaban inquietos por las enseñanzas y comportamientos de Jesús, vigilaban con atención lo que él y sus discípulos hacían los días sábado. Ese día de descanso (Shabat) era de estricto cumplimiento religioso: se suspendían las actividades laborales, se preparaban comidas especiales, se privaban del deleite físico y, entre otras más, se dedicaban al cultivo de la fe.

Así fue educado Jesús. Así creció y desarrolló su espiritualidad. Practicó muchas de esas tradiciones, aunque entendió que para que ellas tuvieran verdadero sentido, debían practicarse como medios y no fines.

El fin del shabat es que la persona descanse, celebre su fe y no se deje atrapar por el frenesí del trabajo. El fin no es Dios, porque Dios está bien. Él cumplió con su propio descanso (Gn 2:2). Pero estará aún mejor si nosotros vivimos bien. El descanso hace bien a la criatura, no al Creador.

Las prácticas de fe, entonces, son maneras para enriquecer la vida. Por su medio se cultiva la cualidad humana profunda para que vivamos mejor y disfrutemos la vida más plenamente (Jn 10:10). Y cuando esto sucede, Dios está en paz y disfruta también el shabat.

Por eso Jesús hacia el día sábado lo que no estaba permitido. No era lícito, pero era bueno; era necesario y digno. Y así agradaba al Padre.

"Un sábado iba Jesús paseando por entre unos sembrados. Sus discípulos se pusieron a arrancar espigas y a comérselas desgranándolas entre las manos. Algunos fariseos dijeron: — ¿Por qué hacen en sábado lo que no está permitido? Jesús les contestó: — ¿No han leído lo que hizo David cuando él y sus compañeros sintieron hambre? Entró en la casa de Dios y tomando los panes de la ofrenda, comió de ellos, algo que no estaba permitido hacer a nadie, sino solamente a los sacerdotes. Y dio también a quienes lo acompañaban. Y Jesús añadió: — ¡El Hijo del hombre es Señor del sábado!". (Lc. 6:1-5)

SUPREMACISTAS
MORALES

Mis notas:

L eví, o Mateo, era un cobrador de impuestos, despreciado por su pueblo judío por ser un servil funcionario al servicio de Herodes Antipas. Un traicionero.

Por eso, nadie entendió por qué Jesús lo invitó a ser parte de sus discípulos. Menos aún que aceptara ir a su casa donde estaban otros detestables pecadores. Al oír los rumores en su contra por parte de los maestros de la ley, les explicó que su tarea era sanar a los enfermos (como Leví y sus "amigotes") y no a los que se creían sanos (como esos maestros criticones).

El Evangelio es un bálsamo sanador para quienes, con sencillez, reconocen su necesidad de cambio y libertad, no un perfume pudoroso para supremacistas éticos.

"De nuevo salió Jesús a la orilla del lago. Toda la gente acudía a él, y él les enseñaba. Al pasar vio a Leví hijo de Alfeo, donde este cobraba impuestos. —Sígueme —le dijo Jesús. Y Leví se levantó y lo siguió. Sucedió que, estando Jesús a la mesa en casa de Leví, muchos recaudadores de impuestos y pecadores se sentaron con él y sus discípulos, pues ya eran muchos los que lo seguían. Cuando los maestros de la ley que eran fariseos vieron con quién comía, les preguntaron a sus discípulos: —¿Y este come con recaudadores de impuestos y con pecadores? Al oírlos, Jesús les contestó: —No son los sanos los que necesitan médico, sino los enfermos. Y yo no he venido a llamar a justos, sino a pecadores". (Mr 2:13-17)

Mis notas:

El vino, cuando es nuevo, no se guarda en cueros viejos. En este caso, el vino nuevo puede reventar el cuero viejo y echar a perder el vino. Tampoco se remienda un vestido viejo con una tela nueva porque la nueva podría encogerse y romper el vestido viejo.

De esta manera sencilla y coloquial, Jesús, que al parecer sabía de vinos y modistería, les explicó a los discípulos de Juan el Bautista porqué sus propios discípulos no ayunaban. Es que lo añejo y tradicional no encaja con lo nuevo y fresco.

El mensaje de Jesús pide corazones abiertos a la novedad del Espíritu y mentes dispuestas al cambio (Ap 21:5), lo contrario, arruina el vino y daña el vestido.

"Al ver que los discípulos de Juan y los fariseos ayunaban, algunos se acercaron a Jesús y le preguntaron: —¿Cómo es que los discípulos de Juan y de los fariseos ayunan, pero los tuyos no? Jesús les contestó: —¿Acaso pueden ayunar los invitados del novio mientras él está con ellos? No pueden hacerlo mientras lo tienen con ellos. Pero llegará el día en que se les quitará el novio, y ese día sí ayunarán. Nadie remienda un vestido viejo con un retazo de tela nueva. De hacerlo así, el remiendo fruncirá el vestido y la rotura se hará peor. Ni echa nadie vino nuevo en odres viejos. De hacerlo así, el vino hará reventar los odres y se arruinarán tanto el vino como los odres. Más bien, el vino nuevo se echa en odres nuevos". (Mr 2:18-22)

18
febrero

PARA QUE LA GENTE QUIERA VOLVER A TOCAR A JESÚS

Mis notas:

La elección de los doce discípulos pudiera entenderse como una asignación destinada al poder, es decir, para ser jerarcas del movimiento de Jesús y, posteriormente, de la naciente Iglesia. La otra opción es entenderse como un encargo de servicio, para prolongar el ministerio compasivo de Jesús.

Hay otras formas de interpretar esa selección, pero, en esas dos, se resumen las grandes actitudes con las que las iglesias asimilaron el lugar y dinámica del poder: poder para servir o servirse del poder.

Tristemente la segunda opción, la de servirse del poder, prevaleció sobre la otra, más exactamente a partir del siglo IV, cuando la Iglesia firmó sus grandes alianzas con los poderes imperiales.

Pero el sentido de la elección, según Jesús, fue y sigue siendo el servicio compasivo que dignifica y que transforma: sanar, liberar y anunciar palabras de esperanza. Y, cuando esto se cumple, la gente quiere "a tocar a Jesús" (Lc 6:19). En el servicio desinteresado está su atractivo,

"Por aquellos días, Jesús se fue al monte a orar, y se pasó toda la noche orando a Dios. Cuando se hizo de día, reunió a sus discípulos y escogió de entre ellos a doce, a quienes constituyó apóstoles. Fueron estos: Simón, al que llamó Pedro, y su hermano Andrés; Santiago y Juan; Felipe y Bartolomé; Mateo, Tomás, Santiago, hijo de Alfeo, y Simón, el llamado Zelote; Judas, hijo de Santiago, y Judas Iscariote, que fue el traidor. Jesús bajó con ellos del monte hasta un lugar llano. Los acompañaba también un gran número de discípulos y mucha gente procedente de todo el territorio judío, de Jerusalén y de la costa de Tiro y Sidón. Acudían a escucharlo y a que los curase de sus enfermedades. También curaba a los que estaban poseídos por espíritus impuros. Todo el mundo quería tocar a Jesús, porque de él salía una fuerza que los curaba a todos". (Lc. 6:12-19)

NO BEBER, NO FUMAR Y NO "BAILAR APRETADITO"

¿De qué manera los cristianos(as) mostramos al mundo que somos seguidores de Jesús? En la tradición evangélica latinoamericana hemos respondido a la pregunta refiriéndonos, por lo general, a comportamientos individuales, sobre todo estos tres: no beber licor, no fumar cigarros y no "bailar apretadito". (Esto último me causó gracia cuando lo escuché hace unos años en un país de Centroamérica)

Esto para el caso evangélico. Entre católicos(as) existen otros cánones para definir el mismo asunto. Pero, en ambos casos, se resaltan las faltas a la ética individual (micro-ética) y se desdeñan las de la ética social (macro-ética). Quizá esto explique que en los países de más amplia tradición católica (en el sur de Europa) se encuentren los más altos porcentajes de corrupción y de desigualdad social. Y ni qué hablar de América, donde abundan las cifras de fieles evangélicos y sus mandatarios expone la Biblia en público, pero aumentan miserablemente las cifras de desempleo y la falta de asistencia sanitaria expone la salud de su población más vulnerable.

Jesús usó dos figuras para enseñar en qué consiste dar testimonio público de la fe: ser sal y ser luz. En las culturas antiguas estos dos elementos sostenían la vida. La sal era necesaria para el bienestar humano (preservaba, purificaba y condimentaba) y la luz permitía desarrollar las actividades diarias necesarias para la convivencia y subsistencia.

Mostramos al mundo que seguimos a Jesús cuando "ponemos sabor" a la vida y la sazonamos con alegría, amistad, bienestar, ternura y justicia. Cuando ayudamos a combatir las tinieblas que oscurecen la vida. Hoy, la vida de millones de personas es opacada por acciones políticas, descuidos sociales y abusos económicos y religiosos que afectan su bienestar.

La ética cristiana necesita salir de su estrechez moralista y abrirse a los asuntos sociales, para sazonar la existencia. Para traer luz y disipar estas tinieblas que hoy nos abaten y atentan contra la vida.

"Ustedes son la sal de este mundo. Pero si la sal pierde su sabor, ¿cómo seguirá salando? Ya no sirve más que para arrojarla fuera y que la gente la pisotee. Ustedes son la luz del mundo. Una ciudad situada en lo alto de una montaña no puede ocultarse. Tampoco se enciende una lámpara de aceite y se tapa con una vasija. Al contrario, se pone en el candelero, de manera que alumbre a todos los que están en la casa. Pues así debe alumbrar la luz de ustedes delante de los demás, para que viendo el bien que hacen alaben a su Padre celestial". (Mt. 5:13-16)

Mis notas:

20
febrero

Mis notas:

El Evangelio de Mateo se escribió entre los años 80 y 90 d.C. después de haberse escrito el de Marcos. Su propósito, entre otros, era hacer una nueva interpretación del Primer (Antiguo) Testamento y sentar las bases de la ética cristiana. Es muy probable que no haya sido escrito por una sola persona.

En aquel momento rondaba una pregunta inaplazable para las comunidades cristianas y era cómo influenciar a su sociedad con el Evangelio de Jesús. ¿Lo harían a la manera de los imperios políticos o los ejércitos dominantes, o a la manera sencilla, paciente y esperanzadora de Jesús?

Mateo sugiere dos metáforas para esa respuesta: ser como la sal que da sabor a las comidas y como la luz que ilumina la casa.

Así de sencillo es el camino de la incidencia cristiana. Porque la fe no está para imponerse, sino proponerse. No está para obligar, sino para liberar, iluminar (luz para un mundo lúcido) y darle sabor a la vida (sal para un mundo sabroso).

"Ustedes son la sal de este mundo. Pero si la sal pierde su sabor, ¿cómo seguirá salando? Ya no sirve más que para arrojarla fuera y que la gente la pisotee. Ustedes son la luz del mundo. Una ciudad situada en lo alto de una montaña no puede ocultarse. Tampoco se enciende una lámpara de aceite y se tapa con una vasija. Al contrario, se pone en el candelero, de manera que alumbre a todos los que están en la casa. Pues así debe alumbrar la luz de ustedes delante de los demás, para que viendo el bien que hacen alaben a su Padre celestial". (Mt 5:13-16)

RELIGIÓN QUE LE TRANSMITA VIDA A LA VIDA

365 · **Harold Segura** - *El evangelio en pocas palabras*

Mis notas:

U na de las controversias más frecuentes de Jesús con los administradores de la religión de aquel tiempo —los fariseos y otros—, era acerca del respeto que se debía tener a la ley y las tradiciones antiguas.

¿Se debe apedrear a una mujer pecadora, tal como lo enseñaba la ley de Moisés? (Jn 8:5). Ante la crueldad de esa ley, Jesús opta por la generosidad del perdón y la advertencia a favor de la vida: "vete y no peques más" (Jn 8:11).

¿Pueden recoger espigas sus discípulos un sábado sabiendo que la ley ordena que ese es el santo día de reposo? (Mar 2:24). Jesús responde que sí, puesto que los discípulos tenían hambre y la ley debe estar al servicio del ser humano; no el ser humano al servicio de la ley (Mr 2:27).

Fueron muchos los episodios así. Y, al final, llega la cruz, en parte debido a las acusaciones de que Jesús era un enemigo de la ley y, por ende, peligroso maestro de la libertad (Lc 6:11).

Pero, ¿era Jesús un enemigo de la ley? No. "No piensen que yo he venido a anular la ley de Moisés o las enseñanzas de los profetas. No he venido a anularlas, sino a darles su verdadero significado". (Mt 5:17). No vino para anularla, ni destruirla (que se queden tranquilos los fariseos), sino para descubrirle su verdadero significado o, en otras palabras, para completarla.

La letra de la ley, mata. El Espíritu, da vida. (2 Co 3:6). La letra hubiera matado a la mujer y hubiera dejado con hambre a los discípulos. El Espíritu dio vida y calmó el hambre.

Letra sin Espíritu, es el atajo de la religión intransigente.

Espíritu sin ley es la simplificación de algunas espiritualidades espurias.

Letra con Espíritu, es el camino de la fe que hace plena la vida.

"No piensen que yo he venido a anular la ley de Moisés o las enseñanzas de los profetas. No he venido a anularlas, sino a darles su verdadero significado. Y les aseguro que, mientras existan el cielo y la tierra, la ley no perderá ni un punto ni una coma de su valor. Todo se cumplirá cabalmente". (Mt 5:17-18)

JESÚS, CLAVE DE INTERPRETACIÓN

Mis notas:

En el Evangelio de Mateo, Jesús se refiriere con tanta antipatía hacia los jefes religiosos de su tiempo que fue necesario que, desde el inicio de ese Evangelio, se dejara en claro si su desagrado era también hacia la ley y los profetas. Dijo que su misión no era anular los principios de la ley, ni las enseñanzas de los antiguos profetas. Esta aclaración era necesaria.

El problema no son los textos sagrados, sino sus intérpretes que se sienten amos de esos textos y dueños de Dios. Por eso, Jesús, con su vida y enseñanzas, es la clave imprescindible para comprender interpretarlos. Él no vino a anularlos, sino a completarlos, a darles su verdadero y real sentido.

A partir de Jesús se puede comprender mejor a Moisés y entender a Isaías, Jeremías, Ester y el resto de las Escrituras. La compasión, la justicia, la misericordia y la paz son los criterios de interpretación que nos ofrece Jesús. Ninguno de estos valores debe ser infringido, para aspirar a la grandeza del reino de los cielos.

"No piensen que he venido a anular la ley o los profetas; no he venido a anularlos, sino a darles cumplimiento. Les aseguro que mientras existan el cielo y la tierra, ni una letra ni una tilde de la ley desaparecerán hasta que todo se haya cumplido. Todo el que infrinja uno solo de estos mandamientos, por pequeño que sea, y enseñe a otros a hacer lo mismo, será considerado el más pequeño en el reino de los cielos; pero el que los practique y enseñe será considerado grande en el reino de los cielos" (Mt 5:17-19)

PARA RESPIRAR LA ALEGRÍA DE LA VIDA

Mis notas:

La experiencia religiosa implica, entre otras, la práctica de ritos, la celebración de ceremonias, la aceptación de credos y la afirmación de tradiciones herederas. Todo esto tiene valor, siempre y cuando no se crea que la fe consiste solo en eso, en seguir los ritos, asentir los credos y conserva las tradiciones.

Para Jesús, las prácticas y tradiciones tienen sentido cuando nos ayudan a ser personas más responsables, solidarias y amorosas. Cuando hacen más humano al ser humano.

La fe de Jesús puso la misericordia por encima de los sacrificios (Mt 9:13) y a los seres humanos sobre las leyes sagradas (Mr 2:27). Nos enseñó que la fe se nutre de la ritualidad, pero no se reduce a ella.

La fe no se enclaustra en los templos, ni se ata a los credos, ni se limita a las tradiciones. Fe es libertad para respirar la alegría de la vida y liberar el poder del amor.

"Porque les digo a ustedes que no van a entrar en el reino de los cielos a menos que su justicia supere a la de los fariseos y de los maestros de la ley. »Ustedes han oído que se dijo a sus antepasados: "No mates, y todo el que mate quedará sujeto al juicio del tribunal". Pero yo les digo que todo el que se enoje con su hermano quedará sujeto al juicio del tribunal. Es más, cualquiera que insulte a su hermano quedará sujeto al juicio del Consejo. Y cualquiera que lo maldiga quedará sujeto al fuego del infierno". (Mt 5:20-22)

UNA LETRA ASÍ,
MATA.

Mis notas:

Quien lee la Biblia de manera literal, aunque dice estar siendo fiel al texto, termina siendo infiel a su Autor.

Con lecturas bíblicas "al pie de la letra": se avalan guerras (Éx 17:16), se discrimina sectores de la población (Esd 10:10-11), se legitiman desigualdades sociales (Gn 9:26), se excluye a los que piensan o actúan diferente (1 Co 5:11)

y se llega a cometer actos crueles e indignos contra otras personas y contra sí mismo

(Mt 5:29-30).

Pablo enseñaba que una lectura así, produce muerte: "la letra mata" (2 Co 3:6). Lo estamos viendo: mata la alegría de vivir, convierte la fe en sacrificios y a las personas diferentes en monstruosos enemigos.

La lectura de la Biblia, como la lectura de la vida, precisa del Espíritu: "...pero el Espíritu da vida" (2 Co 3:6). Porque el Espíritu es vitalidad que llena de paz, justicia, amor, paciencia, alegría y ternura esta vida.

"Así que, si tu ojo derecho es para ti ocasión de pecado, sácatelo y arrójalo lejos de ti. Más te vale perder una parte del cuerpo que ser arrojado entero a la gehena. Y si tu mano derecha es para ti ocasión de pecado, córtatela y arrójala lejos de ti. Más te vale perder una parte del cuerpo que ser arrojado entero a la gehena". (Mt 5:29-30)

LA LEY, NECESARIA, PERO INSUFICIENTE

Mis notas:

El Evangelio habla, una y otra vez acerca de la justicia, pero no de cualquier justicia, sino la del Reino. Jesús contrasta esta justicia con la de los fariseos y maestros de la ley, expertos en legislaciones y reglas de obligatorio cumplimiento, pero inexpertos en convivencia fraterna y humana.

Ellos sabían que la ley ordenaba "no matar" y que, como guardianes del "orden divino", les correspondía enjuiciar al asesino. Hasta allí su sagrado deber. Sabían condenar a los culpables, más que ayudar a reconstruir la convivencia humana para que hubiera menos asesinos.

Jesús sabía que la ley, aunque sirve para regular la inevitable realidad del mal, no siempre logra promover una cultura del bien. Esta se cultiva educando nuestras emociones ("el que se enoje con su hermano"), dignificando las relaciones sociales ("cualquiera que insulte a su hermano") y, entre otras, humanizando nuestras prácticas de fe (vinculando las ofrendas y la reconciliación con el prójimo).

Esta es la revolución de la ternura, la de Jesús y la de su Reino: trabajar por leyes más justas, al mismo tiempo que cultivar relaciones más humanas.

"Porque les digo a ustedes que no van a entrar en el reino de los cielos a menos que su justicia supere a la de los fariseos y de los maestros de la ley. Ustedes han oído que se dijo a sus antepasados: "No mates, y todo el que mate quedará sujeto al juicio del tribunal". Pero yo les digo que todo el que se enoje con su hermano quedará sujeto al juicio del tribunal. Es más, cualquiera que insulte a su hermano quedará sujeto al juicio del Consejo. Y cualquiera que lo maldiga quedará sujeto al fuego del infierno. Por lo tanto, si estás presentando tu ofrenda en el altar y allí recuerdas que tu hermano tiene algo contra ti, deja tu ofrenda allí delante del altar. Ve primero y reconcíliate con tu hermano; luego vuelve y presenta tu ofrenda. »Si tu adversario te va a denunciar, llega a un acuerdo con él lo más pronto posible. Hazlo mientras vayan de camino al juzgado, no sea que te entregue al juez, y el juez al guardia, y te echen en la cárcel. Te aseguro que no saldrás de allí hasta que pagues el último centavo". (Mt 5:20-26)

Mis notas:

Cuando Jesús entraba en la sinagoga, lo hacía, unas veces para enseñar (Mt 9:35), otras para debatir (Mr 6:4-6) y muchas para sanar (Mr 3:5). De manera indirecta, lo que muestran esas narraciones es que a ese lugar de culto le faltaba enseñanza, le sobraba polémicas y, en no pocos casos, era un lugar de enfermedad.

En una de sus visitas se encontró con un hombre que tenía una mano atrofiada. Jesús, al verlo, quiso sanarlo. Los fariseos y los del partido de Herodes, por su parte, al ver a Jesús sanando, lo quisieron matar (Mr 3:6).

Marcos registró las reacciones de Jesús sin faltarle detalles: les hizo tres preguntas provocadoras, los calló, les echó una mirada enojada y triste y, al final, para cerrar el episodio, sanó al enfermo en contra de la voluntad de ellos.

Los dejó callados devolviéndole la salud a aquel hombre. Era su manera de silenciar a sus obcecados adversarios: sanado, amando y ofreciendo libertad.

"Jesús entró otra vez en la sinagoga. Había allí un hombre que tenía una mano atrofiada, y los que estaban buscando un motivo para acusar a Jesús se pusieron al acecho a ver si, a pesar de ser sábado, lo curaba. Jesús dijo al hombre de la mano atrofiada: — Ponte ahí en medio. Luego preguntó a los otros: — ¿Qué es lo que se permite en sábado? ¿Hacer el bien o hacer el mal? ¿Salvar una vida o destruirla? Ellos callaron. Al verlos tan obcecados, Jesús les echó una mirada, enojado y entristecido al mismo tiempo, y dijo al enfermo: — Extiende la mano. Él la extendió y la mano recuperó el movimiento. Los fariseos, por su parte, y los del partido de Herodes, se reunieron, al salir, para tramar el modo de matar a Jesús". (Mr 3:1-6)

FE ADMIRADA Y RESPETADA

Mis notas:

A Jesús lo seguían propios y extraños, gente de todas las regiones y de las más variadas condicione sociales y convicciones religiosas. El Evangelio de Marcos así lo quiere demostrar: de Judea, Jerusalén, Idumea, del otro lado del Jordán, Tiro y Sidón. Su mensaje es universal.

Y lo seguían porque ofrecía lo que más se necesita: salud y libertad. Por eso, "se abalanzaban sobre él para tocarlo". Hasta las fuerzas del mal declaraban, a su manera, la grandeza de Jesús.

Este es el camino para que la fe se haga respetable: que se consagre a la atención de las necesidades humanas (salud, libertad, dignidad y bienestar integral) y que lo haga con la sencillez y compasión que lo hizo el Maestro.

"Jesús se retiró al lago con sus discípulos, y mucha gente de Galilea lo siguió. Cuando se enteraron de todo lo que hacía, acudieron también a él muchos de Judea y Jerusalén, de Idumea, del otro lado del Jordán y de las regiones de Tiro y Sidón. Entonces, para evitar que la gente lo atropellara, encargó a sus discípulos que le tuvieran preparada una pequeña barca; pues, como había sanado a muchos, todos los que sufrían dolencias se abalanzaban sobre él para tocarlo. Además, los espíritus malignos, al verlo, se postraban ante él, gritando: ¡Tú eres el Hijo de Dios!» Pero él les ordenó terminantemente que no dijeran quién era él". (Mr 3:7-12)

CREÍAN
QUE ESTABA LOCO

Mis notas:

L os parientes de Jesús fueron los primeros en sorprenderse con su comportamiento y hasta llegaron a creer que "estaba fuera de sí".

Lo que decía y lo que hacía, además de la gente con la que se rodeaba y los otros a los que se oponía, les hizo pensar que su cometido no procedía de un llamamiento de arriba, del cielo, sino de abajo, de una profunda confusión de su mente alterada.

Y tenían razón en preocuparse por él, porque Jesús actuaba fuera de los limites acostumbrados por la religión y la sociedad en general (siempre correcta, legal y normal). Y quien procede así, asume riesgos. Y Él los asumió, hasta éste, de ser malinterpretado por los más cercanos. Esta es la locura del Evangelio (1 Co 2:14).

> *"Luego entró en una casa, y de nuevo se aglomeró tanta gente que ni siquiera podían comer él y sus discípulos. Cuando se enteraron sus parientes, salieron a hacerse cargo de él, porque decían: «Está fuera de sí»". (Mr 3:20-21)*

DETENER LA ESPIRAL DEL ODIO

U na de las novedades de Jesús dentro del mundo de las creencias religiones es su enseñanza acerca del amor a los enemigos. Desde otros credos se había mandado el trato compasivo hacia ellos, pero no el amor, tal como lo presentó el Maestro. Desde antiguo se ha practicado el amor a los amigos y el odio a los enemigos, pero aquí, se introduce una primicia de su Evangelio.

Esta sabia lección no es un pregón a favor de la ingenuidad, ni del idealismo cándido, porque Jesús sabe que existen enemigos crueles y perseguidores perniciosos. Lo sabe muy bien, pero también cree que el círculo infernal de la violencia y el odio se interrumpe solo con algo contrario a ellos.

El amor a los enemigos es una elección radical que se fundamenta en la convicción de que todos somos hijos de un mismo "Padre que está en los cielos" (lo que Viktor E. Frankl llamaba, monantropismo). Y llamarlo así, Padre, nos hace parte de una misma familia humana. En esta creencia acerca del ser humano se basa esta ética del amor.

"Ustedes han oído que se dijo: "Ama a tu prójimo y odia a tu enemigo". Pero yo les digo: Amen a sus enemigos y oren por quienes los persiguen, para que sean hijos de su Padre que está en el cielo. Él hace que salga el sol sobre malos y buenos, y que llueva sobre justos e injustos. Si ustedes aman solamente a quienes los aman, ¿qué recompensa recibirán? ¿Acaso no hacen eso hasta los recaudadores de impuestos? Y, si saludan a sus hermanos solamente, ¿qué de más hacen ustedes? ¿Acaso no hacen esto hasta los gentiles? Por tanto, sean perfectos, así como su Padre celestial es perfecto". (Mt 5:43-48)

DIOS COMO PRETEXTO
MANIPULABLE

Mis notas:

Jesús prohíbe que juremos y lo afirma de manera contundente e incondicional: "No jures en manera alguna. No jures por el cielo, porque es el trono de Dios; ni por la tierra, porque es el estrado de sus pies; ni por Jerusalén, porque es la ciudad del gran Rey" (Mt 5:33-34).

Søren Kierkegaard, el filósofo danés dl siglo XIX, decía que era incoherente jurar colocando la mano sobre un libro que prohíbe jurar.

Es que quien jura, pone a Dios, o al cielo, o la autoridad que invoque, como testigo de lo que se está jurando. Es una forma de acudir a Dios (u a otra representación del poder) para que le de credibilidad al que jura. Una credibilidad que la persona, quizá, no tiene.

Por eso, jurar así, es tratar de utilizar a Dios y, de paso, de subestimar a la persona que jura. Si jura, se supone, es porque tiene credibilidad para cumplir. Por eso, ¡que no entrometa al Señor!

Pretenden manipular a Dios los que juran en un estrado judicial. También los que hacen negocios invocando su nombre como parte de su estrategia comercial; los que hacen "caridad cristiana" buscando sus propios intereses ideológicos o políticos; los que usan la Biblia para legitimar abusos, respaldar atropellos u obtener provecho partidista.

¡A Dios dejémoslo ser Dios! y nosotros, hagámonos responsables de nuestra humanidad, procuremos actuar con responsabilidad y hagámonos cargo de nuestros hechos. Mejor así, que pretender manipularlo a Él y tratar de utilizar al prójimo.

"Pero yo les digo: No jures en manera alguna. No jures por el cielo, porque es el trono de Dios; ni por la tierra, porque es el estrado de sus pies; ni por Jerusalén, porque es la ciudad del gran Rey. Ni siquiera jures por tu propia cabeza, porque no está en tu mano hacer blanco o negro ni uno solo de tus cabellos. Digan simplemente: "sí" o "no"; todo lo que se diga de más, procede del maligno". (Mt 5:33-37)

ACTIVISMO SOCIAL DEL AMOR, LA TERNURA Y LA RECONCILIACIÓN

3
marzo

Mis notas:

Uno de los fines en los que coinciden la mayoría de religiones y sistemas religiosos es el de combatir los males que padecemos como humanidad y, además, señalar el mal que los mismos seres humanos producimos. Por medio de sus creencias, ritos y discursos, señalan el mal general para que procuremos su transformación y advierten la realidad de nuestra propia maldad para que busquemos conversión.

Tras esos fines, han propuesto normas y leyes. Un ejemplo fue la antigua "ley del talión", por medio de la cual se buscaba establecer equidad en el ejercicio de la justicia. En un mundo de venganzas sin límites, las leyes religiosas establecieron equidad limitando quitar un ojo a quien había quitado un ojo y un diente a quien había quitado un diente. La ley judía (Éx 21:23-25) y el Código de Hammurabi (s. XVIII a.C.) así lo establecieron. Era una medida que, aunque hoy la juzgamos como cruel y violenta, en su contexto era una forma de establecer orden y limitar las venganzas extremas.

Pero Jesús, formado dentro de la tradición religiosa judía, enseñó algo distinto. Para él no basta con señalar cuáles son los males, ni siquiera en hallar a los culpables, sino en encontrar las soluciones. Y la "ley del talión", aunque estaba en las Escrituras antiguas y era una medida de regulación más equitativa que las anteriores, conservaba un gran defecto: trataba de eliminar la violencia con la violencia.

La violencia no se elimina con violencia, ni el odio con odio. Gandhi lo apuntó: "Ojo por ojo y todo el mundo quedará ciego".

Jesús enseñó la preeminencia táctica del amor, el perdón y la ternura. Ahí está su enseñanza del Sermón de la Montaña para probarlo (Mt 5:1-7:29). Amor que no es sinónimo de pasividad personal, ni ingenuidad política.

3
marzo

Mis notas:

Ante las desgracias de este mundo de violencias e injusticias, nos invita a vivir la gracia del amor y de la reconciliación. Son enseñanzas con aplicaciones para la vida individual, comunitaria y social. ¿Una política basada en el amor que humanice y reconcilie? Sí.

"Ustedes saben que se dijo: Ojo por ojo y diente por diente. Pero yo les digo: No recurran a la violencia contra el que les haga daño. Al contrario, si alguno te abofetea en una mejilla, preséntale también la otra. Y si alguno te fuerza a llevar una carga a lo largo de una milla, llévasela durante dos. A quien te pida algo, dáselo; y a quien te ruegue que le hagas un préstamo, no le vuelvas la espalda". (Mt 5:38-39 41-42)

Mis notas:

Algunas psicologías proponen que la emoción precede a la razón. Explican que, por ejemplo, nos apasionamos con una creencia o una ideología y después buscamos las justificaciones racionales que las sustentan. Argumentamos solo para justificar nuestras pasiones. Los fariseos de ayer y los fundamentalistas de hoy parecen seguir esa lógica.

"Algunos de los que estaban escuchando estas palabras afirmaban: — Seguro que este es el profeta esperado. Otros decían: — Este es el Mesías. Otros, por el contrario, replicaban: — ¿Pero es que el Mesías puede venir de Galilea? ¿No afirma la Escritura que el Mesías tiene que ser de la familia de David y de Belén, el pueblo de David? Así que la gente andaba dividida por causa de Jesús". (Jn 7:40-43)

Si lo dicho antes es cierto, entonces podríamos editar la muy conocida frase de René Descartes, "Pienso, luego existo" (cogito ergo sum) para formularla —con permiso del francés— de esta manera: "siento, luego pienso". Así funcionan, por lo menos, muchas razones teológicas, religiosas y doctrinales.

Jesús, por el contrario, libre de dogmatismos apasionados, vivió su experiencia de la Verdad, no como un concepto caprichoso para justificar la discriminación y el odio, sino como apertura amorosa, libre e incluyente. En esto nos mostró la mejor imagen del Padre:

> "*Saben que se dijo: Ama a tu prójimo y odia a tu enemigo. Así serán verdaderamente hijos del Padre que está en los cielos, pues él hace que el sol salga sobre malos y buenos y envía la lluvia sobre justos e injustos*". (Mt 5:43, 45)

Mis notas:

Dios hace que salga el sol sobre la gente mala y la buena. Envía la lluvia, por igual, para los justos y los injustos. Ama a todas las personas por igual. Jesús, basado en lo anterior, apunta algo más: define a los hijos e hijas de Dios como aquellas personas que, en su vida, actúan según ese amor amplio, generoso y abundante. Amor planetario. Se caracterizan por hacer "algo extraordinario" en la vida. No solo saludan a los que los saludan y no solo aman a los que los aman. Esto sería hacer "lo ordinario" y en eso no habría diferencia alguna con las demás personas. "Hacer lo extraordinario", tratando de vivir con generosidad y ternura, es lo que les distingue. Esto, nada tiene que ver con fanatismos teológicos, con discriminaciones basadas en creencias individuales, ni con apoyos apasionados a caudillos políticos "defensores de Dios". Amar a las personas que no nos aman, saludar a las que no nos saludan, tratar bien a las que no nos tratan bien,

Luchar por un mundo menos injusto, respetar por igual el derecho de todas las personas y procurar el bien-estar y el bien-ser de todos los seres humanos. He aquí a las hijas e hijos de Dios, dijo Jesús. Porque el odio, el rencor y la venganza, deshumanizan y favorecen la espiral de violencia. Al parecer, la calidad de hijo o hija tiene que ver más con la ética que con la metafísica.

"Saben que se dijo: Ama a tu prójimo y odia a tu enemigo. Pero yo les digo: Amen a sus enemigos y oren por los que los persiguen. Así serán verdaderamente hijos del Padre que está en los cielos, pues él hace que el sol salga sobre malos y buenos y envía la lluvia sobre justos e injustos. Porque si solamente aman a los que los aman, ¿qué recompensa pueden esperar? ¡Eso lo hacen también los recaudadores de impuestos! Y si saludan únicamente a los que los tratan bien, ¿qué hacen de extraordinario? ¡Eso lo hacen también los paganos!". (Mt 5:43-48)

LEYES RELIGIOSAS
Y VALORES HUMANOS

Mis notas:

Después de las bienaventuranzas (Mt 5:1-12), Jesús continuó hablando a la multitud que lo escuchaba. No fueron enseñanzas exclusivas dirigidas a sus discípulos, ni argumentos polémicos para confrontar a los letrados de la ley. Esta vez, la gente, en general, fue su auditorio.

Les enseñó que el camino para entrar en el reino de los cielos era cumplir la voluntad de Dios, pero, como la gente había creído que esa voluntad consistía en hacer lo que decían los textos de la ley interpretados literalmente, como lo hacían los fariseos, les dijo que no se trataba de leerlos de esa manera.

Les aclaró que los textos sagrados, cuando se leen "al pie de la letra", no siempre expresan lo que quiere Dios. Y les dio el ejemplo del mandamiento "no matarás". Lo que Dios quiere no es solo que no matemos, sino que no insultemos, que no ultrajemos, ni actuemos con venganza. Se mata a los demás de otras formas.

La letra apunta a no asesinar a ningún ser humano, pero el espíritu de la letra a respetar y dignificar a todos los seres humanos por igual. Enseñó a rebasar las normas estrictamente religiosas y a aspirar a los valores profundamente humanos.

> *"Y les digo esto: Si ustedes no cumplen la voluntad de Dios mejor que los maestros de la ley y que los fariseos, no entrarán en el reino de los cielos. Ya saben que se dijo a los antepasados: No mates; el que mate, será llevado a juicio. Pero yo les digo: El que se enemiste con su hermano, será llevado a juicio; el que lo insulte será llevado ante el Consejo Supremo, y el que lo injurie gravemente se hará merecedor del fuego de la gehena. Por tanto, si en el momento de ir a presentar tu ofrenda en el altar, te acuerdas de que tu hermano tiene algo en contra de ti, deja tu ofrenda allí mismo delante del altar y ve primero a reconciliarte con tu hermano. Luego regresa y presenta tu ofrenda. Ponte de acuerdo con tu adversario sin demora mientras estás a tiempo de hacerlo, no sea que tu adversario te entregue al juez, y el juez a los guardias, y vayas a dar con tus huesos en la cárcel. Te aseguro que no saldrás de allí hasta que pagues el último céntimo de tu deuda". (Mt 5:20-26)*

7
marzo

FENOMENOLOGÍA DE LA COMPASIÓN

Mis notas:

Después de un tiempo en Galilea, Jesús regresó a Jerusalén para celebrar una de las principales fiestas religiosas de Israel. Su forma de celebrar es diferente, así lo registra el cuarto Evangelio.

En pleno día sábado, el que por tradición debía estar dedicado al Templo o a la sinagoga, Jesús lo celebra en un estanque donde se encontraban muchos enfermos "echados en el suelo".

Las aguas de ese estanque, según algunos, eran removidas de vez en cuando y, entonces, el primer enfermo que lograra arrojarse al agua, recobraba la salud. Y Jesús sanó allí a un enfermo que llevaba treinta y ocho año esperando su turno. "Alza tu camilla y anda". En lugar de discutir acerca de la validez o no de esa creencia, actuó a favor de la persona necesitada (fenomenología de la compasión).

Los judíos, por su parte, lo criticaron porque el sábado no era permitido cargar la camilla. Son dos maneras diferentes de entender la religión, la de Jesús y la de estos judíos: ¿qué está primero, la camilla o el que está en la camilla? ¿El respeto extremo al rito o la compasión sensible por quien sufre?

"Algún tiempo después, los judíos celebraban una fiesta, y Jesús volvió a Jerusalén. En Jerusalén, cerca de la puerta llamada de las Ovejas, hay un estanque que en hebreo se llama Betzatá. Tiene cinco pórticos, en los cuales se encontraban muchos enfermos, ciegos, cojos y tullidos echados en el suelo.

Mis notas:

Había entre ellos un hombre que estaba enfermo desde hacía treinta y ocho años. Cuando Jesús lo vio allí acostado y se enteró del mucho tiempo que llevaba así, le preguntó: —¿Quieres recobrar la salud? El enfermo le contestó: —Señor, no tengo a nadie que me meta en el estanque cuando se remueve el agua. Cada vez que quiero meterme, otro lo hace primero. Jesús le dijo: —Levántate, alza tu camilla y anda. En aquel momento el hombre recobró la salud, alzó su camilla y comenzó a andar. Pero como era sábado, los judíos dijeron al que había sido sanado: —Hoy es sábado; no te está permitido llevar tu camilla. Aquel hombre les contestó: —El que me devolvió la salud, me dijo: "Alza tu camilla y anda." Ellos le preguntaron: —¿Quién es el que te dijo: "Alza tu camilla y anda"? Pero el hombre no sabía quién lo había sanado, porque Jesús había desaparecido entre la mucha gente que había allí. Después Jesús lo encontró en el templo, y le dijo: —Mira, ahora que ya estás sano, no vuelvas a pecar, para que no te pase algo peor. El hombre se fue y comunicó a los judíos que Jesús era quien le había devuelto la salud. Por eso los judíos perseguían a Jesús, pues hacía estas cosas en sábado". *(Jn 5:1-16)*

Mis notas:

Jesús, después de sanar a un hombre enfermo le dijo que podía recoger su camilla e irse.

Eso ocurrió un santo sábado, por lo que los rigurosos observantes de la ley se irritaron con el hombre porque ese día, según ellos, en honor a Dios, no se debía hacer trabajo alguno… y cargar una camilla excedía el trabajo permitido.

El hombre, al verse atacado por ellos, se excusó diciendo que cargaba la camilla porque su sanador se lo había autorizado. ¿Y quién es ese hombre?, le preguntaron. Y no supo responder. No sabía quién era Jesús, hasta poco después, cuando se lo encontró en el Templo.

Ni los "acosadores religiosos" conocían a Jesús, ni el que había estado enfermo daba razón de su sanador. A aquellos poco les importó el enfermo y mucho la ley. Al enfermo, poco le importo lo de la ley habiendo sido curado de sus males.

Jesús, cuando se volvió a encontrar con el enfermo le advirtió que se alejara del pecado porque pecar trae sufrimiento. ¿Qué les hubiera dicho a los fanáticos de la ley?

Quizá que se alejaran de esas formas de interpretar la ley porque con ellas hacen sufrir a los demás.

Se sufre por pecar y se peca haciendo sufrir a otros.

"Así que los judíos dijeron al que había sido curado: — Hoy es sábado y está prohibido que cargues con tu camilla. Él respondió: — El que me curó me dijo que recogiera mi camilla y me fuera. Ellos le preguntaron: — ¿Quién es ese hombre que te dijo que recogieras tu camilla y te fueras? Pero el que había sido curado no lo sabía,. pues Jesús había desaparecido entre la muchedumbre allí reunida. Poco después, Jesús se encontró con él en el Templo y le dijo: — Ya ves que has sido curado; no vuelvas a pecar para que no te suceda algo peor. Se marchó aquel hombre e hizo saber a los judíos que era Jesús quien lo había curado". (Jn 5:10-15)

JESÚS ES DIOS
Y DIOS ES JESÚS

Mis notas:

Eso que tanto exasperaba a los fanáticos de la ley, que Jesús sanara los sábados, era algo que Jesús hacía, no de vez en cuando, ni por un error involuntario. Era una "violación" usual según lo comenta el Evangelio: "Jesús no se privaba de hacer tales cosas en sábado" (Jn 5:16).

Y cuando lo acosaban, respondía diciendo que él actuaba siguiendo el ejemplo del Padre. Oír esto, les provocaba tanta furia que deseaban matarlo.

Para Jesús la vida de las personas que sufren está por encima de los preceptos religiosos. Y lo hace así porque, según él, su Padre cree y hace lo mismo.

Es que si, como sabemos, Jesús es Dios, también hay que saber que Dios es Jesús. Dios es como actuó, amo, sirvió y vivió el Maestro de Nazareth. "Esta afirmación provocó en los judíos un mayor deseo de matarlo" (Jn 5:18).

"Se marchó aquel hombre e hizo saber a los judíos que era Jesús quien lo había curado. Y como Jesús no se privaba de hacer tales cosas en sábado, los judíos no dejaban de perseguirlo. Pero él les replicaba diciendo: — Mi Padre no cesa nunca de trabajar, y lo mismo hago yo. Esta afirmación provocó en los judíos un mayor deseo de matarlo, porque no solo no respetaba el sábado, sino que además decía que Dios era su propio Padre, haciéndose así igual a Dios". (Jn 5:15-18)

Mis notas:

La razón que Jesús les dio a sus contradictores acerca de por qué hacía milagros cuando no debía (el día del obligado reposo) fue que lo hacía porque así actuaba su Padre. Además, les respondió, que la relación entre ellos era la de un Padre que ama al Hijo y éste que lo imita en todo.

Eso de que un ser humano como Jesús hablara así de Dios, con tanta confianza, intimidad y complicidad, resultaba inaceptable para los tradicionalistas y ortodoxos del pueblo. Nadie podía, ni debía referirse así de Dios; era blasfemia.

Peor aún que afirmara que Dios el Padre no era un ser furioso y vengador, sino dador de vida, amoroso y que "no juzga a nadie" (Jn 5:22). Un Dios así, provocaba sospechas y, un Hijo así resultaba peligroso. Así era el Dios de Jesús.

"Jesús, entonces, se dirigió a ellos diciendo: — Yo les aseguro que el Hijo no puede hacer nada por su propia cuenta; él hace únicamente lo que ve hacer al Padre. Lo que hace el Padre, eso hace también el Hijo. Pues el Padre ama al Hijo y le hace partícipe de todas sus obras. Y le hará partícipe de cosas mayores todavía, de modo que ustedes mismos quedarán maravillados. Porque así como el Padre resucita a los muertos, dándoles vida, así también el Hijo da vida a los que quiere. El Padre no juzga a nadie; todo el poder de juzgar se lo ha dado al Hijo. Y quiere que todos den al Hijo el mismo honor que dan al Padre. El que no honra al Hijo, tampoco honra al Padre que lo ha enviado".
(Jn 5:19-23)

UNA DISTINTA
NORMALIDAD

Mis notas:

La felicidad, según la entiende el Evangelio, es diferente a como se interpreta comúnmente.

En nuestro mundo, los medios publicitarios propagan espejismos de felicidad: autos lujosos, viajes fantásticos, familia perfecta, salud rebosante y religión prospera.

Jesús, por su parte, dice que la auténtica dicha (bienaventuranza) se encuentra entre los pobres, los que tienen hambre, los que lloran, los que son tratados con odio y los proscritos. Error, gran error, sería interpretar esas palabras como si fuera la fe de los cobardes, sumisos y pusilánimes.

Estas sentencias de Jesús, no exaltan el fracaso. Lo que sí hace es mostrar que los que se dicen felices no siempre son "los ganadores" (estos esconden sus congojas tras sus éxitos) y los que llamamos fracasados no siempre son "los perdedores". Jesús, con su propia vida fue un fracasado ante los ojos del poder religioso de Israel y del poder político y militar de Roma, pero, al final, es el ser más victorioso y pleno que haya habido.

(Flp 2:9-11).

Vencer no es triunfar. Triunfar no es ganar. Ganar no es derrotar. Esa lógica pagana del éxito explica la ilógica de las desigualdades sociales e injusticias que han hecho de nuestro mundo lo que es. Son "los triunfadores" los culpables. Por lo tanto, deberá existir otra manera de vencer, de triunfar y de ganar que no sea esta que ya conocemos. Esa es la nueva lógica, paradójica e "ilógica", que nos presenta Jesús en las bienaventuranzas. En esta nueva forma de felicidad hay esperanza para construir una distinta normalidad.

"Entonces Jesús, mirando a sus discípulos, les dijo: — Felices ustedes los pobres, porque el reino de Dios es de ustedes. Felices ustedes los que ahora tienen hambre, porque Dios los saciará.

11
marzo

Mis notas:

Felices ustedes los que ahora lloran, porque después reirán. Felices ustedes cuando los demás los odien, los echen de su lado, los insulten y proscriban su nombre como infame por causa del Hijo del hombre. Alégrense y salten de gozo cuando llegue ese momento, porque en el cielo los espera una gran recompensa. Así también maltrataron los antepasados de esta gente a los profetas. En cambio, ¡ay de ustedes los ricos, porque ya han recibido el consuelo que les correspondía! ¡Ay de ustedes los que ahora están saciados, porque van a pasar hambre! ¡Ay de ustedes los que ahora ríen, porque van a tener dolor y llanto! ¡Ay de ustedes cuando todo el mundo los alabe, porque eso es lo que hacían los antepasados de esta gente con los falsos profetas!". (Lc 6:20-26)

MÁS QUE ÉTICA Y RELIGIÓN

Mis notas:

El más importante y extenso sermón de Jesús se pronunció, según el Evangelio de Mateo, en una montaña (Sermón del Monte) y según el de Lucas, en una llanura. En ambos casos se presentan las lecciones esenciales del estilo de vida que Jesús les enseña a sus seguidores.

La lista de conductas parece difícil para un ser humano del común: Amar a los enemigos, portarse bien con quienes los odian, bendecir a los que los maldicen, dar a quien les pida, no reclamar lo que se les quite y, como gran resumen, portarse con los demás como quisiera que se portaran con ellos.

En una simple lectura podría tenerse la impresión de que son lecciones éticas. Y, claramente lo son, pero son más que ética. Porque se exigen conductas que exceden lo que la condición humana ofrece de manera natural y espontánea.

No es tampoco un proyecto religioso. No es el resultado de tener unas ideas nobles, ni de cumplir unos ritos religiosos. Es un proyecto de vida (J.M. Castillo), que requiere el apasionamiento por el reino de Dios-Padre, el amor entrañable hacia el Dios-Hijo y el auxilio amoroso de Dios-Espíritu. Es vida que trasciende la vida.

"Pero a ustedes que me escuchan les digo: Amen a sus enemigos y pórtense bien con los que los odian. Bendigan a los que los maldicen y oren por los que los injurian. Si alguno te golpea en una mejilla, ofrécele también la otra. Si alguno quiere quitarte el manto, dale hasta la túnica. A quien te pida, dale, y a quien te quite algo tuyo, no se lo reclames. Pórtense con los demás como quieren que los demás se porten con ustedes. Porque si solamente aman a los que los aman, ¿cuál es el mérito de ustedes? ¡También los malos se comportan así! Y si solamente se portan bien

12
marzo

Mis notas:

con quienes se portan bien con ustedes, ¿cuál es el mérito de ustedes? ¡Eso también lo hacen los malos! Y si solamente prestan a aquellos de quienes esperan recibir algo a cambio, ¿cuál es el mérito de ustedes? ¡También los malos prestan a los malos con la esperanza de recibir de ellos otro tanto! Ustedes, por el contrario, amen a sus enemigos, hagan el bien y presten sin esperar nada a cambio. De este modo tendrán una gran recompensa y serán hijos del Dios Altísimo, que es bondadoso incluso con los desagradecidos y los malos. Sean compasivos, como también el Padre de ustedes es compasivo. No juzguen a nadie, y tampoco Dios los juzgará. No condenen a nadie, y tampoco Dios los condenará. Perdonen, y Dios los perdonará. Den, y Dios les dará: él llenará hasta los bordes y hará que rebose la bolsa de ustedes. Los medirá con la misma medida con que ustedes midan a los demás". (Lc 6:27-38)

MENOS JUICIOS, MÁS COMPASIÓN

Mis notas:

Jesús, al enseñar acerca de la compasión como virtud fundamental del Evangelio, explica que el modelo a seguir es su Padre, y que esa compasión se expresa, no en seductores discursos sobre la moral compasiva, sino en gestos concretos de ética aplicada.

Se muestra en evitar juicios intransigentes y condenas inmisericordes, al mismo tiempo que en practicar el perdón generoso y las dádivas desinteresadas. La razón de fondo es que el Padre es también así: misericordioso, perdonador y generoso.

La relación con el Padre, debería hacernos imitadores de sus rasgos de amor inconmensurable, para promover sociedades más justas, basadas en la compasión hacia todos, no en el odio, ni el desprecio.

"Sean compasivos, así como su Padre es compasivo. No juzguen, y no se les juzgará. No condenen, y no se les condenará. Perdonen, y se les perdonará. Den, y se les dará: se les echará en el regazo una medida llena, apretada, sacudida y desbordante. Porque con la medida que midan a otros, se les medirá a ustedes". (Lc 6:36–38)

Mis notas:

Los dirigentes del Templo solían interpretar la ley de Moisés a partir de los asuntos, por ejemplo, el adulterio o el divorcio. Jesús lo hizo teniendo en cuenta a los seres humanos en concreto: las personas adúlteras o las divorciadas.

Así, al Maestro no le interesaba tanto ensartarse en controversias acerca de qué asuntos ofendían a Dios, como sí en cuáles afectaban la convivencia de los seres humanos y cuáles desconocían su dignidad. Porque nada ofende más a Dios que esto último.

Por eso, al hablar del adulterio y el divorcio (más exactamente, el repudio), hizo referencia a los varones, en lugar de las mujeres. Entonces, eran las mujeres las que por lo general se les acusaba de adulteras (Jn 8:1-11) y los varones los que por lo general tenían derecho al divorcio (Dt 24:1-4).

Jesús interpretó el hecho moral a partir de las víctimas; de las personas que estaban siendo afectados por dicha inmoralidad. Porque moralidad (ética) es, sobre todo, asunto de justicia.

"Ustedes saben que se dijo: No cometas adulterio. Pero yo les digo: El que mira con malos deseos a la mujer de otro, ya está adulterando con ella en el fondo de su corazón. Así que, si tu ojo derecho es para ti ocasión de pecado, sácatelo y arrójalo lejos de ti. Más te vale perder una parte del cuerpo que ser arrojado entero a la gehena. Y si tu mano derecha es para ti ocasión de pecado, córtatela y arrójala lejos de ti. Más te vale perder una parte del cuerpo que ser arrojado entero a la gehena. También se dijo: El que se separe de su mujer, debe darle un acta de divorcio. Pero yo les digo que todo aquel que se separa de su mujer (salvo en caso de inmoralidad sexual), la pone en peligro de cometer adulterio. Y el que se casa con una mujer separada también comete adulterio". (Mt 5:27-32)

ESA PIEDAD DE ROSTRO DEMACRADO

Mis notas:

Los hipócritas religiosos, a los cuales Jesús les dedica una parte del llamado Sermón de la Montaña (Mt 5-7), son personas fervorosas que oran, ayunan y dan limosnas. No los juzga por la escasez de su piedad, sino por el exceso de ella.

También les critica que hayan convertido esa piedad en un espectáculo público para deslumbrar a los demás con su imagen de "gente de bien".

A la multitud que lo escuchaba, le enseñó otra forma de devoción: orar en secreto y ayunar sin demacrar el rostro, a cultivar una espiritualidad sobria y serena, dedicada a alimentar el ser interior y que, cuando se proyecte hacia el exterior, sea para amar y servir, sin buscar más recompensa que la que Dios da. Una piedad con rostro alegre y corazón desinteresado.

"Cuando oren, no hagan como los hipócritas, que son muy dados a orar de pie en las sinagogas y en las esquinas de las calles, para que todo el mundo los vea. Les aseguro que ya han recibido su recompensa. Tú, cuando ores, métete en tu cuarto, cierra la puerta y ora a tu Padre, que está allí a solas contigo. Y tu Padre, que ve en lo escondido, te recompensará.

Cuando ayunen, no anden por ahí con cara triste, como hacen los hipócritas, que ponen gesto de lástima para que todos se enteren de que están ayunando. Les aseguro que ya han recibido su recompensa. Tú, por el contrario, cuando quieras ayunar, lávate la cara y perfuma tus cabellos, para que nadie se entere de que ayunas, excepto tu Padre que ve hasta lo más secreto. Y tu Padre, que ve hasta lo más secreto, te recompensará". (Mt 6:5-6-16-18)

Mis notas:

La oración fue uno de los temas centrales en el repertorio pedagógico de Jesús. Enseñó lo que no se debía hacer al orar, como usar muchas palabras o actuar con hipocresía para que los demás los elogiaran (Mt 6:6-7). Y, en el Sermón de la Montaña, para que la lección quedara muy clara, dio un ejemplo de oración: el Padrenuestro.

En esta oración modelo, entre otros detalles, a Dios se le llama Padre, se pide siempre en plural (nuestro, danos, perdónanos, líbranos), se tiene en cuenta la voluntad de Dios expresada en su Reino y no la voluntad y los intereses de quiénes oran, se expresa el compromiso de perdonar y, al final, se ruega protección contra el mal, del que podemos ser víctimas o también victimarios (el mal que le hacemos a otros).

Orara así es, sobre todo, una norma de vida y no un mero requisito ritual o litúrgico. Ora así, quien está dispuesto a vivir así… o ya vive de esa manera. Porque orar es vivir. Vivir como ciudadanos y ciudadanas del Reino que pedimos que venga.

"Ustedes deben orar así: Padre nuestro, que estás en los cielos, santificado sea tu nombre. Venga tu reino. Hágase tu voluntad en la tierra lo mismo que se hace en el cielo. Danos hoy el pan que necesitamos. Perdónanos el mal que hacemos, como también nosotros perdonamos a quienes nos hacen mal. No nos dejes caer en tentación, y líbranos del maligno. Porque, si ustedes perdonan a los demás el mal que les hayan hecho, también les perdonará a ustedes el Padre celestial. Pero, si no perdonan a los demás, tampoco el Padre les perdonará los pecados que hayan cometido". (Mt 6:9-15)

Mis notas:

Las enseñanzas de Jesús acerca del uso de los bienes materiales supera en número a las que dedicó, por ejemplo, a la oración. Habló más de "las riquezas de este mundo" que de las prácticas piadosas.

Se refirió con mucha dureza en contra de las personas acumuladoras y ladronas. Entonces abundaban y Jesús conocía el efecto social que ocasionaban para el resto de la población. Lo que para unos era riqueza, para otros era miseria.

Y las riquezas deberían beneficiar a muchas personas y no cómo estaba sucediendo entonces (y hoy), a unos pocos muy pocos. Al fin y el cabo, concluye Jesús, los bienes son medios y no fines; deben estar al servicio de todos… y no todos al servicio de ellas.

Una sociedad, como la nuestra, que está en manos del capital financiero y a expensas de unos pocos acumuladores de riquezas, tiene el corazón puesto en el lugar equivocado. Es un mal del "corazón social", que afecta la justa convivencia. "Pues donde tengas tus riquezas, allí tendrás también el corazón" (Mt 6:21).

> *"No acumulen riquezas en este mundo pues las riquezas de este mundo se apolillan y se echan a perder; además, los ladrones perforan las paredes y las roban. Acumulen, más bien, riquezas en el cielo, donde no se apolillan ni se echan a perder y donde no hay ladrones que entren a robarlas. Pues donde tengas tus riquezas, allí tendrás también el corazón". (Mt 6:19-21)*

18
marzo

Mis notas:

Para los hebreos, el verbo ver simbolizaba la manera como se aprecia, valora o juzga la vida, las personas y las cosas en general. Hay gente que ve la vida con egoísmo y otros que la ven con generosidad (Dt 15:9; Prov 22:9; Mt 20:15). Hay quienes ven al prójimo como instrumento de uso y otros que valoran su dignidad. Hay formas de ver, como hay formas de vivir.

Los ojos, para Jesús, son la lámpara para el cuerpo y ellos son los que iluminan u oscurecen la vida. Un ejemplo: si vemos que las personas migrantes son solo indocumentadas ilegales, esa manera de ver oscurece la dignidad que tienen y, por lo tanto, nuestras actitudes y acciones hacia ella terminarán dependiendo de esa forma de verlas.

La fe nos da una nueva forma de ver la vida, las personas y las cosas. Tener fe es, por lo tanto, tener una perspectiva diferente de todo; en este caso, tener la perspectiva de Jesús. Madurar en esa fe es ver cada día más parecido a como él ve.

"Los ojos son lámparas para el cuerpo. Si tus ojos están sanos, todo en ti será luz; pero si tus ojos están enfermos, todo en ti será oscuridad. Y si lo que en ti debería ser luz, no es más que oscuridad, ¡qué negra será tu propia oscuridad! Nadie puede servir a dos amos al mismo tiempo, porque aborrecerá al uno y apreciará al otro; será fiel al uno y del otro no hará caso. No pueden servir al mismo tiempo a Dios y al dinero". (Mt 6:22-24)

LO QUE SE DESTRUYE, NOS DESTRUYE

Mis notas:

E s cierto que Jesús habló mucho más acerca del dinero y las riquezas que de la oración, porque sus enseñanzas no tenían la intención de reformar la vida religiosa, como sí de trasformar la convivencia humana.

Y, si hay algo que lesiona esa convivencia humana es la desigualdad económica, la inequidad en la forma como repartimos los ingresos y activos. Por eso Jesús enseñó sobre el devastador efecto de la acumulación injusta de las riquezas.

La desigualdad económica produce un efecto funesto sobre los derechos básicos de la gente.

"No acumulen riquezas" porque a ellas se pueden destruir muy fácil (hasta una simple polilla las deteriora) y, lo más grave, ellas pueden destruirnos a todos. Lo que se destruye, nos puede destruir.

"No acumulen riquezas en este mundo pues las riquezas de este mundo se apolillan y se echan a perder; además, los ladrones perforan las paredes y las roban. Acumulen, más bien, riquezas en el cielo, donde no se apolillan ni se echan a perder y donde no hay ladrones que entren a robarlas. Pues donde tengas tus riquezas, allí tendrás también el corazón". (Mt 6:19-21)

CONFIAR
NO ES DESPRECIAR

Mis notas:

Mucho se ha escrito acerca de la posible relación entre la filosofía estoica y el cristianismo de los primeros siglos. Hay quienes creen que Jesús, aunque no era de aquella escuela, simpatizaba con sus principios éticos de alcanzar la felicidad prescindiendo de las comodidades, los placeres pasajeros y los bienes materiales.

El "Jesús estoico" es, por lo general, un Jesús austero, que viste con sobriedad, come poco, huye a los placeres, aún a los del amor, el afecto y la amistad; desprecia los bienes materiales y se interesa por la vida del más allá en desmedro de ésta, la de aquí. Y así, con este lente interpretativo se leen muchos textos de los evangelios. Con esta visión se tergiversa el evangelio, además de que se desfigura lo que realmente era el estoicismo.

Así, en aquellos textos en los que Jesús habla de confiar en Dios porque Él siempre estará a nuestro lado y que, por lo tanto, no hay que desgastar la vida y maltratar la salud preocupándonos desmedidamente, se leen como si él hubiera enseñado a despreciar la vida. ¡Error, craso error! En esta interpretación se confunde confiar con despreciar.

Jesús valora la vida tanto que nos dice que él cuidará de ella, incluida la comida, la bebida, la ropa, el cuerpo y la vida entera (Jn.10:10), Creer lo contrario es asunto de paganos (Mt 6:32).

"Por eso les digo: No se preocupen por su vida, qué comerán o beberán; ni por su cuerpo, cómo se vestirán. ¿No tiene la vida más valor que la comida, y el cuerpo más que la ropa? Fíjense en las aves del cielo: no siembran ni cosechan ni almacenan en graneros; sin embargo, el Padre celestial las alimenta. ¿No valen ustedes mucho más que ellas? ¿Quién de ustedes, por mucho que se preocupe, puede añadir una sola hora al curso de su vida?

¿Y por qué se preocupan por la ropa? Observen cómo crecen los lirios del campo. No trabajan ni hilan; sin embargo, les digo que ni siquiera Salomón, con todo su esplendor, se vestía como uno de ellos. Si así viste Dios a la hierba que hoy está en el campo y mañana es arrojada al horno, ¿no hará mucho más por ustedes, gente de poca fe? Así que no se preocupen diciendo: "¿Qué comeremos?" o "¿Qué beberemos?" o "¿Con qué nos vestiremos?" Los paganos andan tras todas estas cosas, pero el Padre celestial sabe que ustedes las necesitan. Más bien, busquen primeramente el reino de Dios y su justicia, y todas estas cosas les serán añadidas. Por lo tanto, no se angustien por el mañana, el cual tendrá sus propios afanes. Cada día tiene ya sus problemas". (Mt 6:25-34)

SIN ASPAVIENTOS, PERO CON PRUDENCIA

365 · Harold Segura - El evangelio en pocas palabras

Siendo que la vida no puede quedar a expensas de lo que enseñen otros (Mt 7:15), sino guiada por criterios propios de fe, madurez y responsabilidad, Jesús ofreció algunas recomendaciones para esto.

Uno de esos consejos fue discernir a quién abrirle el tesoro de las cosas sagradas y más íntimas que se guardan en la profundidad del corazón, como es lo que uno cree, sueña y aspira (sistema de creencias). Ese tesoro no se comparte con cualquiera, porque pudiera ser que, en algunos casos, eso fuera como echarle perlas a unos cerdos (Mt 7:6).

Por otra parte, en lugar de hacer que la vida dependa de las autoridades religiosas, políticas o familiares (con estas tres fuentes de autoridad Jesús fue esquivo y reservado), lo que se debe hacer es aplicar la ley de Moisés a las relaciones de convivencia diaria y cotidiana. Un ejemplo práctico, muy práctico: portándose con los demás como uno quisiera que los demás se portaran con uno (Mt 7:12).

Así enseñó a vivir la fe, poniéndola en práctica, sin aspavientos, pero con prudencia.

"No entreguen las cosas sagradas a los perros, ni echen sus perlas a los cerdos, pues las pisotearán y, revolviéndose, los harán pedazos a ustedes.

Pórtense en todo con los demás como quieren que los demás se porten con ustedes. ¡En esto consisten la ley de Moisés y las enseñanzas de los profetas! Entren por la puerta estrecha. La puerta que conduce a la perdición es ancha, y el camino fácil, y muchos son los que pasan por ellos. En cambio, es estrecha la puerta y angosto el camino que llevan a la vida, y son pocos los que los encuentran". (Mt 7:6, 12-14)

Mis notas:

22
marzo

Mis notas:

Jesús, desde sus primeras enseñanzas públicas, advirtió en contra de los falsos profetas, mentirosos maestros y quienes dicen actuar en nombre de Dios. No ataca tanto sus falsas enseñanzas, como sus desalmadas asechanzas: se disfrazan de ovejas, pero son lobos feroces.

Ante la abundancia y permanencia de esos falsos profetas (en el siglo XXI se siguen multiplicando), trató de adiestrar a la gente acerca de cómo reconocerlos. Y nada dijo sobre las falsas doctrinas, porque la verdad es que muchos de ellos estafan con "sanas doctrinas" y acertadas teologías (Mt 23:3).

El asunto crucial de los falsos representantes de Dios son sus frutos de vida, porque según el Maestro, donde el árbol está sano, los frutos serán saludables y provechosos. Se les detecta, entonces, por lo que son y no por lo que dicen. La vida antes que las homilías.

"Tengan cuidado con los falsos profetas. Se acercan a ustedes haciéndose pasar por ovejas, cuando en realidad son lobos feroces. Por sus frutos los conocerán, pues no pueden recogerse uvas de los espinos, ni higos de los cardos. Todo árbol sano da buenos frutos, mientras que el árbol enfermo da frutos malos. Por el contrario, el árbol sano no puede dar fruto malo, como tampoco puede dar buen fruto el árbol enfermo. Los árboles que dan mal fruto se cortan y se hace una hoguera con ellos. Así pues, también ustedes conocerán a los falsos profetas por sus frutos". *(Mt 7:15-20)*

CIMIENTO DE VIDA

23
marzo

D espués de tres capítulos, Mateo concluye la recapitulación del Sermón de la Montaña con la enseñanza de los dos cimientos. Uno de roca, que sirve para construir una casa firme y el segundo, de tierra arenosa, que pretendía servir para una construcción estable.

Ya terminadas, las dos edificaciones recibieron las mismas pruebas: arreciaron las lluvias sobre ellas, se desbordaron los ríos cercanos y soplaron los vientos con violencia. Y sucedió lo que se sabía que iba a suceder: la primera no cayó, pero la otra se hundió y terminó arruinada por completo.

Jesús dijo que la primera ilustraba las vidas de quienes habían oído su enseñanza y la habían puesto en práctica y, la segunda casa, a los que solo la habían escuchado, pero no habían vivido en consecuencia.

En resumen, el Evangelio se propone eso que señalan las casas, ser el cimiento de la vida, de la personal, familiar y social. No es catecismo, ni dogma que adorna la fachada religiosa, sino base fundamental de la ética que rige la existencia.

"Todo aquel que escucha mis palabras y obra en consecuencia, puede compararse a una persona sensata que construyó su casa sobre un cimiento de roca viva. Vinieron las lluvias, se desbordaron los ríos y los vientos soplaron violentamente contra la casa; pero no cayó, porque estaba construida sobre un cimiento de roca viva. En cambio, todo aquel que escucha mis palabras, pero no obra en consecuencia, puede compararse a una persona necia que construyó su casa sobre un terreno arenoso. Vinieron las lluvias, se desbordaron los ríos y los vientos soplaron violentamente contra la casa que se hundió terminando en ruina total. Cuando Jesús terminó este discurso, la gente estaba profundamente impresionada por sus enseñanzas, porque los enseñaba con verdadera autoridad y no como los maestros de la ley". (Mt 7:24-29)

24
marzo

EL SEMBRADOR
SALIÓ A SEMBRAR

Mis notas:

La parábola del sembrador, entre otras lecciones, recuerda que la efectividad en la predicación del Evangelio no depende exclusivamente del talento de quien lo predica, sino de la actitud y receptividad de quien lo escucha.

Propagar el Evangelio y sus valores del reino no es la práctica de una técnica de eficacia comunicativa, ni menos de estrategia comercial. El sembrador, siembra, no implanta, ni impone. Ante un corazón estrecho y egoísta, poco vale la elocuencia del mensaje.

Seguir a Jesús es asunto del corazón, de permitir que la semilla del amor, el perdón y la justicia crezca y germine en el terreno de la existencia. Este es el secreto del reino que Jesús le reveló a los suyos.

"De nuevo comenzó Jesús a enseñar a la orilla del lago. La multitud que se reunió para verlo era tan grande que él subió y se sentó en una barca que estaba en el lago, mientras toda la gente se quedaba en la playa. Entonces se puso a enseñarles muchas cosas por medio de parábolas y, como parte de su instrucción, les dijo: «¡Pongan atención! Un sembrador salió a sembrar. Sucedió que al esparcir él la semilla, una parte cayó junto al camino, y llegaron los pájaros y se la comieron. Otra parte cayó en terreno pedregoso, sin mucha tierra. Esa semilla brotó pronto porque la tierra no era profunda; pero, cuando salió el sol, las plantas se marchitaron y, por no tener raíz, se secaron. Otra parte de la semilla cayó entre espinos que, al crecer, la ahogaron, de modo que no dio fruto. Pero las otras semillas cayeron en buen terreno. Brotaron, crecieron y produjeron una cosecha que rindió el treinta, el sesenta y hasta el ciento por uno.» «El que tenga oídos para oír, que oiga», añadió Jesús.

Mis notas:

Cuando se quedó solo, los doce y los que estaban alrededor de él le hicieron preguntas sobre las parábolas. «A ustedes se les ha revelado el secreto del reino de Dios —les contestó—; pero a los de afuera todo les llega por medio de parábolas, para que »"por mucho que vean, no perciban; y por mucho que oigan, no entiendan; no sea que se conviertan y sean perdonados". »¿No entienden esta parábola? —continuó Jesús—. ¿Cómo podrán, entonces, entender las demás? El sembrador siembra la palabra. Algunos son como lo sembrado junto al camino, donde se siembra la palabra. Tan pronto como la oyen, viene Satanás y les quita la palabra sembrada en ellos. Otros son como lo sembrado en terreno pedregoso: cuando oyen la palabra, en seguida la reciben con alegría, pero, como no tienen raíz, duran poco tiempo. Cuando surgen problemas o persecución a causa de la palabra, en seguida se apartan de ella. Otros son como lo sembrado entre espinos: oyen la palabra, pero las preocupaciones de esta vida, el engaño de las riquezas y muchos otros malos deseos entran hasta ahogar la palabra, de modo que esta no llega a dar fruto. Pero otros son como lo sembrado en buen terreno: oyen la palabra, la aceptan y producen una cosecha que rinde el treinta, el sesenta y hasta el ciento por uno»". (Mr 4:1-20)

Mis notas:

A la parábola del sembrador (Mr 41-20) le sigue otra que sirve como complemento de la misma lección: la Palabra es como una semilla que debe brotar en el corazón y, cuando eso sucede, debe ser como una lámpara que iluminé más allá de la intimidad del corazón. Porque ¿de qué sirve si se queda guardada en lo secreto?

Lo qué hay adentro del corazón debe expresarse en lo que se vive hacia afuera. Lo que se cultiva en la intimidad del alma (espiritualidad interna) debe repercutir en el mundo exterior (espiritualidad manifiesta). Lo que se siembra en la Iglesia, debe servir a la sociedad, como la luz de una lámpara que se pone en una repisa.

"También les dijo: «¿Acaso se trae una lámpara para ponerla debajo de un cajón o debajo de la cama? ¿No es, por el contrario, para ponerla en una repisa? No hay nada escondido que no esté destinado a descubrirse; tampoco hay nada oculto que no esté destinado a ser revelado. El que tenga oídos para oír, que oiga. »Pongan mucha atención —añadió—. Con la medida que midan a otros, se les medirá a ustedes, y aún más se les añadirá. Al que tiene, se le dará más; al que no tiene, hasta lo poco que tiene se le quitará»". (Mr 4:21-25)

CON GRITOS DE RECLAMO

Mis notas:

L a imagen resulta insólita, la de los discípulos en medio del lago, asustados por una fuerte tormenta (¡quien no!) y Jesús, en la misma barca, dormido sobre un cabezal, cuando las olas azotaban la nave con furia.

Los discípulos lo despertaran con un reclamo. Sin cortesías, ni peticiones sagradas, sino gritándole una queja: "¿no te importa que nos ahoguemos?".

¡Cuántas fervorosas oraciones quisieran expresarse así, con gritos, quejas y reclamos! Pero, falta libertad, amistad o confianza. Y, quizá por eso, se reprimen las angustias y los miedos (a veces se niegan) encubriéndolos de estoica religión.

En la oración, honestidad y amistosa libertad. Cómo los salmistas (Sal 44:23), o el mismo Jesús, quien desde la cruz gritó: Dios mío, ¿por qué me has desamparado? (Mt 27:46).

"Ese día al anochecer, les dijo a sus discípulos: —Crucemos al otro lado. Dejaron a la multitud y se fueron con él en la barca donde estaba. También lo acompañaban otras barcas. Se desató entonces una fuerte tormenta, y las olas azotaban la barca, tanto que ya comenzaba a inundarse. Jesús, mientras tanto, estaba en la popa, durmiendo sobre un cabezal, así que los discípulos lo despertaron. —¡Maestro! —gritaron—, ¿no te importa que nos ahoguemos? Él se levantó, reprendió al viento y ordenó al mar: —¡Silencio! ¡Cálmate! El viento se calmó y todo quedó completamente tranquilo. —¿Por qué tienen tanto miedo? —dijo a sus discípulos—. ¿Todavía no tienen fe? Ellos estaban espantados y se decían unos a otros: —¿Quién es este, que hasta el viento y el mar le obedecen?". (Mr 4:26-34)

GRANDE, PERO DE OTRA MANERA

Mis notas:

Jesús comparó el reino de Dios con algo tan insignificante en su apariencia como una semillita de mostaza. Según lo dijo, es la semilla más pequeña que hay, pero que, una vez sembrada, llega a ser una hortaliza que echa ramas tan grandes que hasta las aves pueden venir y hacer un nido bajo su sombra.

Parábola que tuvo que causar desaliento entre quienes soñaban (sueñan) con un reino imperial, gigante y esplendido, como las dinastías humanas.

Pero el reino predicado por Jesús no tiene esa grandeza, aunque si es grande, a su manera, por sus medios y en su momento. Es grande por el tamaño de su amor, la relevancia de su servicio y el poder de su transformación. Bajo esa sombra nos alojamos.

"Jesús continuó: «El reino de Dios se parece a quien esparce semilla en la tierra. Sin que este sepa cómo, y ya sea que duerma o esté despierto, día y noche brota y crece la semilla. La tierra da fruto por sí sola; primero el tallo, luego la espiga, y después el grano lleno en la espiga. Tan pronto como el grano está maduro, se le mete la hoz, pues ha llegado el tiempo de la cosecha». También dijo: «¿Con qué vamos a comparar el reino de Dios? ¿Qué parábola podemos usar para describirlo? Es como un grano de mostaza: cuando se siembra en la tierra, es la semilla más pequeña que hay, pero una vez sembrada crece hasta convertirse en la más grande de las hortalizas, y echa ramas tan grandes que las aves pueden anidar bajo su sombra». Y con muchas parábolas semejantes les enseñaba Jesús la palabra hasta donde podían entender. No les decía nada sin emplear parábolas. Pero, cuando estaba a solas con sus discípulos, les explicaba todo". (Mr 4:26-34)

MUCHACHITOS
TESTARUDOS

El rechazo que provocó Jesús entre muchos de sus contemporáneos no fue ocasionado por su falta de pericia didáctica, ni su escasa contundencia para expresar quién era y qué quería.

Dijo "a los cuatro vientos" que él era igual al Padre (Jn 14:9) y, desde el inicio de su ministerio, declaró cuál era su misión (Lc 4:18-20).

El problema no era Jesús, sino la gente. Y para ilustrarlo, él mismo usó como comparación un conocido juego de niños de la época.

Los fariseos y doctores de la ley se parecían a esos niños caprichosos que cuando sus amigos tocaron la flauta, no bailaron. Y cuando cantaron tonadas tristes no habían llorado.

Les dijo esto porque cuando Juan el Bautista predicó una fe rigurosa y estricta, lo trataron como endemoniado. Y cuando Jesús predicó una fe liberadora y alegre (muy diferente a la de Juan), lo rechazaron acusándolo de ser comilón, bebedor y amigo de mala gente.

Aunque hubo diferentes opciones para que cambiaran su futuro —Juan era una, Jesús era otra—, ellos las rechazaron. Se aferraron al presente y veneraron el pasado.

Prefirieron seguir viviendo como ayer y seguir creyendo lo de siempre. Vidas sin apertura al cambio. Cerradas a la posibilidad de la conversión. Muchachitos testarudos.

"Jesús siguió diciendo: ¿Con qué compararé a esta gente de hoy? ¿A quién es comparable? Puede compararse a esos niños que se sientan en la plaza y se interpelan unos a otros: "¡Hemos tocado la flauta para vosotros, y no habéis bailado; os hemos cantado tonadas tristes y no habéis llorado!". Porque vino Juan el Bautista, que ni comía ni bebía, y dijisteis de él: "Tiene un demonio dentro". Pero después ha venido el Hijo del hombre, que come y bebe, y decís: "Ahí tenéis a un glotón y borracho, amigo de andar con recaudadores de impuestos y con gente de mala reputación". Pero la sabiduría se acredita en los que verdaderamente la poseen". (Lc 7:31-35)

Mis notas:

Después de recorrer un largo camino de un poco más de 120 kilómetros Jesús llegó a Jerusalén. Sabía lo que podía esperarle, también lo temían sus discípulos quienes le rogaron que no fuera (Mt 16:22). Ya montado en el burrito que había preparado, cerca de la ciudad, la divisó a lo lejos y, al verla, lloró por ella (solo dos veces se presenta llorando, aquí y en Jn 11:35).

¿Jesús llorando por la ciudad que simbolizaba el epicentro de la religión y era el centro de la liturgia de Israel? Sí, lloró y, además, alegó que había sido una ciudad que no había comprendido su mensaje de paz. Días después moriría allí víctima del fanatismo religioso y los intereses políticos. No lloró por él, que sería la víctima, sino por ellos, los victimarios.

Al final, pronunció unas palabras de juicio. Anunció que Jerusalén sería asediada y sus habitantes sufrirían destrucción. Su Evangelio, al igual que la Ley y los profetas, les habían demandado paz, justicia y amor (Miq 6:8), pero habían preferido la violencia, la injusticia y el odio (Mt 23:37). Y la violencia, engendra violencia; la injusticia, injusticia; el desamor, más odio.

La espiral del mal opera así: se produce, se reproduce, destruye y autodestruye. Así, el mal genera su propio juicio (Jerusalén fue destruida en el año 70 d.C., quizá unos años antes de que se escribiera este Evangelio). Ante tanta maldad, ayer como hoy, a veces no queda más que llorar.

"Cuando Jesús llegó cerca de Jerusalén, al ver la ciudad, lloró a causa de ella y dijo:

— ¡Si al menos en este día supieras cómo encontrar lo que conduce a la paz! Pero eso está ahora fuera de tu alcance. Días vendrán en que tus enemigos te rodearán de trincheras, te pondrán sitio, te atacarán por todas partes y te destruirán junto con todos tus habitantes. No dejarán de ti piedra sobre piedra, porque no supiste reconocer el momento en que Dios quiso salvarte". (Lc 19:41–44)

RELIGIÓN INFRUCTUOSA

30 marzo

Mis notas:

El Evangelio de Marcos presenta en una misma sección el enfado de Jesús ante los que habían convertido el Templo en una "cueva de ladrones" y el episodio de una higuera a la que condena por no tener frutos.

En ambos casos hay disgusto; también frustración ante un hambre que no se pudo saciar. En el primer caso, el evangelista cuenta que Jesús sintió hambre y al no poder saciarla (¡que frustración!) sentenció que esa higuera nunca más daría fruto. La condenó a ser lo que ya era, una planta infructífera.

En el segundo episodio, hay otra hambre no calmada, en este caso la espiritual, por culpa de quienes habían convertido la religión en fuente de descarados negocios. A estos también los condena a ser lo que ya eran, una religión infructuosa.

Y a una religión así, no le queda otro camino que simular a Dios y remedar la fe. Mientras tanto, la gente deambula con hambre de una fe que sea simiente de paz, misericordia y justicia. Pero no, solo se queda vendiendo monedas que no sacian el hambre de sentido y de verdad.

"Al día siguiente, cuando salieron de Betania, Jesús sintió hambre. Al ver de lejos una higuera muy frondosa, se acercó a ella a ver si tenía fruto; pero encontró únicamente hojas, porque aún no era el tiempo de los higos. Entonces Jesús exclamó de forma que sus discípulos lo oyeran: — ¡Que nunca jamás coma nadie fruto de ti!

Llegaron a Jerusalén y, entrando en el Templo, Jesús se puso a expulsar a los que allí estaban vendiendo y comprando. Volcó las mesas de los cambistas de moneda y los puestos de los vendedores de palomas, y no permitía que nadie anduviera por el Templo llevando objetos de un lado a otro. Y los instruía increpándolos: — ¿Acaso no dicen las Escrituras que mi casa ha de ser casa de oración para todas las naciones? Pero ustedes la han convertido en una cueva de ladrones. Oyeron estas palabras los jefes de los sacerdotes y los maestros de la ley, y comenzaron a buscar la manera de matar a Jesús. Aunque le tenían miedo, porque toda la gente estaba pendiente de su enseñanza. Al llegar la noche, Jesús y sus discípulos salieron de la ciudad". (Mr 11:12-19)

LOS POBRES COMO EXCUSA

Mis notas:

En Betania, en agradecimiento por la resurrección de Lázaro, se ofreció una cena en honor al amigo que había hecho el milagro. ¡Ninguna liturgia mejor que está de celebrar la vida comiendo con alegría entre amigos!

En ese ambiente, María, la hermana de Lázaro, decidió tener un gesto de inmenso amor con Jesús ungiendo sus pies con un perfume muy costoso.

Judas, quien administraba los fondos del grupo se quejó diciendo que hubiera sido mejor dedicar ese dinero para servir a los pobres. Judas no entiende el lenguaje de la ternura.

El Evangelio aclara que el tesorero no reaccionó así por genuino interés hacia los pobres, sino porque era un ladrón y quería dinero en la bolsa. Judas Iscariote tipifica a tantos políticos, organizaciones y gobiernos que disfrazan sus intereses egoístas bajo la excusa del amor por las personas pobres.

"Seis días antes de la Pascua llegó Jesús a Betania, donde vivía Lázaro, el mismo a quien había resucitado de entre los muertos. Ofrecieron allí una cena en honor de Jesús. Marta servía la mesa y Lázaro era uno de los comensales. María tomó un frasco de perfume muy caro —casi medio litro de nardo puro— y lo derramó sobre los pies de Jesús; después los secó con sus cabellos. La casa entera se llenó de la fragancia de aquel perfume. Entonces Judas Iscariote, el discípulo que iba a traicionar a Jesús, se quejó diciendo: — Ese perfume ha debido costar el equivalente al jornal de todo un año. ¿Por qué no se ha vendido y se ha repartido el importe entre los pobres? En realidad, a él los pobres lo traían sin cuidado; dijo esto porque era ladrón y, como tenía a su cargo la bolsa del dinero, robaba de lo que depositaban en ella. Jesús le dijo: — ¡Déjala en paz! Esto lo tenía guardado con miras a mi sepultura. Además, a los pobres los tendrán siempre con ustedes; a mí en cambio, no siempre me tendrán". (Jn 12:1-8)

ESPERAR LO MEJOR, PREPARARSE PARA LO PEOR

Mis notas:

El capítulo 21 del Evangelio de Lucas, en gran parte dedicado al discurso de Jesús acerca de los trágicos hechos que sucederán en Jerusalén, termina con un vehemente llamado a la oración: "Vigilad, pues, y no dejéis de orar", porque la liberación que se avecina (Lc 21:28) no se aguarda con pasividad, sino con oración y esperanza activa.

Aquellas enseñanzas se dirigieron a sus discípulos y nacieron de una pregunta que ellos habían hecho (Lc 21:7). Dicho lo anterior, el Evangelio nos cuenta que Jesús siguió enseñando, pero ahora a todo el pueblo. Trascurrían sus últimos días y su fin se aproximaba. Y él, consecuente con su enseñanza, por las noches, se retiraba al monte de los Olivos para orar.

Durante el día enseñaba en el Templo y el pueblo acudía desde muy temprano para escucharlo. También madrugaban los jefes de los sacerdotes y los maestros de la ley, pero estos para otro fin, para planear la manera de matarlo. Lo consiguieron pocos días después, ese mismo fin de semana. Si no lo hicieron antes fue por temor al pueblo.

Jesús sabía que su fin estaba cerca, por el lugar donde estaba (Jerusalén) y porque conocía las argucias de sus adversarios. Aun así, siguió enseñando y orando. Era la mejor forma de aclarar lo que les había enseñado a sus discípulos el día anterior, que lo peor se afronta con dignidad y confianza.

"Jesús enseñaba en el Templo durante el día, y por las noches se retiraba al monte de los Olivos. Y todo el pueblo acudía al Templo temprano por la mañana para escucharlo. Ya estaba cerca la fiesta de los Panes sin levadura, es decir, de la Pascua, y los jefes de los sacerdotes y los maestros de la ley andaban buscando la manera de matar a Jesús, pues temían al pueblo". (Lc 21:37-38; 22:1-2)

2
abril

UN SALVADOR QUE
NO SE SALVA

Mis notas:

Antes escapó, ahora decide enfrentar. Y lo hace en el momento y en las condiciones de mayor riesgo.

Jesús decidió entrar a Jerusalén ante la vista de todo pueblo, en uno de los días de mayor afluencia de gente y adoptando un gesto simbólico que iba a provocar la furia de sus perseguidores.

Ese gesto fue entrar montado en un asno. No en el caballo blanco que usaban los afamados militares y políticos imperiales. Él quería subrayar que, aunque era rey, lo era de otra manera: un rey humilde, sin ningún atisbo de militarismo prepotente, ni de arrogancia política.

La gente lo vitoreó, lo aclamaron evocando a los profetas y los Salmos (Zac 9:9; Sal 118:25-26). Mientras tanto, los discípulos, otra vez, no entendían el gesto desconcertante del Maestro (Jn 12:16).

No era fácil para ellos entenderlo: ¿arriesgar la vida cuando hubiera podido protégela quedándose al otro lado del Jordán (10:40)? ¿Entrar en un asno para atraerse aún más la rabia de sus opositores?

No es fácil entender a un salvador que no se salva, como difícil es comprender a un rey que se reviste de humildad y sencillez. Con esa lección incomprendida entró Jesús a la ciudad donde moriría.

"Al día siguiente, muchos de los que habían acudido a la fiesta, al enterarse de que Jesús se acercaba a Jerusalén, cortaron ramos de palmera y salieron a su encuentro gritando: — ¡Viva! ¡Bendito el que viene en nombre del Señor! ¡Bendito sea el rey de Israel! Jesús encontró a mano un asno y montó sobre él. Así lo había predicho la Escritura: No temas, Jerusalén; mira, tu rey viene a ti montado sobre un asno. Sus discípulos no entendieron entonces el significado de este gesto; solamente después, cuando Jesús fue glorificado, recordaron que aquello que habían hecho con Jesús ya estaba escrito de antemano sobre él". (Jn 12:12-16)

CUANDO LA
INCERTIDUMBRE ASALTA

La angustia rondó a los discípulos, sobre todo durante la última semana con Jesús, antes de su crucifixión. Era humano y natural. Dónde se presiente la muerte, asoma la angustia y el desconcierto, también para quienes siguen al Señor.

Jesús, tratando de infundirles aliento les dijo que si confiaban en Dios debían confiar también en él. Debían creer en que lo que estaba haciendo era parte del proyecto profético y redentor. Porque ellos confiaban en Dios (que está en los cielos), pero desconfiaban en Jesús, el galileo. No creían que fuera necesario ir a Jerusalén, ni correr tantos riesgos (Mt 16:22).

Les aseguró, además, que cuando él no estuviera, su compañía y amistad estaría siempre con ellos: "los llevaré conmigo, para que puedan estar donde esté yo" (Jn.14:3).

Ante la angustia, entonces, quedan dos cosas por hacer: confiar en que Jesús sabe lo que está haciendo y estar seguros de que, aunque no hace lo que nos gustaría que hiciera, él siempre está cerca de nosotros y nos infunde su aliento de Vida. Confianza y compañía es todo lo que nos ofrece; es todo lo que se necesita cuando la incertidumbre asalta.

"No estén angustiados. Confíen en Dios y confíen también en mí. En la casa de mi Padre hay lugar para todos; de no ser así, ya se lo habría dicho; ahora voy a prepararles ese lugar. Una vez que me haya ido y les haya preparado el lugar, volveré y los llevaré conmigo, para que puedan estar donde esté yo. Y ya saben el camino para ir a donde yo voy.

Tomás replicó:

— Pero, Señor, no sabemos a dónde vas, ¿cómo vamos a saber el camino?

Jesús le dijo:

— Yo soy el camino, la verdad y la vida. Nadie puede llegar hasta el Padre si no es por mí". (Jn 14:1-6)

Mis notas:

Quizá la traición de Judas se deba, entre otras razones, a la decepción que le produjo el saber que Jesús no llevaría a cabo la liberación política a la manera que él y muchos más esperaban. Esa era la expectativa del movimiento nacionalista de los zelotes, con el cual simpatizaban algunos de los discípulos.

Jesús se adelantó a esa traición y, en medio de la Última Cena, la anunció. Ellos preguntaron, según su turno, ¿acaso seré yo? ¿o yo? Porque todos hubieran podido serlo. De una u otra manera, todos se sentían defraudados con el final del Maestro.

Jesús no solo vino para hacer lo bueno, sino para hacerlo a su manera. El amor, la entrega, la misericordia, el perdón, la ternura, la valentía profética y la humildad son el camino que conduce a los cambios más profundos. Y esa manera, a veces, desespera.

Judas no soportó que Jesús traicionara sus expectativas. Y, posiblemente, decidió cobrarle con traición esa traición. Esa es la manera más común de resolver los desengaños, los políticos y otros.

"Uno de los doce, el que se llamaba Judas Iscariote, fue a ver a los jefes de los sacerdotes. —¿Cuánto me dan, y yo les entrego a Jesús? —les propuso. Decidieron pagarle treinta monedas de plata. Y desde entonces Judas buscaba una oportunidad para entregarlo. El primer día de la fiesta de los Panes sin levadura, se acercaron los discípulos a Jesús y le preguntaron: —¿Dónde quieres que hagamos los preparativos para que comas la Pascua? Él les respondió que fueran a la ciudad, a la casa de cierto hombre, y le dijeran: «El Maestro dice: "Mi tiempo está cerca. Voy a celebrar la Pascua en tu casa con mis discípulos"». Los discípulos hicieron entonces como Jesús les había mandado, y prepararon la Pascua. Al anochecer, Jesús estaba sentado a la mesa con los doce. Mientras comían, les dijo: —Les aseguro que uno de ustedes me va a traicionar. Ellos se entristecieron mucho, y uno por uno comenzaron a preguntarle: —¿Acaso seré yo, Señor? —El que mete la mano conmigo en el plato es el que me va a traicionar —respondió Jesús—. A la verdad el Hijo del hombre se irá, tal como está escrito de él, pero ¡ay de aquel que lo traiciona! Más le valdría a ese hombre no haber nacido. —¿Acaso seré yo, Rabí? —le dijo Judas, el que lo iba a traicionar. —Tú lo has dicho —le contestó Jesús". (Mt 26:14-25)

EL DIOS
QUE SE DEJÓ VER

Mis notas:

D ebió ser sorprendente para un judío tradicional escuchar a Jesús decir que quien lo hubiera visto a él, había visto a Dios, el Padre. En la tradición religiosa en la que el mismo Jesús creció, Dios era un ser que, aunque cercano por su amor, era distante por su atributo de grandeza. Lo divino y omnipotente, casi en todas las religiones, está muy lejos de lo humano y débil.

Aún más asombroso lo que declaró después, que quien creyera en él (lo que incluye creer que Dios se dejó ver en Jesús) haría obras tan portentosas y compasivas como él las había hecho... y aún mayores (Jn 14:12).

En conclusión, entonces, Dios se hizo humano en Jesús y los humanos, en Jesús, se convierten en señales prodigiosas del amor del Dios. Atrás debían quedar las ideas del Dios inhumano, como también las de una humanidad desestimada por Dios.

"Jesús le dijo: — Yo soy el camino, la verdad y la vida. Nadie puede llegar hasta el Padre si no es por mí. Si me conocen a mí, conocerán también a mi Padre, a quien en realidad ya desde ahora conocen y han visto. Entonces intervino Felipe: — Señor, muéstranos al Padre; con eso nos conformamos. Jesús le contestó: — Llevo tanto tiempo viviendo con ustedes, ¿y aún no me conocen, Felipe? El que me ve a mí, ve al Padre. Y si es así, ¿cómo me pides que les muestre al Padre? ¿No crees que yo esté en el Padre y el Padre en mí? Lo que yo les he enseñado no ha sido por mi propia cuenta. Es el Padre quien realiza sus obras viviendo en mí. Deben creerme cuando afirmo que yo estoy en el Padre y el Padre está en mí. Den crédito, al menos, a las obras que hago. Les aseguro que el que crea en mí hará también lo que yo hago, e incluso cosas mayores. Porque yo me voy al Padre y todo lo que pidan en mi nombre se lo concederé a ustedes, para que en el Hijo se manifieste la gloria del Padre. Lo que pidan en mi nombre, yo se lo concederé". (Jn 14:6-14)

6
abril

LA ALEGRÍA
DE NO SER DIOS

Mis notas:

Jesús comprendió que, ante la noticia de que ya no estaría con sus discípulos, ellos estaban tristes, tanto que ni preguntaron a dónde iría.

Tristeza y silencio era el ambiente que se percibía antes de la partida. Ante esto, les explicó que su partida era algo conveniente para que viniera el Espíritu Santo, llamado el Abogado.

Enseñó cuál sería la función del Espíritu, la de convencer al mundo de cuánto daño se hacen con su pecado (porque el pecado, más que un mal moral abstracto cometido contra Dios, es un daño concreto que se le hace a los demás seres humanos y a la misma persona que lo comete). También ese Espíritu vendría para mostrar al mundo cuál es el camino que conduce a la libertad (o salvación).

Había, entonces, una buena noticia que los debía confortar: que no serían ellos unos pequeños dioses encargados de convencer a los demás de sus pecados, ni comisionados para forzarlos a andar por el Camino. Esa sería tarea del Consolador... y eso debía ser motivo de alegría. La alegría de no tener que ser Dios.

"Pero ahora que vuelvo al que me envió, ¿por qué ninguno de vosotros me pregunta: "a dónde vas"? Eso sí, al anunciaros estas cosas, la tristeza se ha apoderado de vosotros. Sin embargo, la verdad es que os conviene que yo me vaya. Porque si yo no me voy, el Abogado no vendrá a vosotros; pero, si me voy, os lo enviaré. Cuando él venga demostrará a los que son del mundo dónde hay pecado, dónde un camino hacia la salvación y dónde una condena. El pecado está en que ellos no creen en mí; el camino hacia la salvación está en que yo me voy al Padre y ya no me veréis; y la condena está en que el que tiraniza a este mundo ya ha sido condenado". (Jn 16:5-11)

EL FIN,
NO EL FINAL

E l cuarto Evangelio presenta la crucifixión de Jesús con detalles cargados de profundo simbolismo espiritual (es el Evangelio de la espiritualidad y de la mística). Quien muere es más que un reo juzgado de manera arbitraria. Es el justo que muere víctima de la injusticia para abrir nuevas posibilidades de vida con la justicia que viene por medio del amor. Un triángulo de vida-justicia-entrega enmarca la narración.

Y, en el fondo, la gran novedad cristiana, que quien muere en esa cruz, como ser humano humillado, es el Trascendente y el Totalmente Otro (K.Barth). Esta es la novedad: el Dios celestial, sufriendo en Jesús el dolor terrenal. El Ser de allá, experimentando en un ser humano el acá.

Ese es el Dios cristiano, el que se encuentra cerca, sufriendo con quienes sufren y experimentando hasta lo más hondo la inclemencia del poder despótico. Tanta humillación y dolor llegó hasta su fin: "inclinó la cabeza y entregó el espíritu" (Jn.19:30). Es fue el fin, pero no el final.

Mis notas:

"Jesús salió cargando su propia cruz hacia el lugar de la Calavera (que en arameo se llama Gólgota). Allí lo crucificaron, y con él a otros dos, uno a cada lado y Jesús en medio. Pilato mandó que se pusiera sobre la cruz un letrero en el que estuviera escrito: «JESÚS DE NAZARET, REY DE LOS JUDÍOS». Muchos de los judíos lo leyeron, porque el sitio en que crucificaron a Jesús estaba cerca de la ciudad. El letrero estaba escrito en arameo, latín y griego. —No escribas "Rey de los judíos"— protestaron ante Pilato los jefes de los sacerdotes judíos—. Era él quien decía ser rey de los judíos. —Lo que he escrito, escrito queda —les contestó Pilato. Cuando los soldados crucificaron a Jesús, tomaron su manto y lo partieron en cuatro partes, una para cada uno de ellos. Tomaron también la túnica, la cual no tenía costura, sino que era de una sola pieza, tejida de arriba abajo. —No la dividamos —se dijeron unos a otros—. Echemos suertes para ver a quién le toca. Y así lo hicieron los soldados.

Mis notas:

Esto sucedió para que se cumpliera la Escritura que dice: «Se repartieron entre ellos mi manto, y sobre mi ropa echaron suertes». Junto a la cruz de Jesús estaban su madre, la hermana de su madre, María la esposa de Cleofas, y María Magdalena. Cuando Jesús vio a su madre, y a su lado al discípulo a quien él amaba, dijo a su madre: —Mujer, ahí tienes a tu hijo. Luego dijo al discípulo: —Ahí tienes a tu madre. Y desde aquel momento ese discípulo la recibió en su casa. Después de esto, como Jesús sabía que ya todo había terminado, y para que se cumpliera la Escritura, dijo: —Tengo sed. Había allí una vasija llena de vinagre; así que empaparon una esponja en el vinagre, la pusieron en una caña y se la acercaron a la boca. Al probar Jesús el vinagre, dijo: —Todo se ha cumplido. Luego inclinó la cabeza y entregó el espíritu. Era el día de la preparación para la Pascua. Los judíos no querían que los cuerpos permanecieran en la cruz en sábado, por ser este un día muy solemne. Así que le pidieron a Pilato ordenar que les quebraran las piernas a los crucificados y bajaran sus cuerpos. Fueron entonces los soldados y le quebraron las piernas al primer hombre que había sido crucificado con Jesús, y luego al otro. Pero, cuando se acercaron a Jesús y vieron que ya estaba muerto, no le quebraron las piernas, sino que uno de los soldados le abrió el costado con una lanza, y al instante le brotó sangre y agua. El que lo vio ha dado testimonio de ello, y su testimonio es verídico. Él sabe que dice la verdad, para que también ustedes crean. Estas cosas sucedieron para que se cumpliera la Escritura: «No le quebrarán ningún hueso» y, como dice otra Escritura: «Mirarán al que han traspasado». Después de esto, José de Arimatea le pidió a Pilato el cuerpo de Jesús. José era discípulo de Jesús, aunque en secreto por miedo a los judíos. Con el permiso de Pilato, fue y retiró el cuerpo. También Nicodemo, el que antes había visitado a Jesús de noche, llegó con unos treinta y cuatro kilos de una mezcla de mirra y áloe. Ambos tomaron el cuerpo de Jesús y, conforme a la costumbre judía de dar sepultura, lo envolvieron en vendas con las especias aromáticas. En el lugar donde crucificaron a Jesús había un huerto, y en el huerto un sepulcro nuevo en el que todavía no se había sepultado a nadie. Como era el día judío de la preparación, y el sepulcro estaba cerca, pusieron allí a Jesús" (Jn 19:17-42)

TRANQUILIDAD VERDADERA

Mis notas:

Habiendo sido crucificado Jesús, ¿qué más podían esperar sus adversarios religiosos? Se supone que nada. El contrincante había sido eliminado.

Pero el cuarto Evangelio registra que pidieron algo más: le solicitaron a Pilato que, por favor, no dejara el cuerpo colgado en la cruz, como lo acostumbraban los romanos.

La petición surge de una convicción religiosa basada en las Escrituras (Dt 21:22-23) según la cual el muerto debía ser enterrado el mismo día para evitar que contaminara "la tierra del Señor". Además, era viernes y se acercaba el santo sábado. Es decir, estos religiosos habían asesinado a un inocente y después buscaban aplacar sus culpas observando la ley.

La religión verdadera, por el contrario, valora la vida y defiende los derechos de los inocentes, por eso puede celebrar sus ritos con el corazón alegre y en paz. Una religión así, no mata (Mt 5:21); ofrece tranquilidad verdadera.

"Era el día de preparación y los judíos no querían que los cuerpos de los ajusticiados quedaran en la cruz aquel sábado, porque en él se celebraba una fiesta muy solemne. Por eso, pidieron a Pilato que ordenase quebrar las piernas de los crucificados y retirarlos de allí. Fueron los soldados y quebraron las piernas de los dos que habían sido crucificados con Jesús. Pero cuando se acercaron a Jesús, al comprobar que ya había muerto, no le quebraron las piernas, sino que uno de los soldados le abrió el costado de una lanzada, y al punto brotó de él sangre y agua. El que lo vio da testimonio de ello y su testimonio es verdadero y está seguro de que habla con verdad para que también ustedes crean. Porque todo esto ocurrió para que se cumpliese la Escritura que dice: No le quebrarán ningún hueso. Y también la otra Escritura que dice: Mirarán al que traspasaron" (Jn 19:31-37)

9
abril

ENTRE EL
SUSTO Y LA ALEGRÍA

Mis notas:

Las mujeres que llegaron primero al sepulcro lo hicieron sintiendo en su humanidad la contradictoria mezcla de susto y alegría. Así, juntos, el miedo y el alborozo, porque habían experimentado un terremoto y el relámpago de la vida había alumbrado la tumba vacía.

En medio de las alegrías siempre hay espacio para los sustos, como ante los temores siempre hay lugar para el regocijo.

Jesús regresó de la tumba y ha triunfado sobre el horrible poder de la muerte. Ahora, su vida nos da vida. Por su resurrección, hay lugar para la alegría en medio de los sustos de la vida y, en medio de esos sustos, sostener la esperanza.

"No tengan miedo. Vayan a llevar la noticia a mis hermanos".

"Las mujeres se alejaron rápidamente del sepulcro y, asustadas, pero al mismo tiempo llenas de alegría, corrieron a llevar la noticia a los discípulos. En esto, Jesús les salió al encuentro y las saludó; ellas abrazaron sus pies y lo adoraron. Jesús entonces les dijo: — No tengan miedo. Vayan a llevar la noticia a mis hermanos. Díganles que se dirijan a Galilea; allí podrán verme. Mientras las mujeres iban de camino, algunos soldados de la guardia se fueron a la ciudad y comunicaron a los jefes de los sacerdotes lo que había sucedido. Estos se reunieron con los ancianos del pueblo, y entre todos acordaron sobornar a los soldados para que dijeran que los discípulos de Jesús habían robado el cuerpo durante la noche, mientras la guardia dormía. Aseguraron además a los soldados que los librarían de toda responsabilidad si el asunto llegaba a oídos del gobernador. Los soldados tomaron el dinero e hicieron como se les había indicado. Y esta es la versión de lo sucedido que siguen dando los judíos hasta el día de hoy". (Mt 28:8-15)

Y NO
LA CREYERON

Mis notas:

María Magdalena fue la primera persona a la que Jesús resucitado se le apareció. Fue el domingo muy temprano. Marcos, el evangelista, recuerda que ella era la misma persona de la cual el Maestro "había expulsado siete demonios" (Lc 8:2).

Pasados los años, la mujer de Magdala, dejó de ser un símbolo de discípula privilegiada y se acentuó la imagen de mujer endemoniada. En especial, en la Edad Media, algunos centros del poder eclesial y teológico la transformaron en la imagen misma del pecado femenino.

En este caso, como en tantos otros, los intereses eclesiales pudieron más que el Evangelio… aunque Marcos con suma honestidad escribe que ya desde entonces, cuando María les contó a los discípulos varones lo que le había pasado, "no la creyeron" (Mr 16:11).

No siempre se cree lo que se debe, sino lo que se quiere y lo que conviene. Las teologías y doctrinas, muchas veces, se ponen al servicio de las conveniencias y, así, pierde la fe y pierden todos los que en ella creen.

"[Jesús resucitó el primer día de la semana, muy temprano y se apareció primero a María Magdalena, de la que había expulsado siete demonios. Ella fue a anunciárselo a los que habían convivido con Jesús que, llenos de tristeza, no cesaban de llorar. Así que, cuando les dijo que Jesús vivía y que ella misma lo había visto, no la creyeron. Después de esto, Jesús se apareció, bajo una figura diferente, a dos discípulos que iban de camino hacia una finca en el campo. Estos fueron a anunciárselo a los demás, que tampoco les dieron crédito. Por último se apareció a los once discípulos, cuando estaban sentados a la mesa. Después de reprocharles su incredulidad y su obstinación en no dar fe a quienes lo habían visto resucitado, les dijo: — Vayan por todo el mundo y proclamen a todos la buena noticia". (Mr 16:9-15)

11
abril

UN FINAL QUE ES APENAS EL COMIENZO

Mis notas:

Dos discípulos iban caminando juntos desde Jerusalén hacia Emaús. Dejaban atrás el lugar donde habían crucificado sus esperanzas y avanzaban hacia una aldea donde, quizá, tendrían que empezar nuevos proyectos de vida, sin las convicciones de antes y con el alma arrastrando sus desilusiones.

En ese camino y en esa condición se apareció un desconocido que caminó a su lado, escuchó sus decepciones y, al llegar al final de los once kilómetros de viaje, se quedó con ellos y compartió la mesa. Era Jesús y lo reconocieron cuando partió el pan. Después "desapareció de su vista".

Anduvo con ellos sin que lo reconocieran y cuando lo reconocieron, desapareció. Lo creyeron muerto y estaba vivo. Cuando creyeron que un ciclo de su vida había llegado al final, aceptaron que era apenas el comienzo. Esta es la resurrección de los discípulos.

"Ese mismo día, dos de los discípulos se dirigían a una aldea llamada Emaús, distante unos once kilómetros de Jerusalén. Mientras iban hablando de los recientes acontecimientos, conversando y discutiendo entre ellos, Jesús mismo se les acercó y se puso a caminar a su lado. Pero tenían los ojos tan ofuscados que no lo reconocieron. Entonces Jesús les preguntó: — ¿Qué es eso que discuten mientras van de camino? Se detuvieron con el semblante ensombrecido, y uno de ellos, llamado Cleofás, le contestó: — Seguramente tú eres el único en toda Jerusalén que no se ha enterado de lo que ha pasado allí estos días. Él preguntó: — ¿Pues qué ha pasado? Le dijeron: — Lo de Jesús de Nazaret, que era un profeta poderoso en hechos y palabras delante de Dios y de todo el pueblo. Los jefes de nuestros sacerdotes y nuestras autoridades lo entregaron para que lo condenaran a muerte y lo crucificaran. Nosotros teníamos la esperanza de que él iba a ser el libertador de Israel, pero ya han pasado tres días desde que

Mis notas:

sucedió todo esto. Verdad es que algunas mujeres de nuestro grupo nos han desconcertado, pues fueron de madrugada al sepulcro y, al no encontrar su cuerpo, volvieron diciendo que también se les habían aparecido unos ángeles y les habían dicho que él está vivo. Algunos de los nuestros acudieron después al sepulcro y lo encontraron todo tal y como las mujeres habían dicho. Pero a él no lo vieron. Jesús, entonces, les dijo: — ¡Qué lentos son ustedes para comprender y cuánto les cuesta creer lo dicho por los profetas! ¿No tenía que sufrir el Mesías todo esto antes de ser glorificado? Y, empezando por Moisés y siguiendo por todos los profetas, les explicó cada uno de los pasajes de las Escrituras que se referían a él mismo. Cuando llegaron a la aldea adonde se dirigían, Jesús hizo ademán de seguir adelante. Pero ellos le dijeron, insistiendo mucho: — Quédate con nosotros, porque atardece ya y la noche se echa encima. Él entró y se quedó con ellos. Luego, cuando se sentaron juntos a la mesa, Jesús tomó el pan, dio gracias a Dios, lo partió y se lo dio. En aquel momento se les abrieron los ojos y lo reconocieron; pero él desapareció de su vista. Entonces se dijeron el uno al otro: — ¿No nos ardía ya el corazón cuando conversábamos con él por el camino y nos explicaba las Escrituras? En el mismo instante emprendieron el camino de regreso a Jerusalén, donde encontraron reunidos a los Once y a todos los demás, que les dijeron: — Es cierto que el Señor ha resucitado y se ha aparecido a Simón. Ellos, por su parte, contaron también lo que les había sucedido en el camino y cómo habían reconocido a Jesús cuando partía el pan". (Lc 24:13-35)

12
abril

DEMOSTRAR EL EVANGELIO.
UNA NUEVA APOLOGETICA

Mis notas:

Ante la incredulidad de Tomas, Jesús no apeló ni a argumentos teóricos ni a razones especulativas. Lo que hizo fue mostrar sus manos y dejar que se palparan sus llagas. Los hechos antes que las palabras.

Para demostrar la existencia de Dios o la validez de las creencias cristianas, la filosofía, y cuánto más la teología, han escogido el intrincado camino de la metafísica (este es el marco racional de la mayoría de grandes doctrinas), la gnoseología (asunto de métodos del conocimiento) y los razonamientos deductivos, entre otros más.

Pero, en el camino de esos debates, han sobrado razones y han faltado llagas. Sin despreciar el uso de la razón, Jesús escogió la vía de la demostración. Quizá esa sea hoy la ruta para la proclamación del Evangelio en la "próxima normalidad" de la postpandemia.

Años se lleva enseñando el Evangelio, años esperan que sea demostrado, con gestos de amor, solidaridad, misericordia, acogida y ternura. Por este camino, sobran las clásicas y ya obsoletas apologéticas racionalistas de la fe.

"Tomás, uno del grupo de los doce, a quien llamaban "el Mellizo", no estaba con ellos cuando se les presentó Jesús. Así que le dijeron los otros discípulos: — Hemos visto al Señor. A lo que Tomás contestó: — Si no veo en sus manos la señal de los clavos; más aún, si no meto mi dedo en la señal dejada por los clavos y mi mano en la herida del costado, no lo creeré. Ocho días después, se hallaban también reunidos en casa los discípulos, y Tomás con ellos. Aunque tenían las puertas bien cerradas, Jesús se presentó allí en medio y les dijo: — La paz esté con ustedes. Después dijo a Tomás: — Trae aquí tu dedo y mira mis manos; trae tu mano y métela en la herida de mi costado. Y no seas incrédulo, sino creyente. Tomás contestó: — ¡Señor mío y Dios mío! Jesús le dijo: — ¿Crees porque has visto? ¡Dichosos los que crean sin haber visto!". (Jn 20:24-29)

PRUEBAS
DE LA RESURRECCIÓN

En esta ocasión, siete discípulos tuvieron la experiencia del Jesús resucitado. Se les apareció cuando estaban pescando y les preguntó si habían logrado algo. Como respondieron que no, les dijo que echaran la red por el otro lado. Los discípulos no sabían que era Jesús, sin embargo, la echaron.

Y pescaron tal cantidad de peces que apenas podían mover la red. De inmediato reconocieron que era Jesús. Pedro, entonces, se lanzó al agua para encontrarlo. Jesús seguía en la orilla. Después llegaron los otros seis y celebraron el reencuentro.

Jesús les ofreció pescado a la brasa y panes. No se atrevieron a preguntar si el anfitrión era Jesús, porque sabían que era. Las pruebas eran suficientes: les había devuelto la alegría de pescar y habida preparado un momento de amistad. Donde hay esperanza, alegría, paz y amistad, ahí está el Resucitado.

"Poco después, se apareció Jesús de nuevo a sus discípulos junto al lago de Tiberíades. El hecho ocurrió así: estaban juntos Simón Pedro, Tomás "el Mellizo", Natanael el de Caná de Galilea, los hijos de Zebedeo y otros dos discípulos. Pedro les dijo: — Me voy a pescar. Los otros le contestaron: — Vamos también nosotros contigo. Salieron, pues, y subieron a la barca; pero aquella noche no lograron pescar nada. Ya amanecía cuando se presentó Jesús a la orilla del lago, aunque los discípulos no lo reconocieron. Jesús les dijo: — Muchachos, ¿han pescado algo? Ellos contestaron: — No. Él les dijo: — Echen la red al lado derecho de la barca y encontrarán pescado. Así lo hicieron, y la red se llenó de tal cantidad de peces, que apenas podían moverla. El discípulo a quien Jesús tanto quería dijo entonces a Pedro: — ¡Es el Señor! Al oír Simón Pedro que era el Señor, se puso la túnica (pues estaba solo con la ropa de pescar) y se lanzó al agua. Los otros discípulos, como la distancia que los separaba de tierra era solo de unos cien metros, llegaron a la orilla en la barca, arrastrando la red llena de peces. Cuando llegaron a tierra, vieron un buen rescoldo de brasas, con un pescado sobre ellas, y pan. Jesús les dijo: — Traigan algunos de los peces que acaban de pescar. Simón Pedro subió a la barca y sacó a tierra la red llena de peces; en total eran ciento cincuenta y tres peces grandes. Y, a pesar de ser tantos, no se rompió la red. Jesús les dijo: — Acérquense y coman. A ninguno de los discípulos se le ocurrió preguntar: "¿Quién eres tú?", porque sabían muy bien que era el Señor. Jesús, por su parte, se acercó, tomó el pan y se lo repartió; y lo mismo hizo con los peces. Esta fue la tercera vez que Jesús se apareció a sus discípulos después de haber resucitado". (Jn 21:1-14)

Mis notas:

AMIGOS, AL FIN Y AL CABO

Mis notas:

Para la mayoría de estudiosos del Evangelio de Marcos, el texto original termina en el 16:8. Lo que sigue después, entonces, sería probablemente una adición escrita por un redactor diferente (detalles de lo que se llama, la crítica textual).

En este final, Jesús se aparece a los once discípulos. Estaban sentados a la mesa, porque allí, alrededor de ella, era más fácil recordarles que seguía siendo el Dios encarnado, cercano y humano, que come con ellos y hace reclamos.

Les reprochó su incredulidad y su tozudez, e inmediatamente, como lo hacen los buenos amigos, después del reclamo les expresó su confianza encargándoles el anuncio del Evangelio.

Confió su mensaje a sus amigos vulnerables e incrédulos. ¡Amigos, al fin y al cabo! En manos como esas sigue hoy el mismo mensaje.

"Por último se apareció a los once discípulos, cuando estaban sentados a la mesa. Después de reprocharles su incredulidad y su obstinación en no dar fe a quienes lo habían visto resucitado, les dijo: — Vayan por todo el mundo y proclamen a todos la buena noticia. El que crea y sea bautizado, se salvará; el que no crea, será condenado. Y estas señales acompañarán a los que crean: en mi nombre expulsarán demonios; hablarán en idiomas desconocidos; podrán tener serpientes en sus manos; aunque beban veneno, no les hará daño; pondrán sus manos sobre los enfermos y los curarán". (Mr 16:14-18)

OSADÍA
E INTREPIDEZ

Mis notas:

Jesús, pocos días antes de su muerte, les anunció a sus discípulos que les dejaría su paz: "Les dejo mi paz" (Jn 14:27). Es seguro que esa no era la promesa que ellos esperaban. Por sus mentes pasaban otros intereses, como el que reclamaron el día en que Jesús, ya resucitado, se despedía de ellos: la restauración del reino de Israel (Hch 1:6).

Pero, según Jesús, lo que más necesitarían cuando él ya no estuviera era su paz, antes que la solución a las cuestiones políticas (esas las tendrían que descifrar ellos mismos) o la resolución de los interrogantes teológicos (para estos quedaría la comunidad de fe acompañada por el Espíritu).

Lo indispensable para Jesús, entonces, no era tener respuestas, sino recursos para buscar esas respuestas. Por eso la promesa de su paz. Una paz que ayudaría a lidiar con las angustias y el miedo, que son los grandes enemigos. Solo con esa paz se puede vivir con la osadía de Jesús y la intrepidez que nos pide el Evangelio.

"Les dejo la paz, mi paz se la doy. Una paz que no es la que el mundo da. No vivan angustiados ni tengan miedo. Ya han oído lo que les he dicho: "Me voy, pero volveré a estar con ustedes". Si de verdad me aman, deben alegrarse de que vaya al Padre, porque el Padre es mayor que yo. Se lo he dicho a ustedes ahora, por adelantado, para que, cuando suceda, no duden en creer. Ya no hablaré mucho con ustedes, porque se acerca el que tiraniza a este mundo. Cierto que no tiene ningún poder sobre mí; pero tiene que ser así para demostrar al mundo que yo amo al Padre y que cumplo fielmente la misión que me encomendó". (Jn 14:27-31)

Mis notas:

Los frutos del Evangelio son paz, amor, justicia, misericordia, bondad y otros que Jesús enseñó en el Sermón de la Montaña (Mt 5-7) y Pablo escribió en varios de sus textos epistolares (Ro 14:17; Gl 5:22-23).

Ese fruto proviene de una vida que se relaciona de manera personal con Jesús como Maestro y Amigo, puesto que el Evangelio es un programa de vida que conlleva una relación amorosa con él, o con Dios, porque él y el Padre son uno (Jn.10:30).

Y esta relación tan estrecha permanecerá por siempre (Jn 14:3). No dejó un texto con lecciones escritas (Jesús no dejó nada escrito), ni un catálogo de reglas morales, nada de eso; solo su presencia, para que vivamos con él tan cerca como un sarmiento vive unido a la vid.

De esa relación deriva el fruto. De la falta de esa relación proviene la religión legalista y tristona.

*"Yo soy la vid verdadera y mi Padre es el viñador. El Padre corta todos mis sarmientos improductivos y poda los sarmientos que dan fruto para que produzcan todavía más. Ustedes ya están limpios, gracias al mensaje que les he comunicado. Permanezcan unidos a mí, como yo lo estoy a ustedes. Ningún sarmiento puede producir fruto por sí mismo sin estar unido a la vid; lo mismo les ocurrirá a ustedes si no permanecen unidos a mí. Yo soy la vid; ustedes, los sarmientos. El que permanece unido a mí, como yo estoy unido a él, produce mucho fruto, porque separados de mí ustedes nada pueden hacer. El que no permanece unido a mí, es arrojado fuera, como se hace con el sarmiento improductivo que se seca; luego, estos sarmientos se amontonan y son arrojados al fuego para que ardan. Si permanecen unidos a mí y mi mensaje permanece en ustedes, pidan lo que quieran y lo obtendrán. La gloria de mi Padre se manifiesta en que ustedes produzcan fruto en abundancia y se hagan discípulos míos".
(Jn 15:1-8)*

UN SOLO MANDAMIENTO
Y NADA MÁS

Mis notas:

Esta es la vieja y conocida historia del poder (y de los poderosos): Mandar para que otros obedezcan. Ordenar para que los demás se subordinen.

Y quien obtiene los beneficios es quien manda y ordena. Él otro poco importa; el otro solo es un simple subalterno.

También así ha sido la religión tradicional: manda, ordena, inculca, exige y regula. Esa es su felicidad: ser obedecida y respetada.

Quizá por eso resulta extraña la enseñanza de Jesús. Le bastó un solo mandamiento; solo uno, el del amor. Y quien gana al obedecerlo, es la misma persona que obedece. Porque quien ama, se ama. Quien sirve, se sirve. Quien vive para los demás, descubre el secreto de la vida buena.

"...Mi mandamiento es este: que se amen los unos a los otros como yo los he amado. El amor supremo consiste en dar la vida por los amigos. Ustedes son mis amigos si hacen lo que yo les mando. En adelante, ya no los llamaré siervos, porque el siervo no está al tanto de los secretos de su amo. A ustedes los llamo amigos, porque les he dado a conocer todo lo que oí a mi Padre". (Jn 15:9-12-15)

AMOR Y ALEGRÍA, NO TEMOR, NI MELANCOLÍA

Mis notas:

La relación de Jesús con su Padre es de amor, no de temor. Así mismo es la relación entre Jesús y quienes lo siguen. No es una relación de servidumbre (Jn.15:15), sino de amistad en la que prevalece el amor trinitario. Por todo esto, el seguimiento del Señor es un camino "para que participen en mi alegría".

Otra vez Jesús se atreve a romper con los moldes tradicionales de la religiosidad, enmarcados en el temor, la obligación y la melancolía y enseña que su Evangelio es de amor, libertad y alegría.

En este modelo innovador de la fe, los mandamientos existen y deben cumplirse (Jn 13:34). De ese cumplimento depende la libertad y la alegría. Porque, ¿quién puede ser libre y vivir feliz odiando, excluyendo y abusando a su prójimo? Solo amando, como Dios nos ama, logramos una vida en plenitud (realizada), como la vivió Jesús.

> *"Como el Padre me ama a mí, así los amo yo a ustedes. Permanezcan en mi amor. Pero solo permanecerán en mi amor si cumplen mis mandamientos, lo mismo que yo he cumplido los mandamientos de mi Padre y permanezco en su amor. Les he dicho esto para que participen en mi alegría y la alegría de ustedes sea completa". (Jn 15:9-11)*

FE SIN
MUCHOS MANDAMIENTOS

19
abril

Mis notas:

Jesús nació y creció en un contexto religioso regido por los mandamientos y las leyes. Moisés había entregado Diez Mandamientos (Ex 20:1-17) pero, pasados los siglos, a esos mandamientos se fueron sumando otras normas y ordenanzas.

En total, las reglas extraídas de los textos sagrados, más las que se agregaron por la tradición oral ascendía a 613 mandamientos (llamados mitzvot). Porque casi siempre, se ha pensado que creer es obedecer, que Dios es un juez expedidor de mandatos y que la función de los maestros religiosos es controlar la vida de los fieles asegurando el cumplimento de las leyes.

En ese contexto, se esperaba que un Maestro como Jesús hablara más sobre la rigidez de la ley y las obligaciones de la fe, pero no. Jesús, en lugar de extender la ya larga lista de normas, fue directo al espíritu de todas ellas y enunció un único y suficiente mandamiento: el del amor.

Quien ama de corazón, ha cumplido con Dios porque se ha cumplido a sí mismo, le ha cumplido a los demás... y a lo demás.

"Mi mandamiento es este: que se amen los unos a los otros como yo los he amado. El amor supremo consiste en dar la vida por los amigos. Ustedes son mis amigos si hacen lo que yo les mando. En adelante, ya no los llamaré siervos, porque el siervo no está al tanto de los secretos de su amo. A ustedes los llamo amigos, porque les he dado a conocer todo lo que oí a mi Padre. No me eligieron ustedes a mí; fui yo quien los elegí a ustedes. Y los he destinado para que se pongan en camino y den fruto abundante y duradero. Así, el Padre les dará todo lo que le pidan en mi nombre. Lo que yo les mando es que se amen los unos a los otros". (Jn 15:12-17)

Mis notas:

Q uien ama como Jesús amó, corre el riesgo de ser odiado como él lo fue. Esta es la dinámica irracional de nuestra convivencia humana: se odia a quien brinda amor (a Jesús lo mataron por amar) y se venera a los que respiran odio.

Jesús explicó que la causa de ese odio era que sus seguidores no vivían como vive el mundo (el sistema mundo); si vivieran conforme a sus dictados y valores (antivalores) los amarían.

La advertencia, entonces, es: "Como me han perseguido a mí, los perseguirán también a ustedes" (Jn 15:20). La antipatía, el rechazo violento y el odio, en este caso, son el resultado de la fidelidad al mensaje de Jesús.

La fidelidad al Evangelio entraña riesgos. La traición a ese Evangelio, ¡cuántas veces, aplausos!

> *"Si el mundo los odia a ustedes, sepan que primero me odió a mí. Si pertenecieran al mundo, el mundo los amaría como cosa propia. Pero como no pertenecen al mundo, sino que yo los elegí y los saqué de él, por eso el mundo los odia. Recuerden lo que les he dicho: "Ningún siervo es superior a su amo". Como me han perseguido a mí, los perseguirán también a ustedes; y en la medida en que han puesto en práctica mi mensaje, también pondrán en práctica el de ustedes. Y todo lo que hagan contra ustedes por mi causa, lo harán porque no conocen a aquel que me envió". (Jn 15:18-21)*

FE PERSEGUIDA, NO PERSEGUIDORA

Mis notas:

" Si el mundo los odia a ustedes, sepan que primero me odió a mí. Si pertenecieran al mundo, el mundo los amaría como cosa propia. Pero como no pertenecen al mundo, sino que yo los elegí y los saqué de él, por eso el mundo los odia". (Jn 15:18-19)

Cuando la fe promueve igualdad, propone inclusión, despierta alegría y lucha contra las injusticias, despierta odios y aversiones.

Pasó así con la fe de Jesús. Sus paisanos quisieron matarlo cuando incluyó a paganos y a lejanos en sus gestos de atención (Lc 4:28). Lo trataron de desquiciado (Mr 3:21) y de blasfemo (Mt 26:65).

Una fe así, atrae el desprecio de quienes prefieren la religiosidad sosegada, imperturbable y silenciosa, que encubre abusos y disimula injusticias. No fue esta la fe de Jesús. La suya fue una fe perseguida, no perseguidora.

"Recuerden lo que les he dicho: «Ningún siervo es superior a su amo». Como me han perseguido a mí, los perseguirán también a ustedes; y en la medida en que han puesto en práctica mi mensaje, también pondrán en práctica el de ustedes. Y todo lo que hagan contra ustedes por mi causa, lo harán porque no conocen a aquel que me envió". (Jn 15:20-21)

ANTE TANTO FANATISMO, TANTO CONSUELO

Mis notas:

S i el Padre es amor (Jn 15:9) y el Hijo es un amigo (Jn 15:15) quedaba por presentar al Espíritu Santo. Jesús lo hace diciendo que es un defensor (abogado) o consolador; alguien como socorro cuando se le requiere, para ofrecer lo que más se necesita.

Jesús enseñó esto dos o tres días antes de su crucifixión, en un ambiente de angustia (Mc 14:33). En la aflicción extrema, cuando la vida está en riesgo, el Espíritu está cerca para brindar calma y ofrecer auxilio. Así lo estaba experimentando el Maestro.

Les advierte, además, que los futuros adversarios serán los de la sinagoga (Jn 16:2). Dice que esta gente, obcecada por su fanatismo, puede llegar a matar a sus adversarios. Pero ahí está la promesa: ante tanta intolerancia, tanto consuelo del Espíritu. También él anda fuera de las sinagogas buscando a quien consolar.

"Cuando venga el Abogado que les enviaré a ustedes desde el Padre, el Espíritu de la verdad que procede del Padre, él dará testimonio en mi favor. Y también ustedes serán mis testigos, pues no en balde han estado conmigo desde el principio.

Les he dicho todo esto para que no sucumban en la prueba. Porque los expulsarán de la sinagoga. Más aún, llegará un momento en que les quitarán la vida, convencidos de que con ello rinden culto a Dios. Y harán eso con ustedes porque no conocen ni al Padre ni a mí. Se lo digo de antemano para que, cuando suceda, recuerden que ya se lo había anunciado. Al principio no quise decirles nada de esto, porque estaba yo con ustedes". (Jn 15:26–16:4)

EN LA PROFUNDIDAD DEL CORAZÓN

Jesús tenía muchas cosas más para decirles y enseñarles a sus discípulos, pero no las dijo porque aún no tenían la capacidad espiritual (no intelectual) para entenderlas. Esas cosas que atañen a la cualidad humana más profunda (M. Corbí) solo se comprenden con la asistencia del Espíritu (Jn 16:13).

Por eso, entonces, los discípulos debían estar en paz y confiados porque, aunque Jesús se iba a ir, el Espíritu estaría con ellos para continuar la tarea trinitaria, la misma del Padre y del Hijo.

La tarea del Espíritu es guiarnos hacia la comprensión de aquello que, aunque vemos, no advertimos y aunque oímos, no discernimos. Su enseñanza apunta al corazón donde se asienta la vida, donde la razón y la experiencia no siempre son suficientes.

> *"Tendría que decirles muchas cosas más, pero no podrían entenderlas ahora. Cuando venga el Espíritu de la verdad, los guiará para que puedan entender la verdad completa. No hablará por su propia cuenta, sino que dirá únicamente lo que ha oído y les anunciará las cosas que han de suceder. Él me honrará a mí, porque todo lo que les dé a conocer a ustedes lo recibirá de mí. Todo lo que el Padre tiene es también mío; por eso les he dicho que "todo lo que el Espíritu les dé a conocer, lo recibirá de mí". (Jn 16:12-15)*

Mis notas:

Los discípulos, ni después de haber estado con Jesús por casi tres años, entendían muchas de sus enseñanzas. Quedaban aturdidos con algunas afirmaciones y ni se atrevían a preguntarle; solo hacían comentarios entre ellos.

Lo escuchaban con atención, pero no descifraban lo que les quería decir, sobre todo cuando hablaba del Padre y cuando les decía que "se iba pero no se iba".

Al verlos tan intrigados, Jesús les cambió el tono de sus palabras y comenzó a hablarles de sus vidas, lo que les vendría después de su partida: lamentos, gemidos y tristezas.

Y les prometió que la alegría y la paz perdurarían, aún en medio de la congoja (es decir, cuando Jesús ya se hubiera ido, su paz estaría con ellos. Su presencia permanecería siempre... aunque se hubiera ido).

El Evangelio, por no ser solo un cuerpo de doctrinas, sino un estilo de vida, se entiende mejor cuando se aplica a la existencia real y concreta. Ni Jesús logró hacerse entender cuando lo enseñó con verdades abstractas.

"[Añadió Jesús:] — Dentro de poco ya no me verán, pero poco después volverán a verme. Ante estas palabras, algunos de sus discípulos comentaban entre sí: — ¿Qué significa eso que acaba de decirnos: "Dentro de poco ya no me verán, pero poco después volverán a verme"; y eso otro: "Porque me voy al Padre"? Y añadían: — No entendemos qué quiere decir con ese "dentro de poco". Jesús se dio cuenta de que estaban deseando una aclaración, y les dijo: — Están intrigados por lo que acabo de decirles: "Dentro de poco ya no me verán, pero poco después volverán a verme". Les aseguro que ustedes llorarán y gemirán, mientras que los del mundo se alegrarán; ustedes estarán tristes, pero esa tristeza se convertirá en alegría". (Jn 16:16-20)

PRÁCTICA
DEL AMOR POLÍTICO

Mis notas:

E l Evangelio trata acerca del amor de Dios, no del terror de sus juicios, ni del pavor de su carácter. Jesús, pocos días antes de su crucifixión, reafirmó que ese era el fundamento de su mensaje: yo los amo, como el Padre me ama.

Un requisito para gozar de su amor es cumplir con sus mandamientos que, como ya había dicho antes, consisten en practicar ese amor con los demás (Jn 13:34-35).

Este es el círculo amoroso sobre el que Jesús fundamenta su mensaje: el Padre lo ama, él nos ama y él nos manda que nos amemos.

Ese amor, que hasta arriesga la vida por los amigos, es también la base de la convivencia comunitaria y de la justicia social. Es la base de las aspiraciones políticas de quienes siguen al Maestro: convivencia respetuosa, relaciones armónicas, derechos para todos y distribuciones equitativas en estructuras justas. Es la dimensión práctica del amor político.

"Como el Padre me ama a mí, así los amo yo a ustedes. Permanezcan en mi amor. Pero solo permanecerán en mi amor si cumplen mis mandamientos, lo mismo que yo he cumplido los mandamientos de mi Padre y permanezco en su amor. Les he dicho esto para que participen en mi alegría y la alegría de ustedes sea completa. Mi mandamiento es este: que se amen los unos a los otros como yo los he amado. El amor supremo consiste en dar la vida por los amigos. Ustedes son mis amigos si hacen lo que yo les mando. En adelante, ya no los llamaré siervos, porque el siervo no está al tanto de los secretos de su amo. A ustedes los llamo amigos, porque les he dado a conocer todo lo que oí a mi Padre. No me eligieron ustedes a mí; fui yo quien los elegí a ustedes. Y los he destinado para que se pongan en camino y den fruto abundante y duradero. Así, el Padre les dará todo lo que le pidan en mi nombre. Lo que yo les mando es que se amen los unos a los otros". (Jn 15:9-17)

Mis notas:

La relación entre los discípulos y el Padre, hasta ahora, había sido mediada por Jesús, pero él les anuncia que llegará el momento en el que podrán dirigirse a Él directamente. Esta es una razón más para entender por qué es necesario que Jesús los deje y vuelva al Padre.

Pronto podrán presentar sus súplicas al Padre y gozar de su alegría. Jesús declara que su tarea de intermediario ya no será indispensable, puesto que, cuando "llegue ese día, ustedes mismos presentarán sus súplicas al Padre en mi nombre. Y no seré yo quien interceda ante el Padre por ustedes" (Jn.16:26).

Este es otro salto cualitativo en la forma como Jesús presentó la relación con la divinidad. Mientras que las religiones asignan vicarios humanos que se convierten en mediadores indispensables de Dios, Jesús abrió la puerta para que todos puedan pedir, preguntar, relacionarse con Él y, así, llenar la vida de alegría (Jn.16:24).

La relación con Dios es libre, amorosa y plena. No exige la mediación de intermediarios humanos que, en su afán de representar a Dios, en lugar de abrir su puerta, la cierran y se enseñorean del camino. Cierran la puerta de la alegría y convierten la religión en un triste lamento de quejumbrosos.

> *"Les aseguro que el Padre les concederá todo lo que le pidan en mi nombre. Hasta ahora ustedes no han pedido nada en mi nombre. Pidan y recibirán, para que la alegría de ustedes sea completa. Hasta ahora les he hablado en lenguaje figurado; pero llega el momento en que no recurriré más a este lenguaje, sino que les hablaré del Padre en forma clara y directa. Cuando llegue ese día, ustedes mismos presentarán sus súplicas al Padre en mi nombre. Y no seré yo quien interceda ante el Padre por ustedes, pues el mismo Padre los ama porque ustedes me aman a mí y han creído que yo he venido de Dios. Salí del Padre y vine al mundo; ahora dejo el mundo para volver al Padre".*
> *(Jn 16:23-28)*

HABLANDO CLARO

Mis notas:

Al final, ya muy cerca del viernes de la crucifixión, los discípulos se alegran de que Jesús les estuviera hablando con claridad y sin el lenguaje figurado de los días anteriores (lenguaje muy simbólico que caracteriza al Evangelio de Juan).

Le dijeron que por oírlo hablar así reconocían que era un ser que había venido de Dios y, por lo tanto, que creían en él.

Cuando Jesús oyó eso de que creían en él, de inmediato aprovechó para hacerles saber que creer en él es lo mismo que seguirlo. Y seguirlo es lo mismo que arriesgarse a vivir lo que él vivió: entre riesgos, conflictos, compromisos y peligros.

Creer en él, entonces, es seguirlo. Seguirlo es asumir los riesgos. Pero se pueden asumir los riesgos con ánimo, confianza y esperanza. Asumirlos así, es creer. Aquel día, eso les quedó muy claro.

"Los discípulos le dijeron: — Cierto, ahora nos hablas claramente y no en lenguaje figurado. Ahora estamos seguros de que lo sabes todo y no necesitas que nadie te pregunte; por eso creemos que has venido de Dios. Jesús les contestó: — ¿Ahora creen? Pues miren, se acerca el momento, mejor dicho, ha llegado ya, en que cada uno de ustedes se dispersará por su lado y me dejarán solo. Aunque yo no estoy solo, porque el Padre está conmigo. Les he dicho todo esto para que, unidos a mí, encuentren paz. En el mundo tendrán sufrimientos; pero ¡ánimo!, yo he vencido al mundo". (Jn 16:29-33)

AQUÍ, SIN SER DE AQUÍ

Mis notas:

El campo de la Misión cristiana está aquí en el mundo. Es una tarea que se dirige hacia las realidades humanas concretas. No a almas abstractas o a seres incorpóreos.

El mejor ejemplo de esa Misión es Jesús quien: Sació el hambre de los necesitados,

devolvieron la salud a los enfermos, integró a los excluidos y restauró la vida de quienes eran víctimas de otras formas de pecado.

Lo paradójico es esto: la Misión se realiza aquí, aunque no somos de aquí. "En el mundo sin ser del mundo".

Porque no estamos del lado del mundo (sistema). No podríamos estarlo siendo que éste es el que ocasiona el hambre, deja morir a sus enfermos y excluye a las personas más vulnerables. Jesús mismo soportó en la cruz el peso de su pecaminosidad.

"Desde ahora, ya no estaré en el mundo; pero ellos se quedan en el mundo, mientras que yo voy a ti. Protege con tu poder, Padre santo, a los que me has confiado, para que vivan unidos, como vivimos unidos nosotros.

Yo les he confiado tu mensaje, pero el mundo los odia, porque no son del mundo, como yo tampoco soy del mundo. No te pido que los saques del mundo, sino que los libres del mal. Como yo no pertenezco al mundo, tampoco ellos pertenecen al mundo. Haz que se consagren a ti por medio de la verdad; tu mensaje es la verdad". (Jn 17:11-14-17)

VIDA
REALIZADA

Mis notas:

La hora había llegado. Jesús lo sabía, aunque sus discípulos seguían confiando en que otro final era posible, pero para Jesús, no lo era. Por eso oró pidiendo que lo que iba a ocurrir, aunque sería penoso, no fuera trágico, sino que glorificara al Padre, como el Padre lo había glorificado a él.

Esa forma como Jesús vivió el final de su vida terrenal reveló lo que se había propuesto desde el inicio de su ministerio como Maestro: no hacer en la vida lo que hubiera preferido, sino lo que consideraba que era superior. Es asi, según él, como la vida llega a ser plena.

En esa misma oración expresó la satisfacción que sentía por haber sido leal a la voluntad del Padre y haber llevado a cabo la obra que se le había encomendado. Es la satisfacción que produce ser leal a sí mismo y a las convicciones más profundas.

El tono de sus palabras no es el de un mártir desdichado que se sacrifica por una causa grande, sino la de un hombre grande que entrega su vida porque sabe que es la manera de encontrar la dicha verdadera. Ese fue el camino de su realización plena (la gloria).

"Después de decir todo esto, Jesús levantó los ojos al cielo y exclamó: — Padre, ha llegado la hora. Glorifica a tu Hijo, para que tu Hijo te glorifique a ti. Tú le has dado autoridad sobre todas las criaturas; que él dé ahora vida eterna a todos los que tú le has confiado. Y la vida eterna consiste en que te reconozcan a ti como único Dios verdadero, y a Jesucristo como tu enviado. Yo he manifestado tu gloria aquí, en este mundo, llevando a cabo la obra que me encomendaste. Ahora, pues, Padre, hónrame en tu presencia con aquella gloria que ya compartía contigo antes que el mundo existiera. Te he dado a conocer a quienes me confiaste sacándolos del mundo. Eran tuyos; tú me los confiaste, y han obedecido tu mensaje. Ahora han comprendido que todo lo que me confiaste es tuyo; yo les he entregado la enseñanza que tú me entregaste y la han recibido. Saben, además, con absoluta certeza que yo he venido de ti y han creído que fuiste tú quien me enviaste". (Jn 17:1-8)

Mis notas:

En este mundo vivió Dios hecho hombre. En ese mismo dejó a sus discípulos para que continuaran la Misión. Mundo confuso, embrollado y tantas veces cruel. La cruz lo dejó en evidencia.

Por eso Jesús, cuando oraba por los discípulos, pedía que el Padre santo los protegiera y conservara su unidad. Con eso sería suficiente para enfrentar tanto odio en este mundo (Jn 17:14).

Donde se cuenta con la protección divina y con el afecto de una comunidad que convive unida, allí es posible disfrutar de alegría, a pesar de todo (Jn 17:31). Esto les enseñó Jesús a pocas horas de su crucifixión: de la protección que viene de lo alto, de la unidad que se conserva desde abajo y de la alegría que lo sana todo.

"Desde ahora, ya no estaré en el mundo; pero ellos se quedan en el mundo, mientras que yo voy a ti. Protege con tu poder, Padre santo, a los que me has confiado, para que vivan unidos, como vivimos unidos nosotros. Mientras estaba con ellos en el mundo, yo mismo cuidaba con tu poder a los que me confiaste. Los guardé de tal manera, que ninguno de ellos se ha perdido, fuera del que tenía que perderse en cumplimiento de la Escritura. Ahora voy a ti y digo estas cosas mientras todavía estoy en el mundo para que ellos puedan compartir plenamente mi alegría. Yo les he confiado tu mensaje, pero el mundo los odia, porque no son del mundo, como yo tampoco soy del mundo. No te pido que los saques del mundo, sino que los libres del mal. Como yo no pertenezco al mundo, tampoco ellos pertenecen al mundo. Haz que se consagren a ti por medio de la verdad; tu mensaje es la verdad. Yo los he enviado al mundo, como tú me enviaste a mí. Por ellos yo me consagro para que también ellos sean consagrados por medio de la verdad" (Jn 17:11-19)

ECUMENISMO, O COMO LO LLAMEN

Mis notas:

La unidad de todos los que seguimos a Jesús es una aspiración por alcanzar que se basa en una realidad ya consumada: ser uno como Jesús y el Padre ya son uno y como nosotros ya somos uno en el Señor.

No es una unidad estructural (una sola y gran institución eclesial).

Tampoco una coincidencia doctrinal (una única declaración de fe).

Ni una homogeneidad en las perspectivas ideológicas o políticas (un pensamiento social único).

Esa unidad crece y se robustece por medio de la diversidad y el pluralismo. En su vasta diversidad valora la riqueza de las diferencias.

Sobre todo, trabaja en unidad (cooperación fraterna) por el bien de la comunidad, por el cuidado de la Casa Común y a favor de una sociedad más justa y segura. Su compromiso es con la universalidad del Reino de Dios. Y por eso no se queda atrapada en las inseguridades de su particularidad confesional.

Ante una pandemia, la unidad cristiana es una aspiración inexcusable. Pero no por esto, fácil. Jesús lo sabía y por eso oro por ella.

"Te pido que todos vivan unidos. Como tú, Padre, estás en mí y yo en ti, que también ellos estén en nosotros. De este modo el mundo creerá que tú me has enviado. Yo les he comunicado la gloria con que tú me has glorificado, de manera que sean uno, como lo somos nosotros. Como tú vives en mí, vivo yo en ellos para que alcancen la unión perfecta y así el mundo reconozca que tú me has enviado y que los amas a ellos como me amas a mí". (Jn 17:21-23)

Mis notas:

Jesús, en su oración por los discípulos y por el futuro que se avecina, pide porque se mantengan unidos, ellos y quienes crean después por medio de su mensaje.

Esa unidad, por lo que se intuye de sus palabras, no se refiere a un orden institucional que asegure una única afiliación confesional, ni a una declaración de fe o credo que evite las desviaciones del dogma definido por la ortodoxia del Evangelio (por cierto, no dejó dogmas formales). La unidad que quiere es como la que él mismo tiene con el Padre: "como tú, Padre, estás en mí y yo en ti" (Jn 17:23). Unidad espiritual que se traduce en misión servicial.

En medio de su oración, Jesús dejó ver que para que esa unidad sea posible, sus discípulos (y discípulas) necesitan conocer al Padre, que es lo mismo que experimentar su amor y expresar ese amor hacia los demás.

Así, tenemos entonces, que esta unidad se funda en el amor. Donde hay amor, paciente, humilde y servicial, allí crece la unidad que sirve de testimonio al mundo, porque solo de "...este modo el mundo creerá que tú me has enviado." (Jn 17:21).

"Y no te ruego solo por ellos; te ruego también por todos los que han de creer en mí por medio de su mensaje. Te pido que todos vivan unidos. Como tú, Padre, estás en mí y yo en ti, que también ellos estén en nosotros. De este modo el mundo creerá que tú me has enviado. Yo les he comunicado la gloria con que tú me has glorificado, de manera que sean uno, como lo somos nosotros. Como tú vives en mí, vivo yo en ellos para que alcancen la unión perfecta y así el mundo reconozca que tú me has enviado y que los amas a ellos como me amas a mí. Es mi deseo, Padre, que todos estos que tú me has confiado estén conmigo y contemplen mi gloria, la que me diste antes de que el mundo existiese. Padre justo, el mundo no te ha conocido; pero yo te conozco, y todos estos han llegado a conocer que tú me has enviado. Les he dado a conocer quién eres, y continuaré dándoselo a conocer, para que el amor que tú me tienes se manifieste en ellos y yo mismo viva en ellos". (Jn 17:20-26)

CUIDAR,
SIN CONTROLAR

Mis notas:

En la conclusión del cuarto Evangelio aparece Pedro preguntándole a Jesús por la suerte final de otro discípulo, uno muy cercano a los afectos del Maestro. Siendo que a Pedro se le acababa de predecir su final (Jn 21:19), ahora le había comenzado a intrigar el final de los demás.

Jesús le respondió sin titubeos que eso a él no le debería importar: "¿a ti qué?" (Jn 21:22). Lo importante era que él lo siguiera hasta el final. De los demás, se encargaría el Maestro.

Quizá Pedro estaba interpretando el encargo de Jesús de "cuida mis ovejas" (Jn.21:16) como la tarea de inmiscuirse en todo lo referente a la vida y la muerte de las ovejas. ¡Como si cuidar el rebaño significara controlar su destino!

Lo importante para un pastor, o pastora, —y todos en alguna medida lo somos— no es controlar el destino de las ovejas, sino cuidarlas, amarlas y acompañarlas. Es de esta manera como el pastor recuerda que también es otra oveja necesitada, ante todo, de seguir al Maestro: "Tú sígueme" (Jn 21:22).

"Pedro se volvió y vio que detrás de ellos venía el discípulo a quien Jesús tanto quería, el mismo que en la cena se había recostado sobre el pecho de Jesús y le había preguntado: "Señor, ¿quién es el que va a traicionarte?". Al verlo, Pedro preguntó a Jesús: — Señor, y este, ¿qué suerte correrá? Jesús le contestó: — Si yo quiero que él quede hasta que yo vuelva, ¿a ti qué? Tú sígueme. Estas palabras dieron pie para que entre los hermanos circulase el rumor de que este discípulo no iba a morir. Sin embargo, Jesús no dijo a Pedro que este discípulo no moriría; simplemente dijo: "Si yo quiero que él quede hasta que yo vuelva, ¿a ti qué?". Este discípulo es el mismo que da testimonio de todas estas cosas y las ha escrito. Y nosotros sabemos que dice la verdad. Jesús hizo además otras muchas cosas; tantas que, si se intentara ponerlas por escrito una por una, pienso que ni en el mundo entero cabrían los libros que podrían escribirse". (Jn 21:20-25)

Mis notas:

Poder y autoridad son dos palabras que caracterizan el ser cristiano. Jesús prometió ambas cosas y, en su vida, demostró tenerlas (Mt 9:6). Estas propiedades son también la promesa del Espíritu (He 1:8).

Pero, en nombre de ese poder y autoridad se han quemado herejes y se ha actuado con atroz intolerancia. Esta fe, pese a predicar la paz, ha actuado en cientos de casos con violencia inusitada e inhumano fanatismo.

Cuando así ha sido (y es) se ha negado la esencia del Evangelio. Porque es cierto que Jesús habló de esos dones, los enseñó, los vivió y los prometió, pero entendidos como poder para vivir con sencillez y humildad, dando testimonio del amor. Y autoridad para luchar contra todo aquello que destruyen la vida y atentan contra la dignidad del ser humano.

No cualquiera puede vivir como vivió Jesús. Se necesita poder del cielo y autoridad de lo alto, para guardarse limpio del odio, la corrupción y la arrogancia; para no claudicar ante el orgullo que envilece o la intolerancia que degrada.

Poder y autoridad para servir y vivir una "fe sencilla, que no le da espacio a la mentira, que no logra acomodarse a la injusticia y no calla lo que sabe que da vida (Santiago Benavides).

"Jesús reunió a los Doce y les dio poder y autoridad para expulsar toda clase de demonios y para curar enfermedades. Los envió a anunciar el reino de Dios y a curar a los enfermos. Les dijo: — No lleven nada para el camino: ni bastón, ni zurrón, ni pan, ni dinero. Ni siquiera dos trajes. Cuando entren en una casa, quédense en ella hasta que salgan del lugar. Si en algún pueblo no quieren recibirlos, salgan de allí y sacudan el polvo pegado a sus pies, como testimonio contra esa gente. Ellos salieron y recorrieron todas las aldeas, anunciando por todas partes el mensaje de salvación y curando a los enfermos". (Lc 9:1-6)

LA DEBILIDAD DE LOS PODEROSOS Y EL PODER DE LOS DÉBILES

Mis notas:

Los Evangelios insisten en mostrar que los que ostentan el poder político, militar y religioso, no son tan poderosos como ellos lo aseveran, ni como sus seguidores lo creen.

Desde el nacimiento de Jesús, Mateo, por ejemplo, nos presenta a Herodes I el Grande asustado ante el anuncio del nacimiento de un niñito pobre que, según los sabios de Oriente, sería el rey de los judíos. Por ese temor, ordenó matar a todos los niños de Belén y sus alrededores (Mt 2:16).

Lucas, por su parte, presenta a Herodes Antipas (hijo del anterior Herodes) como un poderoso desconcertado ante la supuesta noticia que anunciaba que Jesús era Juan el Bautista resucitado, o el profeta Elías que había regresado. Escena que refleja, con precisión literaria, a los poderosos de este mundo que, tras sus supersticiones y aprensiones, esconden su feroz inhumanidad.

Y así van los Evangelios, de Herodes en Herodes, reflejando la debilidad de los poderosos y el poder de los débiles. Los Herodes mandan a decapitar. Ellos ordenan la muerte porque les falta la Vida (Jn 14:6). Solo andan buscando ocasión para conocerla, pero jamás la encuentran.

"Cuando Herodes, que gobernaba en Galilea, se enteró de todo lo que estaba sucediendo, se quedó desconcertado, porque algunos decían que Juan el Bautista había resucitado de entre los muertos. Otros decían que se había aparecido el profeta Elías; y otros, que uno de los antiguos profetas había resucitado. Pero Herodes dijo:

— Yo mandé decapitar a Juan. ¿Quién podrá ser ese de quien cuentan tales cosas?

Y andaba buscando la ocasión de conocerlo". (Lc 9:7-9)

Mis notas:

Es muy probable que cuando los discípulos —en particular Pedro— declaraban que Jesús era el Mesías enviado por Dios, no comprendían ese mesianismo de la misma manera que Jesús. Muchas de las ideas heredadas respecto de ese libertador prometido (Ex 28:41) estaban asociadas a las de un soberano poderoso que actuaría de una manera opuesta a como había enseñado el Maestro. Por eso, cuando quisieron convertirlo en un rey mundano, huyó (Jn 6:15).

Acerca de Jesús, proliferaban las interpretaciones inexactas. Que era un viejo profeta resucitado, que era un diestro maestro de blasfemias o que era un estratega político que intentaba conquistar el poder terrenal. Así lo decían extraños y ajenos, lo creían los de afuera y los de adentro, los distantes y también sus más cercanos discípulos. Jesús era el incomprendido.

Cuando Pedro hizo la confesión: ¡Tú eres el Mesías enviado por Dios!, Jesús, en lugar de alegrarse, se inquietó y le encargó que se quedara callado; que no se lo dijera a nadie. Una confesión así, en medio de falsas expectativas mesiánicas, era mejor guardarla en silencio. Un silencio así, es mejor que mucho palabreo desacertado. Es un silencio más evangelizador.

"En una ocasión en que Jesús se había retirado para orar a solas, los discípulos fueron a reunirse con él. Jesús, entonces, les preguntó: ¿Quién dice la gente que soy yo?

Ellos contestaron: Unos dicen que eres Juan el Bautista; otros, que Elías; y otros, que uno de los antiguos profetas que ha resucitado.

Jesús insistió: Y vosotros, ¿quién decís que soy?

Entonces Pedro declaró: ¡Tú eres el Mesías enviado por Dios!

Jesús, por su parte, les encargó encarecidamente que a nadie dijeran nada de esto".

(Lc 9:18-21)

UNA VIDA
CON SENTIDO

Mis notas:

Jesús les había advertido a sus discípulos que el camino que recorrería seria escabroso. No porque él lo hubiese querido, pues él es amante y promotor de la vida, no del dolor y de la muerte, sino porque así lo impondrían sus adversarios: los ancianos líderes del templo, los jefes de los sacerdotes y los maestros de la ley.

Sería rechazado por quienes deberían haberlo aceptado y promovido. ¿No eran, acaso, los representantes de la fe y portavoces de la divinidad? Pero no, estos lo matarían.

Dicho lo anterior, les explicó que seguirlo a él implicaba correr sus mismos riesgos y, por ende, obtener sus mismas ganancias. Ganar una vida con sentido. La vida se gana (tiene sentido) cuando se entrega, y se pierde (en el sinsentido) cuando se retiene. Es la paradoja de la existencia y de ella, con su propio ejemplo, les habló Jesús.

"—El Hijo del hombre tiene que sufrir muchas cosas y ser rechazado por los ancianos, los jefes de los sacerdotes y los maestros de la ley. Es necesario que lo maten y que resucite al tercer día. Dirigiéndose a todos, declaró: —Si alguien quiere ser mi discípulo, que se niegue a sí mismo, lleve su cruz cada día y me siga. Porque el que quiera salvar su vida la perderá; pero el que pierda su vida por mi causa la salvará. ¿De qué le sirve a uno ganar el mundo entero si se pierde o se destruye a sí mismo?". (Lc 9:22-25)

8
mayo

DESPUÉS DEL TABOR,
LA LABOR

Mis notas:

Después de la experiencia extraordinaria del Monte Tabor, vino la labor: la de confrontar las huestes del mal, de afrontar la falta de fe los discípulos y lidiar con la perversidad de la gente incrédula.

Pedro tenía la razón al querer quedarse en el Tabor. ¡Se hubieran evitado tantos problemas! Según él, hubiera sido mejor vivir la fe sin luchar con las realidades de cada día. Eso pensaba Pedro, pero cosa distinta pensaba Jesús.

Para el Maestro, la fe crece, madura y adquiere sentido cuando se vive en medio de en crudeza de la vida (Jn 16:33). Hay una fe más fácil y cómoda, pero esa no es la de Jesús. Y por esa fe "todos se quedaron atónitos al comprobar la grandeza de Dios" (Lc.9:43). Si hubiera sido por Pedro, los atónitos hubieran sido solo él y sus dos amigos, Santiago y Juan.

"Al día siguiente, cuando bajaron del monte, mucha gente salió al encuentro de Jesús. De pronto, un hombre de entre la gente gritó: — ¡Maestro, por favor, mira a mi hijo, que es el único que tengo! Un espíritu maligno se apodera de él y de repente comienza a gritar; luego lo zarandea con violencia, haciéndole echar espuma por la boca y, una vez que lo ha destrozado, a duras penas se aparta de él. He rogado a tus discípulos que lo expulsen, pero no han podido. Jesús exclamó: — ¡Gente incrédula y perversa! ¿Hasta cuándo habré de estar con ustedes y soportarlos? Trae aquí a tu hijo. Cuando el muchacho se acercaba a Jesús, el demonio lo derribó al suelo y le hizo retorcerse. Jesús, entonces, increpó al espíritu impuro, curó al muchacho y lo devolvió a su padre. Y todos se quedaron atónitos al comprobar la grandeza de Dios". (Lc 9:37-43)

AMBICIÓN E INTRANSIGENCIA

9
mayo

Mis notas:

E l deseo de ser los primeros también estuvo presente en los discípulos. Pretendían ser los primeros y, además, ser los únicos. En una ocasión discutieron acerca de cuál de ellos sería el primero en el grupo de los Doce.

Jesús no refutó ese anhelo. Era válido, según Jesús, querer ser el primero, pero no por cualquier medio. A los primeros lugares no se debería acceder como en los ambientes políticos, religiosos y comerciales: compitiendo, rivalizando e invalidando a los demás.

Para Jesús, el camino hacia el primer lugar es este: ser insignificantes o pequeños, como los niños. Lo que no equivale a ser despreciables, ni a considerarse mediocres. El Dios de Jesús es el mejor ejemplo de esta insignificancia: siendo Dios se hizo humano para ponerse al servicio de todos (Flp 2:6).

Terminada esta lección, los discípulos le preguntaron qué hacer con un grupo de discípulos de otro maestro a quienes les habían prohibido predicar porque no eran "de los nuestros". Y Jesús, de manera tajante, les dijo que no se lo prohibieran.

Ni ambiciosos, ni intransigentes. Porque la verdadera grandeza se caracteriza por la sencillez, la humildad, el respeto y el amor.

"Los discípulos comenzaron a discutir quién de ellos era el más importante. Pero Jesús, que se dio cuenta de lo que estaban pensando, tomó a un niño, lo puso a su lado y les dijo: — El que reciba en mi nombre a este niño, a mí me recibe; y el que me reciba a mí, recibe al que me ha enviado. Porque el más insignificante entre todos ustedes, ese es el más importante. Juan le dijo: — Maestro, hemos visto a uno que estaba expulsando demonios en tu nombre y se lo hemos prohibido, porque no es de los nuestros. Jesús le contestó: — No se lo prohíban, porque el que no está contra ustedes, está a favor de ustedes". (Lc 9:46-50)

10
mayo

COMO CORDEROS
EN MEDIO DE LOBOS

Mis notas:

Además del grupo de los doce discípulos había otros grupos de personas que seguían a Jesús, unos con más cercanía que otros, pero todos atentos a su mensaje e implicados con la novedad del Evangelio.

Lucas nos cuenta de setenta y dos personas que fueron enviadas, de dos en dos, a los pueblos y lugares a donde Jesús pensaba ir. Estaban encargados de preparar el camino y propiciar las condiciones de su llegada. No era esta una tarea logística (como se dice hoy), sino un encargo discipular que comprometía sus vidas.

Les dijo ¡pónganse en marcha! y, les advirtió que su labor sería semejante a la de unos corderos enviados en medio de lobos. Después de eso, apuntó que su misión consistía en anunciar la paz, curar las dolencias humanas, promover la fraternidad humana y, viviendo así, demostrar que el reino de Dios estaba cerca.

No deberían preocuparse por responder cuándo vendría el reino (asunto de tiempo y vaticinio), sino por demostrar ese reino (asunto de presencia y testimonio). El reino está cerca y se hace evidente donde se convive en paz, se construye bienestar y se lucha con esperanza ante las adversidades de este mundo, habitado por muchos lobos.

"Después de esto, el Señor escogió también a otros setenta y dos, y los envió de dos en dos delante de él a todos los pueblos y lugares a donde él pensaba ir. Les dijo: —La mies es mucha, pero son pocos los obreros. Por eso, pídanle al dueño de la mies que mande obreros a su mies. ¡Póngase en marcha! Yo los envío como corderos en medio de lobos. No lleven monedero, zurrón, ni calzado; y no se detengan tampoco a saludar a nadie en el camino. Cuando entren en alguna casa, digan primero: "Paz a esta casa". Si los que viven allí son gente de paz, la paz del saludo quedará con ellos; si no lo son, la paz se volverá a ustedes. Quédense en la misma casa, comiendo y bebiendo de lo que tengan, porque el que trabaja tiene derecho a su salario. No vayan de casa en casa. Cuando lleguen a un pueblo donde los reciban con agrado, coman lo que les ofrezcan. Curen a los enfermos que haya en él y anuncien: "El reino de Dios está cerca de ustedes". Pero si entran en un pueblo donde se nieguen a recibirlos, recorran sus calles diciendo: "¡Hasta el polvo de este pueblo, que se nos ha pegado a los pies, nos lo sacudimos contra ustedes! Sin embargo, sepan que el reino de Dios ya está cerca". Les digo que, en el día del juicio, los habitantes de Sodoma serán tratados con más clemencia que los de ese pueblo". (Lc 10:1-12)

EL PADRE, EL HIJO Y NOSOTROS

En una ocasión Jesús enseñó que quien visitaba a una persona en la cárcel, lo estaba visitando a él mismo. Igual que quien alimentaba a un hambriento, ayudaba a un forastero o atendía a un enfermo, estaba socorriéndolo a él (Mt 25:39).

Una declaración así trasgredía la teología más conocida de la época, como la de los siglos posteriores. Porque presentar a Dios como un recluso o un migrante, como un harapiento o un enfermo, asalta la imagen de un Dios supremo que, por su infinito poder, no puede sufrir, ni padecer necesidades.

En este caso, mucho poder se asemeja a mucha distancia (como pasa con los poderosos de este mundo) entre el Creador y las criaturas, entre el Dios omnipotente y el ser humano sufriente. Un abismo que se instaló en las teologías cristianas para engrandecer a Dios (¡como si Él lo necesitara!), sin darse cuenta que de esa manera nos distanciaba de Él.

Jesús enseñó la naturaleza de un Dios cercano, tanto que se funde con nosotros. Esa es la grandeza de su poder: abajarse para hacerse uno con lo humano: "El que los escuche a ustedes, es como si me escuchara a mí; el que los rechace a ustedes, es como si me rechazara a mí; y el que me rechace a mí, es como si rechazara al que me envió (Lc.10:16). Es la fusión del Padre, el Hijo y nosotros. Es la teología del Dios humano y humanizado.

"¡Ay de ti, Corazín! ¡Ay de ti, Betsaida! Porque si en Tiro y en Sidón se hubieran realizado los milagros que se han realizado en medio de ustedes, ya hace mucho tiempo que sus habitantes se habrían convertido y lo habrían demostrado llevando luto y ceniza. Por eso, Tiro y Sidón serán tratados en el juicio con más clemencia que ustedes. Y tú, Capernaum, ¿crees que vas a ser encumbrada hasta el cielo? ¡Hasta el abismo, serás precipitada! El que los escuche a ustedes, es como si me escuchara a mí; el que los rechace a ustedes, es como si me rechazara a mí; y el que me rechace a mí, es como si rechazara al que me envió". (Lc 10:13-16)

GOZO
TRINITARIO

12 mayo

Mis notas:

La palabra evangelio significa "buena noticia" o "buena nueva", pero, aunque es la mejor noticia para muchos, puede ser una mala noticia para otros. Un ejemplo fue lo que le sucedió a un joven rico y caprichoso que conversó con Jesús y, después de escucharlo, se devolvió muy triste (Mr 10:22). Él pensaba que Jesús le iba a afirmar su manera de vivir la religión, pero no fue así. Ese encuentro le trajo malas noticias al pobre hombre.

También pasa lo mismo con los que se creen dueños de Dios, guardianes de la tradición y soberanos del mundo. En estos casos, el Evangelio puede decepcionarlos y, como en el caso de los jefes religiosos de la época de Jesús, enfadarlos mucho.

Dios lo sabe y por eso actúa como actúa: le revela la profundidad de su mensaje a las personas sencillas y de claro corazón, las que, en muchos casos, son excluidas (o descartadas) de los centros de poder social, económico y religioso, y se las esconde, adrede, a esos que se creen sabios y entendidos.

Y saber que Dios actuaba así, hizo que el Espíritu Santo llenara de alegría a Jesús. Es un gozo trinitario: el Padre es el que oculta, el Espíritu quien llena de alegría y el Hijo el que se regocija. Los que capten ese secreto y logren ver el mundo como lo ve el Señor, tienen también derecho a vivir felices. Felices de ver lo que otros no ven y saber lo que otros ignoran, aunque se precien de ser sabios.

"En aquel mismo momento, el Espíritu Santo llenó de alegría a Jesús, que dijo:

— Padre, Señor del cielo y de la tierra, te alabo porque has ocultado todo esto a los sabios y entendidos y se lo has revelado a los sencillos. Sí, Padre, así lo has querido tú. Mi Padre lo ha puesto todo en mis manos y nadie sabe quién es el Hijo, sino el Padre; y nadie sabe quién es el Padre, sino el Hijo y aquellos a quienes el Hijo quiera revelárselo.

Luego se volvió hacia sus discípulos y les dijo aparte:

— ¡Felices los que puedan ver todo lo que vosotros estáis viendo! Os digo que muchos profetas y reyes quisieron ver lo que vosotros estáis viendo, y no lo vieron; y oír lo que vosotros estáis oyendo, y no lo oyeron" (Lc 10:21-24)

ELOGIO
DE LA MESURA

La limosna, la oración y el ayuno eran, en tiempos de Jesús, tres pilares de la religiosidad judía. Jesús no las ataca, ni las trasgrede, pero sugiere una forma diferente de practicarlas. Enseña que el fin no debería ser el aplauso de los demás y el reconocimiento como persona virtuosa, religiosa y santa.

Dar limosna para ser aplaudido (caridad comercializada), orar para ser elogiado o ayunar para ser exaltado, atenta contra la esencia misma de la fe o la religión.

En el secreto del corazón, allá donde Dios ve y nadie más puede ver, allá se cultiva la fe amorosa, la piedad espontánea y la compasión del corazón (cordial). Allá donde el control social, ni el, poder religioso no pueden llegar. Porque la fe es asunto del corazón, que se expresa con sinceridad en gestos nobles hacia el prójimo más vulnerable. Prescinde de aplausos, no depende de elogios, ni exaltaciones.

Esa fe, Dios la ve, y esa mirada es suficiente.

"Cuídense de hacer el bien en público solo para que la gente los vea. De otro modo, no recibirán recompensa del Padre que está en los cielos. Por eso, cuando socorras a algún necesitado, no lo pregones a bombo y platillo, como hacen los hipócritas en las sinagogas y en las calles, para que la gente los alabe. Les aseguro que esos ya han recibido su recompensa. Cuando socorras a un necesitado, hazlo de modo que ni siquiera tu mano izquierda sepa lo que hace tu derecha. Así tu buena obra quedará oculta y tu Padre, que ve en lo escondido, te recompensará". (Mt 6:1-4)

14
mayo

SERVIR
ES ALGO QUE SIRVE

Mis notas:

La industria de la solidaridad ha crecido a niveles no imaginados. Y se le llama así, "industria" —a veces industria humanitaria— por los niveles de sofisticación corporativa que incluyen, entre otros, procesos estratégicos empresariales y otras operaciones de alto nivel gerencial.

En el siglo de Jesús, el problema no se planteaba, como hoy, por los riesgos de convertir la solidaridad en una gran industria, sino en que algunos gestos humanitarios concedían una gran importancia social a la persona dadivosa.

Aquella sociedad estructuraba la vida diaria alrededor de los valores del honor y la vergüenza. De ellos dependía el reconocimiento social. Esto es notable, sobre todo en el Evangelio de Mateo.

Jesús enseñó que el honor no debía ganarse dando limosnas o socorriendo a una persona necesitada. Quien actúa así, confunde los medios con los fines. Ayudar a otros es un fin en sí mismo y tiene un valor propio. No es un medio, ni para obtener ganancias económicas, ni para lograr honores sociales (ni para asegurar una clientela política).

Se sirve por amor al prójimo, por amor a Dios y por amor así mismo. Servir sirve por sí solo.

> *"Guardaos de hacer el bien en público solo para que la gente os vea. De otro modo, no recibiréis recompensa de vuestro Padre que está en los cielos. Por eso, cuando socorras a algún necesitado, no lo pregones a bombo y platillo, como hacen los hipócritas en las sinagogas y en las calles, para que la gente los alabe. Os aseguro que esos ya han recibido su recompensa. Cuando socorras a un necesitado, hazlo de modo que ni siquiera tu mano izquierda sepa lo que hace tu derecha. Así tu buena obra quedará oculta y tu Padre, que ve en lo escondido, te recompensará". (Mt 6:1-4)*

ORAR
NO ES INFORMAR

mayo

Mis notas:

Al orar, no es por lo mucho que digamos que seremos escuchados, ni por las tantas veces que repitamos lo mismo que Dios nos atenderá.

Quien ora, puede saber que antes de pedir, Dios el Padre bueno ya sabe todo lo que necesita. Lo sabe antes de que se lo diga.

Entonces, ¿qué es la oración y qué sentido tiene? Orar es desear; es expresar ante el Ser amoroso aquello que se anhela. Quien ora abre su corazón (no solo su boca) ante el Señor y, en una conversación amistosa, no impuesta por el régimen de la piedad, deja al descubierto lo que quiere, teme, aspira y sueña.

Y, puesto que Dios ya sabe lo que necesita, el orante no precisa informar (como lo hacen los empleados), sino contar (como lo hacen los que se aman). No se le exige corrección en su decir, sino sencillez es su sentir.

Quien ora, ya lo decía Martin Lutero, no lo hace para cambiar los planes de Dios, sino para confiar y descansar en la voluntad de Quien conoce su vida y desea lo mejor para él. Es un acto de amor de seres libres y confiados.

"Y al orar, no se pongan a repetir palabras y palabras; eso es lo que hacen los paganos imaginando que Dios los va a escuchar porque alargan su oración. No sean iguales a ellos, pues el Padre sabe de qué tienen necesidad aun antes que le pidan nada". (Mt 6:7-8)

Mis notas:

El discurso cristiano más conocido acerca de la Vida Eterna hace referencia al más allá o la vida después de esta vida. Se relaciona con la gloria eterna que gozarán quienes hayan creído en Él y se hayan arrepentido de sus pecados.

Todo en el más allá. Pero, poco se dice del "más acá". En algunos casos, se observa hasta cierto desdén por esta vida. Como si lo que valiera para una persona cristiana fuera la gloria eternal y el consecuente desprecio por la realidad terrenal.

Jesús, a diferencia de muchas de estas escatologías populares, afirma que la vida eterna consiste en reconocer al Padre como Dios verdadero y a Él como su enviado.

Este reconocimiento conduce a una vida plena y con sentido aquí y ahora, al servicio de los demás y a favor del Reino de Dios y su justicia (Mt 6:33). Una vida que, por ser plena, recibe la muerte como continuación de esta vida y paso final de su exaltación.

Padre nuestro, "Hágase tu voluntad en la tierra lo mismo que se hace en el cielo". (Mt 6:10).

Si, Señor, aquí en la tierra.

LA ORACIÓN: INTENCIÓN Y EXTENSIÓN

Mis notas:

Jesús, antes de enseñar a orar, enseñó cómo es que no se debe orar. Le interesaba que sus discípulos, los de entonces y los de ahora, no solo oremos, sino que lo hagamos bien.

Porque hay quienes oran, piden y suplican, desconociendo que Dios es un Padre bueno (Padre nuestro). Al desconocer esa naturaleza generosa y tierna de Dios, oran como si fuera un rey o un tirano distante.

Y la oración, en este caso, deja de ser lo que es: un diálogo amoroso y cálido en el que nos acercamos al Padre de todos, para recogernos en sus brazos y pedir por lo que nos falta a todos: pan, perdón y protección.

Orar para ser vistos por los demás, o hacerlo pensando que Dios nos acepta por la extensión de nuestras oraciones, desfigura su imagen y afecta la nuestra. Nos convierte en oradores elocuentes y locuaces, pero, solo eso, nada más que eso, para ser vistos y aplaudidos por los demás.

"Y al orar, no hablen solo por hablar como hacen los gentiles, porque ellos se imaginan que serán escuchados por sus muchas palabras. No sean como ellos, porque su Padre sabe lo que ustedes necesitan antes de que se lo pidan. »Ustedes deben orar así: »"Padre nuestro que estás en el cielo, santificado sea tu nombre, venga tu reino, hágase tu voluntad en la tierra como en el cielo. Danos hoy nuestro pan cotidiano. Perdónanos nuestras deudas, como también nosotros hemos perdonado a nuestros deudores. Y no nos dejes caer en tentación, sino líbranos del maligno". »Porque, si perdonan a otros sus ofensas, también los perdonará a ustedes su Padre celestial. Pero, si no perdonan a otros sus ofensas, tampoco su Padre les perdonará a ustedes las suyas". (Mt 6:7-17)

Mis notas:

Jesús, en sus dichos y enseñanzas, se refirió en repetidas ocasiones a los asuntos económicos o propiamente materiales, como el dinero, el vestido, la comida, los salarios y otros más. Lo hizo porque su enseñanza tenía como objetivo promover la vida plena o, lo que es lo mismo, el bienestar integral de los seres humanos. "Yo he venido para que todos tengan vida, y la tengan abundante." (Jn 10:10).

Para Jesús, esa vida abundante no consiste en una "felicidad celestial", etérea y espiritualizada, sino en unas condiciones que se concretan en esta vida. Plenitud es bien-estar (estar bien) y bien-ser (ser humano realizado, digno y solidario). En el idioma del Primer Testamento, a todo eso se le llama "Shalom"(שׁולם).

Y lo espiritual, ¿dónde queda? En la manera y propósito con la que se busca todo aquello. Una persona espiritual (orientada por el Espíritu) busca el bienestar integral con tranquilidad y paz, es decir, sin afanes consumistas; con solidaridad y camaradería, sin intereses egoístas; respetando las prioridades de esta vida, sin dejarse esclavizar por el sistema-mundo (1 Jn 2:15-16).

En pocas palabras, la espiritualidad consiste en buscar lo que se busca (aquí en esta vida) como lo buscaba Jesús.

> *"Por lo tanto les digo: No anden preocupados pensando qué van a comer o qué van a beber para poder vivir, o con qué ropa van a cubrir su cuerpo. ¿Es que no vale la vida más que la comida, y el cuerpo más que la ropa? Miren las aves que vuelan por el cielo: no siembran, ni cosechan, ni guardan en almacenes y, sin embargo, el Padre celestial las alimenta. ¡Pues ustedes valen mucho más que esas aves! Por lo demás, ¿quién de ustedes, por mucho que se preocupe, podrá añadir una sola hora a su vida? ¿Y por qué preocuparse a causa de la ropa? Aprendan de los lirios del campo y fíjense en cómo crecen. No trabajan ni hilan y, sin embargo, les digo que ni siquiera el rey Salomón, con todo su esplendor, llegó a vestirse como uno de ellos. Pues si Dios viste así a la hierba del campo, que hoy está verde y mañana será quemada en el horno, ¿no hará mucho más por ustedes? ¡Qué débil es la fe que ustedes tienen! Así pues, no se atormenten diciendo: "¿Qué comeremos, qué beberemos o con qué nos vestiremos?" (Mt 6:25-31)*

¿PECADOS GIGANTES? SÍ, LOS DE LOS DEMÁS

19 mayo

Mis notas:

Jesús, en la última parte del Sermón de la Montaña invitó a que no emitiéramos juicios contra nadie. Se refería a juicios que condenan, sentencian o castigan a otras personas. Para eso están los jueces, si son asuntos legales, o Dios, si son cuestiones morales y otras más. Y, nosotros, ni jueces, ni dioses somos.

También afirmó que cuando se asume la posición de juez, el juicio que emitimos se vuelve en contra nuestra, puesto que quien juzga a otros revela sus propias carencias o penurias. La psicología profunda ha explorado este campo. También la sabiduría popular (que a veces es más profunda que el mismo Freud). Esta dice: "Lo que Juan dice de Pedro dice más de Juan que de Pedro".

Al final de su enseñanza, el Maestro aclaró que el asunto de fondo de quien enjuicia, condena, excluye, castiga y sentencia, es que revela una enorme contradicción, cuando no hipocresía. Juzga a los demás con severidad, pero opina de sí mismo con benevolencia. Para estos jueces, el mal ajeno es gigante y su propio mal, muy chico.

Estanislao Zuleta (1935-1990), filósofo colombiano, hablando de algo similar, decía: "En el caso del otro aplicamos el esencialismo: lo que ha hecho, lo que le ha pasado es una manifestación de su ser más profundo; en nuestro caso aplicamos las circunstancias, de manera que aún los mismos fenómenos se explican por las que son adversas, por alguna desgraciada coyuntura".

En todo examen o revisión de vida (si es que aún eso se hace por estos lados de la fe), no deben faltar estas preguntas: ¿qué condeno de otros? ¿Qué me resulta insoportable de los demás? ¿Qué juicios emito y hacia quienes? Este es el camino más corto para descubrir no cuán mal anda el mundo que juzgo, sino cuan ciego estoy yo que lo juzgo.

"No juzguen a nadie, para que Dios no los juzgue a ustedes. Porque del mismo modo que juzguen a los demás, los juzgará Dios a ustedes, y los medirá con la misma medida con que ustedes midan a los demás. ¿Por qué miras la brizna que tiene tu hermano en su ojo y no te fijas en el tronco que tienes en el tuyo? ¿Cómo podrás decirle a tu hermano: "Deja que te saque la brizna que tienes en el ojo", cuando tienes un tronco en el tuyo? ¡Hipócrita! Saca primero el tronco de tu ojo, y entonces podrás ver con claridad para sacar la brizna del ojo de tu hermano". (Mt 7:1-5)

Mis notas:

La fe que nos enseñó Jesús nos ayuda a reorientar nuestros deseos en la vida. Saber qué pedir y saber a quién pedirlo es, de por sí, una gran virtud en un mundo donde abundan las ofertas autodestructivas y donde los anhelos reprimidos se expresan, muchas veces, en actitudes posesivas y egoístas.

Pedir lo que Dios quiere y pedirlo para todos, es la gran instrucción que Jesús les legó a los suyos a través del Padre Nuestro (Mt 6:9-13). Orar es expresar ante el Padre lo que anhelamos para todos y, además, comprometerse a luchar por eso: después de pedir, viene el buscar y el insistir. "Porque todo el que pide, recibe; el que busca, encuentra; y al que llama, se le abre" (Mt 7:8).

Una oración así cambia las cosas y puede trasformar el mundo, porque, no solo ruega, sino que vive conforme a la voluntad del Padre, a quien se ruega. Orar así, hace que las personas traten a los demás como quieren que los traten a ellos. Conecta la espiritualidad y la ética, como lo enseñó Jesús en el Sermón del Monte.

"Pidan, y se les dará; busquen, y encontrarán; llamen, y se les abrirá. Porque todo el que pide, recibe; el que busca, encuentra; y al que llama, se le abre.

¿Quién de ustedes, si su hijo le pide pan, le da una piedra? ¿O si le pide un pescado, le da una serpiente? Pues si ustedes, aun siendo malos, saben dar cosas buenas a sus hijos, ¡cuánto más su Padre que está en el cielo dará cosas buenas a los que le pidan! Así que en todo traten ustedes a los demás tal y como quieren que ellos los traten a ustedes. De hecho, esto es la ley y los profetas". (Mt 7:7-12)

POR UNA PUERTECITA ESTRECHA

21
mayo

Mis notas:

Jesús es consciente de que a él como a sus discípulos —los de ayer y los de siempre—, les esperan muchas adversidades y contradicciones por anunciar el Evangelio y dar a conocer las implicaciones sociales y personales del Reino de Dios. Les advirtió esto muchas veces (Jn 16:33).

La oposición al Evangelio es lo más natural, cuando éste se vive con compromiso y se predica en toda su amplitud (cuando no se reduce a la salvación celestial del alma). Si eso es así, entonces surgía la pregunta acerca de cómo reaccionar ante los antagonistas. ¿Pagar mal por mal? ¿Dejarse humillar y no reacciona?

La respuesta de Jesús es que debemos portarnos con los demás como nosotros quisiéramos que los demás se portaran con nosotros. Porque a los adversarios del Evangelio (los que personifican los valores del anti-Reino) no solo se les anuncia ese mensaje con palabras, sino y, ante todo, con la vida.

Al mal no se le paga con mal, como a la violencia no se le elimina con más violencia (Ro 12:17-21), ni a la injusticia con corrupción.

Quien vive como Jesús vivió, se atiene a lo que a él le pasó: la contradicción y la adversidad.

Quien padece lo que Jesús padeció, debe reaccionar como él reaccionó: con amor misericordioso, más allá de todas las fronteras.

Quien decide seguir las pisadas del Maestro, necesita depender del poder que a él lo sostuvo: el respaldo del Padre y el aliento del Espíritu.

Porque vivir así, es como pasar por una puertecita muy estrecha y un caminito bastante angosto, pero que conducen a la vida plena y con sentido.

No tiene sentido, caminar por donde todos caminan, ni entrar por las puertas que las mayorías atraviesan.

"Pórtense en todo con los demás como quieren que los demás se porten con ustedes. ¡En esto consisten la ley de Moisés y las enseñanzas de los profetas! Entren por la puerta estrecha. La puerta que conduce a la perdición es ancha, y el camino fácil, y muchos son los que pasan por ellos. En cambio, es estrecha la puerta y angosto el camino que llevan a la vida, y son pocos los que los encuentran".
(Mt 7:12-14)

Mis notas:

Jesús hizo una diferencia entre el decir y el hacer. Dijo que al reino de los cielos no entrarían los que dicen cosas acertadas, sino los que obran de manera correcta: "No todos los que dicen: Señor, Señor entrarán en el reino de los cielos, sino los que hacen la voluntad de mi Padre...". Como se ve, el criterio, en este caso, son los gestos concretos (lo que se hace) y no el discurso florido. De nada vale decir "Señor, Señor", si no se hace lo que quiere el Señor.

Después de afirmar lo anterior, dijo algo que resulta, en apariencia, discordante. Explicó que hay quienes hacen cosas religiosamente deslumbrantes, como expulsar demonios y hacer milagros, pero que tampoco esto los convierte, de por sí, en herederos del reino. Aunque hagan milagros, el Señor los desconoce. Tampoco aquí esas obras son suficientes.

Entonces, ¿en qué quedamos? ¿Sirve más lo que decimos o lo que hacemos? Al parecer, ni sirven los discursos que solo son palabras y nada más que eso (pura charlatanería), como tampoco sirven las acciones, por muy espirituales y piadosas que parezcan, pero que, en el fondo, hacen o causan el mal.

Dicho lo anterior, se podría intuir algo que puede resultar aún más sorpresivo si viene de parte de Jesús: que se puede causar mucho mal, aun haciendo milagros o dando otras muestras de poder religioso.

El secreto de lo dicho por Jesús está en la expresión "los que hacen la voluntad de mi Padre". Es decir, que todo cuanto hagamos, digamos, aspiremos, prediquemos y seamos, corresponda con la voluntad de Dios. Lo que es igual a decir que esté inspirado en el amor (1 Jn 4:8), que suscite la paz, la acogida humana, demuestre misericordia y promueva el bienestar integral del ser humano creado a imagen y semejanza de ese Dios.

Ese reino se predica practicándolo y se practica proclamando la voluntad del Padre.

"No todos los que dicen: "Señor, Señor" entrarán en el reino de los cielos, sino los que hacen la voluntad de mi Padre que está en los cielos. Muchos me dirán en el día del juicio: "Señor, Señor, mira que en tu nombre hemos anunciado el mensaje de Dios, y en tu nombre hemos expulsado demonios, y en tu nombre hemos hecho muchos milagros". Pero yo les contestaré: "Ustedes me son totalmente desconocidos. ¡Apártense de mí, pues se han pasado la vida haciendo el mal!". (Mt 7:21-23)

FE GRANDE,
AUNQUE DISTINTA

Mis notas:

Sucedió en la región de Tiro, en un territorio de frontera. Al otro lado, una cultura diferente y una fe distinta. Allí Jesús recibió a una mujer que se arrojó a sus pies para suplicarle que sanara a su hija.

Jesús, educado en la tradición de su pueblo, le dijo que sus milagros eran primero para los enfermos de Israel. Pero ella insistió, con paciencia e insistencia (era de tenerle paciencia a este Jesús tan judío) hasta lograr dos milagros: la sanidad de su hijita y que Jesús ampliara la perspectiva de su labor misionera.

Una extranjera, con una fe distinta y de una cultura diferente (además, mujer), sorprendió a Jesús. "Mujer, qué grande es tu fe" (Mt 15:28).

"Jesús partió de allí y fue a la región de Tiro. Entró en una casa y no quería que nadie lo supiera, pero no pudo pasar inadvertido. De hecho, muy pronto se enteró de su llegada una mujer que tenía una niña poseída por un espíritu maligno, así que fue y se arrojó a sus pies. Esta mujer era extranjera, sirofenicia de nacimiento, y le rogaba que expulsara al demonio que tenía su hija. —Deja que primero se sacien los hijos —replicó Jesús—, porque no está bien quitarles el pan a los hijos y echárselo a los perros. —Sí, Señor —respondió la mujer—, pero hasta los perros comen debajo de la mesa las migajas que dejan los hijos. Jesús le dijo: —Por haberme respondido así, puedes irte tranquila; el demonio ha salido de tu hija. Cuando ella llegó a su casa, encontró a la niña acostada en la cama. El demonio ya había salido de ella". (Mt 7:24–30)

Mis notas:

El Evangelio de Mateo dedica tres capítulos al Sermón de la Montaña (Mt 5:1-7:29). En ningún otro lugar de ese Evangelio, ni en ningún otro, Jesús habla tan seguido como aquí.

Al terminar ese extenso discurso, aparece un enfermo de lepra que le pide a Jesús un milagro. En este suceso se destacan algunos hechos poco usuales:

Jesús quebranta el protocolo sanitario impuesto, no por los agentes de salud, sino por la religión oficial. A una persona contaminada por lepra no se le podía tocar. Pero Jesús lo toca con sus manos y habla con él para sanarlo.

Jesús hace algo más extraño. Le pide al hombre que ha quedado sano que no le cuente a nadie lo que ha pasado.

Finalmente, le pide que vaya donde las autoridades religiosas y cumpla el rito acordado por ellas para que la religión no tenga más excusas para seguirlo excluyendo. Ya sano, debe gozar del respeto y la dignidad que esa misma religión le había negado.

En este breve relato se sintetiza el ministerio de Jesús: se dirige hacia la vida plena y digna de las personas más vulnerables, actúa sin el afán de hacer propaganda de sí mismo y, además, en contradicción con la religiosidad legalista que excluye y discrimina llamando a casi todo pecado (hasta las enfermedades). Dignidad, modestia y prudencia, resumen su ejemplo de servicio liberador.

"Al bajar Jesús del monte, lo seguía mucha gente. En esto se le acercó un leproso, que se postró ante él y le dijo: — Señor, si quieres, puedes limpiarme de mi enfermedad. Jesús extendió la mano y lo tocó, diciendo: — Quiero. Queda limpio. Y al instante el leproso quedó limpio. Jesús le advirtió: — Mira, no se lo cuentes a nadie; vete a mostrarte al sacerdote y presenta la ofrenda prescrita por Moisés. Así todos tendrán evidencia de tu curación". (Mt 8:1-4)

CONFIANZA DE PÁJARO

La espiritualidad cristiana conjuga dos dimensiones. Una es el desarrollo de la interioridad personal (lo que Dios nos dice en nuestra íntima oscuridad, según Mateo 10:27) cuyo fin es cultivar la "calidad humana profunda" (M. Corbí).

Mis notas:

La otra es la exterioridad social (lo que se pregona desde las terrazas, según el mismo versículo de Mateo), relacionada con la proclamación del Reino de Dios, reclamando justicia, demostrando misericordia, promoviendo la reconciliación y dando testimonio del amor amplío y gracioso (con gracia) del Señor.

Estas dos dimensiones exigen valor. ¡Es para valientes! Porque el cultivo de nuestra interioridad nos confronta con nosotros mismos (con las sombras ocultas), lo cual nunca es simple, ni cómodo. Y la exterioridad nos enfrenta con las fuerzas del anti-Reino: injusticia, inhumanidad, odio y exclusión. Es una contienda contra el mal (y el malo), en todas sus manifestaciones.

Nadie sale bien librado de esa contienda si no tiene el valor que procede de la confianza en Dios. Confianza que no es ni el coraje del presuntuoso, ni el arrojo del insolente. Es la confianza que tienen aquellos pájaros que siguen volando en las tormentas porque saben, según Jesús, que el Padre no les permitirá caer en tierra. Aletean con confianza y eso les hace libres y valientes.

"No tengan miedo a la gente. Porque no hay nada secreto que no haya de ser descubierto, ni nada oculto que no haya de ser conocido. Lo que yo les digo en la oscuridad, díganlo ustedes a plena luz, y lo que escuchan en secreto, pregónenlo desde las terrazas. No tengan miedo de los que pueden matar el cuerpo, pero no pueden matar el alma. Más bien tengan miedo de aquel que puede destruir el cuerpo y el alma en la gehena. ¿No se venden dos pájaros por muy poco dinero? Sin embargo, ninguno de ellos cae a tierra si el Padre de ustedes no lo permite. Pues bien, ustedes tienen contados hasta el último cabello de la cabeza. Así que no tengan miedo; ustedes valen más que todos los pájaros". (Mt 10:26-31)

Mis notas:

Los demonios existían en la época de Jesús... y existen en la nuestra. Allí donde haya fuerzas represivas de maldad que atenten contra la libertad del ser humano, o sistemas políticos, sociales o culturales que lo opriman, ese es territorio de demonios. Son espíritus malignos que silencian voces, destruyen vidas, desconociendo su dignidad.

Y Jesús ha venido para derrotarlos, los demonios lo saben y por eso, en la región de Gadara, le suplican que no los atormente. Pero Jesús, interesado en la víctima, echó fuera a sus demonios y le devolvió la calma al pobre hombre.

El Evangelio tiene también un propósito combativo, puesto que lucha en contra de las fuerzas que destruyen la vida y que obstruyen su dignidad. Es una palabra que dice y, cuando es necesario, contradice, buscando que a las víctimas se les devuelva la alegría de vivir en plenitud (Jn 10:10).

"Cruzaron el lago hasta llegar a la región de los gerasenos. Tan pronto como desembarcó Jesús, un hombre poseído por un espíritu maligno le salió al encuentro de entre los sepulcros. Este hombre vivía en los sepulcros, y ya nadie podía sujetarlo, ni siquiera con cadenas. Muchas veces lo habían atado con cadenas y grilletes, pero él los destrozaba, y nadie tenía fuerza para dominarlo. Noche y día andaba por los sepulcros y por las colinas, gritando y golpeándose con piedras. Cuando vio a Jesús desde lejos, corrió y se postró delante de él. —¿Por qué te entrometes, Jesús, Hijo del Dios Altísimo? —gritó con fuerza—. ¡Te ruego por Dios que no me atormentes! Es que Jesús le había dicho: «¡Sal de este hombre, espíritu maligno!» —¿Cómo te llamas? —le preguntó Jesús. —Me llamo Legión —respondió—, porque somos muchos. Y con insistencia le suplicaba a Jesús que no los expulsara de aquella región. Como en una colina estaba paciendo una manada de muchos cerdos, los demonios le rogaron a Jesús: —Mándanos a los cerdos; déjanos entrar en ellos. Así que él les dio permiso. Cuando los espíritus malignos salieron del hombre, entraron en los cerdos, que eran unos dos mil, y la manada se precipitó al lago por el despeñadero y allí se ahogó.

Los que cuidaban los cerdos salieron huyendo y dieron la noticia en el pueblo y por los campos, y la gente fue a ver lo que había pasado. Llegaron donde estaba Jesús y, cuando vieron al que había estado poseído por la legión de demonios, sentado, vestido y en su sano juicio, tuvieron miedo". (Mr 5:1-15)

ESE
OTRO DEMONIO

27
mayo

Después de que Jesús liberó de sus males al hombre de la región de Garasa (o Gadara), paso algo inaudito: los del pueblo "se pusieron a rogar a Jesús que se marchara de su comarca" (Mr 5:17). Hacer el bien, al parecer, les hacía mal, los llenaba de pánico (Lc 8:37).

Cuando el hombre andaba desatado causando daños, le tenían miedo (Mt.8:28) y cuando Jesús lo curó, le tuvieron miedo al Maestro. El demonio del miedo los rondaba, aunque creían que el único necesitado de ayuda era el hombre.

Jesús, subió a la barca y se marchó de allí. Y el muchacho que había quedado sano le rogaba que le permita ir en la barca con él. El contraste es de nuevo notable entre el hombre y su comunidad: ésta echó al sanador, en cambio él lo acogió y deseaba permanecer a su lado.

El mal del hombre, entonces, quedó curado. El de la comunidad se quedó con ellos. Ese demonio llamado miedo, que asusta, excluye y hasta echa hasta al mismo Jesús.

"Los testigos del hecho refirieron a los demás lo que había pasado con el poseso y con los cerdos, por lo cual, todos se pusieron a rogar a Jesús que se marchara de su comarca. Entonces Jesús subió a la barca. El hombre que había estado endemoniado le rogaba que le permitiera acompañarlo. Pero Jesús no se lo permitió, sino que le dijo: Vete a tu casa, a los tuyos, y cuéntales todo lo que el Señor ha hecho contigo y cómo ha tenido compasión de ti. El hombre se marchó y comenzó a proclamar por los pueblos de la región de la Decápolis lo que Jesús había hecho con él; y todos se quedaban asombrados". (Mr 5:16-20)

Mis notas:

Tener fe significa "vivir saliendo". Es una actitud ante la vida. Los cristianos viven como Jesús: siempre "en salida". En el libro del Éxodo se enseña este mismo principio: un pueblo en salida, de la mano de un Dios que sale con ellos (éxodo significa salida).

Fue a través de los siglos que la Iglesia se aferró a sus muros, se protegió tras ellos y decidió vivir, no en salida, sino "en resguardo". Pensó que salir era arriesgado y que quedarse era seguro. Desde entonces, esta fe edificó muros más recios, fronteras más estrechas y se encerró entre puertas blindadas.

Pero creer es salir. Tener fe es caminar hacia adelante "con los ojos puestos en Jesús, origen y plenitud de nuestra fe." (He 12:2).

A este principio del "éxodo de vida" alude la parábola del sembrador en su mismo inicio: "un sembrador salió a sembrar". Salió. No se quedó abrigando las semillas, sino que las esparció con la esperanza puesta en lo que vendría (y no en lo que tenía).

No acertó en todos los casos, pero sembró, no como el hábil comerciante que todo lo calcula porque nada quiere arriesgar. Este sembrador esparció con alegría, sembró con esperanza, arriesgó con valor, perdió con mansedumbre y recogió con humildad.

"En cierta ocasión, habiéndose reunido mucha gente que acudía a Jesús procedente de todos los pueblos, les contó esta parábola: Un sembrador salió a sembrar su semilla. Al lanzar la semilla, una parte cayó al borde del camino, donde fue pisoteada y los pájaros se la comieron. Otra parte cayó sobre piedras y, apenas brotó, se secó porque no tenía humedad. Otra parte de la semilla cayó en medio de los cardos, y los cardos, al crecer juntamente con ella, la sofocaron. Otra parte, en fin, cayó en tierra fértil, y brotó y dio fruto al ciento por uno. Dicho esto, Jesús añadió: — Quien pueda entender esto, que lo entienda. Los discípulos le preguntaron por el significado de esta parábola. Jesús les contestó: — A ustedes, Dios les permite conocer los secretos de su reino, pero a los demás les hablo por medio de parábolas, para que, aunque miren, no vean, y aunque escuchen, no entiendan". (Lc 8:4–15)

Mis notas:

Jesús sorprendió a los de su tierra. Se preguntaban por el origen de sus enseñanzas, cómo había conseguido tanta sabiduría y cómo podía hacer milagros tan admirables.

Aún más, se admiraron porque era una persona como ellos, que había nacido en su mismo pueblo. A su mamá la conocían, también a sus hermanos y a su papá que era un carpintero y albañil del pueblo. Esto los escandalizó, al punto de no creer en su mensaje.

No es suficiente saber para creer, ni ver para confiar, ni convivir para amar. Convivían en el mismo pueblo, fueron testigos de los milagros y escucharon sus palabras, pero no creyeron en Jesús, que era otra forma de no creer en ellos mismos.

Pensaron que la salvación debía venir de lejos, de algo que no fuera como ellos.

"Salió Jesús de allí y fue a su tierra, en compañía de sus discípulos. Cuando llegó el sábado, comenzó a enseñar en la sinagoga. —¿De dónde sacó éste tales cosas? —decían maravillados muchos de los que le oían—. ¿Qué sabiduría es esta que se le ha dado? ¿Cómo se explican estos milagros que vienen de sus manos? ¿No es acaso el carpintero, el hijo de María y hermano de Jacobo, de José, de Judas y de Simón? ¿No están sus hermanas aquí con nosotros? Y se escandalizaban a causa de él. Por tanto, Jesús les dijo: —En todas partes se honra a un profeta, menos en su tierra, entre sus familiares y en su propia casa. En efecto, no pudo hacer allí ningún milagro, excepto sanar a unos pocos enfermos al imponerles las manos. Y él se quedó asombrado por la incredulidad de ellos. Jesús recorría los alrededores, enseñando de pueblo en pueblo" (Mr 6:1-6)

30
mayo

Mis notas:

Ante las palabras sabias y los milagros portentosos, los paisanos de Jesús, primero se maravillaron y después lo rechazaron. Ante esto, Jesús reaccionó con asombro.

Pero, inmediatamente después, reunió a doce discípulos y los envió a proclamar el mismo mensaje (misericordia, paz y conversión), acompañado de los mismos gestos (milagros para responder a las necesidades humanas) y con el mismo estilo (sobrio y sin ostentación alguna).

En lugar de desanimarse por lo de sus paisanos de Nazaret, afirmó su vocación y multiplicó sus acciones. No dependía de los aplausos de su pueblo, ni siquiera de la compresión de su familia (Mr 3:20-21) Actuaba bajo la libertad del Espíritu. Libre, como era, predicaba la libertad a su manera y así quiso que la predicaran los suyos: "Y, si en algún lugar no los reciben bien o no los escuchan, al salir de allí sacúdanse el polvo de los pies..." (Mr 6:11).

"Y él se quedó asombrado por la incredulidad de ellos. Jesús recorría los alrededores, enseñando de pueblo en pueblo. Reunió a los doce, y comenzó a enviarlos de dos en dos, dándoles autoridad sobre los espíritus malignos. Les ordenó que no llevaran nada para el camino, ni pan, ni bolsa, ni dinero en el cinturón, sino solo un bastón. «Lleven sandalias —dijo—, pero no dos mudas de ropa». Y añadió: «Cuando entren en una casa, quédense allí hasta que salgan del pueblo. Y, si en algún lugar no los reciben bien o no los escuchan, al salir de allí sacúdanse el polvo de los pies, como un testimonio contra ellos». Los doce salieron y exhortaban a la gente a que se arrepintiera. También expulsaban a muchos demonios y sanaban a muchos enfermos, ungiéndolos con aceite". (Mr 6:7-13)

MUERTOS
QUE ASUSTAN

Herodes había mandado a asesinar a Juan el Bautista, pero, aun así, el muerto lo perseguía. En su obsesión, creyó que Jesús era Juan quien había resucitado y regresado para atormentarlo.

La escena de la muerte del Bautista fue cruel y despiadada. El evangelista y las primeras comunidades cristianas denunciaron con este relato la brutalidad del poder imperial que, para los tiempos en los que se escribió el Evangelio, la padecían en carne propia.

Juan el Bautista evoca la radicalidad de la fe y el alto precio que, en muchos casos, se paga por ella. Para las fuerzas del anti-reino, el amor, la paz, la justicia y demás valores del Reino, son fantasmas que han venido a asustarlos.

"El rey Herodes se enteró de esto, pues el nombre de Jesús se había hecho famoso. Algunos decían: «Juan el Bautista ha resucitado, y por eso tiene poder para realizar milagros». Otros decían: «Es Elías». Otros, en fin, afirmaban: «Es un profeta, como los de antes». Pero, cuando Herodes oyó esto, exclamó: «¡Juan, al que yo mandé que le cortaran la cabeza, ha resucitado!» En efecto, Herodes mismo había mandado que arrestaran a Juan y que lo encadenaran en la cárcel. Herodes se había casado con Herodías, esposa de Felipe su hermano, y Juan le había estado diciendo a Herodes: «La ley te prohíbe tener a la esposa de tu hermano». Por eso Herodías le guardaba rencor a Juan y deseaba matarlo. Pero no había logrado hacerlo, ya que Herodes temía a Juan y lo protegía, pues sabía que era un hombre justo y santo. Cuando Herodes oía a Juan, se quedaba muy desconcertado, pero lo escuchaba con gusto. Por fin se presentó la oportunidad. En su cumpleaños Herodes dio un banquete a sus altos oficiales, a los comandantes militares y a los notables de Galilea. La hija de Herodías entró en el banquete y bailó, y esto agradó a Herodes y a los invitados. —Pídeme lo que quieras y te lo daré —le dijo el rey a la muchacha. Y le prometió bajo juramento: —Te daré cualquier cosa que me pidas, aun cuando sea la mitad de mi reino. Ella salió a preguntarle a su madre: —¿Qué debo pedir? —La cabeza de Juan el Bautista —contestó. En seguida se fue corriendo la muchacha a presentarle al rey su petición: —Quiero que ahora mismo me des en una bandeja la cabeza de Juan el Bautista. El rey se quedó angustiado, pero, a causa de sus juramentos y en atención a los invitados, no quiso desairarla. Así que en seguida envió a un verdugo con la orden de llevarle la cabeza de Juan. El hombre fue, decapitó a Juan en la cárcel y volvió con la cabeza en una bandeja. Se la entregó a la muchacha, y ella se la dio a su madre. Al enterarse de esto, los discípulos de Juan fueron a recoger el cuerpo y le dieron sepultura." (Mr 6:14-28)

Mis notas:

SAGRADO REPOSO

Mis notas:

El Evangelio de Marcos narra la historia de Jesús en clave de discipulado (L. Schiavo) mostrando lo que significa seguir a Jesús. Por eso es el Evangelio de la acción. Seguirlo es actuar en la vida como él actuó (1 Jn 2:6), sirviendo, enseñando, contrariando, en fin, proclamando el Reino de libertad.

Pero ese seguimiento, aunque alienta el espíritu y engrandece el alma, muchas veces agota el cuerpo. Por eso Jesús valoró el descanso físico y lo practicó con sus discípulos. También este es un valor del Reino: dejar que el cuerpo repose. Descansar y dejar que los demás descansen (Ex 20:10).

Se sigue a Jesús actuando como él, lo que incluye el descanso reparador, el ocio creativo y el sagrado reposo.

"Los apóstoles se reunieron con Jesús y le contaron lo que habían hecho y enseñado. Y, como no tenían tiempo ni para comer, pues era tanta la gente que iba y venía, Jesús les dijo: —Vengan conmigo ustedes solos a un lugar tranquilo y descansen un poco. Así que se fueron solos en la barca a un lugar solitario. Pero muchos que los vieron salir los reconocieron y, desde todos los poblados, corrieron por tierra hasta allá y llegaron antes que ellos. Cuando Jesús desembarcó y vio tanta gente, tuvo compasión de ellos, porque eran como ovejas sin pastor. Así que comenzó a enseñarles muchas cosas". (Mr 6:30-34)

NADA TAN ESPIRITUAL COMO LO MATERIAL

Mis notas:

Al terminar su enseñanza, Jesús observó que hacía falta algo más entre quienes lo habían escuchado: comida. Los discípulos le sugieren que los despidiera con hambre, pero él le pidió que ellos mismos consiguieran algo para darles de comer.

Los discípulos objetaron que era mucha gente y no tenían suficiente dinero. Quizá también pensaban que la labor del Evangelio era enseñar y no dar de comer.

Jesús, entonces, hizo el milagro, alimentó a los cinco mil y, de paso, dejó una enseñanza para los suyos: que las enseñanzas espirituales (palabras) van de la mano con las acciones sociales (obras). Porque lo material también es espiritual.

> *"Cuando Jesús desembarcó y vio tanta gente, tuvo compasión de ellos, porque eran como ovejas sin pastor. Así que comenzó a enseñarles muchas cosas. Cuando ya se hizo tarde, se le acercaron sus discípulos y le dijeron: —Este es un lugar apartado y ya es muy tarde. Despide a la gente, para que vayan a los campos y pueblos cercanos y se compren algo de comer. —Denles ustedes mismos de comer —contestó Jesús. —¡Eso costaría casi un año de trabajo! —objetaron—. ¿Quieres que vayamos y gastemos todo ese dinero en pan para darles de comer? —¿Cuántos panes tienen ustedes? —preguntó—. Vayan a ver. Después de averiguarlo, le dijeron: —Cinco, y dos pescados. Entonces les mandó que hicieran que la gente se sentara por grupos sobre la hierba verde. Así que ellos se acomodaron en grupos de cien y de cincuenta. Jesús tomó los cinco panes y los dos pescados y, mirando al cielo, los bendijo. Luego partió los panes y se los dio a los discípulos para que se los repartieran a la gente. También repartió los dos pescados entre todos. Comieron todos hasta quedar satisfechos, y los discípulos recogieron doce canastas llenas de pedazos de pan y de pescado. Los que comieron fueron cinco mil". (Mr 6:34-44)*

Mis notas:

Después de la alimentación de los cinco mil, Jesús quiso quedarse solo. Hizo que sus discípulos subieran a la barca y fueran al otro lado. Despidió a la multitud y se fue a una montaña a orar. Allí estuvo hasta la madrugada.

Orar al Padre en la soledad de la noche hace bien a los que gastan su vida sirviendo a otros en el calor del día. Multitud, después soledad. Enseñanza, luego silencio. El valle, más tarde la montaña.

Soledad, silencio y retiro fue la fórmula que aplicó Jesús para proteger su vida de la agitación de sus propias palabras y el aplauso de los que le seguían.

"En seguida Jesús hizo que sus discípulos subieran a la barca y se le adelantaran al otro lado, a Betsaida, mientras él despedía a la multitud. Cuando se despidió, fue a la montaña para orar.

Al anochecer, la barca se hallaba en medio del lago, y Jesús estaba en tierra solo. En la madrugada, vio que los discípulos hacían grandes esfuerzos para remar, pues tenían el viento en contra. Se acercó a ellos caminando sobre el lago, e iba a pasarlos de largo. Los discípulos, al verlo caminar sobre el agua, creyeron que era un fantasma y se pusieron a gritar, llenos de miedo por lo que veían. Pero él habló en seguida con ellos y les dijo: «¡Cálmense! Soy yo. No tengan miedo».

Subió entonces a la barca con ellos, y el viento se calmó. Estaban sumamente asombrados, porque tenían la mente embotada y no habían comprendido lo de los panes". (Mr 6:45-52-12)

REMAR
CONTRA LA CORRIENTE

Mis notas:

En la madrugada, cuando los discípulos remaban con el viento en contra, Jesús se apareció para traerles calma. Los invitó a no tener miedo y a darse cuenta que estaban con Él.

El miedo embota la mente y enceguece el espíritu. De allí que la fe consista en abrir los ojos, reconocer la presencia misteriosa del Señor y, con valor, seguir remando, así el viento siga en contra. La fe trae calma a la vida y, en muchos casos, también al viento.

"En seguida Jesús hizo que sus discípulos subieran a la barca y se le adelantaran al otro lado, a Betsaida, mientras él despedía a la multitud. Cuando se despidió, fue a la montaña para orar. Al anochecer, la barca se hallaba en medio del lago, y Jesús estaba en tierra solo. En la madrugada, vio que los discípulos hacían grandes esfuerzos para remar, pues tenían el viento en contra. Se acercó a ellos caminando sobre el lago, e iba a pasarlos de largo. Los discípulos, al verlo caminar sobre el agua, creyeron que era un fantasma y se pusieron a gritar, llenos de miedo por lo que veían. Pero él habló en seguida con ellos y les dijo: «¡Cálmense! Soy yo. No tengan miedo». Subió entonces a la barca con ellos, y el viento se calmó. Estaban sumamente asombrados, porque tenían la mente embotada y no habían comprendido lo de los panes". (Mr 6:45-52)

Mis notas:

Jesús y sus discípulos exasperaron a los líderes religiosos de su tiempo porque comían sin lavarse las manos. Esto, para ellos, era inaceptable por ser una falta contra la pureza ritual y un desacato a las antiguas tradiciones.

Cuando le preguntaron porqué actuaba así, respondió citando un texto del profeta Isaías para señalarles su error, el de limpiar las manos, pero dejar mugriento el corazón. Les dijo, entre palabras del profeta y explicaciones propias, que por poner tanto cuidado en las cosas externas, habían descuidado las del corazón.

Y de manera concluyente, afirmó que, todas esas rancias tradiciones no eran más que un engañoso camino para dejar a un lado los mandamientos de Dios. En otras palabras, señaló hasta qué punto las tradiciones pueden llegar a traicionar al mismo Dios.

> *"Los fariseos y algunos de los maestros de la ley que habían llegado de Jerusalén se reunieron alrededor de Jesús, y vieron a algunos de sus discípulos que comían con manos impuras, es decir, sin habérselas lavado. (En efecto, los fariseos y los demás judíos no comen nada sin primero cumplir con el rito de lavarse las manos, ya que están aferrados a la tradición de los ancianos. Al regresar del mercado, no comen nada antes de lavarse. Y siguen otras muchas tradiciones, tales como el rito de lavar copas, jarras y bandejas de cobre). Así que los fariseos y los maestros de la ley le preguntaron a Jesús:*
> *—¿Por qué no siguen tus discípulos la tradición de los ancianos, en vez de comer con manos impuras?*

Mis notas:

Él les contestó:

—Tenía razón Isaías cuando profetizó acerca de ustedes, hipócritas, según está escrito:

»"Este pueblo me honra con los labios,
pero su corazón está lejos de mí.
En vano me adoran;
sus enseñanzas no son más que reglas humanas".

Ustedes han desechado los mandamientos divinos y se aferran a las tradiciones humanas».

Y añadió:

—¡Qué buena manera tienen ustedes de dejar a un lado los mandamientos de Dios para mantener sus propias tradiciones! Por ejemplo, Moisés dijo: "Honra a tu padre y a tu madre", y: "El que maldiga a su padre o a su madre será condenado a muerte". Ustedes, en cambio, enseñan que un hijo puede decirle a su padre o a su madre: "Cualquier ayuda que pudiera haberte dado es corbán" (es decir, ofrenda dedicada a Dios). En ese caso, el tal hijo ya no está obligado a hacer nada por su padre ni por su madre. Así, por la tradición que se transmiten entre ustedes, anulan la palabra de Dios. Y hacen muchas cosas parecidas". (Mr 7:1-13)

6

junio

ENTRE EL VIENTRE
Y EL CORAZÓN

Mis notas:

Jesús debatió con los fariseos y maestros de la ley acerca de la fuente y origen de las contaminaciones morales, asunto, en extremo, importante para ellos. Les dijo que lo que nos contamina no es qué comemos, sino cómo vivimos. Así, seguir las regulaciones alimenticias de una religión, no hace que seamos personas honestas, solidarias y amorosas.

Lo más importante para la vida espiritual, no es tanto lo que ingerimos (asunto del estómago), sino lo que vivimos (asunto del corazón). Por eso, la religión, o mejor, la espiritualidad, aunque podría interesarse en lo que comemos (nunca sobra), debería concentrarse en cómo nos relacionamos, a quién servimos y como ayudamos, entre todos, a construir un mundo mejor.

Al cultivar nuestro mundo interior (la interioridad humana) encontramos la fuente y cimiento de un mundo más justo, más digno y más humano. Mas moral. Esta es la labor de la religión. Y esto, al inicio, ni los discípulos del Maestro lo entendían (Mr 7:18).

"De nuevo Jesús llamó a la multitud. —Escúchenme todos —dijo— y entiendan esto: Nada de lo que viene de afuera puede contaminar a una persona. Más bien, lo que sale de la persona es lo que la contamina.

Después de que dejó a la gente y entró en la casa, sus discípulos le preguntaron sobre la comparación que había hecho. —¿Tampoco ustedes pueden entenderlo? —les dijo—. ¿No se dan cuenta de que nada de lo que entra en una persona puede contaminarla? Porque no entra en su corazón, sino en su estómago, y después va a dar a la letrina. Con esto Jesús declaraba limpios todos los alimentos. Luego añadió: —Lo que sale de la persona es lo que la contamina. Porque de adentro, del corazón humano, salen los malos pensamientos, la inmoralidad sexual, los robos, los homicidios, los adulterios, la avaricia, la maldad, el engaño, el libertinaje, la envidia, la calumnia, la arrogancia y la necedad. Todos estos males vienen de adentro y contaminan a la persona". (Mr 7:14-23)

176

COSAS QUE
NO SE PUEDEN CALLAR

Mis notas:

Jesús, al salir de la región de Tiro se fue hacia Decápolis, al oriente del Jordán. Eran diez ciudades (por eso se llamaba así: deka-polis) poblada por personas griegas que, según los historiadores, tenían moneda, ejércitos propios y otros privilegios.

Allí, se presentó otro caso excepcional en el ministerio de Jesús, la sanidad de un hombre sordo y tartamudo que, después de que volvió a oír y hablar bien, Jesús mismo le pidió, al hombre y a la gente, que no hablaran con nadie acerca de su milagro.

Jesús le permitió hablar al que no hablaba y, cuando pudo hablar, le pidió que no hablara. ¡Petición que el hombre no cumplió, ni tampoco la gente! En casos como este, desobedecer es comprensible. Porque hay cosas que no se pueden callar... ni siquiera porque lo haya pedido el Maestro.

"Luego regresó Jesús de la región de Tiro y se dirigió por Sidón al mar de Galilea, internándose en la región de Decápolis. Allí le llevaron un sordo tartamudo, y le suplicaban que pusiera la mano sobre él. Jesús lo apartó de la multitud para estar a solas con él, le puso los dedos en los oídos y le tocó la lengua con saliva. Luego, mirando al cielo, suspiró profundamente y le dijo: «¡Efatá!» (que significa: ¡Ábrete!). Con esto, se le abrieron los oídos al hombre, se le destrabó la lengua y comenzó a hablar normalmente. Jesús les mandó que no se lo dijeran a nadie, pero cuanto más se lo prohibía, tanto más lo seguían propagando. La gente estaba sumamente asombrada, y decía: «Todo lo hace bien. Hasta hace oír a los sordos y hablar a los mudos»". (Mr 7:31-37)

UN SUSPIRO PROFUNDO Y UNA BARCA PARA HUIR

Mis notas:

Otra vez los fariseos tras Jesús y, en esta ocasión, igual que siempre, para discutir con él y ponerlo a prueba.

Este episodio ocurrió después de la alimentación de los cuatro mil. No les bastó que Jesús hubiera saciado el hambre de sus seguidores para demostrar que procedía de Dios. Querían más, porque insaciable era su testarudez.

Ante esto, Jesús lanzó un profundo suspiro, les reclamó por qué buscaban más señales milagrosas y decidió dejarlos. En lugar de discutir, argumentar y ofrecerles más pruebas, dijo tajantemente que no les daría ninguna señal más y luego, se embarcó y se fue lejos de ellos.

Ante adversarios cuyo corazón no está dispuesto al diálogo y al mutuo aprendizaje, mejor suspirar profundo y huir.

"Llegaron los fariseos y comenzaron a discutir con Jesús. Para ponerlo a prueba, le pidieron una señal del cielo. Él lanzó un profundo suspiro y dijo: «¿Por qué pide esta generación una señal milagrosa? Les aseguro que no se le dará ninguna señal». Entonces los dejó, volvió a embarcarse y cruzó al otro lado". (Mr 8:11-13)

OLVIDADIZOS COMO LOS DEMÁS

Mis notas:

Marcos, hablando de los discípulos, escribe con libertad y, sin esconder nada, dice que eran olvidadizos (se les olvidaba llevar pan en la barca), faltos de entendimiento espiritual, de mente embotada, que ni ven ni oyen, ni recuerdan lo que Jesús les enseñaba. Además, cándidos, porque no captan el actuar malintencionado de los fariseos y de Herodes.

Cruda descripción de un grupo que, para la época en la que se escribió el Evangelio, gozaba de autoridad dentro de la comunidad de fe y, en algunas partes, se le atribuía poderes especiales. Quizá Marcos, al escribir así, quiere enseñar que los dirigentes de la fe son seres humanos, tanto como los demás, que viven de la gracia del Señor. Tan olvidadizos como todos; a veces, tan confundidos como los demás.

"Tengan cuidado", les advierte Jesús. Cuidado de los religiosos (fariseos), de los poderosos (Herodes), pero también de los que con sublime candidez idolatran a sus dirigentes cristianos y les conceden poderes que no tienen. Recordar esa humanidad le devuelve a las iglesias su saludable sentido de comunidad (común-unidad).

"A los discípulos se les había olvidado llevar comida, y solo tenían un pan en la barca.

—Tengan cuidado —les advirtió Jesús—; ¡ojo con la levadura de los fariseos y con la de Herodes!

Ellos comentaban entre sí: «Lo dice porque no tenemos pan». Al darse cuenta de esto, Jesús les dijo:

—¿Por qué están hablando de que no tienen pan? ¿Todavía no ven ni entienden? ¿Tienen la mente embotada? ¿Es que tienen ojos, pero no ven, y oídos, pero no oyen? ¿Acaso no recuerdan? Cuando partí los cinco panes para los cinco mil, ¿cuántas canastas llenas de pedazos recogieron?

—Doce —respondieron.

—Y, cuando partí los siete panes para los cuatro mil, ¿cuántas cestas llenas de pedazos recogieron?

—Siete.

Entonces concluyó:

—¿Y todavía no entienden?". (Mr 8:14-21)

10
junio

CON ARROJO Y VALENTÍA, COMO PIENSA DIOS

Mis notas:

Jesús, acostumbrado a dar buenas noticias, esta vez les comunicó una que los suyos recibieron como muy mala.

Les explicó que en los próximos días serían para él de rechazos y muchos sufrimientos. Jesús sabía que su denuedo al hablar en contra de los líderes religiosos (Mr 7:6), además de otros gestos valientes, le traerían problemas. Les anunció, sin dar rodeos, que lo matarían.

Pedro lo llevó aparte y con actitud, entre paternal y temerosa, lo recriminó. Sí, Pedro reprendiendo al Maestro. A lo que Jesús le respondió con un "¡Apártate de mí, Satanás!" (Mr 8:33).

Le dijo así porque, según Jesús, esa clase de represiones son una expresión de cobardía y no de protección. Eso no es pensar como Dios, sino como la gente. Y él y ellos estaban para pensar con arrojo y valentía, como piensa Dios.

"Entonces Jesús empezó a explicarles que el Hijo del hombre tenía que sufrir mucho; que había de ser rechazado por los ancianos del pueblo, los jefes de los sacerdotes y los maestros de la ley; que luego lo matarían, pero que al tercer día resucitaría. Les hablaba con toda claridad. Pedro entonces, llevándolo aparte, comenzó a reprenderlo. Pero Jesús se volvió y, mirando a sus discípulos, reprendió a su vez a Pedro, diciéndole: — ¡Apártate de mí, Satanás! ¡Tú no piensas como piensa Dios, sino como piensa la gente!". (Mr 8:31-33)

PERDERLO TODO, PARA QUE GANEMOS TODOS

Mis notas:

Y, reuniendo a sus discípulos y a la gente que lo seguía, les explicó en qué consistía ser su discípulo. Era necesario hacerlo puesto que en aquellos tiempos había numerosos maestros, de diferentes escuelas filosóficas y religiosas que tenían sus seguidores, a su manera.

En este caso, ser discípulo no sería asunto de una afiliación académica (la Academia se había originado con Platón cuatro siglos antes), ni una conversión a un sistema religioso (abundaban por aquellos días). Sería algo relacionado con la vida entera, con la razón por la cual se vive y también se muere (Mr 8:31).

Seguirlo a él es vivir según sus valores (el Sermón del Monte, por ejemplo), asumir su vida como modelo de la nuestra, involucrarse con su causa (Reino de Dios), entregar lo que se es y se tiene al servicio de los demás, para que la vida de todos sea más plena, justa y armoniosa.

Porque dándonos es como recibimos (Francisco de Asís) y entregándonos a los demás es como nos salvamos todos. "Pues ¿de qué le sirve a uno ganar el mundo entero si pierde su propia vida?" (Mr 8:36).

> *"Luego Jesús convocó a la gente y a sus propios discípulos y les dijo: — Si alguno quiere ser discípulo mío, deberá olvidarse de sí mismo, cargar con su cruz y seguirme. Porque el que quiera salvar su vida, la perderá; pero el que entregue su vida por mi causa y por la causa de la buena noticia, ese la salvará. Pues ¿de qué le sirve a uno ganar el mundo entero si pierde su propia vida? ¿O qué podrá dar una persona a cambio de su vida? Pues bien, si alguno se avergüenza de mí y de mi mensaje delante de esta gente infiel y pecadora, también el Hijo del hombre se avergonzará de él cuando venga rodeado de la gloria de su Padre y acompañado de los santos ángeles". (Mr 8:34-38)*

12
junio

Mis notas:

Pedro, Santiago y Juan vivieron la experiencia de la transfiguración de Jesús. Fue algo extraordinario, según lo narra Marcos y también Mateo y Lucas (los llamados Evangelios sinópticos): la ropa de Jesús resplandeció y se les aparecieron Elías, el representante de los profetas, y Moisés, símbolo de la Ley.

La experiencia fue tan sublime, que Pedro le pidió a Jesús que se instalaran allá, en ese monte, y construyeran una cabaña para cada uno de ellos, incluyendo una para Moisés y otra para Elías. Marcos anota que Pedro hizo esta petición, pero sin saber lo que estaba pidiendo.

En una palabra, los discípulos estaban aterrados (Mr 9:6). Después de descender del monte, vinieron las preguntas; le preguntaron por la venida de Elías y Jesús pudo explicarles, con base en las Escrituras, la secuencia y significado de esas profecías.

Primero pidieron, sin saber lo que pedían y Jesús no pudo responderles como ellos querían.

Después preguntaron lo que no sabían, y esta pregunta, Jesús sí les respondió. Cuantas veces, ante Jesús, vale más una buena pregunta que una mala petición. Preguntar, a veces, es mejor que pedir.

"Seis días después, Jesús tomó a Pedro, Santiago y Juan y los llevó aparte a ellos solos a un monte alto. Allí se transfiguró en presencia de ellos. Su ropa se volvió de una blancura resplandeciente, tal como ningún batanero de este mundo sería capaz de blanquearla. Y los discípulos vieron a Elías y a Moisés, que estaban conversando con Jesús. Entonces Pedro dijo a Jesús: — ¡Maestro, qué bien estamos aquí! Hagamos tres cabañas: una para ti, otra para Moisés y otra para Elías. Es que no sabía lo que decía, porque estaban aterrados. En esto quedaron envueltos por una nube de la que salía una voz: — Este es mi Hijo amado. Escúchenlo. En aquel instante miraron a su alrededor y ya no vieron a nadie sino únicamente a Jesús solo con ellos. Mientras bajaban del monte, Jesús les ordenó que no contaran a nadie lo que habían visto, hasta que el Hijo del hombre hubiera resucitado. Y, en efecto, ellos guardaron este secreto, aunque discutían qué sería aquello de "resucitar". Entonces le preguntaron: — ¿Por qué dicen los maestros de la ley que Elías tiene que venir primero? Jesús les contestó: — Es cierto que Elías ha de venir primero para ponerlo todo en orden. Pero, por otra parte, ¿no dicen las Escrituras que el Hijo del hombre ha de sufrir mucho y que ha de ser ultrajado? En cuanto a Elías, les aseguro que ya vino; pero ellos lo maltrataron a su antojo, tal como dicen las Escrituras sobre él". (Mr 9:2-13)

¿PROHIBIDO HACER EL BIEN?

Juan, el discípulo, le dijo al Maestro que había gente que estaba haciendo milagros en su nombre y que ellos, como se suponía que debía hacerse, se lo habían prohibido.

Jesús les dijo que no lo hicieran, que no se lo prohibieran. Hacer el bien no tiene "marca registrada", no pertenece a un grupo en particular. Expulsar el mal es lo que todos deberían hacer, sin importar su identidad de fe o religión, ni nada. El amor es un bien de todos.

Y añadió que todo aquel que hiciera algo bueno o realizara un milagro en favor de los demás, debía ser considerado como uno que estaba a favor de él y de su causa… así no anduviera con ellos.

Es de Jesús el que hace lo que hizo Jesús. Y está contra Jesús el que hace lo contrario a lo que hizo el Maestro… así sea uno de sus discípulos. La afiliación a su grupo tiene este carácter: la práctica de su bondad.

"Juan le dijo: — Maestro, hemos visto a uno que estaba expulsando demonios en tu nombre y se lo hemos prohibido, porque no es de los nuestros. Jesús contestó: — No se lo prohíban, porque nadie puede hacer milagros en mi nombre y al mismo tiempo hablar mal de mí. El que no está contra nosotros, está a nuestro favor. Y el que les dé a ustedes a beber un vaso de agua porque son del Mesías, les aseguro que no quedará sin recompensa". (Mr 9:38-41)

Mis notas:

ACTIVISMO SOCIAL DEL AMOR, LA TERNURA Y LA RECONCILIACIÓN

Mis notas:

Uno de los fines en los que coinciden la mayoría de religiones y sistemas religiosos es el de combatir los males que padecemos como humanidad y, además, señalar el mal que los mismos seres humanos producimos. Por medio de sus creencias, ritos y discursos, señalan el mal general para que procuremos su transformación y advierten la realidad de nuestra propia maldad para que busquemos conversión.

Tras esos fines, han propuesto normas y leyes. Un ejemplo fue la antigua "ley del talión", por medio de la cual se buscaba establecer equidad en el ejercicio de la justicia. En un mundo de venganzas sin límites, las leyes religiosas establecieron equidad limitando quitar un ojo a quien había quitado un ojo y un diente a quien había quitado un diente. La ley judía (Éx 21:23-25) y el Código de Hammurabi (s. XVIII a.C.) así lo establecieron. Era una medida que, aunque hoy la juzgamos como cruel y violenta, en su contexto era una forma de establecer orden y limitar las venganzas extremas.

Pero Jesús, formado dentro de la tradición religiosa judía, enseñó algo distinto. Para él no basta con señalar cuáles son los males, ni siquiera en hallar a los culpables, sino en encontrar las soluciones. Y la "ley del talión", aunque estaba en las Escrituras antiguas y era una medida de regulación más equitativa que las anteriores, conscrvaba un gran defecto: trataba de eliminar la violencia con la violencia.

La violencia no se elimina con violencia, ni el odio con odio. Gandhi lo apuntó: "Ojo por ojo y todo el mundo quedará ciego".

Jesús enseñó la preeminencia táctica del amor, el perdón y la ternura. Ahí está su enseñanza del Sermón de la Montaña para probarlo (Mt 5:1-7:29). Amor que no es sinónimo de pasividad personal, ni ingenuidad política.

Ante las desgracias de este mundo de violencias e injusticias, nos invita a vivir la gracia del amor y de la reconciliación. Son enseñanzas con aplicaciones para la vida individual, comunitaria y social. ¿Una política basada en el amor que humanice y reconcilie? Sí.

"Ustedes saben que se dijo: Ojo por ojo y diente por diente. Pero yo les digo: No recurran a la violencia contra el que les haga daño. Al contrario, si alguno te abofetea en una mejilla, preséntale también la otra. Y si alguno te fuerza a llevar una carga a lo largo de una milla, llévasela durante dos. A quien te pida algo, dáselo; y a quien te ruegue que le hagas un préstamo, no le vuelvas la espalda". (Mt 5:38-39; 41-42)

CONFIANZA ESPERANZADA

Mientras Jesús y los suyos iban camino a Jerusalén, les anunció su muerte y resurrección. Era la tercera vez que lo hacía. Y si en las veces anteriores no lo habían entendido, esta vez era posible que sí, puesto que iban hacia la capital y allá el peligro fuera inminente.

Mis notas:

Otra prueba de que esta vez sí lo entendieron es la petición que le hicieron dos de ellos: "Concédenos que nos sentemos junto a ti en tu gloria: el uno a tu derecha y el otro a tu izquierda" (Mr 10:37). Es decir, reparte las dignidades porque ya sabemos que se acerca tu fin.

Mientras Jesús estaba pensando en el dolor de la partida (Mr 10:33-34) a ellos lo que les preocupaba era la repartición de los honores. Él concentrado en el fin y ellos en su comienzo.

La narración de Marcos es prolija y reveladora. En ella se refleja lo que ya en otros pasajes del mismo Evangelio se había mostrado: la gran brecha entre Jesús y sus discípulos. Pensaban distinto y tenían aspiraciones diferentes.

Pero esto a Jesús nunca lo exasperó. Ese día dijo que ya vendría el tiempo en el que estos mismos ambiciosos cambiarían tanto que hasta entregarían su vida por el Evangelio (Mr 10:39).

La confianza esperanzada distinguió al Maestro. Y sigue así. Siempre espera más de lo que nos ve hacer hoy y confía en lo que seremos mañana.

"Santiago y Juan, los hijos de Zebedeo, se acercaron a Jesús y le dijeron: — Maestro, queremos que nos concedas lo que vamos a pedirte. Jesús les preguntó: — ¿Qué quieren que haga por ustedes? Le dijeron: — Concédenos que nos sentemos junto a ti en tu gloria: el uno a tu derecha y el otro a tu izquierda. Jesús les respondió: — No saben lo que están pidiendo. ¿Pueden ustedes beber la misma copa de amargura que yo estoy bebiendo, o ser bautizados con el mismo bautismo con que yo estoy siendo bautizado? Ellos le contestaron: — ¡Sí, podemos hacerlo! Jesús les dijo: — Pues bien, beberán de la copa de amargura que yo estoy bebiendo y serán bautizados con mi propio bautismo; pero que se sienten el uno a mi derecha y el otro a mi izquierda, no es cosa mía concederlo; es para quienes ha sido reservado. Cuando los otros diez discípulos oyeron esto, se enfadaron con Santiago y Juan". (Mr 10:35-41)

LA VOZ DE LOS QUE SÍ TIENEN VOZ

Mis notas:

Era común en los tiempos de Jesús encontrar por las ciudades a personas sentadas junto al camino rogando el favor de una moneda. Uno de esos hombres, ciego, de nombre Bartimeo, cuando se enteró de que Jesús estaba pasando cerca de él, en lugar de pedirle una limosna, aprovechó para gritarle rogándole compasión.

La gente, al verlo gritar así y con tanta insistencia, le pedían que se callara, pero él, que era el necesitado, seguía gritando, hasta cuando Jesús se detuvo ante él. ¡E hizo el milagro! Un milagro diferente:

Lo primero que hizo Jesús no fue darle algo, sino pedirle algo, que le contara con sus propias palabras lo quería que hiciera por él.

Antes de devolverle la vista, Jesús le devolvió la voz. Le pidió que hablara y expresara su anhelo. Porque a Jesús no le basta ser "la voz de los que no tienen voz", sino devolverle la voz a los que se les ha negado. Esta es la fe que salva: "Puedes irte. Tu fe te ha salvado" (Mr 10:52).

"En esto llegaron a Jericó. Y más tarde, cuando Jesús salía de allí acompañado de sus discípulos y de otra mucha gente, un ciego llamado Bartimeo (es decir, hijo de Timeo) estaba sentado junto al camino pidiendo limosna. Al enterarse de que era Jesús de Nazaret quien pasaba, empezó a gritar: — ¡Hijo de David, Jesús, ten compasión de mí! Muchos le decían que se callara, pero él gritaba cada vez más: — ¡Hijo de David, ten compasión de mí! Entonces Jesús se detuvo y dijo: — Llámenlo. Llamaron al ciego, diciéndole: — Ten confianza, levántate, él te llama. El ciego, arrojando su capa, dio un salto y se acercó a Jesús. Jesús le preguntó: — ¿Qué quieres que haga por ti? Contestó el ciego: — Maestro, que vuelva a ver. Jesús le dijo: — Puedes irte. Tu fe te ha salvado. Al punto recobró la vista y siguió a Jesús por el camino". (Mr 10:46-52)

ENCONTRAR FE, DONDE VEMOS ODIO

Mis notas:

En Capernaum, que significa "el pueblo de Nahum" y era conocida como "la ciudad de Jesús", ocurrió un milagro diferente.

Jesús atendió la petición de un militar romano (centurión), curtido en el aciago arte de la guerra. Ese centurión, sorprendido ante la atención de Jesús, respondió con unas palabras que impresionaron al mismo Maestro. Como cierre de lo ocurrido, Jesús hizo una afirmación que debió aturdir a los judíos presentes. Dijo que la fe de ese militar pagano superaba la fe de todo el pueblo de Israel (el pueblo elegido y de la promesa).

Jesús nos desconcierta una vez más. ¿Atender a un militar adversario de su pueblo? Sí, lo atendió y escuchó su ruego. ¿Un pagano expresando fe? Sí, y con palabras muy propias. ¿Jesús calificando la fe de ese pagano como superior a la que había visto en su pueblo de Israel? Sí, y dijo que jamás había encontrado a alguien así.

Los nacionalismos egoístas, supremacismos confesionales, discriminaciones raciales y exclusivismos morales nos impiden ver la ternura de Dios, que traspasa fronteras, abraza a los distintos y renueva la vida con paz.

"Cuando Jesús entró en Capernaum, se acercó a él un oficial del ejército romano suplicándole: Jesús le dijo: — Yo iré y lo curaré. Pero el oficial le respondió: — Señor, yo no soy digno de que entres en mi casa. Pero una sola palabra tuya bastará para que sane mi asistente. Porque yo también estoy sujeto a mis superiores, y a la vez tengo soldados a mis órdenes. Si a uno de ellos le digo: "Vete", va; y si le digo a otro: "Ven", viene; y si a mí asistente le digo: "Haz esto", lo hace. Jesús se quedó admirado al oír esto. Y dijo a los que lo seguían: — Les aseguro que no he encontrado en Israel a nadie con una fe tan grande como esta". (Mt 8:5-7-10)

EL MISTERIO DE SU LLAMAMIENTO

Mis notas:

En la antigüedad, los maestros espirituales buscaban atraer discípulos que los escogieran y los siguieran. Cada quien escogía a sus maestros previa evaluación de sus enseñanzas y de las doctrinas de su escuela. El discípulo quien escogía al maestro.

En el caso de Jesús, no fue así; era él quien escogía a sus seguidores. Sin interés proselitista, ni ambiciones de fama, ni grandeza. Según él mismo decía, esas elecciones estaban guiadas por la voluntad del Padre. Por eso, antes de escoger, oraba (Mr 3:13-19).

En una ocasión, hasta desaprovechó la oportunidad de que un maestro de la ley fuera su discípulo. Ese maestro le dijo que estaba dispuesto a seguirlo "adondequiera que vayas". Jesús, en lugar de ovacionar esa decisión, la desestimuló mostrándole que seguirlo a él no sería fácil.

También hubo uno que ya era discípulo suyo y le solicitó un plazo para poderlo seguir del todo. Tenía a su padre anciano y le pidió que le diera tiempo para pasar los últimos años con él hasta enterrarlo. Jesús le dijo que no. Jesús no tenía mucho tiempo para esperar. Su labor sería corta y sus discípulos debían tomar una decisión inmediata.

El seguimiento no es un acto de voluntarismo religioso. Es una dádiva de la gracia de Dios. Por eso, no hay lugar para el proselitismo, ni para la propaganda cautivadora, ni para la oratoria seductora. Quien lo sigue, lo hace por la llamada misteriosa de esa gracia (1Jn 4:19).

"Viendo Jesús que lo rodeaba una gran multitud, mandó que lo llevaran a la otra orilla del lago. Allí se le acercó un maestro de la ley, que le dijo:

— Maestro, estoy dispuesto a seguirte adondequiera que vayas.

Jesús le contestó:

— Las zorras tienen guaridas y los pájaros nidos, pero el Hijo del hombre ni siquiera tiene dónde recostar la cabeza.

Otro que ya era discípulo suyo le dijo:

— Señor, permíteme que vaya primero a enterrar a mi padre.

Jesús le contestó:

— Sígueme y deja que los muertos entierren a sus muertos".
(Mt 8:18-22)

LA SORPRESA INTERCULTURAL

Mis notas:

D onde se esperaba que creyeran en Jesús y recibieran su mensaje, lo rechazaron. Y donde menos se esperaba, por ser pueblos llamados paganos, lo aceptaron. Por eso, Jesús, haciendo uso del lenguaje teológico de su pueblo dijo que en el banquete del reino de los cielos, en la mesa de los patriarcas, no se sentarían los de Israel, sino los pueblos de oriente y occidente.

Esta sorpresa de la inclusión universal del Evangelio se enseña desde el inicio del evangelio de Mateo cuando los que llegan para adorar al recién nacido son unos visitantes de oriente (Mt 2:1).

La sorpresa intercultural se confirmó en varias ocasiones, una de ellas fue la de un oficial romano que le pidió un milagro para uno de sus asistentes. Y Jesús lo sanó, no sin antes advertir que no siempre los primeros llegaban primero a ese reino de los cielos: "los que primero fueron llamados al Reino serán arrojados afuera" (Mt 8:12). Y se arriesgó a decir algo "políticamente incorrecto": que en ese reino entrarían muchos romanos, como este oficial.

Los "malos" no siempre son tan malos y los "buenos" no siempre son tan buenos. En el banquete del reino se comprobará.

"Y Les advierto que vendrán muchos de oriente y occidente y se sentarán a la mesa con Abrahán, Isaac y Jacob en el reino de los cielos. En cambio, los que primero fueron llamados al Reino serán arrojados afuera, a la oscuridad. Allí llorarán y les rechinarán los dientes. Luego dijo Jesús al oficial: — Vete a tu casa y que se haga como creíste. En aquel mismo momento, el asistente quedó curado. Al llegar Jesús a casa de Pedro, encontró a la suegra de este en cama, con fiebre. Jesús le tocó la mano y se le desapareció la fiebre. Y ella se levantó y se puso a atenderlo". (Mt 8:11-15)

Mis notas:

Jesús asumió la condición humana hasta el extremo. Aceptó la vulnerabilidad de esa condición y, por eso mismo, sufrió el desprecio, la persecución y, al final, la muerte. Mateo resume esa experiencia diciendo que "tomó sobre sí nuestras debilidades y cargó nuestras enfermedades" (Mt 8:17).

Tomó nuestras debilidades, es decir, las vivió en carne propia, pero también las observó en los demás y fue testigo con cuánta crueldad esas debilidades (enfermedades y opresiones) se ensañaban de ellos, unas veces en personas cercanas a su círculo de discípulos, como con la suegra de Pedro y en otras, en personas desconocidas pero que, por igual, eran seres sufrientes dignos de su misericordia restauradora.

Cargar con la humanidad propia y asumir como propia la de los demás, es la marca distintiva de su redención, porque solo nos redime de nuestra humanidad doliente un Dios que se haya hecho humano y se haya dolido con nosotros.

Es una salvación solidaria que procede de un Dios amoroso que cura, acompaña y nos habilita para vivir nuestra salvación:

"con solo una palabra, [expulsaba] a los espíritus malignos y [curaba] a todos los enfermos" (Mt 8:16)

EL RIESGO
MÁS SEGURO

Mis notas:

Un maestro de la ley, ávido de aprender lo que Jesús enseñaba y de seguir su camino, le expresó públicamente que estaba dispuesto a ser uno de sus discípulos. Jesús, que no andaba buscando voluntarios y sabiendo, quizá, lo que estaba en el corazón de este religioso, lo desanimó mostrándole que ese camino no era tan fácil como él se lo imaginaba.

Después se acercó uno que, aunque ya era discípulo suyo, no lo era con constancia porque su padre estaba anciano y esperaba cuidarlo hasta sus últimos días. Después de eso, cuando el papá muriera, entonces sí, estaría listo para a seguir a Jesús con total entrega. A éste le advirtió que el seguimiento no era para un día futuro, sino para ya, ¡para ahora!

El seguimiento de Jesús, según lo aclaró él mismo, implica un costo, tiene riesgos y es para ahora; porque del mañana, no tenemos nada seguro. Seguirlo es el riesgo más seguro.

"Viendo Jesús que lo rodeaba una gran multitud, mandó que lo llevaran a la otra orilla del lago. Allí se le acercó un maestro de la ley, que le dijo: Maestro, estoy dispuesto a seguirte adondequiera que vayas. Jesús le contestó: Las zorras tienen guaridas y los pájaros nidos, pero el Hijo del hombre ni siquiera tiene dónde recostar la cabeza. Otro que ya era discípulo suyo le dijo: Señor, permíteme que vaya primero a enterrar a mi padre. Jesús le contestó: Sígueme y deja que los muertos entierren a sus muertos". (Mt 8:18-22)

Mis notas:

La situación sorprendió a todos los que viajaban en la barca. Iban los discípulos, y también Jesús, cuando se levantó una tempestad de tal dimensión que las olas cubrieron la embarcación. Susto, alarma y miedo, todo esto en contraste con Jesús quien dormía sereno.

De inmediato lo buscaron, interrumpieron su sueño y le rogaron que los salvara. Jesús se despertó sin sobresaltos y sin perder la calma les increpó su miedo: "¿A qué viene ese miedo? ¿Por qué es tan débil su fe?" (Mt 8:26).

Dicho eso, calmó los vientos, el lago recobró su calma y la barca (símbolo cristiano de la Iglesia) siguió su camino.

Pero más allá de esto, el otro milagro fue devolverles la calma a sus angustiados discípulos, quienes por el pavor estaban con la fe hecha trizas.

"Subió Jesús a una barca acompañado de sus discípulos, cuando de pronto se levantó en el lago una tempestad tan violenta que las olas cubrían la barca. Pero Jesús se había quedado dormido. Los discípulos se acercaron a él y lo despertaron, diciendo: — ¡Señor, sálvanos! ¡Estamos a punto de perecer! Jesús les dijo: — ¿A qué viene ese miedo? ¿Por qué es tan débil su fe? Entonces se levantó, increpó a los vientos y al lago y todo quedó en calma. Y los discípulos se preguntaban asombrados: — ¿Quién es este, que hasta los vientos y el lago le obedecen?". (Mt 8:23-27)

SANTOS
ASINTOMÁTICOS

M ateo era un recaudador de impuestos. Esta era una profesión mal vista puesto que recaudaban impuestos de su pueblo para las arcas de un Imperio invasor y déspota. Además, hacían otros trabajos asociados a la corrupción y al comercio con la compañía de personas extranjeras aún más deshonestas que ellos.

Mis notas:

Si un gran maestro espiritual quería ser apreciado por su coherencia, pues lo más obvio era que se mantuviera lejos de estos personajes. Pero Jesús se acercó a Mateo y, ¡vaya sorpresa!, lo invitó a formar parte de su grupo más cercano de discípulos.

Mateo aceptó (sorpresivo también) y, como gesto de celebración, invitó a Jesús a su casa donde estarían sus viejos amigos publicanos. ¡Inimaginable cuadro! Jesús en casa de un publicano, celebrando con otros de su gremio que uno de ellos fuera un discípulo.

Ante las comprensibles críticas de los fariseos, Jesús les respondió que él no había venido a llamar a los buenos, sino a los pecadores. Y de paso dejó implícita la lección de que con los buenos poco tenía que hacer, porque al creerse tan buenos, su orgullo los mantenía lejos del Bueno (Dios).

Mateo siguió a Jesús. Cambió su vida y descubrió la bondad escondida que acunaba en su propio corazón. Jesús reveló lo que era: un santo asintomático.

"Jesús continuó su camino. Al pasar vio a un hombre llamado Mateo que estaba sentado en su despacho de recaudación de impuestos, y le dijo: — Sígueme. Mateo se levantó y lo siguió. Más tarde, estando Jesús sentado a la mesa en casa de Mateo, acudieron muchos recaudadores de impuestos y gente de mala reputación, que se sentaron también a la mesa con Jesús y sus discípulos. Los fariseos, al verlo, preguntaron a los discípulos: — ¿Cómo es que su Maestro se sienta a comer con esa clase de gente? Jesús lo oyó y les dijo: — No necesitan médico los que están sanos, sino los que están enfermos. A ver si aprendéis lo que significa aquello de: Yo no quiero que me ofrezcan sacrificios, sino que sean compasivos. Yo no he venido a llamar a los buenos, sino a los pecadores". (Mt 9:9-13)

24
junio

MI FE COMO MEDIDA DE LAS DEMÁS

Mis notas:

En esta ocasión, quienes se acercan a Jesús para hacerle una pregunta no son los jefes religiosos del Templo, a los que Mateo nos tiene tan acostumbrados, sino los discípulos de Juan el Bautista. A ellos, su maestro espiritual les ha enseñado a ayunar porque, además de un rasgo distintivo de su espiritualidad, era una acendrada costumbre de la religiosidad popular.

Les inquietaba que los de Jesús no lo hicieran. La cuestión tiene sabor a reclamo: ¿por qué los tuyos no hacen lo que nosotros hacemos? Y, tras el reclamo, cierto espíritu de superioridad: nosotros cumplimos, por lo tanto, somos mejor que ustedes.

Esa regla del ayuno enseñada por Juan y acogida por ellos, la querían convertir en norma para todos. Esto pasa con mucha frecuencia: querer que mi fe sea la medida de todas las demás y mi credo el único que los demás asientan. Jesús, en sus palabras, les dijo que una religión así era una triste religión.

"Entonces se acercaron a Jesús los discípulos de Juan el Bautista y le preguntaron:

— ¿Por qué nosotros y los fariseos ayunamos tantas veces y, en cambio, tus discípulos no ayunan?

Jesús les contestó:

— ¿Pueden acaso estar tristes los invitados a una boda mientras el novio está con ellos? Ya llegará el momento en que les faltará el novio; entonces ayunarán". (Mt 9:14-15)

UNA FE QUE DESPIERTA SOSPECHAS

Mis notas:

N o existe una sola y única manera de vivir y expresar la fe cristiana. Hay un Jesús, pero infinidad de maneras de seguirlo. Hay un texto sagrado, pero múltiples formas de leerlo. Un "Dios y Padre de todos" (Ef 4:6), pero variados modos de amarlo.

Jesús sufrió la oposición de los religiosos de su tiempo, en parte, porque estos suponían que él, que se hacía llamar Hijo de Dios, viviría la fe y practicaría la religión como ellos. Hasta los mismos discípulos de Juan el Bautista tenían esa misma expectativa.

¡Pero Jesús los decepcionó! Predicó a Dios como un Padre bueno y lo identificó con lo más humano. Interpretó la ley con un nuevo espíritu, el del amor, el perdón y la gracia amplia.

Para él, la fe se debe vivir como una alegre fiesta de bodas, con alma de amistad y sentido de celebración. Como una mesa grande donde hay comida para todos y ninguno se queda por fuera. Donde no hay lugar para la pesadumbre de los rígidos, ni la aspereza de los moralistas.

La fe de Jesús fue tan nueva y fresca que incomodó a los tradicionalistas. De esa novedad viene nuestra salvación (Tit 3:4).

"Entonces se acercaron a Jesús los discípulos de Juan el Bautista y le preguntaron: — ¿Por qué nosotros y los fariseos ayunamos tantas veces y, en cambio, tus discípulos no ayunan? Jesús les contestó: — ¿Pueden acaso estar tristes los invitados a una boda mientras el novio está con ellos? Ya llegará el momento en que les faltará el novio; entonces ayunarán. Nadie remienda un vestido viejo con una pieza de tela nueva, porque el remiendo tira de la tela, y el roto se hace mayor. Tampoco se echa vino nuevo en odres viejos, porque los odres se revientan, se derrama el vino y se pierden los odres. El vino nuevo hay que echarlo en odres nuevos, para que ambas cosas se conserven". (Mt 9:14-17)

26
junio

POCO DE CREDOS Y MUCHO DE AMOR

Mis notas:

Uno de los milagros realizados por Jesús fue a una mujer que padecía de hemorragia o, como lo presentan algunas traducciones bíblicas, de "flujos de sangre". No era un mal menor. Su mal había cumplido doce años (número significativo en aquella cultura) y, además de ser una dolencia física acarreaba una exclusión social, pues según las leyes del Primer Testamento (Lv 15:33) su mal la convertía en una persona impura.

El milagro de Jesús, en este como en otros casos, le devolvió la salud física y la inclusión social. Ambas cosas eran valiosas para una mujer de la cual ni sabemos su nombre.

Pero lo asombroso del caso es la fe de la mujer. "Ánimo, hija. Tu fe te ha curado". Jesús la vio, la llamó hija, le reconoció su fe y la sanó.

Pero, ¿qué fue lo grandioso de su fe? Nada más que esto: se acercó a Jesús por detrás (con timidez y hasta temor) y le tocó solo el borde del vestido, nada más que eso. Pensó que eso bastaba... y bastó. Nada de grandilocuencias retóricas ni de pompas litúrgicas. Una fe simple, sencilla, pero profunda; que sabe poco de credos, pero mucho de amor.

Un borde del manto de Jesús alcanza para que el cuerpo reciba salud y la vida dignidad.

"Jesús se levantó y, seguido de sus discípulos, fue con él. En esto, una mujer que padecía hemorragias desde hacía doce años, se acercó por detrás a Jesús y tocó el borde de su manto, pues pensaba para sí misma: "Con solo tocar su manto, me curaré". Pero Jesús se volvió y, al verla, le dijo: — Ánimo, hija, tu fe te ha salvado. Y en aquel mismo instante la mujer recuperó la salud". (Mt 9:19-22)

FE QUE ABRE
LOS OJOS

Jesús estaba en la casa de un jefe de los judíos que fue a buscarlo porque su hija había muerto. No se sabe de qué fracción religiosa era este hombre. Simpatizante u opositor, en este caso daba lo mismo. Era un alto dignatario que se había arrodillado ante Jesús suplicando un milagro. Ante la necesidad humana, la creencia religiosa pasa a un segundo plano. Así lo entendió Jesús y por eso acudió en su auxilio.

Jesús sanó a la hija de aquel hombre y también a una mujer enferma que se encontraba en el camino. Al salir de aquella casa, dos ciegos le salieron al encuentro. Le gritaron que tuviera compasión de ellos.

La ceguera era común en aquellos tiempos. Las malas condiciones higiénicas, la aridez y el excesivo polvo en los ambientes, entre otros factores, propiciaban la pérdida parcial o total de la vista. Ser ciego implicaba no solo una limitación física, sino también una marginación social. Muchos eran mendigos.

Jesús les hizo una pregunta, que si creían que él tenía poder para sanarlos. Ellos contestaron que sí (esto era obvio). Entonces tocó sus ojos y les dijo que se hiciera conforme a esa fe que habían tenido. Los despidió pidiéndoles el favor de hacer algo imposible, que no divulgaran lo que les había pasado. No pudieron cumplirle.

Un suceso más en el que sus protagonistas son personas ciegas. Una vez más, Jesús actuando a favor de la dignidad integral de las personas. Lo aquí que es diferente es la pregunta de Jesús hacia ellos, que si creían. Pregunta que aclara lo que significa creer. Aquí fue seguir a Jesús, acercarse a él, suplicarle a voces y dejarse tocar por su amor. Esta es la fe que abre los ojos.

> *"Al salir Jesús de allí, lo siguieron dos ciegos que suplicaban a voces: — ¡Ten compasión de nosotros, Hijo de David!*
> *Cuando entró en casa, los ciegos se le acercaron y Jesús les preguntó: — ¿Creéis que puedo hacer esto?*
> *Ellos le contestaron: — Sí, Señor.*
> *Entonces les tocó los ojos y dijo: — Que se haga en vosotros conforme a la fe que tenéis.*
> *Se les abrieron al punto los ojos y Jesús les ordenó: — Procurad que nadie lo sepa.*
> *Ellos, sin embargo, en cuanto salieron, comenzaron a divulgarlo por toda la región". (Mt 9:27-31)*

Mis notas:

Mis notas:

Como bien se dice en teología, no es que la iglesia tenga una misión, sino que es Dios quien la tiene (Missio Dei) y la iglesia es colaboradora (o instrumento) de ella. Por eso, en situaciones de crisis global como la de hoy, las preguntas misioneras son: ¿dónde está actuando Dios en nuestro mundo? ¿qué conmueve su corazón? ¿Qué se propone? Y, por ende, de qué manera el Pueblo de Dios debe unirse a ese proyecto compasivo y redentor.

Esas preguntas se responden mejor a la luz del testimonio de Jesús, siendo que él es el modelo y Señor de la Misión. ¿De qué manera actuaba Jesús para cumplir con el proyecto del Padre?

En el Evangelio de Mateo se describe el ministerio de Jesús destacando estas facetas: la de caminante, maestro, portador de noticias confortadoras y sanadoras. Así se resume su Misión.

Jesús andaba entre el pueblo para darse cuenta de lo que realmente estaba pasando. No le contaban lo que pasaba, porque conocía de primera mano la realidad. Enseñaba y polemizaba en las sinagogas, donde muchas veces, en lugar de instruir en el plan generoso del Padre, destruían con ordenanzas religiosas que hacían más infeliz la vida de la gente. Jesús añadía a su enseñanza oral, la acción vital de sanar las enfermedades y dolencias. Porque, no solo de palabras vive el ser humano.

La Misión es de Dios, el modelo es Jesús y la guía viene del Espíritu. Misión trinitaria para un mundo que se pregunta dónde está Dios y para qué sirve la Iglesia. Dietrich Bonhoeffer (1906-1945), el mártir luterano alemán, decía que "La iglesia solo es iglesia cuando existe para los demás".

"Jesús recorría todos los pueblos y aldeas enseñando en las sinagogas judías. Anunciaba la buena noticia del Reino y curaba toda clase de enfermedades y dolencias. Y al ver a toda aquella gente, se sentía conmovido porque estaban maltrechos y desalentados, como ovejas sin pastor. Dijo entonces a sus discípulos: La mies es mucha, pero son pocos los trabajadores. Por eso, pídanle al dueño de la mies que mande trabajadores a su mies". (Mt 9:35-37)

MALTRECHOS Y DESALENTADOS

M ateo nos cuenta cómo entendía Jesús la tarea que el Padre le había encargado. Y no solo nos dice en qué consistía la misión, sino qué era lo que lo motivaba a cumplirla y de qué manera la llevaba a cabo. El qué, el por qué y el cómo, se resumen en pocos versículos (9:35-38).

Su tarea era anunciar una buena noticia llamada Reino de Dios. Esa noticia se comunicaba por medio de acciones de restauración, acogida, inclusión y liberación. Se expresaba con hechos, pero se complementaba con palabras que, en muchos casos, tomaban la forma de parábolas, sermones, diálogos o duras controversias. Era así, y es así, como ese Reino se predica, con obras, palabras y la vida de quien lo predica (obras, palabras y vida).

Hay otras predicaciones y otros predicadores. Hay los que solo exponen palabras y a esas palabras las adornan con más palabras. Predican un Reino de discursos insulsos. Pura oratoria que no cambia vidas, ni ayuda a transformar las realidades humanas y sociales. Había mucho de estos en el tiempo de Jesús. Abundaban estos predicadores del Templo y escaseaban los maestros del Reino.

Sabiendo esto, Jesús exclamó que la mies era mucha, pero los trabajadores eran pocos. Siguen siendo pocos. Muy pocos. Por eso hay que pedir al dueño de la mies que mande auténticos trabajadores y trabajadoras a su mies y que, en lo posible, ahuyente a esos otros que dejan a tanta gente maltrecha y desalentada.

"Jesús recorría todos los pueblos y aldeas enseñando en las sinagogas judías. Anunciaba la buena noticia del Reino y curaba toda clase de enfermedades y dolencias. Y al ver a toda aquella gente, se sentía conmovido porque estaban maltrechos y desalentados, como ovejas sin pastor. Dijo entonces a sus discípulos:

— La mies es mucha, pero son pocos los trabajadores. Por eso, pídanle al dueño de la mies que mande trabajadores a su mies.

Jesús reunió a sus doce discípulos y les dio autoridad para expulsar espíritus impuros y para curar toda clase de enfermedades y dolencias". (Mt 9:35-38)

Mis notas:

30
junio

Mis notas:

J esús advirtió que los enemigos más acérrimos podrían ser personas que, en otro tiempo, habían sido las más cercanas, como los de la casa y la comunidad de fe. Por eso les recomendó a sus discípulos, que lo mejor era tener "cuidado con la gente".

Cuidarse de la gente es tan cristiano como amar a todas las personas. Amar es de personas libres, no ingenuas. El amor sabe que cruza por parajes de maldad y, por eso, anda con cuidado.

"Tengan cuidado con la gente; los entregarán a los tribunales y los azotarán en las sinagogas. Por mi causa los llevarán ante gobernadores y reyes para dar testimonio a ellos y a los gentiles. Pero, cuando los arresten, no se preocupen por lo que van a decir o cómo van a decirlo. En ese momento se les dará lo que han de decir, porque no serán ustedes los que hablen, sino que el Espíritu de su Padre hablará por medio de ustedes.

El hermano entregará a la muerte al hermano, y el padre al hijo. Los hijos se rebelarán contra sus padres y harán que los maten. Por causa de mi nombre todo el mundo los odiará, pero el que se mantenga firme hasta el fin será salvo". (Mt 10:17-22)

PALABRA QUE LIBERA
Y DA DESCANSO

Mis notas:

Marta y María eran dos hermanas, amigas personales de Jesús, que vivían en una aldea, como a tres kilómetros de Jerusalén. Todo parece indicar que eran discípulas del Maestro y que formaban parte de su movimiento (E. Tamez).

Cuando Jesús iba a Jerusalén, prefería pasar las noches en otro lugar cercano. Jerusalén le representaba un peligro por ser un centro de poder político y religioso, por eso pasaba la noche fuera de allí. Un lugar apropiado era la casa de sus amigas o, en otras ocasiones, iba al otro lado del río Jordán, hacia los lados de Samaria (Jn 10:40).

La calidad de discípulas se confirma por la narración de Lucas quien nos cuenta que, en una ocasión, cuando Jesús llegó a la casa de ellas, se sentó y comenzó a enseñarles. La que más atención le ofreció fue María. Marta, por su parte, estaba ocupada con los trabajos de la casa. ¡Al visitante había qué atenderlo!

Marta, entonces, le dijo a Jesús que, por favor, le pidiera a María que dejara de escucharlo y se uniera a ella en los quehaceres de la casa. Jesús le respondió que no, que María estaba haciendo lo mejor. Porque, entre hacer las tareas tradicionales de la casa, como "hacendosa mujer" y escuchar con atención sus enseñanzas, como solo estaba establecido para los "insignes varones", Jesús prefería lo segundo.

Hay veces en las que, para seguir a Jesús, hay que atreverse a romper con los estereotipos sociales, despreocuparse por las angustian que ocasionan las tradiciones familiares y, sentarse a los pies del Señor para escuchar su palabra, que libera y da descanso al alma.

"Mientras seguían el camino, Jesús entró en una aldea, donde una mujer llamada Marta le dio alojamiento. Marta tenía una hermana llamada María, la cual, sentada a los pies del Señor, escuchaba sus palabras. Marta, en cambio, andaba atareada con los quehaceres domésticos, por lo que se acercó a Jesús y le dijo:

— Señor, ¿te parece bien que mi hermana me deje sola con todo el trabajo de la casa? Por favor, dile que me ayude.

El Señor le contestó:

— Marta, Marta, andas angustiada y preocupada por muchas cosas. Sin embargo, una sola es necesaria. María ha elegido la mejor parte y nadie se la arrebatará". (Lc 10:38-42)

2
julio

EN LA TIERRA COMO
EN EL CIELO

Mis notas:

Siendo que Juan el Bautista había enseñado a sus discípulos a orar, los de Jesús quisieron aprender el mismo arte. Y, una vez, cuando Jesús había terminado de orar, se le acercaron para pedirle que les enseñara.

Jesús no les ofreció "técnicas psico-espirituales". Tampoco les reguló un sistema de rezos rutinarios. No les dio recetas infalibles para lograr las respuestas de Dios, como si la oración fuera una destreza para lograr los caprichos humanos.

Fue breve en su enseñanza. Para él, orar supone que nuestros mayores deseos coinciden con los grandes anhelos del Señor.

Quien ora, se pone de acuerdo con Dios para expresar lo que ambos desean: que haya pan para todos; que vivamos libres de culpas y deudas, sobre todo, de los que nos manipulan con la culpa y nos conminan con las deudas. Que sepamos perdonar, para que vivamos en armonía con los demás, tranquilos con nosotros mismos y cerca del calor amoroso de Dios.

Orar es decir aquello que se quiere y que se busca: que venga tu reino; que se haga aquí en la tierra lo que se anhela en el cielo (Mt 6:10).

"Una vez estaba Jesús orando en cierto lugar. Cuando terminó de orar, uno de los discípulos le dijo: Señor, enséñanos a orar, al igual que Juan enseñaba a sus discípulos. Jesús les dijo: — Cuando oren, digan: Padre, santificado sea tu nombre. Venga tu reino. Danos cada día el pan que necesitamos. Perdónanos nuestros pecados, como también nosotros perdonamos a quienes nos hacen mal. Y no permitas que nos apartemos de ti". (Lc 11:1-4)

Mis notas:

En el Padrenuestro, a Dios se le presenta como un papá bueno que anhela el bienestar de sus hijos e hijas. De esta manera, Jesús introduce una imagen de Dios que da confianza.

Al terminar esa enseñanza, Jesús añadió una comparación para decir que la paternidad de Dios era buena —porque no todo padre es bueno, ni toda paternidad es sana—. Dijo que era un papá atento y accesible.

A partir de Jesús, no hay más lugar para creer en Dios como un amo implacable que exige lealtad a toda costa (Mt 9:13), ni como el patrono insaciable que exige siempre más y más de sus siervos (Jn 15:15). Tampoco es un juez inclemente que se deleita infligiendo venganza.

El Dios de Jesús es como un papá afectuoso al que se le puede pedir, porque atiende; se le puede buscar y se le encuentra. Si alguien lo llama, así sea a media noche, él abre la puerta. Es el Dios de las puertas abiertas, tierno y cercano (Ro 8:15).

"Luego les dijo: — Supongan que uno de ustedes va a medianoche a casa de un amigo y le dice: "Amigo, préstame tres panes, porque otro amigo mío que está de viaje acaba de llegar a mi casa, y no tengo nada que ofrecerle". Supongan también que el otro, desde dentro, contesta: "Por favor, no me molestes ahora. Ya tengo la puerta cerrada y mis hijos y yo estamos acostados. ¡Cómo me voy a levantar para dártelos!". Pues bien, les digo que, aunque no se levante a darle los panes por razón de su amistad, al menos para evitar que lo siga molestando, se levantará y le dará todo lo que necesite. Por eso les digo: Pidan y Dios los atenderá, busquen y encontrarán; llamen y Dios les abrirá la puerta. Porque todo el que pide, recibe; y busca, encuentra, y al que llama, Dios le abrirá la puerta. ¿Qué padre entre ustedes, si su hijo le pide pescado, le dará una serpiente? ¿O si le pide un huevo, le dará un escorpión? Pues si ustedes, que son malos, saben dar cosas buenas a sus hijos, ¿cuánto más el Padre que está en el cielo dará el Espíritu Santo a quienes se lo pidan?".
(Lc 11:5-13)

VENCER EL MAL A FUERZA DEL BIEN

4 julio

Mis notas:

Una de las tareas que Jesús cumplió durante sus años de ministerio fue la de luchar contra el mal, en todas sus formas y expresiones. Quizá esta tarea sea la que mejor lo defina y, de paso, la que mejor explique la Misión de quienes lo siguen.

En algunos casos, esa lucha se dirigió contra las enfermedades físicas. Ese mal que limita las posibilidades humanas porque postra el cuerpo y, además, excluye de su círculo de aprecio social a las personas afectadas (Lc 17:11-19). En otras, su batalla fue contra las estructuras religiosas y políticas (eran inseparables) que manipulan a las personas y las convierten en instrumentos útiles a sus intereses.

Jesús sanó a los enfermos, alimentó a los hambrientos, incluyó a los marginados, atentó contra los poderes que se creían absolutos y, así, demostró que el reino de Dios ya había llegado (Lc 17:21). Era una realidad que se podía palpar. Porque allí donde hay salud, bienestar, amor y armonía, hay un pedacito de ese reino.

Esa tarea la cumplió con el poder de Dios, aunque lo acusaron de estarlo haciendo con los poderes del mal (de Belzebú). ¿Se puede combatir el mal con el mal? Muchos lo intentan: combaten la violencia con más violencia, por ejemplo.

Él rehuyó la tentación de intentar vencer el mal con el mal (Mt 4:1-11). Su vida fue el ejemplo mejor logrado de cómo vencer el mal a fuerza de bien (Ro 12:21). Nos marcó el camino a seguir: luchar contra todo lo que destruye la vida, sin usar los instrumentos de la muerte. "Satanás no actúa contra sí mismo".

> *"Pero algunos dijeron: Belzebú, el propio jefe de los demonios, le da a este el poder para expulsarlos. Otros, para tenderle una trampa, le pedían que hiciera alguna señal milagrosa de*

parte de Dios. Pero Jesús, que conocía sus intenciones, les dijo: Si una nación se divide en bandos, se destruye a sí misma y sus casas se derrumban. Por tanto, si Satanás actúa contra sí mismo, ¿cómo podrá mantener su poder? Pues eso es lo que ustedes dicen: que yo expulso los demonios por el poder de Belzebú. Pero si Belzebú me da a mí el poder para expulsar demonios, ¿quién se lo da a los propios seguidores de ustedes? ¡Ellos mismos serán los jueces de ustedes! Ahora bien, si yo expulso los demonios por el poder de Dios, es que el reino de Dios ya les ha llegado a ustedes. Cuando un hombre fuerte y bien armado guarda su mansión, su propiedad está segura; pero si otro más fuerte que él llega y lo vence, entonces le quita las armas en las que confiaba y reparte como botín todos sus bienes. El que no está a favor mío, está contra mí; el que conmigo no recoge, desparrama. Cuando un espíritu impuro sale de una persona y anda errante por lugares desiertos en busca de descanso y no lo encuentra, se dice a sí mismo: "Regresaré a mi casa, de donde salí". Y si, al llegar, la encuentra barrida y arreglada, va, reúne a otros siete espíritus peores que él y todos juntos se meten a vivir allí, de manera que la situación de esa persona resulta peor al final que al principio". (Lc 11:15-26)

Mis notas:

Un tema recurrente en la enseñanza de Jesús fue la felicidad humana: ¿qué nos hace felices y cuál es el camino más seguro para lograrla? En el Segundo Testamento se recogen más de cincuenta sentencias que indican ese camino, entre ellas varias bienaventuranzas.

A Jesús le interesaba nuestra felicidad verdadera y, por esa misma razón, contrarió los engañosos modelos de felicidad que promovía el Imperio y fomentaba la religión.

En una ocasión, una mujer le gritó con cordial entusiasmo que María, su madre, debía ser la mujer más feliz puesto que lo había dado a luz y amamantado con sus pechos. Para ella, la felicidad estaba asociada a la maternidad y, sobre todo, a haber albergado en el vientre al Hijo de Dios.

Jesús la corrigió. Le dijo que más felices eran los que escuchaban la palabra de Dios y la ponían en práctica. María era feliz por esto; no por lo otro. Contradijo, así, el tabú del parentesco y de la felicidad que se trasmite por los hechos biológicos.

La existencia bienaventurada (felicísima) depende de las actitudes de vida. Es un destino que se labra día a día, con amor, servicio, entusiasmo, entrega y lucha.

"Mientras Jesús decía estas cosas, una mujer que estaba entre la gente exclamó: — ¡Feliz la mujer que te dio a luz y te crió a sus pechos! Jesús le contestó: — Felices, más bien, los que escuchan la palabra de Dios y la ponen en práctica". (Lc 11:27-28)

Jesús, conocido por su humildad y sencillez, sorprendió a su audiencia cuando se comparó con el rey Salomón y con Jonás. Y, al hacer el parangón, afirmó que era más grande que el rey y más importante que el profeta.

Lo dijo para juzgar la incredulidad del pueblo, tan dado a creer solo cuando veía grandes señales en el cielo y a descreer cuando esas señales sucedían aquí, en la tierra.

Jesús era la señal más grande y el milagro más completo de la ternura de Dios. ¿Se podía esperar más compasión que aquella? Pedir más, era un síntoma de incredulidad. No era necesario pedirle a Jesús que hiciera señales, porque él mismo era la señal de Dios. Una señal más grande que las que hizo Salomón con su sabiduría y Jonás con su predicación.

"Como crecía la multitud, Jesús se puso a decirles: «Esta es una generación malvada. Pide una señal milagrosa, pero no se le dará más señal que la de Jonás. Así como Jonás fue una señal para los habitantes de Nínive, también lo será el Hijo del hombre para esta generación. La reina del Sur se levantará en el día del juicio y condenará a esta gente; porque ella vino desde los confines de la tierra para escuchar la sabiduría de Salomón, y aquí tienen ustedes a uno más grande que Salomón. Los ninivitas se levantarán en el día del juicio y condenarán a esta generación; porque ellos se arrepintieron al escuchar la predicación de Jonás, y aquí tienen ustedes a uno más grande que Jonás". (Lc 11:29-32)

PRIMERO EL CORAZÓN, DESPUÉS LAS MANOS

Mis notas:

Un fariseo invitó a Jesús a comer a su casa y él aceptó. Pero, estando allá, el anfitrión se incomodó porque su invitado infringía el precepto de lavarse las manos antes de comer. No se trataba de una medida higiénica, sino religiosa, que se cumplía de manera minuciosa: en un recipiente dispuesto para el acto, con unas medidas de agua exactas y un procedimiento detallado.

Jesús respondió diciendo que la mugre que le incomoda al Padre no es la externa, sino la interna. Un corazón sucio, lleno de rapacidad, pillaje y de maldad, es el real y verdadero problema. Lo otro tiene alto valor sanitario (se comprueba en la pandemia), pero no moral. No es lavándose las manos como se limpia el corazón.

Esa confusión causó que la agradable invitación del fariseo (¡hasta allí todo iba bien!) se convirtiera en una desagradable discordia entre el anfitrión y su invitado.

La religión rígida y legalista pone en riesgo aún los gestos humanos más cordiales y joviales. Una espiritualidad así, arruina la amistad entre seres cercanos, afecta la armonía social y pone en riesgo lo que más vale: el corazón. Primero el corazón, después las manos.

"Cuando Jesús terminó de hablar, un fariseo lo invitó a comer en su casa. Jesús aceptó la invitación y se sentó a la mesa. El fariseo, que estaba observándolo, se quedó extrañado de que Jesús no cumpliera el precepto de lavarse las manos antes de comer. Entonces el Señor le dijo: — Ustedes los fariseos limpian la copa y la bandeja por fuera, pero por dentro están llenos de rapacidad y maldad. ¡Insensatos! ¿Acaso el que hizo lo de fuera no hizo también lo de dentro? Den limosna de lo que tienen dentro, y de ese modo todo quedará limpio en ustedes". (Lc 11:37-41)

MAESTRO, NOS OFENDES

Mis notas:

S i hay algo que debe preocupar a quienes siguen a Jesús es la construcción de una sociedad más justa y la práctica del amor en todas las dimensiones de la vida. Así también lo enseñaron los profetas de la antigüedad (Miq 6:8). Justicia y amor.

Cuando se procura la justicia sin misericordia, se corre el riesgo de deshumanizar esa búsqueda —algunas revoluciones políticas así lo muestran—. Y, cuando se pretende vivir el principio del amor desconociendo la justicia, se puede incurrir en una caridad de escasa trascendencia social —los modelos asistencialistas de ayuda humanitaria, así lo demuestran—.

Pero, las preocupaciones de muchas expresiones religiosas han sido otras: las ofrendas y diezmos de los fieles (aunque Jesús aceptó que esto podía tener algún valor), el protagonismo público de sus jerarcas y el reconocimiento social de sus instituciones.

De estos extravíos de la fe es necesario hablar. Y hablarlo no es traicionar la fe. Se traiciona cuando se silencian sus desvaríos políticos y sus disparates económicos. Decirlo puede sonar ofensivo y, a veces lo es. "Maestro, diciendo esto nos ofendes también a nosotros" (Lc 11:45).

> *"¡Ay de ustedes, fariseos, que ofrecen a Dios el diezmo de la menta, de la ruda y de toda clase de hortalizas, pero no se preocupan de mantener la justicia y el amor a Dios! Esto último es lo que deberían hacer, aunque sin descuidar lo otro. ¡Ay de ustedes, fariseos, que les gusta ocupar los lugares preferentes en las sinagogas y ser saludados en público! ¡Ay de ustedes, que son como sepulcros ocultos a la vista, sobre los que pisa la gente sin saberlo! Uno de los doctores de la ley le contestó: — Maestro, diciendo esto nos ofendes también a nosotros". (Lc 11:42-45)*

9
julio

HERMANOS
TODOS

Mis notas:

Las contiendas de Jesús contra la religiosidad farisaica fueron persistentes. Esto se observa, en particular, en sucesivos capítulos de Mateo y Lucas. En esas contiendas se reflejan los dichos críticos de Jesús, así como el discurso de los evangelistas que los escribieron y de las nacientes comunidades cristianas que representaban.

Cuando se escribieron estos textos, el conflicto entre las iglesias y las sinagogas se había agudizado. Por lo tanto, habla Jesús, pero también sus seguidores, décadas después, acosados por la persecución. Se revelan sus conflictos, angustias y esperanzas. Sobre el recuerdo de las palabras de Jesús fundan su fe y encuentran sostén para lidiar con sus propias tribulaciones.

Este dato vale tenerlo en cuenta para no creer que la fe cristiana es, por naturaleza, antijudía y enemiga de las sinagogas. Pensar así, condujo al vergonzoso antisemitismo cristiano de otros siglos. La fe en Jesús acepta el conflicto cuando este llega. Lo enfrenta, pero no lo perpetua. Persiste, eso sí, en la lucha contra toda hipocresía, incluida la cristiana.

Es una fe que examina su pasado, aprende de él, pero no se queda anclado allá. Es fe de reconciliación y de paz. Fe que reconoce a todos como hermanos (Mt 5:45).

"¡Ay de ustedes, que construyen monumentos funerarios en memoria de los profetas asesinados por sus propios antepasados! De este modo demuestran estar de acuerdo con lo que ellos hicieron, porque ellos asesinaron a los profetas y ustedes construyen los monumentos funerarios. Por eso, Dios ha dicho sabiamente: "Les enviaré mensajeros y apóstoles; a unos matarán y a otros perseguirán". Pero Dios va a pedir cuentas a esta gente de hoy de la sangre de todos los profetas que han sido asesinados desde el principio del mundo hasta este momento: desde la sangre de Abel hasta la de Zacarías, a quien asesinaron entre el altar y el santuario. ¡Sí, les digo que Dios pedirá cuentas de su muerte a esta gente de hoy! ¡Ay de ustedes, doctores de la ley, que se han apoderado de la llave de la puerta del conocimiento! Ni entran ustedes ni dejan entrar a los demás. Cuando Jesús salió de allí, los maestros de la ley y los fariseos, llenos de furor contra él, comenzaron a atacarlo duramente haciendo que hablara sobre temas diversos y tendiéndole trampas con ánimo de cazarlo en alguna palabra indebida". (Lc 11:47-54)

JERUSALÉN
ANTES QUE ROMA

Mis notas:

L a libertad radical de Jesús lo condujo a severos enfrentamientos con los más altos funcionarios del Templo. Fueron más sus controversias con estos que con los políticos y administradores que representaban al Imperio.

A sus amigos y amigas les advirtió que para actuar como él se necesitaba valor. De ese que solo puede venir de la confianza en Dios. Porque si Dios no se olvida de los pajaritos que se venden por pocos centavos, muchos menos se olvidarán de sus hijos e hijas.

Por lo tanto, con esa fe, los seguidores del Señor se deben cuidar de la hipocresía (¡no vaya a ser que caigan en el mismo mal que denuncian!), no tener miedo a los que solo pueden hacerle daño al cuerpo (su poder es limitado) y tener respeto y amor a Dios (su poder es ilimitado).

A la religión utilitaria y deshumanizante no hay que tenerle miedo. Jesús la desenmascaró, aunque pagó caro su atrevimiento. Él sabía, como lo dicen hoy las ciencias sociales, que si se desvelan los intrincados hilos de la religión, se podrían revelar los del sistema político y sus modelos económicos. Jerusalén desenmascara a Roma.

*"Entre tanto, miles de personas se apiñaban alrededor de Jesús atropellándose unas a otras. Entonces, dirigiéndose en primer lugar a sus discípulos, Jesús dijo: Cuídense de la levadura de los fariseos, que es la hipocresía. Porque nada hay secreto que no haya de ser descubierto, ni nada oculto que no haya de ser conocido. De manera que lo que ustedes dijeron en la oscuridad, será oído a plena luz; lo que hablaron al oído en el interior de la casa, será pregonado desde las terrazas. A ustedes, amigos míos, les digo que no tengan miedo a los que pueden matar el cuerpo, pero no pueden hacer nada más. Les indicaré, en cambio, a quién deben tener miedo: ténganselo a aquel que no solo puede matar, sino que también tiene poder para arrojar a la gehena. A ese es a quien deben temer. ¿No se venden cinco pájaros por unos céntimos? Pues ni de uno de ellos se olvida Dios. En cuanto a ustedes, tienen contado hasta el último cabello de la cabeza. No tengan miedo, porque ustedes valen más que todos los pájaros".
(Lc 12:1-7)*

Mis notas:

A Jesús, ayer como hoy, se le puede confundir su papel. Hay quienes lo ven como un taumaturgo —entre adivino y milagrero— que resuelve los males al instante. O como un mago que aliviana las cargas de esta vida convirtiendo las calamidades en oportunidades exitosas. En fin, sanador, vidente, agorero y hasta abogado.

Esto último fue lo que pasó un día cuando un hombre le pidió que le sirviera como juez entre su hermano y él, para repartir una herencia. Amigo, respondió Jesús, "¿quién me ha puesto por juez o repartidor de herencias entre ustedes?" (Lc 12:14).

Tras esas imágenes tergiversadas de Jesús, en muchos casos, se disimulan intereses egoístas. Intentan convertir al Maestro en un súbdito de ellos. Así, se instrumentaliza a Jesús y se manipula el Evangelio.

Jesús reveló el carácter avaro de aquel hombre: "Procuren evitar toda clase de avaricia" y, paso seguido, contó la parábola del "rico estúpido" (como la titulan algunas versiones de la Biblia).

Avaricia puede ser lo se oculta en estas teologías de la oración que, como aquel personaje, piden lo que no se debe, a quien no incumbe, cuando no corresponde.

"Uno que estaba entre la gente dijo a Jesús: — Maestro, dile a mi hermano que reparta la herencia conmigo. Jesús le contestó: — Amigo, ¿quién me ha puesto por juez o repartidor de herencias entre ustedes? Y, dirigiéndose a los demás, añadió: — Procuren evitar toda clase de avaricia, porque la vida de uno no depende de la abundancia de sus riquezas. Y les contó esta parábola: — Una vez, un hombre rico obtuvo una gran cosecha de sus campos. Así que pensó: "¿Qué haré ahora? ¡No tengo lugar bastante grande donde guardar la cosecha! ¡Ya sé qué haré! Derribaré los graneros y haré otros más grandes donde pueda meter todo el trigo junto con todos mis bienes. Luego podré decirme: tienes riquezas acumuladas para muchos años; descansa, pues, come, bebe y diviértete". Pero Dios le dijo: "¡Estúpido! Vas a morir esta misma noche. ¿A quién le aprovechará todo eso que has almacenado?". Esto le sucederá al que acumula riquezas pensando solo en sí mismo, pero no se hace rico a los ojos de Dios". (Lc 12:13-21)

ESPÍRITU DE LIBERTAD

El Espíritu Santo perdona y acompaña a quienes desean ser perdonados y tener su compañía. Aún en las peores tormentas de la vida, allí está el Espíritu.

Lo perdona todo, porque así es Dios, clemente y compasivo, paciente y lleno de ternura (Sal 103:8).

Solo hay un pecado que no perdona: el de quienes se niegan a ser perdonados. Perdona siempre que eso se desea. Siempre. ¿Pero cómo perdonar a alguien que no acepta esa gracia? En estos casos, no impone su voluntad.

Porque Dios honra la libertad humana y acata su autonomía. No se impone. No manipula. No obliga.

Y este es el modelo para la proclamación de la fe: sin intimidaciones ni amenazas. Sin violencia. La fe procura personas libres y se cultiva en libertad (Ro 8:21).

"Les digo, además, que a todo aquel que me reconozca delante de los demás, también el Hijo del hombre lo reconocerá delante de los ángeles de Dios. Y, al contrario, si alguien me niega delante de los demás, también él será negado delante de los ángeles de Dios. Si alguien habla contra el Hijo del hombre, podrá serle perdonado. Pero el que blasfeme contra el Espíritu Santo, no será perdonado. Cuando los lleven a ustedes a las sinagogas o ante los magistrados y las autoridades, no se preocupen de cómo han de hablar o qué han de decir en defensa propia, porque en aquel mismo momento el Espíritu Santo les enseñará lo que deban decir". (Lc 12:8-12)

HE VENIDO A PRENDER FUEGO

Mis notas:

Hay palabras de Jesús que nos aturden. ¿Fue esa su intención? Un claro ejemplo son las palabras que pronunció cerca del tiempo de la Pascua, camino a Jerusalén. En la intimidad del círculo de sus discípulos les dijo a qué había venido; les declaró cuál era su misión. ¡Pero, con qué palabras!

Les dijo que había venido a traer fuego al mundo y, cómo si esto fuera poco, que le gustaría que ya estuviera ardiendo. Además, que su misión no era traer paz, sino división, puesto que su mensaje causaría conflicto, hasta entre los miembros de una misma familia. ¿Qué quiso decir?

No estaba diciendo que era un fanático de esos que avientan fuego a diestra y siniestra contra sus opositores (Lc 9:54). Tampoco que su mensaje quería el conflicto, o que amaba la guerra y deseaba las divisiones. Eso sería una contradicción inconcebible con su enseñanza en el Sermón de la Montaña (Mt 5-7) y con el testimonio de su propia vida (Mt 12:20).

El fuego y las divisiones, entonces, no son el propósito del Evangelio, pero si su consecuencia, cuando se sigue con fidelidad. Se podría predicar el Reino de Dios de otra manera, sin tanto conflicto y más concordia, sin tanta oposición y más aplausos, sin tantos enemigos y más aduladores, pero con el riesgo de traicionar su esencia. Porque el Evangelio es un anuncio que muchas veces incomoda, no hace componendas, ni acepta cualquier paz. Jesús tuvo que pasar esa prueba.

"Yo he venido para traer fuego al mundo, y ¡cómo me gustaría que ya estuviera ardiendo! Tengo que pasar la prueba de un bautismo y me embarga la ansiedad hasta que se haya cumplido. ¿Creen ustedes que he venido a traer paz al mundo? Les digo que no, sino que he venido a traer división. Porque de ahora en adelante, en una familia de cinco personas se pondrán tres en contra de dos, y dos en contra de tres. El padre se pondrá en contra del hijo, y el hijo en contra del padre; la madre en contra de la hija, y la hija en contra de la madre; la suegra en contra de la nuera, y la nuera en contra de la suegra". (Lc 12:49-53)

NUBES
EN EL PONIENTE

Mis notas:

L as artes del Espíritu, entre ellas la del discernimiento, dependen de las capacidades del corazón, antes que las de la razón. Esta última es necesaria, pero, de por sí, sola no es suficiente para comprender cómo actúa Dios y cuáles son sus intenciones en nuestra vida y en la historia.

Con facilidad se reconocen las señales del firmamento, pero no las del cielo. Las personas del campo, por ejemplo, ven las nubes y pronostican el clima, las lluvias y otros cambios de la naturaleza. Para esto, solo basta la experiencia y el contacto sensible con la vida. Pero, para reconocer las intenciones de Dios, se necesita otro tipo de observaciones que dependen de los ojos del corazón (2 Co 5:7).

Por eso, quienes abusan del prójimo, desconocen sus derechos, derraman sangre inocente (Pr 6:17) o, en palabras de Jesús, son hipócritas, no pueden discernir lo que es recto; tampoco lo quieren, ni lo desean. Han cerrado el corazón.

El discernimiento espiritual es el arte de vivir según el corazón de Dios, de hacer lo que es recto, para que Sus propósitos se cumplan en este tiempo en que vivimos y todos gocemos de lo que es justo.

"Dijo también Jesús a la gente:

— Cuando ven que una nube aparece por poniente, ustedes dicen que va a llover, y así sucede. Y cuando sopla el viento del sur, dicen que hará bochorno, y lo hace. ¡Hipócritas! Si saben interpretar el aspecto de la tierra y del cielo, ¿cómo no son capaces de interpretar el tiempo en que viven? ¿Por qué no disciernen por ustedes mismos lo que es recto?". (Lc 12:54-57)

LA CONVERSIÓN DE LOS SANTOS

Mis notas:

Los gobernantes imperiales eran crueles. No solo abusaban políticamente de los pueblos vasallos, sino que también causaban la muerte directa de personas inocentes. Un caso de estos se presentó un día que Pilato hizo matar a unos galileos que estaban sacrificando a unos animales en un rito religioso. Los mató y luego mezcló la sangre de los animales con la de ellos. ¡Crueldad en su máxima expresión!

Los galileos tenían fama de rebeldes y opositores del régimen. A propósito, a Jesús lo conocían como el galileo (Lc 23:6). De modo que, los mataban sin miramientos y con sevicia.

El caso fue que unas personas vinieron a Jesús para preguntarle si esos hombres habían muerto porque eran más pecadores que otros. Jesús, de manera tajante, respondió que no. Y les puso otro ejemplo de muertos injustos, los dieciocho que habían muerto en un accidente al derrumbarse una torre en Siloé. Y les repitió que tampoco estos eran más pecadores que los demás.

Esa manía de sentir que hay gente más pecadora que otra viene de antaño. Y hace daño a la fe y, lo peor, a la convivencia social. Una sociedad que se divide entre santos y pecadores está propensa a crear falsas superioridades. Por ese camino se justifican muchas segregaciones raciales y otras discriminaciones. Se olvida que, como lo enseñó el Maestro: todos necesitamos la conversión, incluso los santos.

"Por aquel mismo tiempo se presentaron unos a Jesús y le hablaron de aquellos galileos a quienes Pilato había hecho matar cuando ofrecían el sacrificio, mezclando así su sangre con la de los animales sacrificados. Jesús dijo:

— ¿Creen ustedes que esos galileos sufrieron tal suerte porque fueran más pecadores que los demás galileos? Pues yo les digo que no. Y añadiré que, si no se convierten, todos ustedes perecerán igualmente. ¿O creen que aquellos dieciocho que murieron al derrumbarse la torre de Siloé eran más culpables que los demás habitantes de Jerusalén? Pues yo les digo que no. Y añadiré que, si no se convierten, todos ustedes perecerán de forma semejante". (Lc 13:1-5)

FE UTILITARIA E IMPACIENTE

Mis notas:

Hoy escasea la noble capacidad de esperar. Prevalece la cultura del desasosiego, del afán por lo inmediato y la ausencia desmedida de la otrora virtud de la paciencia.

Impaciencia que, en los peores casos, se traduce en intransigencia. No hay lugar para la clemencia. Se exigen resultados inmediatos, al mismo tiempo que personas impecables y logros siempre exitosos.

Las religiones, debiendo ser las defensoras de la paciencia, para mal de todos, tienden a comportase con la misma impaciencia y tozudez. Como si la rigidez fuera lo mismo que la fidelidad a Dios.

Jesús, por el contrario, mostró el rostro clemente y paciente del Padre. Dijo que era como el cuidador de una viña que, cuando el dueño impaciente le había ordenado cortar una higuera porque no había encontrado higos en ella, él le propuso que la dejara un año más.

Mientras que el dueño representa la lógica utilitaria del resultado inmediato, Dios representa la de la esperanza. Esperar es de Dios. Desesperar es de quienes dicen amarlo, pero no lo comprenden.

> *"Jesús les contó entonces esta parábola: — Un hombre había plantado una higuera en su viña; pero cuando fue a buscar higos en ella, no encontró ninguno. Entonces dijo al que cuidaba la viña: "Ya hace tres años que vengo en busca de higos a esta higuera, y nunca los encuentro. Así que córtala, para que no ocupe terreno inútilmente". Pero el viñador le contestó: "Señor, déjala un año más. Cavaré la tierra alrededor de ella y le echaré abono. Puede ser que después dé fruto; y si no lo da, entonces la cortas". (Lc 13:6-9)*

17
julio

SÁBADO DE LA LIBERTAD

Mis notas:

La celebración del sábado como día de reposo estaba estipulada en la Ley (Ex 20:8) y, el mismo Jesús, formado en las tradiciones religiosas de Israel, lo había celebrado (Lc 4:16). Su origen era legítimo y su propósito, aún más.

Sin embargo, la piedad religiosa, rigurosa en extremo, había olvidado (como lo olvida hoy) que toda celebración o rito espiritual, en su esencia, procura dignificar al ser humano, no humillarlo.

Guardar el sábado, en este caso, es una forma de glorificar a Dios descansando. Quien descansa y se libera de la esclavitud de la rutina, es el ser humano. Y así, recordando su libertad, exalta al Señor.

Pero, cuando el ritual en lugar de liberar, oprime. O cuando la liturgia, en lugar de sanar, angustia, en estos casos, se deja de alabar a Dios, quien quiere nuestro bienestar y libertad. El exceso de religiosidad, oprime.

"Un sábado estaba Jesús enseñando en la sinagoga. Había allí una mujer a la que un espíritu maligno tenía enferma desde hacía dieciocho años. Se había quedado encorvada y era absolutamente incapaz de enderezarse. Cuando Jesús la vio, la llamó y le dijo: — Mujer, quedas libre de tu enfermedad. Y puso las manos sobre ella. En el mismo instante, la mujer se enderezó y comenzó a alabar a Dios. El jefe de la sinagoga, irritado porque Jesús había hecho una curación en sábado, dijo a todos los presentes: — Seis días hay para trabajar. Vengan uno de esos días a que los curen y no precisamente el sábado. Pero el Señor le respondió: — ¡Hipócritas! ¿Quién de ustedes no desata su buey o su asno del pesebre y los lleva a beber aunque sea sábado? Pues esta mujer, que es descendiente de Abrahán, a la que Satanás tenía atada desde hace dieciocho años, ¿acaso no debía ser liberada de sus ataduras incluso en sábado? Al decir Jesús esto, todos sus adversarios quedaron avergonzados. Por su parte, el pueblo se alegraba de las obras prodigiosas que él hacía". (Lc 13:10-17)

PARA EXPLICAR
LO INEXPLICABLE

Mis notas:

Jesús hizo muchos esfuerzos para tratar de explicar lo inexplicable: el Reino de Dios, que no se puede revelar en una sola frase, ni es una definición de diccionario. No se lograría descifrar ni siquiera escribiendo sesudos tratados teológicos. Siendo que el Reino es una concreción histórica que trasciende los límites de la historia, no es fácil hablar de él. El Reino es, además, misterio.

Por eso Jesús, apelando a sus dotes de maestro y sabio, prefirió demostrar el Reino con su propia vida (Mt 12:28) y tratar de esclarecerlo por medio de comparaciones y metáforas de sabor popular. Hay una decena de ellas en los cuatro Evangelio.

En una ocasión dijo que ese Reino se podía comparar a un grano de mostaza que, cuando el agricultor lo sembraba, era la semilla más pequeña pero que, cuando crecía podía convertirse en un árbol grande y frondoso que hasta los pájaros podían hacer sus nidos en él. Y añadió otra comparación: la de la levadura que una mujer mezcla con la harina para fermentar la masa.

Así opera el Reino: de lo pequeño a lo grande, de los sencillo a lo complejo, de lo familiar y cercano a lo social y distante. Crece sin aspavientos; sin el protagonismo de los famosos, ni el bullicio de los célebres.

"Decía Jesús:

— ¿Con qué puede compararse el reino de Dios? ¿Con qué lo compararé? Puede compararse al grano de mostaza que un hombre sembró en su huerto, y que luego creció y se hizo como un árbol, entre cuyas ramas anidaron los pájaros.

Dijo también:

— ¿A qué compararé el reino de Dios? Puede compararse a la levadura que toma una mujer y la mezcla con tres medidas de harina para que fermente toda la masa". (Lc 13:18-21)

Mis notas:

En ocasiones fueron los fariseos quienes le hicieron preguntas capciosas a Jesús con el fin de que cayera en algunas de sus trampas. Decían ser expertos en la Ley de Dios, pero lo eran más en esa otra ley, la de algunos hombres que administran la malicia revistiéndola de piedad.

Hubo también ocasiones en las que quien preguntó fue Jesús. En su caso, preguntaba para que, por fin, las intenciones de los religiosos fueran descubiertas por el pueblo que era el que más sufría a causa de sus travesuras. Eran unos traviesos de la fe.

Un sábado, que como sabemos era sagrado, Jesús les preguntó si ese día estaba permitido curar a un enfermo. Jesús sabía que para Dios no solo era permitido, sino agradable y deseable, pero quería saber la opinión de sus supuestos representantes. Ellos, entonces, con su conocida destreza, no contestaron.

Jesús procedió a sanar a un enfermo y, dirigiéndose otra vez a ellos, les dijo que, si un sábado el buey de uno de ellos se hubiera caído en un pozo, seguramente lo hubieran sacado. Se los dijo para que recordaran aquello que habían olvidado: que, si un buey tiene valor, no se puede negar que un ser humano también lo tiene. Eso que los religiosos muchas veces olvidan, que la vida del ser humano vale mucho más.

"Sucedió que un sábado Jesús fue a comer a casa de uno de los jefes de los fariseos. Ellos, que lo estaban espiando, le colocaron delante un hombre enfermo de hidropesía. Jesús, entonces, preguntó a los doctores de la ley y a los fariseos:

— ¿Está o no está permitido curar en sábado?

Pero ellos no contestaron. Así que Jesús tomó de la mano al enfermo, lo curó y lo despidió. Luego les dijo:

— Si a uno de ustedes se le cae el hijo o un buey en un pozo, ¿no correrá a sacarlo, aunque sea en sábado?

A esto no pudieron contestar nada". (Lc 14:1-6)

LA MESA, LA CABEZA Y EL CORAZÓN

Jesús no solo tenía reparos acerca de lo que decían y creían los fariseos, sino, y sobre todo, de lo que hacían. Y esto último lo observaba hasta en la mesa.

Un día vio cómo se comportaban en los banquetes y su predilección por los primeros puestos. Contrariando su actitud, enseñó que lo apropiado era actuar con sencillez y humildad, sin la vanidad y orgullo que a ellos los distinguía.

Cuando alguien se aplaude a sí mismo, corre el riesgo de ser avergonzado. Son los riesgos de la vanidad. Pero cuando se comporta con naturalidad y sencillez, es posible que sea ensalzado. Así opera la circularidad del Reino.

"Porque a todo el que se ensalce a sí mismo, Dios lo humillará; pero al que se humille a sí mismo, Dios lo ensalzará" (Lc 14:11). Todo esto lo enseñó estando en la mesa, el lugar donde muchas veces se revela lo que hay en la cabeza y lo que se guarda en el corazón.

"Al ver Jesús que los invitados escogían para sí los puestos de honor en la mesa, les dijo a modo de ejemplo: — Cuando alguien te invite a un banquete de bodas, no te sientes en el lugar de honor, no sea que entre los invitados haya otro más importante que tú y, cuando llegue el que los invitó a ambos, te diga: "Tienes que dejarle el sitio a este", y entonces tengas que ir avergonzado a sentarte en el último lugar. Al contrario, cuanto te inviten, siéntate en el último lugar; así, al llegar el que te invitó, te dirá: "Amigo, sube hasta este lugar de más categoría". Entonces aumentará tu prestigio delante de los otros invitados. Porque a todo el que se ensalce a sí mismo, Dios lo humillará; pero al que se humille a sí mismo, Dios lo ensalzará". (Lc 14:7-11)

Mis notas:

Mucha gente seguía a Jesús. Algunas buscaban sanarse de una enfermedad, otras querían escuchar una enseñanza que les diera esperanza y otras, pues, ¡vaya uno a saber lo que las motivaba!

En una ocasión, Jesús, hablando de esta gente, hizo la diferencia entre dos grupos: los que lo acompañaban y los que lo seguían. Para estar en el primero solo se necesitaba tiempo y voluntad, pero, para el segundo, entrega y conversión.

Les dijo que quien decidiera seguirlo necesitaba pensarlo muy bien, como quien va a hacer una gran edificación (una alta torre) o va a emprender una gran aventura. Ambos, asuntos de cálculo concienzudo.

Seguirlo no es para quienes solo quieren resolver una necesidad personal inmediata, sino para gente comprometida que ha entendido que lo que precisa es reordenar su vida para, de esa manera, ayudar a ordenar el caótico mundo en el que vivimos.

Quien decide seguir a Jesús, se involucra con un proyecto divino inaugurado por Jesús, llamado Reino de Dios. Por eso, para seguirlo, es mejor pensarlo muy bien. Si no, puede seguir ahí, entre el gentío, acompañándolo... así no más.

"Iba mucha gente acompañando a Jesús. Y él, dirigiéndose a ellos, les dijo: — Si uno quiere venir conmigo y no está dispuesto a dejar padre, madre, mujer, hijos, hermanos y hermanas, e incluso a perder su propia vida, no podrá ser discípulo mío. Como tampoco podrá serlo el que no esté dispuesto a cargar con su propia cruz para seguirme. Si alguno de ustedes quiere construir una torre, ¿no se sentará primero a calcular los gastos y comprobar si tiene bastantes recursos para terminarla? No sea que, una vez echados los cimientos, no pueda terminarla, y quede en ridículo ante todos los que, al verlo, dirán: "Ese individuo se puso a construir, pero no pudo terminar". O bien: si un rey va a la guerra contra otro rey, ¿no se sentará primero a calcular si con diez mil soldados puede hacer frente a su enemigo, que avanza contra él con veinte mil?". (Lc 14:25-31)

FIESTAS EN EL CIELO

Mis notas:

Entre quienes seguían a Jesús había personas de muy mala reputación. Como es de suponer, esto desagradaba a los fariseos y a los maestros de la ley quienes, cada que veían a estas personas alrededor del Maestro, se preguntaban también por la reputación de Él. Si anda y come con ellos ¡a lo mejor es igual a ellos!

Para responderles, Jesús, en lugar de entrar en una polémica acerca de conceptos morales, les contó una historia, la de un hombre que tenía cien ovejas y, cuando cayó en la cuenta de que una de ellas se había perdido, dejó al resto en su manada y se fue a buscar a la descarriada. Las que se portan bien, se cuidan solas.

Y la historia termina con una fiesta con los vecinos cuando el hombre encuentra a la extraviada. Todos se alegran y hacen jolgorio porque ha regresado la mal portada. Jesús cierra la historia diciendo que así actúa Dios, quien también suele hacer fiestas en el cielo cuando las personas descaminadas encuentran el camino.

Según Jesús, así es el Padre: alegre, bondadoso y tierno, más interesado en las ovejas extraviadas (la gente de mala reputación con la que Jesús estaba reunido) que en las que se creen dueñas del redil y se erigen como jueces (fariseos que lo estaban acusando). Las extraviadas dan más motivos para una fiesta.

"Todos los recaudadores de impuestos y gente de mala reputación solían reunirse para escuchar a Jesús. Al verlo, los fariseos y los maestros de la ley murmuraban:

— Este anda con gente de mala reputación y hasta come con ella.

Jesús entonces les contó esta parábola:

— ¿Quién de ustedes, si tiene cien ovejas y se le pierde una de ellas, no deja en el campo las otras noventa y nueve y va en busca de la que se le había perdido? Cuando la encuentra, se la pone sobre los hombros llenos de alegría y, al llegar a casa, reúne a sus amigos y vecinos y les dice: "¡Alégrense conmigo, porque ya encontré la oveja que se me había perdido!". Pues yo les digo que, igualmente, hay más alegría en el cielo por un pecador que se convierta que por noventa y nueve justos que no necesiten convertirse". (Lc 15:1-7)

Mis notas:

L a muy conocida parábola del hijo pródigo tiene como contexto previo las palabras de unos fariseos y maestros de la ley que acusan a Jesús porque "recibe a los pecadores y come con ellos". Para replicar a esa acusación, Jesús narra esa parábola.

Jesús enseña que el amor de Dios es así, recibe a las personas pecadoras, come con ellas y les organiza una fiesta cuando regresan a la casa del Padre. El Maestro no se defiende de la acusación diciendo que no es cierta, sino que la acepta y explica por qué hace lo que hace: porque Dios es así.

Jesús no le está fallando a Dios, son ellos los que le están fallando, los fariseos que dicen representarlo. En la misma parábola, se refleja su actitud mezquina, representada en el personaje del hijo mayor: resentido, antojadizo y riguroso.

Jesús es así porque así sabe que es Dios. Y Dios es así y lo expresó, como en ningún otro, por medio de Jesús.

"Muchos recaudadores de impuestos y pecadores se acercaban a Jesús para oírlo, de modo que los fariseos y los maestros de la ley se pusieron a murmurar: «Este hombre recibe a los pecadores y come con ellos».

Un hombre tenía dos hijos —continuó Jesús—. El menor de ellos le dijo a su padre: "Papá, dame lo que me toca de la herencia". Así que el padre repartió sus bienes entre los dos. Poco después el hijo menor juntó todo lo que tenía y se fue a un país lejano; allí vivió desenfrenadamente y derrochó su herencia.

Cuando ya lo había gastado todo, sobrevino una gran escasez en la región, y él comenzó a pasar necesidad. Así que fue y consiguió empleo con un ciudadano de aquel país, quien lo mandó a sus campos a cuidar cerdos. Tanta hambre tenía que hubiera querido llenarse el estómago con la comida que daban a los cerdos, pero aun así nadie le daba nada. Por fin recapacitó y se dijo: "¡Cuántos jornaleros de mi padre tienen comida de sobra, y yo aquí me muero de hambre!...

Mis notas:

Todavía estaba lejos cuando su padre lo vio y se compadeció de él; salió corriendo a su encuentro, lo abrazó y lo besó. El joven le dijo: "Papá, he pecado contra el cielo y contra ti. Ya no merezco que se me llame tu hijo". Pero el padre ordenó a sus siervos: "¡Pronto! Traigan la mejor ropa para vestirlo. Pónganle también un anillo en el dedo y sandalias en los pies. Traigan el ternero más gordo y mátenlo para celebrar un banquete. Porque este hijo mío estaba muerto, pero ahora ha vuelto a la vida; se había perdido, pero ya lo hemos encontrado". Así que empezaron a hacer fiesta.

Mientras tanto, el hijo mayor estaba en el campo. Al volver, cuando se acercó a la casa, oyó la música del baile. Entonces llamó a uno de los siervos y le preguntó qué pasaba. "Ha llegado tu hermano —le respondió—, y tu papá ha matado el ternero más gordo porque ha recobrado a su hijo sano y salvo". Indignado, el hermano mayor se negó a entrar. Así que su padre salió a suplicarle que lo hiciera. Pero él le contestó: "¡Fíjate cuántos años te he servido sin desobedecer jamás tus órdenes, y ni un cabrito me has dado para celebrar una fiesta con mis amigos!¡Pero ahora llega ese hijo tuyo, que ha despilfarrado tu fortuna con prostitutas, y tú mandas matar en su honor el ternero más gordo!"

"Hijo mío —le dijo su padre—, tú siempre estás conmigo, y todo lo que tengo es tuyo. Pero teníamos que hacer fiesta y alegrarnos, porque este hermano tuyo estaba muerto, pero ahora ha vuelto a la vida; se había perdido, pero ya lo hemos encontrado".
(Lc 15:1-3-11-32)

LA INTELIGENCIA DE LA BONDAD

Jesús, como sabio maestro, hizo la diferencia entre la conducta de una persona y su esencia fundamental como ser humano; la diferencia entre hacer y ser. Nunca el individuo humano deja de ser humano, aunque actúe inhumanamente. También admitió que ciertas conductas represibles, en algunos casos, hasta podían trasmitir lecciones para la vida. Eran conductas condenables, pero cometidas con un talento admirable.

A sus discípulos, por ejemplo, les contó una historia de un sinvergüenza administrador que, cuando supo que su patrón lo iba a despedir (y razones tenía de sobra para hacerlo) comenzó a alterar la contabilidad para favorecer a los deudores. Su objetivo era que cuando lo despidieran, tuviera muchos amigos que lo recibieran por haberlos favorecido con su trampa. ¡Vaya picardía!

Jesús usó ese ejemplo para señalarles a sus discípulos que los hijos de las tinieblas, para hacer sus fechorías, usaban toda su sagacidad e inteligencia. En cambio, los hijos de la luz, para promover el Evangelio del Reino y dar testimonio del amor, actuaban muchas veces con torpeza e ineptitud.

La promoción de lo bueno, como la paz, la misericordia y la justicia, reclaman que pongamos lo mejor de nosotros: inteligencia, esfuerzo y creatividad. Si el anti-reino prospera por la inteligencia de la maldad, pues que florezca el Reino por la inteligencia de la bondad.

Mis notas:

"Dijo también Jesús a los discípulos:
— Un hombre rico tenía un administrador que fue acusado ante su amo de malversar sus bienes. El amo lo llamó y le dijo:

"¿Qué es esto que me dicen de ti? Preséntame las cuentas de tu administración, porque desde ahora quedas despedido de tu cargo".

El administrador se puso a pensar:

"¿Qué voy a hacer ahora? Mi amo me quita la administración, y yo para cavar no tengo fuerzas, y pedir limosna me da vergüenza. ¡Ya sé qué voy a hacer para que, cuando deje el cargo, no falte quien me reciba en su casa!".

Comenzó entonces a llamar, uno por uno, a los deudores de su amo. Al primero le preguntó: "¿Cuánto debes a mi amo?". Le contestó: "Cien barriles de aceite". El administrador le dijo: "Pues mira, toma tus recibos y apunta solo cincuenta".

Al siguiente le preguntó: "¿Tú cuánto le debes?". Le contestó: "Cien sacos de trigo". Le dijo el administrador: "Pues mira, toma tus recibos y apunta solo ochenta".

Y el amo elogió la astucia de aquel administrador corrupto porque, en efecto, los que pertenecen a este mundo son más sagaces en sus negocios que los que pertenecen a la luz". (Lc 16:1-8)

El cristianismo de los primeros siglos sostuvo intensas disputas acerca del lugar y balance que debería hacerse entre las cosas materiales y las espirituales. El dualismo ganó la batalla.

Alrededor de los siglos II y III se divorciaron: materia y espíritu, mundo y Dios, naturaleza y gracia, mal y bien y un etcétera extenso que explica el dualismo histórico de la teología cristiana.

Jesús, heredero de la fe de Israel y del profetismo antiguo, a diferencia del dualismo, predicó una fe integrada e integral (holística). Para él, el ser humano vive su espiritualidad en la materialidad de la vida; se relaciona con Dios por medio de su cuerpo y a ese Dios le pide que conceda para todos "el pan nuestro de cada día". El Padre bueno tiene interés en darnos pan como en librarnos del mal (Mt 6:13). Todo le interesa.

En sus parábolas se trasluce esa integralidad. En una de ellas dijo que la fidelidad de sus seguidores se verifica en su fidelidad a los asuntos materiales. Es decir, que quien administra "las riquezas de este mundo" (lo que se ve) se le puede confiar "la verdadera riqueza" (aquello que no se ve).

Sin embargo, aunque lo espiritual se relaciona con algo tan material como las riquezas, la persona espiritual, sabiendo que su vida responde solo a un dueño (Dios y nadie más), mantiene las prioridades de su vida: administra las riquezas con sentido espiritual, más sin dejarse dominar por ellas. Porque, según lo explica el Maestro, "ningún criado puede servir a dos amos al mismo tiempo".

La espiritualidad, entonces, consiste en integrar todo en el Todo (sin dualismos) y en reconocer a Dios como el Señor de todo, sin concederle ese lugar a nadie más (sin duplicaciones). Ni nada que divida, ni nada que esclavice.

"El que es fiel en lo poco, también será fiel en lo mucho; y el que no es fiel en lo poco, tampoco lo será en lo mucho. De modo que si ustedes no son fieles con las riquezas de este mundo, ¿quién les confiará la verdadera riqueza? Y si no son fieles con lo ajeno, ¿quién les dará lo que les pertenece a ustedes?

Ningún criado puede servir a dos amos al mismo tiempo, porque aborrecerá al uno y apreciará al otro, o será fiel al uno y del otro no hará caso. No pueden servir al mismo tiempo a Dios y al dinero.

Todas estas cosas las oían los fariseos, que eran amigos del dinero, y se burlaban de Jesús. Él les dijo:

— Ustedes pretenden pasar por gente de bien delante de los demás, pero Dios sabe lo que tienen en el corazón; y aquello que la gente juzga valioso, para Dios es solo basura". (Lc 16:10–15)

UN RICO MUY RICO
Y UN POBRE MUY POBRE

Jesús conocía muy bien las condiciones sociales de su época y las tenía en cuenta en sus enseñanzas. Eso se advierte en aquella ocasión en la que describió a un hombre rico y a uno pobre (Lc 16:19-31).

Sus enseñanzas, como se ve, no están desprendidas de las realidades sociales y las enlaza con los principios contrastantes del Reino de Dios que, allí donde hay lujos excesivos, por una parte, y miseria descomunal por otra, propone la justa distribución de los bienes, como bien la entendieron los apóstoles en Hechos 2:45.

Además de mencionar esas realidades, la parábola no intenta resolver un lío en el cielo, sino aquí en la tierra. Y esos líos que se resolverían escuchando las enseñanzas trasformadoras de las Escrituras, desde el Génesis hasta el Apocalipsis. Ellas nos emplazan a trasformar nuestro presente terrenal, sin excusarnos con el futuro celestial.

Había un hombre rico que se vestía lujosamente y daba espléndidos banquetes todos los días. A la puerta de su casa se tendía un mendigo llamado Lázaro, que estaba cubierto de llagas y que hubiera querido llenarse el estómago con lo que caía de la mesa del rico. Hasta los perros se acercaban y le lamían las llagas. Resulta que murió el mendigo, y los ángeles se lo llevaron para que estuviera al lado de Abraham. También murió el rico, y lo sepultaron. En el infierno, en medio de sus tormentos, el rico levantó los ojos y vio de lejos a Abraham, y a Lázaro junto a él. Así que alzó la voz y lo llamó: "Padre Abraham, ten compasión de mí y manda a Lázaro que moje la punta del dedo en agua y me refresque la lengua, porque estoy sufriendo mucho en este fuego". Pero Abraham le contestó: "Hijo, recuerda que durante tu vida te fue muy bien, mientras que a Lázaro le fue muy mal; pero ahora a él le toca recibir consuelo aquí, y a ti, sufrir terriblemente. Además de eso, hay un gran abismo entre nosotros y ustedes, de modo que los que quieren pasar de aquí para allá no pueden, ni tampoco pueden los de allá para acá". Él respondió: "Entonces te ruego, padre, que mandes a Lázaro a la casa de mi padre, para que advierta a mis cinco hermanos y no vengan ellos también a este lugar de tormento". Pero Abraham le contestó: "Ya tienen a Moisés y a los profetas; ¡que les hagan caso a ellos!" "No les harán caso, padre Abraham —replicó el rico—; en cambio, si se les presentara uno de entre los muertos, entonces sí se arrepentirían". Abraham le dijo: "Si no les hacen caso a Moisés y a los profetas, tampoco se convencerán aunque alguien se levante de entre los muertos". (Lc 16:19-31)

Mis notas:

Mis notas:

Los Evangelios registran algunas peticiones que los discípulos le hicieron a Jesús. Un día le pidieron que les enseñara a orar (Lc 11:1). Ellos habían escuchado que Juan el Bautista les había enseñado eso a sus discípulos y querían que Jesús lo hiciera con ellos (por cierto, es extraño que Jesús no hubiera tomado la iniciativa para hacerlo antes).

Otro día le pidieron: "Aumenta nuestra fe" (Lc 17:5). Fue un pedido espontáneo ante una enseñanza que les estaba dando. Les acababa de decir que cuando un compañero de la fe peca, debían interesarse por él y amonestarlo, en lugar de descartarlo o juzgarlo. Si cambiaba de conducta, pues había que perdonarlo.

Pero ¿qué se debería hacer si esa misma persona repetía esa conducta muchas, muchas veces? Jesús mismo puso el caso de alguien que en un solo día cometía esa falta hasta siete veces (número sagrado que significa totalidad). En ese caso, si reconoce su falta, se le debe otorgar el perdón y ofrecer la reconciliación. Quien se impaciente o desespere ante la humanidad de los demás, se convierte en un estorbo para su crecimiento. En este caso, se convierte en algo parecido a una piedra de tropiezo.

Fue ante esta enseñanza que exclamaron: Aumenta nuestra fe. Porque es eso lo que más se necesita para actuar con ternura y amor, para vivir como una persona solidaria y sensible, para responder compasivamente ante las inconsecuencias de los demás... y las propias. Eso es lo que da la fe, la capacidad de vivir tan humanamente como Jesús nos pide.

Jesús dijo a sus discípulos: — Es imposible evitar que haya quienes instiguen al pecado; pero, ¡ay de aquel que incite a pecar! Más le valdría que lo arrojaran al mar con una piedra de molino atada al cuello que ser culpable de que uno de estos pequeños caiga en pecado. ¡Estén, pues, atentos!

Si tu hermano peca, repréndelo; y si cambia de conducta, perdónalo. Aunque en un solo día te ofenda siete veces, si otras tantas se vuelve a ti y te dice: "Me arrepiento de haberlo hecho", perdónalo.

Los apóstoles dijeron al Señor: — Aumenta nuestra fe.

El Señor les contestó:

— Si tuvieran fe, aunque solo fuera como un grano de mostaza, le dirían a esta morera: "Quítate de ahí y plántate en el mar", y los obedecería". (Lc17:1-6)

SERVIR.
NADA MÁS QUE ESO

E l servicio sincero, el que se presta sin intereses políticos, ni económicos, ni el que convierte la caridad en una industria de prestigio empresarial, es uno de los grandes valores del Reino de Dios. Jesús lo enseñó de diferentes maneras. A sus discípulos les habló sobre su importancia (Mt 26:6-28) y también les demostró con gestos concretos lo que significaba servir. Lavó sus pies como lo hacían los esclavos con sus amos en aquellos tiempos (Jn 13:4-5).

La misión de Jesús se resume en esa palabra: servicio. También la de sus seguidores, puesto que la tarea evangélica no es conquistar el poder, a la manera de los esclavizadores de aquel tiempo, sino portarse como un esclavo (en sentido espiritual) al servicio de Dios y del prójimo.

En una ocasión puso como ejemplo a un trabajador del campo encargado de arar la tierra y cuidar el ganado. Les pidió a sus apóstoles que se imaginaran que ellos fueran los amos de ese hombre. Los puso en la posición del esclavizador para que comprendieran el lugar del esclavo (una ilustración, para nosotros chocante, que dé, ninguna manera buscaba legitimar la esclavitud social).

Al final, subrayó una lección: que quien sirve lo debe hacer sin esperar una recompensa. Servir debería ser lo natural, no lo extraordinario. Es hacer "lo que debíamos hacer". Nada más que eso.

"Si alguno de ustedes, tiene un criado que está arando la tierra o cuidando el ganado, ¿acaso le dice cuando regresa del campo: Ven acá, siéntate ahora mismo a cenar? ¿No le dirá, más bien: Prepárame la cena y encárgate de servirme mientras como y bebo, y después podrás comer tú? Y tampoco tiene por qué darle las gracias al criado por haber hecho lo que se le había ordenado. Pues así, también ustedes, cuando hayan hecho todo lo que Dios les ha mandado, digan: "Somos siervos inútiles; hemos hecho lo que debíamos hacer". (Lc 17:7-10)

Mis notas:

Mis notas:

Esto transcurrió cuando Jesús se dirigía hacia Jerusalén y cruzaba la ruta entre Samaria y Galilea. Caminaba en dirección norte sur. Desde su Galilea, conocida por ser un pueblo de revoltosos; pasando por Samaria, pueblo considerado impuro, y avanzando hacia la capital, Jerusalén, centro de la vida religiosa.

En cierta aldea, le salieron al encuentro diez personas enfermas de lepra que, desde lejos (según Lv 13:45-46 no podían acercarse a las demás personas) le gritaron que tuviera compasión de ellos. Y Jesús los escuchó y se compadeció de ellos (la compasión es el signo de su ministerio).

Siendo que nueve de ellos eran judío, les pidió que hicieran lo que hacen los devotes de Jerusalén, que buscaran a sus sacerdotes y cumplieran el rito que, según la Ley (Lv 14), se debía cumplir cuando un leproso sanaba de su enfermedad. No los sanó de inmediato. El milagro sucedería mientras fueran.

Y, en el camino, se sanaron. ¡Sucedió el milagro! Tan solo el samaritano, el de la tierra de los menospreciados e impuros, regresó donde Jesús, alabando a Dios, postrándose ante sus pies y dándole las gracias. A este, Jesús le dijo: "Levántate y vete. Tu fe te ha sanado."

Este es un caso intrigante: que haya sido el de Samaria —y no los fieles a la religión de Jerusalén— quien se haya devuelto, haya alabado a Dios y se haya arrodillado ante Jesús para agradecerle. No teniendo tanta religión como los otros, acudió a lo que realmente nos puede salvar: la fe. Una fe así, humaniza; nos hace seres agradecidos y sensibles. Una fe samaritana, de menos templo y más ternura.

"En su camino hacia Jerusalén, Jesús transitaba entre Samaria y Galilea. Al llegar a cierta aldea, le salieron al encuentro diez leprosos que, desde lejos, comenzaron a gritar: ¡Jesús, Maestro, ten compasión de nosotros! Jesús, al verlos, les dijo: —Vayan a presentarse a los sacerdotes. Y sucedió que, mientras iban a presentarse, quedaron limpios de su lepra. Uno de ellos, al verse curado, regresó alabando a Dios a grandes voces. Y, postrado rostro en tierra a los pies de Jesús, le daba las gracias. Se trataba de un samaritano. Jesús preguntó entonces: ¿No fueron diez los que quedaron limpios? Pues ¿dónde están los otros nueve? ¿Solo este extranjero ha vuelto para alabar a Dios? Y le dijo: —Levántate y vete. Tu fe te ha sanado". (Lc 17:11-19)

LA IMAGEN MÁS HUMANA DE LO MÁS DIVINO

Tanto había hablado Jesús acerca del reino de Dios (fue el tema central de su predicación) que, con razón, hasta sus mismos opositores le preguntaron cuándo vendría el tal reino. La idea de un reino espectacular que vendría desde el cielo rondaba en círculos religiosos de aquellos tiempos.

Jesús aclaró que ese reino no tenía una ubicación geográfica determinada. No se puede decir que está aquí o allí. Esto para descartar la idea de que se encuentra arriba en el cielo, o por aquí en la tierra asentado en un grupo religioso en particular o en un gran imperio político.

Y, dicho eso, soltó la sorpresa: "el reino de Dios ya está entre ustedes". Es decir, está en el diario transcurrir de las cosas sencillas. Jesús estaba entre ellos para dar testimonio de ese reinado: amando, perdonando, incluyendo, polemizando, abrazando y, en resumen, reflejando la imagen más humana de lo más divino.

Si ese Reino se pasea en los rincones de la cotidianidad (en el barrio, la casa, el trabajo, la escuela y "hasta en la iglesia") se requiere, entonces, afinar la mirada contemplativa para toparnos con él, y un corazón humilde para reflejarlo, como lo hizo el nazareno.

"Los fariseos preguntaron a Jesús: —¿Cuándo vendrá el reino de Dios? Jesús les contestó: —El reino de Dios no vendrá a la vista de todos. No se podrá decir: «Está aquí» o «Está allí». En realidad, el reino de Dios ya está entre ustedes. Dijo también Jesús a sus discípulos: —Tiempo vendrá en que ustedes desearán ver siquiera uno de los días del Hijo del hombre, pero no lo verán. Entonces les dirán: «Miren, está aquí», o bien, «Está allí»; pero no vayan ni hagan caso de ellos, porque el Hijo del hombre, en el día de su venida, será como un relámpago que ilumina el cielo de un extremo a otro. Pero antes tiene que sufrir mucho y ser rechazado por esta gente de hoy". (Lc 17:20-25)

Mis notas:

Mis notas:

La espiritualidad se expresa, más allá de las creencias doctrinales, en actitudes y valores que hacen posible la vida esperanzada y la convivencia armónica y solidaria. Esta es una de las contribuciones de la religión a la vida en sociedad. "Donde hay religión, hay esperanza" (Ernst Bloch).

Esa esperanza se alimenta de las experiencias del pasado. Aprende de lo que pasó, más no se queda atrás solo añorando lo que fue (porque el pasado puede aprisionarnos). Jesús les puso a sus discípulos el ejemplo de la mujer de Lot. Les recordó lo que le había pasado cuando ella y su familia estaban huyendo de la ciudad de Sodoma. Ella decidió volver atrás y, entonces, se convirtió en estatua de sal (Gn 19:26).

De una historia del pasado, como esa, Jesús enseñó a no volver la vista atrás, porque la fe, según él, camina de frente. Su horizonte está adelante, no atrás. Prefiere arriesgarlo todo con tal de avanzar, en lugar de retenerlo todo y quedarse rezagado.

Quien pretende salvar la vida (guardando, añorando y rememorando), la pierde. En cambio, quien se arriesga a perderla (amando, sirviendo y confiando) la gana. Eso hizo Jesús y eso enseñó a los suyos: ganar perdiendo.

"¡Acuérdense de la mujer de Lot! El que pretenda salvar su vida, la perderá; en cambio, el que la pierda, ese la recobrará. Les digo que en aquella noche estarán dos acostados en la misma cama: a uno se lo llevarán y dejarán al otro. Dos mujeres estarán moliendo juntas: a una se la llevarán y dejarán a la otra. [Dos hombres estarán trabajando en el campo: a uno se lo llevarán y dejarán al otro].

Al oír esto, preguntaron a Jesús:

— ¿Dónde sucederá eso, Señor?

Él les contestó: — ¡Donde esté el cuerpo, allí se juntarán los buitres!". (Lc 17:32-37)

UNA BIENVENIDA
A LA VIDA

En sus propias palabras, Jesús presenta así los resultados de creer en él y en el Padre que lo ha enviado: vida eterna (o plena), liberación de las culpas y juicios, y superación de la muerte. Todo relacionado con el bienestar humano integral. En otras palabras, creer en él es agregarle vida a la vida (esta palabra se repite cinco veces en el texto).

Creer en él no es, entonces, despreciar la vida, ni renunciar a la belleza de su gracia, sino planificar su sentido y llenarla de razones para disfrutarla sin un Dios que nos juzgue, ni nos sojuzgue. Porque el Dios que nos reveló Jesús es de libertad, no de opresión y de resurrección, no de muerte (Jn 5:28).

Y todos esos frutos, no son para una vida en "el más allá". El cuarto Evangelio nos presenta lo que algunos especialistas llaman la escatología presente (L.A. Schökel), es decir, la vida eterna que "ha llegado" (Jn 5:25).

Oír voz es volver a la vida (Jn 5:25) y salir de la tumba (Jn 5:28). Así es como este Evangelio nos presenta la creencia en Jesús, como una bienvenida a la vida, en medio de un mundo que busca matarla y sistemas que intentan destruirla (Jn 10:10).

> *"Yo les aseguro que el que acepta mi palabra y cree en el que me ha enviado, tiene vida eterna; no será condenado, sino que ha pasado ya de la muerte a la vida. Les aseguro que está llegando el momento, mejor dicho, ha llegado ya, en que los muertos oirán la voz del Hijo de Dios, y los que la oigan volverán a la vida. Pues lo mismo que el Padre tiene la vida en sí mismo, también le concedió al Hijo el tenerla, y le dio autoridad para juzgar, porque es el Hijo del hombre. No se admiren ustedes de lo que estoy diciendo, porque llegará el momento en que todos los muertos oirán su voz y saldrán de las tumbas. Los que hicieron el bien, para una resurrección de vida; los que obraron el mal, para una resurrección de condena". (Jn 5:24-29)*

Mis notas:

Para reafirmar el vínculo que tenía con el Padre, Jesús les dijo a sus oponentes que él solo hacía lo que el Padre le dictaba (Jn 5:30) y juzgaba siguiendo su voz. Por lo tanto, si ellos desacreditaban lo que él venía haciendo (sanado, enseñando, alimentando e incluyendo) estaban descalificando a Dios mismo.

El argumento de Jesús, más allá de defender su ministerio (lo defendían sus obras de amor) o de proteger a Dios (Él se defiende solo), lo que intentaba era reflejarles la propia tosquedad espiritual y, de esa manera, que pudieran salvarse de su atrevimiento y falta de sensatez.

Los necesitados de salvación y de defensa eran ellos, no Jesús: "Y no es que yo tenga necesidad de testimonios humanos; si digo esto, es para que ustedes puedan salvarse." (Jn 5:34).

Jesús nos salva de la insensatez de creernos dueños de Dios, legisladores de sus preceptos y supremos jueces del mundo. Nos salva de nosotros mismos.

"Yo no puedo hacer nada por mi propia cuenta. Conforme el Padre me dicta, así juzgo. Mi juicio es justo, porque no pretendo actuar según mis deseos, sino según los deseos del que me ha enviado. Si me presentara como testigo de mí mismo, mi testimonio carecería de valor. Es otro el que testifica a mi favor, y yo sé que su testimonio a mi favor es plenamente válido. Ustedes mismos enviaron una comisión a preguntar a Juan, y él dio testimonio a favor de la verdad. Y no es que yo tenga necesidad de testimonios humanos; si digo esto, es para que ustedes puedan salvarse". (Jn 5:30-34)

VIDA,
NO TEXTOS

L a lectura de las Escrituras adquiere su verdadero y más profundo sentido cuando Jesús, con su vida, enseñanzas y testimonio, está en el centro de ellas. Las Escrituras hablan de Jesús (Jn 5:46) y Jesús resignificó las Escrituras.

En el diálogo que nos relata el cuarto Evangelio, el Maestro reconoce que sus interlocutores judíos eran lectores diligentes de los textos sagrados y que los estudiaban tratando de encontrar en ellos la vida eterna (Jn 5:39), pero Jesús les aclara que esa vida no está en las letras, sino en una persona: "¡Y son ellas las que dan testimonio en mi favor!" (5:39).

El problema, entonces, era este: "ustedes no quieren venir a mí para tener esa vida" (5:40). Tener la vida, es decir, encontrar su sentido y abrazar su misterio, se define mejor cuando se le sigue a Él. La vida no está en el texto, sino en la Vida misma.

"»Si yo testifico en mi favor, ese testimonio no es válido. Otro es el que testifica en mi favor, y me consta que es válido el testimonio que él da de mí. »Ustedes enviaron a preguntarle a Juan, y él dio un testimonio válido. Y no es que acepte yo el testimonio de un hombre; más bien lo menciono para que ustedes sean salvos. Juan era una lámpara encendida y brillante, y ustedes decidieron disfrutar de su luz por algún tiempo. »El testimonio con que yo cuento tiene más peso que el de Juan. Porque esa misma tarea que el Padre me ha encomendado que lleve a cabo, y que estoy haciendo, es la que testifica que el Padre me ha enviado. Y el Padre mismo que me envió ha testificado en mi favor. Ustedes nunca han oído su voz, ni visto su figura, ni vive su palabra en ustedes, porque no creen en aquel a quien él envió. Ustedes estudian con diligencia las Escrituras porque piensan que en ellas hallan la vida eterna. ¡Y son ellas las que dan testimonio en mi favor! Sin embargo, ustedes no quieren venir a mí para tener esa vida. »La gloria humana no la acepto, pero a ustedes los conozco, y sé que no aman realmente a Dios. Yo he venido en nombre de mi Padre, y ustedes no me aceptan; pero, si otro viniera por su propia cuenta, a ese sí lo aceptarían. ¿Cómo va a ser posible que ustedes crean, si unos a otros se rinden gloria, pero no buscan la gloria que viene del Dios único? »Pero no piensen que yo voy a acusarlos delante del Padre. Quien los va a acusar es Moisés, en quien tienen puesta su esperanza. Si le creyeran a Moisés, me creerían a mí, porque de mí escribió él. Pero, si no creen lo que él escribió, ¿cómo van a creer mis palabras?»". (Jn 5:31-47)

Mis notas:

ENCENDIDAS, PERO NO ATENDIDAS

Mis notas:

Para Jesús, Juan el Bautista era como una lámpara encargada de alumbrar al pueblo. Así lo acogieron y lo aceptaron, aunque solo por un tiempo. Al final lo desecharon y hasta lo mataron. Fue una luz que ellos mismos apagaron.

Jesús se presentó como una luz aún mayor. La validez de su mensaje, a diferencia del Bautista, no procede del pueblo, sino de Dios mismo. Él le encargó qué debía hacer y esas obras que ha estado haciendo son las que validan su mensaje como cierto. Además de sus obras está la voz del Padre que habla a su favor.

Pero, ¿de qué vale que Dios hable si ellos no lo escuchan? (Jn 5:37). Y ¿de qué vale leer las Escrituras si tampoco a ellas las dejan hablar? (Jn.5:39). Aunque las estudian, no las aceptan.

Es que las luces no están solo para ser encendidas, sino atendidas. Sea Juan, Jesús o las Escrituras, hay que dejar que esas luces iluminen, penetren el corazón y alumbren la vida. De lo contrario no serán más que luces encendidas.

"Juan el Bautista era como una lámpara encendida que alumbraba; y ustedes estuvieron dispuestos a alegrarse por breve tiempo con su luz. Pero yo tengo a mi favor un testimonio de mayor valor que el de Juan: las obras que el Padre me encargó llevar a feliz término, y que yo ahora realizo, son las que dan testimonio a mi favor de que el Padre me ha enviado. También habla a mi favor el Padre que me envió, aunque ustedes nunca han oído su voz ni han visto su rostro. No han acogido su palabra como lo prueba el hecho de que no han creído a su enviado. Ustedes estudian las Escrituras pensando que contienen vida eterna; pues bien, precisamente las Escrituras dan testimonio a mi favor. A pesar de ello, ustedes no quieren aceptarme para obtener esa vida". (Jn 5:35-40)

Al final de la controversia con los judíos de estricta observancia de la ley, a lo que Jesús califica de incrédulos, les dice que no los va a juzgar, aunque él sea el enviado del Padre. No lo hará.

Si no los juzgará Dios, ¿quién lo hará? Aquí Jesús introduce una enseñanza novedosa acerca de cómo entender lo que significa el juicio de Dios. Les dijo que serían juzgados por el mismo criterio con el que ellos lo estaban descalificando a él: la ley de Moisés. ¡Su tan venerado Moisés sería su angustiante juez!

Ellos, que se preciaban de ser los intérpretes autorizados de Moisés, no estaban comprendiendo que Moisés hablaba de Jesús. Y, si no creían leyendo (ellos que dependían del texto), mucho menos iban a creer oyendo (no querían escuchar a Jesús).

Nos juzga aquello con lo que juzgamos, con "… la misma medida con que ustedes midan a los demás." (Lc 6:38). La severidad de nuestro juicio está definida por la severidad con la que hayamos juzgado a los demás.

> *"Por lo demás, no piensen que voy a ser yo quien les acuse ante mi Padre; les acusará Moisés, el mismo Moisés en quien ustedes tienen puesta su esperanza. Él escribió acerca de mí; por eso, si creyeran a Moisés, también me creerían a mí. Pero si no creen lo que él escribió, ¿cómo van a creer lo que yo digo?". (Jn 5:45-47)*

Mis notas:

En el conocido milagro de la multiplicación de los panes y los peces, hay un detalle que suele pasarse por alto: un muchacho es el que ofrece sus cinco panes de cebada y dos peces que, de seguro, era su reserva para cuando apareciera el hambre (su hambre). Andrés fue el que se dio cuenta de que ese muchacho prevenido tenía esa reserva de alimentos.

Pero, al mismo tiempo que Andrés identificó al muchacho, reconoció que esa provisión era insuficiente para tanta gente. Es decir, dijo que había algo, pero eso era tan exiguo que no servía para mucho. Jesús escuchó, pero no se resignó al dictamen. Pidió que la gente se preparara para comer… y llegó el milagro.

Andrés se apegó a la realidad. Lo que decía era cierto: la provisión del muchacho era insuficiente. Jesús, por su parte, no miró lo que era, sino lo que podría ser. La fe actúa así: acepta la realidad, no la niega, pero no se deja abatir por ella. Se desplaza más allá de la cruda realidad.

"Después de esto, Jesús pasó a la otra orilla del lago de Galilea (o de Tiberíades). Lo seguía mucha gente, porque veían los milagros que hacía con los enfermos. Jesús subió a un monte y se sentó allí con sus discípulos. Estaba próxima la Pascua, fiesta principal de los judíos. Al alzar Jesús la mirada y ver aquella gran multitud que acudía a él, dijo a Felipe:

— ¿Dónde podríamos comprar pan para que puedan comer todos estos?

Dijo esto para ver su reacción, pues él ya sabía lo que iba a hacer. Felipe le respondió:

— Aunque se gastase uno el salario de más de medio año, no alcanzaría para que cada uno de estos probase un bocado.

Otro de sus discípulos, Andrés, el hermano de Simón Pedro, intervino diciendo:

— Aquí hay un muchacho que tiene cinco panes de cebada y dos peces; pero ¿qué es esto para tanta gente?

Jesús dijo entonces:

— Hagan que se sienten todos.

Se sentaron todos sobre la hierba, que era muy abundante en aquel lugar. Eran unos cinco mil hombres. Jesús tomó los panes y, después de dar gracias a Dios, los distribuyó entre los que estaban sentados. Y lo mismo hizo con los peces, hasta que se hartaron. Cuando quedaron satisfechos, Jesús dijo a sus discípulos:

— Recojan lo que ha sobrado, para que no se pierda nada.

Lo hicieron así, y con lo que sobró a quienes comieron de los cinco panes de cebada, llenaron doce cestos. La gente, por su parte, al ver aquel milagro, comentaba:

— Este hombre tiene que ser el profeta que iba a venir al mundo.

Se dio cuenta Jesús de que pretendían llevárselo para proclamarlo rey, y se retiró de nuevo al monte él solo". (Jn 6:1-15)

EL RECHAZO
A LAS MULTITUDES QUE
ATURDEN Y EMBELESAN

L as más perversas ideologías políticas se han camuflado entre las más nobles creencias e ideales religiosos. Ahí está la historia para contarlo.

Se encubren intereses políticos, ideológicos o económicos entre fachadas de bondad, piedad y fervor religioso. Abusan de Dios y usan su iglesia. Sucede con los partidos políticos, con jefes de estado (levantan su mano mostrando una Biblia) y también con sistemas económicos. En cuanto a esto último, el neoliberalismo, por ejemplo, sacraliza el mercado confiriéndole iguales atributos que la teología cristiana confiere a Dios, (F. Hinkelammert).

Jesús huyó de estas maniobras. Las rechazó y denunció. Porque la fe se vive en el secreto de la intimidad del corazón, con muestras externas de servicio, humildad y compasión. Y poco tiene que ver con la exaltación victoriosa de las multitudes, la gloria desmedida de los políticos o el delirio aturdidor de las ideologías.

"La gente, por su parte, al ver aquel milagro, comentaba: — Este hombre tiene que ser el profeta que iba a venir al mundo. Se dio cuenta Jesús de que pretendían llevárselo para proclamarlo rey, y se retiró de nuevo al monte él solo". (Jn 6:14-15)

Mis notas:

241

Mis notas:

Después de la multiplicación (o división) de los panes y los peces, la gente, admirada por el milagro, comentó que Jesús era el profeta que se había anunciado que vendría del cielo y querían llevárselo para proclamarlo rey.

Quien hace algo bueno y necesario tiende a ser identificado con el poder divino y, por ende, a ser aclamado como rey humano. Esa ruta se transita en la política, la religión, el humanitarismo caritativo y otros más. Jesús huyó de esto.

Se fue al monte (Jn 6:15) y los discípulos, al verlo, ya caída la tarde, subieron a una barca y atravesaron el lago para ir hacia Capernaum. Atrás quedó el milagro y la oferta del reinado. Era necesario salir de allí. Era preferible el lago alborotado que el alboroto popular. La popularidad de Jesús y su Evangelio no es esta, es otra, la del amor compasivo y gratuito (gracioso).

"A la caída de la tarde, los discípulos de Jesús bajaron al lago, subieron a una barca y emprendieron la travesía hacia Capernaum. Era ya de noche y Jesús aún no los había alcanzado. De pronto se levantó un viento fuerte que alborotó el lago. Habrían remado unos cinco o seis kilómetros, cuando vieron a Jesús que caminaba sobre el lago y se acercaba a la barca. Les entró mucho miedo, pero Jesús les dijo: — Soy yo. No tengan miedo. Entonces quisieron subirlo a bordo, pero en seguida la barca tocó tierra en el lugar al que se dirigían". (Jn 6:16-21)

Mis notas:

L a gente seguía a Jesús. En este caso, no eran seguidores formales, de esos de decisiones firmes y sostenidas. Solo era gente del pueblo que habiendo visto y oído a Jesús querían seguirlo.

Lo perseguían, esa es la palabra más exacta. Eran "perseguidores de Jesús" y no les importaba el esfuerzo que debían hacer para desplazarse lejos, hasta encontrarlo.

Esto no dejaba de ser extraño en aquel mundo en el que sobraban maestros y faltaban seguidores. La religión oficial y sus intérpretes, había dejado de ser atractiva. Pero a Jesús lo seguían, porque lo que hacía devolvía las ganas de vivir: sanaba, reconciliaba y alimentaba.

Una fe que sana la existencia y resucita el sentido de la vida, es atractiva. Por una fe así, la gente hasta atraviesa el lago.

"Al día siguiente, la gente que continuaba al otro lado del lago advirtió que allí solamente había estado atracada una barca y que Jesús no se había embarcado en ella con sus discípulos, sino que estos habían partido solos. Llegaron entre tanto de la ciudad de Tiberíades unas barcas y atracaron cerca del lugar en que la gente había comido el pan cuando el Señor pronunció la acción de gracias. Al darse cuenta de que ni Jesús ni sus discípulos estaban allí, subieron a las barcas y se dirigieron a Capernaum en busca de Jesús". (Jn 6:22-24)

10
agosto

Mis notas:

Según la sabia enseñanza de Jesús, nuestra principal preocupación debería ser por aquellas cosas o saberes que duran para siempre, no por aquellas que son temporales, circunstanciales o efímeras. Esto le dijo a un grupo de seguidores que lo buscaban para que multiplicara de nuevo los panes y los peces, como lo había hecho antes.

Preocuparse por lo imperecedero no significa indiferencia hacia lo perecedero, ni falta de interés por esas cosas de las que también depende la vida (comida, techo, vestido, etc.). Lo que significa es vivir con libertad, para no quedar atrapados en el egoísmo de lo inmediato y lo individual (lo mío y solo mío).

Vivir así, sin apegos indispensables, requiere de un alimento espiritual que es lo que ofrece "el Hijo del hombre" (Jn 6:27), a través de sus enseñanzas de vida y de su vida hecha enseñanza (revelación de vida eterna o plena). Requiere que creamos en él, es decir, que valoremos lo que él valoró, relativicemos lo que él relativizó y vivamos con la libertad con que él vivió. (Jn 8:32).

"Deberían preocuparse no tanto por el alimento transitorio, cuanto por el duradero, el que da vida eterna. Este es el alimento que les dará el Hijo del hombre, a quien Dios Padre ha acreditado con su sello. Ellos le preguntaron: — ¿Qué debemos hacer para portarnos como Dios quiere? Jesús respondió: — Lo que Dios espera de ustedes es que crean en su enviado". (Jn 6:27-29)

LA CONVERSACIÓN COMO VIRTUD ESPIRITUAL

Mis notas:

La gente se movilizó hasta el otro lado del lago para buscar a Jesús. Lo que él hacía, los atraía, aunque las razones por las que lo seguían, a Jesús, no lo convencía. Lo seguían por el alimento material que les había ofrecido antes (Jn 6:1-15).

¿Qué hizo Jesús? ¿Escapó? No podía. ¿Los rechazó? De ninguna manera. En lugar de esto, entabló uno de los diálogos más extensos (Jn 6:25-66), descubriéndoles algunos misterios del reino, escuchando sus preguntas, interpretando sus inquietudes y acentuando sus puntos de vista (diferente al de la gente).

Un diálogo así, respetuoso, abierto y tolerante es, para Jesús, la forma de encarar al contrario. Ante los que piensan y creen diferentes, esas puertas deben estar abiertas, sin la ansiedad de querer convencer al otro, sino de conversar. Una conversación así es una virtud del reino.

"Los que buscaban a Jesús lo encontraron al otro lado y le preguntaron: — Maestro, ¿cuándo llegaste aquí? Jesús les contestó: — Estoy seguro de que me buscan no por los milagros que han visto, sino porque comieron pan hasta saciarse. Deberían preocuparse no tanto por el alimento transitorio, cuanto por el duradero, el que da vida eterna. Este es el alimento que les dará el Hijo del hombre, a quien Dios Padre ha acreditado con su sello". (Jn 6:25-27)

12
agosto

OTRO PAN

Mis notas:

La multitud que había sido alimentada por Jesús lo siguió al día siguiente hasta muy lejos, hasta la otra orilla del lago de Galilea, allá por Capernaum. Cuando lo encontraron, Jesús los interpeló porque lo seguían por el pan que ya les había dado. Y añadió una lección: "Trabajen, pero no por la comida que es perecedera, sino por la que permanece para vida eterna" (Jn 6:27).

A quienes lo buscaban solo para suplir una necesidad inmediata, los atendía y les solucionaba el problema de un momento, ya fuera de salud, inclusión o de alimento. Pero ese era solo un signo de compasión, que no siempre conducía al más hondo y duradero, el de la transformación.

El maestro calma el hambre de pan, pero como él es el Pan, puede saciar también el hambre de existencia libre y plena. Cada quien escoge su hambre. Cada quien reconoce su sed. Y les dijo: "Yo soy el pan de vida... El que a mí viene nunca pasará hambre, y el que en mí cree nunca más volverá a tener sed."

"Cuando lo encontraron al otro lado del lago, le preguntaron: —Rabí, ¿cuándo llegaste acá? —Ciertamente les aseguro que ustedes me buscan no porque han visto señales, sino porque comieron pan hasta llenarse. Trabajen, pero no por la comida que es perecedera, sino por la que permanece para vida eterna, la cual les dará el Hijo del hombre. Sobre este ha puesto Dios el Padre su sello de aprobación. —¿Qué tenemos que hacer para realizar las obras que Dios exige? —le preguntaron. —Esta es la obra de Dios: que crean en aquel a quien él envió —les respondió Jesús. —¿Y qué señal harás para que la veamos y te creamos? ¿Qué puedes hacer? —insistieron ellos—. Nuestros antepasados comieron el maná en el desierto, como está escrito: "Pan del cielo les dio a comer". —Ciertamente les aseguro que no fue Moisés el que les dio a ustedes el pan del cielo —afirmó Jesús—. El que da el verdadero pan del cielo es mi Padre. El pan de Dios es el que baja del cielo y da vida al mundo. —Señor —le pidieron—, danos siempre ese pan. —Yo soy el pan de vida —declaró Jesús—. El que a mí viene nunca pasará hambre, y el que en mí cree nunca más volverá a tener sed". (Jn 6:25-35)

HAMBRE DE EXISTENCIA PLENA

C uando la gente supo que Jesús y sus discípulos se habían ido del lugar del milagro de los panes y los peces, tomaron unas barcas y emprendieron la travesía hasta el otro lado del lago. Allá reencontraron al Rabí.

Jesús, cuando los vio, descubrió ante ellos el motivo que los había impulsado a buscarlo: el pan, el mismo que les había dado antes.

¿Acaso todo lo que podía ofrecerles era eso? ¿Un Rabí que solo calma esa hambre? Las necesidades humanas no se sacian solo con pan, hay otras más profundas que solucionan no solo los males de un día, sino de la vida. Para éstas vino Jesús y enseñó su Evangelio.

"Al día siguiente, la multitud que se había quedado en el otro lado del lago se dio cuenta de que los discípulos se habían embarcado solos. Allí había estado una sola barca, y Jesús no había entrado en ella con sus discípulos. Sin embargo, algunas barcas de Tiberíades se aproximaron al lugar donde la gente había comido el pan después de haber dado gracias el Señor. En cuanto la multitud se dio cuenta de que ni Jesús ni sus discípulos estaban allí, subieron a las barcas y se fueron a Capernaúm a buscar a Jesús. Cuando lo encontraron al otro lado del lago, le preguntaron: —Rabí, ¿cuándo llegaste acá? —Ciertamente les aseguro que ustedes me buscan no porque han visto señales, sino porque comieron pan hasta llenarse. Trabajen, pero no por la comida que es perecedera, sino por la que permanece para vida eterna, la cual les dará el Hijo del hombre. Sobre este ha puesto Dios el Padre su sello de aprobación. —¿Qué tenemos que hacer para realizar las obras que Dios exige? —le preguntaron. —Esta es la obra de Dios: que crean en aquel a quien él envió —les respondió Jesús". (Jn 6:22-29)

14
agosto

Mis notas:

Aunque Jesús había alimentado a la gente multiplicando el pan y los peces, esto no había sido razón suficiente para que creyeran que él era el Hijo del hombre venido de Dios Padre (Jn 6:27).

Para creer así, ellos exigían otras credenciales, tan grandes y portentosas como las que había mostrado Moisés quien le había dado a sus antepasados pan que descendía del cielo (el maná).

Jesús, ante esos argumentos, decidió presentarse, entonces, no como uno que daba pan del cielo, sino como el pan mismo que venía del cielo. Un pan de vida. Un pan que sacia el hambre de plenitud humana y colma de vida los días.

Moisés, la ley, los profetas, los milagros antiguos, los sabios, solo eran una sombra de lo que vendría. Porque la vida pide más que religión; necesita presencia. "Entonces le pidieron: — Señor, danos siempre de ese pan" (Jn 6:34).

"Ellos replicaron: — ¿Cuáles son tus credenciales para que creamos en ti? ¿Qué es lo que tú haces? Nuestros antepasados comieron el maná en el desierto, como dice la Escritura: Les dio a comer pan del cielo. Jesús les respondió: — Yo les aseguro que no fue Moisés el que les dio pan del cielo. Mi Padre es quien les da el verdadero pan del cielo. El pan que Dios da, baja del cielo y da vida al mundo. Entonces le pidieron: — Señor, danos siempre de ese pan. Jesús les contestó: — Yo soy el pan de la vida. El que viene a mí, jamás tendrá hambre; el que cree en mí, jamás tendrá sed". (Jn 6:30-35)

UNA SALVACIÓN CON ROSTRO MUY HUMANO

Mis notas:

Jesús declaró ser el pan de vida que sacia nuestras hambres más profundas y calma para siempre esa humana sed de anhelos insaciables. Cuando lo oyeron decir esto, no creyeron.

Les dijo, para su mayor confusión, que había descendido del cielo para cumplir una voluntad que no era propia, sino del Padre y que esa voluntad era que ninguna persona se perdiera. Voluntad salvadora, pacificadora y tierna.

Los judíos que lo escucharon quedaron pasmados. ¿Venir del cielo? ¿Tener un plan divino? ¿Dar vida plena? ¿Ofrecer resurrección? Ninguna de esas afirmaciones la entendieron por la única razón de que Jesús era una persona común y corriente, hijo de José y vecino del pueblo.

Éste no venía de ningún cielo. Había nacido como ellos y en sus mismas circunstancias. Una salvación tan humana no era posible. Algo tan inmenso no podía ser tan cercano.

"—Yo soy el pan de vida —declaró Jesús—. El que a mí viene nunca pasará hambre, y el que en mí cree nunca más volverá a tener sed. Pero, como ya les dije, a pesar de que ustedes me han visto, no creen. Todos los que el Padre me da vendrán a mí; y al que a mí viene, no lo rechazo. Porque he bajado del cielo no para hacer mi voluntad, sino la del que me envió. Y esta es la voluntad del que me envió: que yo no pierda nada de lo que él me ha dado, sino que lo resucite en el día final. Porque la voluntad de mi Padre es que todo el que reconozca al Hijo y crea en él tenga vida eterna, y yo lo resucitaré en el día final."

"Entonces los judíos comenzaron a murmurar contra él, porque dijo: «Yo soy el pan que bajó del cielo». Y se decían: «¿Acaso no es este Jesús, el hijo de José? ¿No conocemos a su padre y a su madre? ¿Cómo es que sale diciendo: "Yo bajé del cielo"?»". (Jn 6:35–42)

Mis notas:

En la tradición judía, al hablar del "pan de Dios" se refería a la Ley de Dios. La Ley que les había sido concedida en el desierto, en tiempos de Moisés.

De allí que fuera un escándalo que Jesús declarara: "yo soy el pan de vida" (Jn 6:48). Eso implicaba que, a partir de su venida, la religión no dependería de la observancia de las leyes escritas, sino del seguimiento de una persona viviente.

Y, como si esto fuera poco, les dijo que a Dios nadie lo había visto (hasta ahora eso sigue siendo cierto) y que, por lo tanto, si algo se quiere saber de Dios, la respuesta se encuentra en su persona, vida y enseñanzas.

A partir de entonces, la configuración de la fe no es jurídica (basada en leyes), sino personal, fundada en Jesús, de quien depende la vida plena.

"Nadie puede venir a mí si no lo atrae el Padre que me envió, y yo lo resucitaré en el día final. En los profetas está escrito: "A todos los instruirá Dios". En efecto, todo el que escucha al Padre y aprende de él viene a mí. Al Padre nadie lo ha visto, excepto el que viene de Dios; solo él ha visto al Padre. Ciertamente les aseguro que el que cree tiene vida eterna. Yo soy el pan de vida. Los antepasados de ustedes comieron el maná en el desierto, y sin embargo murieron. Pero este es el pan que baja del cielo; el que come de él no muere. Yo soy el pan vivo que bajó del cielo. Si alguno come de este pan, vivirá para siempre. Este pan es mi carne, que daré para que el mundo viva". (Jn 6:44-51)

PRESENCIA MISTERIOSA
PERO CIERTA

Mis notas:

Jesús se presenta como carne que se come y sangre que se bebe. Esto causó mucha confusión entre los judíos que lo escucharon por primera vez. En medio de su desconcierto, entablaron un debate acalorado entre ellos acerca del significado de esas palabras.

El Maestro, en medio del debate, continuó enseñando que, para gozar la vida plena debían comer de él, porque "el que come mi carne y bebe mi sangre, permanece en mí, y yo en él" (Jn.6:56). Esto también debió confundirlos más.

Y es que, para interpretar esas palabras, no es suficiente con un debate acerca del significado literal de las palabras (literalismo tan conocido en la sinagoga de Capernaum), sino una experiencia, en la que Jesús es una presencia misteriosa pero cierta, que acompaña la vida y la hace plena. Una experiencia que no es hermenéutica, sino existencial.

"Esto suscitó una fuerte discusión entre los judíos, que se preguntaban: — ¿Cómo puede este darnos a comer su carne? Jesús les dijo: — Les aseguro que, si no comen la carne del Hijo del hombre y no beben su sangre, no tendrán vida en ustedes. El que come mi carne y bebe mi sangre, tiene vida eterna, y yo lo resucitaré en el último día. Porque mi carne es verdadera comida y mi sangre es verdadera bebida. El que come mi carne y bebe mi sangre, permanece en mí, y yo en él. El Padre, que me ha enviado, posee la vida y yo vivo gracias a él; así también, el que me coma vivirá gracias a mí. Este es el pan que ha bajado del cielo, y que no es como el que comieron los antepasados y murieron; el que come de este pan vivirá para siempre. Todo esto lo enseñó Jesús en la sinagoga de Capernaum". (Jn 6:52-59)

18
agosto

Mis notas:

Esta gente que había sido alimentada por Jesús y ahora lo seguían para que repitiera el milagro, aunque habían visto lo que él hacía, no habían creído en él. Jesús los delata: "no creen a pesar de haber visto" (Jn 6:36).

Los descubre, pero no les reclama nada. Si no han creído, Jesús, por igual, sigue confiando en lo que su Padre está haciendo. Su sosiego no depende de la respuesta que el pueblo le dé a su mensaje, sino de la absoluta confianza en Aquel que es propietario del mensaje: su Padre.

Está seguro de que su Padre es bueno, que quiere que los suyos no se pierdan y que todos tengan vida plena (o eterna). En esto se fundaba su seguridad y no en que la gente creyera en él.

No creían, aunque habían visto milagros. Y Jesús los seguía amando igual, sin muestras de enfado, sin gestos de desprecio, sin señas de intolerancia.

"Pero ustedes, como ya les he dicho, no creen a pesar de haber visto. Todo aquel que el Padre me confía vendrá a mí, y yo no rechazaré al que venga a mí. Porque yo he bajado del cielo, no para hacer lo que yo deseo, sino lo que desea el que me ha enviado. Y lo que desea el que me ha enviado es que yo no pierda a ninguno de los que él me ha confiado, sino que los resucite en el último día. Mi Padre quiere que todos los que vean al Hijo y crean en él, tengan vida eterna; yo, por mi parte, los resucitaré en el último día". (Jn 6:36-40)

ESCUCHAR PARA CREER

Mis notas:

Las críticas contra Jesús, esta vez, fueron porque había dicho que era "el pan que ha bajado del cielo". Ante tal afirmación, reaccionaron diciendo que eso era falso puesto que sabían muy bien su procedencia terrenal. Era uno más del pueblo y conocían a José, su padre y a María, su mamá.

Según ellos, venir del cielo no era posible si se había nacido en esta tierra. No era posible identificarse con el eterno Padre del cielo si se tenía como padre putativo a un paisano de su pueblo. Decir eso, según ellos, era un atrevimiento (Jn 6:42).

Jesús, en lugar de ensartarse en una polémica inútil (la incredulidad no se resuelve con disputas), les expresó que si no creían en él era porque no habían escuchado al Padre (Jn 6:45). Su escepticismo era, entonces, un problema de su oído.

Creer es una disposición de la escucha. Quien cree reconoce la voz del Padre y decide seguir a su Hijo, al sencillo hijo del carpintero y de María, la jovencita de Nazaret.

"Los judíos comenzaron a criticar a Jesús porque había dicho que él era "el pan que ha bajado del cielo". Decían: — ¿No es este Jesús, el hijo de José? Conocemos a su padre y a su madre. ¿Cómo se atreve a decir que ha bajado del cielo? Jesús replicó: — Dejen ya de criticar entre ustedes. Nadie puede creer en mí si no se lo concede el Padre que me envió; yo, por mi parte, lo resucitaré en el último día. En los libros proféticos está escrito: Todos serán adoctrinados por Dios. Todo el que escucha al Padre y recibe su enseñanza, cree en mí. Esto no significa que alguien haya visto al Padre. Solamente aquel que ha venido de Dios, ha visto al Padre". (Jn 6:41-46)

Mis notas:

Para Jesús, la vida eterna no es un premio que se recibe en "el más allá" como recompensa por algo que se ha hecho acá. Una especie de transacción espiritual con dividendos que se obtienen cuando ya todo ha pasado (parecido una inversión espiritual a largo plazo).

Cuando él habló de vida eterna uso en muchas ocasiones el presente simple: "Les aseguro que quien cree, tiene vida eterna" (Jn 6:47). La vida eterna es como comer un vivo para el camino de esta vida (Jn 6:51). Y esa vida comienza aquí y dura para siempre. Es vida que trasciende.

Mientras Jesús se esforzaba por revelarles estos misterios del reino, ellos, los que lo escuchaban, se hacían preguntas que los distraían del tema esencial. Se preguntaban por el cómo: "¿cómo puede darnos?" (Jn 6:52), cuando él estaba hablando del quién: "Yo soy el pan de la vida" (Jn 6:48).

Esta fe que nos enseñó el Maestro se refiere más al quién que al cómo.

"Les aseguro que quien cree, tiene vida eterna. Yo soy el pan de la vida. Los antepasados de ustedes comieron el maná en el desierto y, sin embargo, murieron. Este, en cambio, es el pan que ha bajado del cielo para que, quien lo coma, no muera. Yo soy el pan vivo que ha bajado del cielo. El que coma de este pan vivirá para siempre. Y el pan que yo voy a dar es mi carne, entregada para que el mundo tenga vida. Esto suscitó una fuerte discusión entre los judíos, que se preguntaban: ¿Cómo puede este darnos a comer su carne?". (Jn 6:47-52)

ESTO
ES INADMISIBLE

Jesús, haciendo su mejor esfuerzo para explicar su identidad ante los escépticos de la sinagoga, aseveró que para recibir la vida que él ofrecía, debían comer su carne y beber su sangre.

Esto los desconcertó y les pareció inadmisible (Jn 6:60). No podían aceptar lo de la carne y la sangre, sobre todo porque en su tradición religiosa (que era la misma de Jesús) se condenaban el canibalismo (Jr 19:9) y se prohibía consumir sangre (Lc 17:14). ¿De qué, entonces, hablaba Jesús?

Si la carne y la sangre significan la totalidad del ser humano (1 Co 15:50), Jesús, entonces, estaba hablando de su entrega total para ser, así, nuestro alimento de vida. Esa vida está presente aquí y ahora en quien lo sigue y alcanzará su plenitud en el futuro, en la resurrección.

Hay que aceptar que los de la sinagoga tenían razón: esta es una enseñanza que desborda lo que nos ha enseñado la religión, se trata de una vida que comunica vida.

"Jesús les dijo: — Les aseguro que, si no comen la carne del Hijo del hombre y no beben su sangre, no tendrán vida en ustedes. El que come mi carne y bebe mi sangre, tiene vida eterna, y yo lo resucitaré en el último día. Porque mi carne es verdadera comida y mi sangre es verdadera bebida. El que come mi carne y bebe mi sangre, permanece en mí, y yo en él. El Padre, que me ha enviado, posee la vida y yo vivo gracias a él; así también, el que me coma vivirá gracias a mí. Este es el pan que ha bajado del cielo, y que no es como el que comieron los antepasados y murieron; el que come de este pan vivirá para siempre. Todo esto lo enseñó Jesús en la sinagoga de Capernaum.

Al oír esto, muchos de los que seguían a Jesús dijeron: — Esta enseñanza es inadmisible. ¿Quién puede aceptarla?". (Jn 6:53-60)

Mis notas:

Al final de la extensa polémica acerca del pan de vida, muchos de los que seguían a Jesús expresaron que esas enseñanzas eran inadmisibles.

Jesús, en lugar de hacer algo para que sus enseñanzas fueran admitidas, continuó hablando de lo mismo. Y les dijo que si lo de antes había sido difícil lo que tenía por decirles lo iba a ser aún más. Y prosiguió hablando de su procedencia celestial, de la vida, el espíritu y la carne.

El escritor del cuarto Evangelio explica que Jesús actuó de esa manera porque sabía desde el principio quiénes iban a creer en su mensaje y quiénes no. Y añadió algo que confundió también a sus discípulos, que "nadie puede creer en mí si no se lo concede mi Padre".

Después de decir esto, también muchos de discípulos lo abandonaron (Jn.6:66). Y, a los que se quedaron, Jesús les dijo que si querían irse podían hacerlo.

Siendo que todo dependía del Padre, su mensaje no tenía por qué depender del auditorio. Él no vino a enseñar lo que ellos querían oír, sino lo que él le había oído al Padre.

Ese fue el fundamento de su enseñanza. No dependía de los que lo escuchaban, sino de Aquel a quien él escuchaba. Ante la multitud, seguía la Voz que le hablaba en la soledad.

"Al oír esto, muchos de los que seguían a Jesús dijeron: — Esta enseñanza es inadmisible. ¿Quién puede aceptarla? Jesús se dio cuenta de que muchos de sus seguidores criticaban su enseñanza, y les dijo: — ¿Se les hace duro aceptar esto? Pues ¿qué ocurriría si vieran al Hijo del hombre subir a donde estaba antes? Es el espíritu el que da vida; la carne no sirve para nada. Las palabras que les he dicho son espíritu y vida. Pero algunos de ustedes no creen. Es que Jesús sabía desde el principio quiénes eran los que no creían y quién era el que lo iba a traicionar. Y añadió: — Por eso les he dicho que nadie puede creer en mí si no se lo concede mi Padre. Desde entonces, muchos discípulos suyos se volvieron atrás y ya no andaban con él. Jesús preguntó a los Doce: — ¿También ustedes quieren dejarme? Simón Pedro le respondió: — Señor, ¿a quién iríamos? Solo tus palabras dan vida eterna. Nosotros creemos y sabemos que tú eres el Santo de Dios". (Jn 6:60-69)

CREER
ES TAMBIÉN UN DON

Mis notas:

C asi al final del sexto capítulo del Evangelio de Juan, se vuelve a mostrar que no todas las personas que seguían a Jesús eran seguidoras del Evangelio. En este caso, lo seguían para que los alimentara (Jn 6:26); al parecer, solo para eso.

Es que el mensaje que les anunciaba era duro de aceptar" (6:61) y, aún más duro, admitir que este paisano, tan común y corriente (6:42) hablaba palabras que eran espíritu y producían vida (6:53).

Ninguna de esas reacciones incrédulas produjo decepción en Jesús, ni lo indujeron a condenar a su auditorio. Con absoluta paz declaraba que si no creían era porque su Padre no les había concedido creer (6:65).

Para él, creer es también un don en el que participa la obra amorosa del Padre y la acción misteriosa del Espíritu (6:65).

"Jesús se dio cuenta de que muchos de sus seguidores criticaban su enseñanza, y les dijo: — ¿Se les hace duro aceptar esto? Pues ¿qué ocurriría si vieran al Hijo del hombre subir a donde estaba antes? Es el espíritu el que da vida; la carne no sirve para nada. Las palabras que les he dicho son espíritu y vida. Pero algunos de ustedes no creen. Es que Jesús sabía desde el principio quiénes eran los que no creían y quién era el que lo iba a traicionar. Y añadió: — Por eso les he dicho que nadie puede creer en mí si no se lo concede mi Padre." (Jn 6:61-65)

24
agosto

FIDELIDAD,
ANTES QUE FAMA

Mis notas:

Y de los hermanos de Jesús ¿que sabemos? ¿Qué dicen los Evangelios? Juan dice que no creían en él (Jn 7:5), aunque les interesaba que tuviera fama. Por esto le aconsejaban que saliera de Galilea, de donde era y ya lo conocían, y se fuera a Judea, donde estaba la capital, era centro del poder religioso y había más gente.

Ese era el lugar para ganar prestigio, tener más seguidores y proyectar su mensaje a un público más amplio. El éxito, según ellos, lo aguardaba allá.

Él les dijo que no era el momento de ir Judea (allá moriría). Y que entre ellos y él había una diferencia muy amplia en las formas de entender lo que significa "oportunidad" (Jn 7:6).

Para ellos, cualquier momento era oportuno si ofrecía una ganancia. Para él, lo oportuno no se calcula en ganancias, sino en fidelidad.

No es cuánto se puede ganar en cada "oportunidad", sino cuán fiel nos permite ser, a la voluntad del Padre. El tiempo ha llegado si podemos ser fieles Dios y a nosotros mismos.

> *"Pasó algún tiempo, y Jesús seguía recorriendo Galilea. Evitaba andar por Judea, porque los judíos buscaban una ocasión para matarlo. Cuando ya estaba cerca la fiesta judía de las Chozas, sus hermanos le dijeron: — Deberías salir de aquí e ir a Judea, para que tus seguidores puedan ver también allí las obras que haces. Nadie que pretenda darse a conocer actúa secretamente. Si en realidad haces cosas tan extraordinarias, date a conocer al mundo. Y es que ni siquiera sus hermanos creían en él. Jesús les dijo: — Todavía no ha llegado mi hora; para ustedes, en cambio, cualquier tiempo es apropiado. El mundo no tiene motivos para odiarlos a ustedes; a mí, en cambio, me odia porque pongo de manifiesto la malicia de sus obras. Suban ustedes a la fiesta. Yo no voy a esta fiesta pues aún no ha llegado mi hora. Dicho esto, se quedó en Galilea". (Jn 7:1-9)*

JESÚS, DE INCÓGNITO

Mis notas:

¿Quedarse en Jerusalén o regresar a Galilea? Jesús, desatendiendo el consejo de sus hermanos (Jn 7:3), decidió regresar a Galilea y, mientras estuvo en Jerusalén, decidió pasar de incógnito.

Los judíos lo buscaban, pero no lo encontraban. La gente, por su parte, tenía diferentes opiniones sobre él: unos que era bueno, otros que malo y unos más opinaban que era un engañador.

Ninguno se atrevía a expresar su opinión sobre Jesús en público, sobre todo los que opinaban bien. No lo hacían por temor a los judíos.

¿Hay una forma de dar testimonio de la vida (del Evangelio), aunque sin hacer alarde de poder, sin estar entre las multitudes y sin deslumbrar a nadie? Al parecer, sí. Jesús lo hizo. Hablaban de él, aun cuando él se ocultaba de ellos. Un testimonio en el anonimato.

"Dicho esto, se quedó en Galilea. Más tarde, cuando sus hermanos habían subido a la fiesta, acudió también Jesús; pero no públicamente, sino de incógnito. Los judíos lo buscaban entre los asistentes a la fiesta y se preguntaban: — ¿Dónde estará ese hombre? Y también entre la gente todo eran comentarios en torno a él. Unos decían: — Es un hombre bueno. Otros replicaban: — De bueno, nada; lo que hace es engañar a la gente. Nadie, sin embargo, se atrevía a hablar de él públicamente por miedo a los judíos". (Jn 7:10-13)

26
agosto

¿POR QUÉ HABLAS SI NO HAS ESTUDIADO?

Mis notas:

Y Jesús fue al Templo, al centro del poder religioso y corazón de las celebraciones litúrgicas de su pueblo, allí donde, según sus hermanos (Jn 7:3), debía estar para que su mensaje fuera más conocido.

Estando allí, los judíos quedaron sorprendidos por todo lo que sabía y lo inexplicable, para ellos, era que Jesús no había sido un discípulo reconocido de uno de los grandes centros de estudio de aquella época. Es decir, que no había estudiado.

Jesús, en lugar de ponerse en su mismo nivel de discusión y demostrarles que sí tenía estudios —así fueran autodidácticos y populares—, afirmó en el Templo (¡que valiente!) que su enseñanza procedía directamente de Dios.

Ellos, tan cercanos al Templo, no sabían de Dios tanto como él que vivía distante de ese lugar. De Dios se sabe, no por el lugar donde se aprende, sino por la experiencia de la gracia y la vivencia de su amor. Eso no se estudia, eso se sabe.

"Mediada ya la fiesta, Jesús se presentó en el Templo y se puso a enseñar. Los judíos, sorprendidos, se preguntaban: ¿Cómo es posible que este hombre sepa tantas cosas sin haber estudiado? Jesús les contestó: La doctrina que yo enseño no es mía; es de aquel que me ha enviado". (Jn 7:14-16)

CREER
PARA ENTENDER

E n medio de la controversia entre Jesús y los judíos y tratando el asunto de dónde procedía la sabiduría de Jesús aún sin haber estudiado (Jn 7:15), les enseñó una fórmula para verificar la validez de una enseñanza espiritual:

En lugar de preguntarse por los estudios del que está enseñando, deben preguntarse por la disposición de sus corazones para obedecer la voluntad del Padre. Solo queriendo obedecer esa voluntad se logra desentrañar la profundidad de la enseñanza. Comprende mejor quien cree con sinceridad y quien por esto está dispuesto a vivir lo que cree.

Esto recuerda lo que enseñaba Agustín de Hipona en uno de sus célebres sermones: "Creo para entender y entiendo para creer" (Credo ut intelligam et intelligo ut credam).

Creyendo se entiende mejor, porque en asuntos del espíritu, vale más la confianza que la perspicacia.

"El que está dispuesto a hacer la voluntad del que me ha enviado, podrá comprobar si lo que yo enseño es cosa de Dios o si hablo por cuenta propia. El que habla por su cuenta, lo que va buscando es su propio honor. En cambio, quien solamente busca el honor de aquel que lo envió, es un hombre sincero y no hay falsedad en él". (Jn 7:17-18)

Mis notas:

Jesús, ante los judíos que lo descalificaban, se defendió descubriéndoles sus contradicciones: ellos no aceptaban sus enseñanzas porque decían que no tenía autoridad, pero, entonces, ¿por qué no cumplían con la ley que había sido dada por la autoridad de Moisés? Ninguno de ustedes la cumple, les dijo a ellos que se creían escrupulosos cumplidores de ella.

Tenía que defenderse, y lo hizo de esta forma porque, la verdad es que lo querían matar (Jn 7:19). Y Jesús nunca anduvo buscando la muerte. Se defendía siempre que podía. Ante esa defensa, le dijeron que él tenía un demonio, que nadie lo quería matar.

Jesús, entonces, entró con su defensa final a favor de vivir libres de la ley para, de esa manera, cumplir con la ley. Libres para sanar y proteger la vida. Porque ese es el espíritu de la ley que ellos le atribuyen a Moisés, pero que proviene desde los patriarcas.

El Maestro, lo que quería era no ser atacado por el hecho de curar a los enfermos durante el santo sábado (Shabat). Y se buscó su manera de argumentar esa libertad y de devolverle a la ley su verdadero sentido espiritual. Sin ese sentido de amor, misericordia, paz y libertad, la ley, esta y cualquier otra, se convierte en instrumento de odio y muerte.

"¿No fue Moisés quien les dio la ley? Sin embargo, ninguno de ustedes la cumple. ¿Por qué quieren matarme? La gente le contestó: — ¡Tú tienes un demonio dentro! ¿Quién intenta matarte? Jesús replicó: — He realizado una obra y todos se han quedado sorprendidos. Pues bien, Moisés les impuso a ustedes el rito de la circuncisión (aunque en realidad no proviene de Moisés, sino de los patriarcas) y, para cumplirlo, ustedes circuncidan, aunque sea en sábado. Si, pues, circuncidan incluso en sábado para no quebrantar una ley impuesta por Moisés, ¿por qué se indignan tanto contra mí que he curado por completo a una persona en sábado? No deben juzgar según las apariencias; deben juzgar con rectitud". (Jn 7:19-24)

ESTE JESÚS QUE CONFUNDE

Mis notas:

Mientras que los adversarios lo atacaban, la gente del pueblo se desconcertaba con Jesús. Se hacían preguntas acerca de él y se las respondían con lo que sus Escrituras sagradas habían dicho sobre el Mesías. Y de esta manera, esos textos los confundían más.

Jesús les reclamó que ellos no podían decir de dónde venía él porque su procedencia no era terrenal, sino del Padre, a quienes ellos desconocían. En resumen: creen saber de dónde viene, pero no viene de dónde ellos dicen; creen conocer a Dios porque todo lo argumentan con las Escrituras, pero "ustedes no [lo] conocen" (Jn 7:28).

Algunos, al final, creyeron en él por la cantidad de milagros que hacía. En fin, ¡más despistados no podían estar! por lo que hacían sus dirigentes, por lo que interpretaban de las Escrituras y por lo que decía y hacía el mismo Jesús.

Este Jesús los confundía.

"Así que algunos habitantes de Jerusalén comentaban: —¿No es este al que desean matar? Resulta que está hablando en público y nadie le dice ni una palabra. ¿Será que nuestros jefes han reconocido que verdaderamente se trata del Mesías? Pero cuando aparezca el Mesías, nadie sabrá de dónde viene; en cambio, sí sabemos de dónde viene este. A lo que Jesús, que estaba enseñando en el Templo, replicó: — ¿De manera que ustedes me conocen y saben de dónde soy? Sin embargo, yo no he venido por mi propia cuenta, sino que he sido enviado por aquel que es veraz y a quien ustedes no conocen. Yo sí lo conozco, porque de él vengo y es él quien me ha enviado. Intentaron entonces prenderlo, pero nadie se atrevió a ponerle la mano encima, porque todavía no había llegado su hora. Mucha gente creyó en él y comentaba: — Cuando venga el Mesías, ¿hará acaso, más milagros que los que este hace?". (Jn 7:25-31)

30
agosto

Mis notas:

Ahora, los rivales se unen en contra de Jesús: fariseos, jefes de los sacerdotes y policías del Templo. Estos últimos recibieron las órdenes de los primeros para detenerlo.

Y Jesús conserva la calma y confirma lo que ya había dicho, que viene de parte del Padre y que después, al final, volverá a Él. Por nada, ni siquiera ante la inminente amanezca de muerte, cambia su mensaje. Es quien es y dice lo que es.

Ante esto, sus adversarios hacen tres preguntas que expresan su confusión. No saben, ni ven, ni entienden y se quedan así, en medio de sus desorientadas preguntas. Solo saben preguntar, no recapacitar; cuestionar para no tener que cambiar.

"Llegó a oídos de los fariseos lo que la gente comentaba sobre Jesús y, puestos de acuerdo con los jefes de los sacerdotes, enviaron a los guardias del Templo con orden de apresarlo. Pero Jesús les dijo: — Todavía estaré con ustedes un poco de tiempo; después volveré al que me envió. Me buscarán, pero no me encontrarán, porque no podrán ir a donde yo he de estar. Los judíos comentaban entre sí: — ¿A dónde pensará ir este para que nosotros no seamos capaces de encontrarlo? ¿Tendrá intención de ir con los judíos que viven dispersos entre los griegos, con el fin de anunciar a los griegos su mensaje? ¿Qué habrá querido decir con esas palabras?: "Me buscarán, pero no me encontrarán, porque no podrán ir a donde yo he de estar". (Jn 7:32-36)

NOS CALMA
Y NOS COLMA

Jesús había ido a Jerusalén durante los días en lo que se celebraba la Fiesta de los Tabernáculos, que se celebraba en octubre, seis meses después de la Pascua.

En esta fiesta se recordaba los días en los que el pueblo había deambulado por el desierto habitando en chozas o tabernáculos (Lv 23:33ss). Moisés le daba maná para comer (Jn 6) y agua para beber (Ex 17:6).

La celebración litúrgica incluía una ceremonia en la que se llevaba agua de la fuente al Templo y se hacían oraciones por la lluvia temprana.

Pues allí, en el último y más solemne día de la fiesta, Jesús se puso en pie y gritó que si alguien tenía sed viniera a él y bebiera. Se presentó así: como un agua que calma la sed.

Seguirlo a él, antes que acoger una nueva doctrina teológica es, ante todo, aceptar que somos seres sedientos necesitados de su gracia que calma la sed y nos colma de amor. Nos calma y nos colma.

"El último día, el más solemne de la fiesta, Jesús, puesto en pie, proclamó en alta voz: Si alguien tiene sed que venga a mí y que beba el que cree en mí. La Escritura dice que de sus entrañas brotarán ríos de agua viva. Decía esto refiriéndose al Espíritu que habían de recibir los que creyeran en él. El Espíritu, en efecto, no se había hecho presente todavía, porque Jesús aún no había sido glorificado". (Jn 7:37-39)

Y QUERÍAN PONERLE LA MANO ENCIMA

Mis notas:

E n medio de los escépticos e incrédulos, no faltaban los que se quedaban pensando si acaso Jesús no era el profeta que el pueblo estaba esperando. Algunos, hasta llegaban a afirmar públicamente que era el Mesías.

Las razones de los incrédulos eran el lugar de dónde Jesús procedía, de Galilea, y su familia que, según los textos sagrados debía ser de linaje real. No creían debido a que la realidad no coincidía con su interpretación de las Escrituras. Y decidieron por estas últimas.

Este es uno de los casos en los que el cuarto Evangelio muestra que las Escrituras, cuando se niegan a dialogar con la realidad, terminan negando la vida misma.

Estos querían "ponerle la mano encima" (Jn 7:44), no se atrevían. Su audacia no llegaba a tanto.

> *"Algunos de los que estaban escuchando estas palabras afirmaban: — Seguro que este es el profeta esperado. Otros decían: — Este es el Mesías. Otros, por el contrario, replicaban: — ¿Pero es que el Mesías puede venir de Galilea? ¿No afirma la Escritura que el Mesías tiene que ser de la familia de David y de Belén, el pueblo de David? Así que la gente andaba dividida por causa de Jesús. Algunos querían prenderlo, pero nadie se atrevió a ponerle la mano encima". (Jn 7:40-44)*

PARA SALIR DE LA TRAMPA

Mis notas:

Jesús desarrolló su magisterio espiritual fuera del templo, lejos de él o en sus inmediaciones. Era un laico controversial con lo que sucedía en ese lugar de culto.

El cuarto Evangelio relata un episodio en el que Jesús, después de regresar del monte de los Olivos, se presentó en el templo y, sentado, como solían hacerlo los grandes maestros, le enseñaba a la gente. En ese escenario aparecieron los maestros de la ley y los fariseos (dueños del templo y, al parecer, del Dios del templo).

Estos le trajeron a Jesús una mujer adúltera que, según la ley, debía ser apedreada (Lv 20:10, Dt 22:22). Jesús no discutió con el texto de Moisés, sino con los lectores de sus textos. La letra está ahí, pero ante la mujer, el texto y su letra adquieren su sentido más profundo.

Se leen los textos sagrados a partir de la vida concreta que aparece ante nuestros ojos. Es la forma de ser fieles al espíritu de los textos y no solo a sus grafías. Así fue como Jesús, salió de esa trampa (Jn 8:6).

> *"Pero Jesús se fue al monte de los Olivos. Al amanecer se presentó de nuevo en el templo. Toda la gente se le acercó, y él se sentó a enseñarles. Los maestros de la ley y los fariseos llevaron entonces a una mujer sorprendida en adulterio, y poniéndola en medio del grupo le dijeron a Jesús: —Maestro, a esta mujer se le ha sorprendido en el acto mismo de adulterio. En la ley Moisés nos ordenó apedrear a tales mujeres. ¿Tú qué dices? Con esta pregunta le estaban tendiendo una trampa, para tener de qué acusarlo. Pero Jesús se inclinó y con el dedo comenzó a escribir en el suelo. Y, como ellos lo acosaban a preguntas, Jesús se incorporó y les dijo: —Aquel de ustedes que esté libre de pecado, que tire la primera piedra. E inclinándose de nuevo, siguió escribiendo en el suelo. Al oír esto, se fueron retirando uno tras otro, comenzando por los más viejos, hasta dejar a Jesús solo con la mujer, que aún seguía allí. Entonces él se incorporó y le preguntó: —Mujer, ¿dónde están? ¿Ya nadie te condena? —Nadie, Señor. —Tampoco yo te condeno. Ahora vete, y no vuelvas a pecar".* (Jn 8:1-11)

3
septiembre

¡DÉJENSE DE OSCURIDADES!

Mis notas:

En una de las fiestas judías, la de Sucot, también conocida de los Tabernáculos, se encendían candelabros en el atrio del Templo. Y Jesús, estando en Jerusalén durante los días de esta celebración (Jn 7:11) declaró que la verdadera luz del mundo era él: "Yo soy la luz del mundo. El que me sigue no caminará en tinieblas, sino que tendrá la luz de la vida" (8:12).

Los fariseos reaccionaron y lo hicieron esgrimiendo minuciosos argumentos legales. Dijeron que su afirmación no era válida puesto que estaba siendo testigo de sus propias palabras. Por tanto, sus palabras eran nulas.

Otra vez Jesús elevándolos a lo alto y ellos cavando en tierra; él convidándolos a soñar con la alegría de una vida iluminada y ellos, como expertos leguleyos, remachados en sus oscuras pesadillas.

La vida es plena cuando está llena de luz que resplandece por dentro (ilumina la interioridad) y brilla por fuera (alumbra lo exterior). Y esto no se consigue interpretando leyes, repitiendo tradiciones, ni emitiendo juicios contra los demás. "Ustedes juzgan con criterios mundanos" (8:15).

La invitación de Jesús es a vivir la dicha de su luz resplandeciente y salir de nuestras propias oscuridades.

"Jesús se dirigió de nuevo a los judíos y les dijo: — Yo soy la luz del mundo. El que me sigue no caminará en tinieblas, sino que tendrá la luz de la vida. Los fariseos le replicaron: — Estás declarando como testigo en tu propia causa; por tanto, tu testimonio carece de valor. Jesús les contestó: — Aun cuando yo testifique a mi favor, mi testimonio es válido, porque sé de dónde vengo y a dónde voy. Ustedes, en cambio, no saben ni de dónde vengo ni a dónde voy. Ustedes juzgan con criterios mundanos. Yo no quiero juzgar a nadie y, cuando lo hago, mi juicio es válido, porque no estoy yo solo; conmigo está el Padre que me envió. En la ley está escrito que el testimonio coincidente de dos testigos es válido. Pues bien, a mi testimonio se une el que da a mi favor el Padre que me envió". (Jn 8:12-18)

EN LA MÁS CERCANA CERCANÍA

C ada vez que Jesús hablaba de su Padre y lo presentaba con tanta familiaridad, intimidad y confianza, producía reacciones adversas entre los jefes religiosos, acostumbrados a tratarlo y enseñarlo como un ser distante, a veces, cruel y justiciero.

En esta ocasión le preguntaron dónde era que estaba ese tal Padre del que les hablaba. Jesús les respondió que no era posible conocer al Padre si ni siquiera querían reconocerlo a él como enviado del Padre. "si me conocieran a mí, conocerían también a mi Padre" (Jn 8:19).

En otras palabras, se puede conocer al Padre del cielo si se lo reconoce en el Hijo que está en esta tierra. Requiere una conversión de las formas y maneras de encontrar a Dios.

¿Dónde está tu padre? fue lo que le preguntaron. ¿Dónde creen que está? fue lo que les respondió Jesús. De seguir creyendo que está tan lejos, jamás lo encontrarán.

El Padre es bueno, está cerca. El humano Jesús de Nazaret se puede ver al divino Padre.

Está ahí, en la más íntima intimidad y en la más cercana cercanía. Esto lo manifestó Jesús en el Templo, allí mismo donde ellos creían que habían aprisionado a Dios.

"Ellos le preguntaron: — ¿Dónde está tu padre? Contestó Jesús: — Ustedes ni me conocen a mí ni a mi Padre; si me conocieran a mí, conocerían también a mi Padre. Jesús hizo estas manifestaciones cuando estaba enseñando en el Templo, en el lugar donde se encontraban los cofres de las ofrendas. Pero nadie se atrevió a echarle mano porque todavía no había llegado su hora". (Jn 8:19-20)

Mis notas:

Cuando Jesús declaró que se iba a un lugar donde ellos no podrían ir, sus interlocutores pensaron que lo decía porque, quizá, se iba a suicidar (Jn 8:22). ¡Más confundidos no podían estar!

Lo que les quería decir era que iba hacia el Padre, en quien ellos no querían creer. Por su incredulidad, ese lugar del que les hablaba era inaccesible para ellos.

Y dijo más, que entre ellos y él existían diferencias abismales en la manera de entender el mundo, a Dios, la vida, el ser humano y la fe. Era como si ellos fueran de un mundo distinto (de abajo) al de él (de arriba). Dos mundos incompatibles y dispares.

Y vivir así, en ese mundo de abajo, negando la luz (Jn 8:12), los conduciría a la muerte. Resulta, entonces, que eran ellos los que iban a morir como resultado de sus maldades, no él por el presunto suicidio. Eran ellos los que se estaban suicidando, sin saberlo.

Quien actúa con maldad hacia otros, se hace mal a sí mismo. Quien odia, se odia. Quien mata a otros, se suicida. "El asesinato es un suicidio" (Franz Hinkelamert).

"Jesús volvió a decirles: — Yo me voy. Ustedes me buscarán, pero morirán en su pecado; y a donde yo voy, ustedes no pueden ir. Los judíos comentaban entre sí: — ¿Pensará suicidarse, y por eso dice: "A donde yo voy ustedes no pueden ir"? Jesús aclaró: — Ustedes pertenecen a este mundo de abajo; yo pertenezco al de arriba. Ustedes son de este mundo; yo no. Por eso les he dicho que morirán en sus pecados. Porque si no creen que "yo soy", morirán en sus pecados". (Jn 8:21-24)

Preguntar lo que ya se les había respondido era la forma habitual como muchos judíos se acercaban a Jesús. No preguntaban para saber, sino para buscar de qué manera hacían caer a Jesús en sus trampas retóricas (Mr 12:13).

Cuando les hablaba del Padre, pensaban en otras cosas. Cuando les mencionaba su tarea redentora, se confundían y preferían seguir pensando como siempre habían pensado. Oían, pero no escuchaban. Sabían, pero no creían.

Sin embargo, el cuarto Evangelio, aunque dedica varios párrafos para mostrar esa actitud terca e incrédula, deja constancia en una línea que no todos eran así: "Al oírlo hablar así, muchos creyeron en él" (Jn 8:30).

La incredulidad convive con la credulidad, la terquedad con la docilidad y la mezquindad con la nobleza. Jesús lo supo, proceso nunca enmarcó la realidad en una sola escena, porque ella es variada y compleja.

La vida no se pinta solo de blanco y negro. Es variopinta y diversa.

"Los judíos le preguntaron entonces: — Pero ¿quién eres tú? Jesús les respondió: — ¿No es eso lo que les vengo diciendo desde el principio? Tengo muchas cosas que decir de ustedes, y muchas que condenar. Pero lo que digo al mundo es lo que oí al que me envió, y él dice la verdad. Ellos no cayeron en la cuenta de que les estaba hablando del Padre; así que Jesús añadió: — Cuando ustedes levanten en alto al Hijo del hombre, entonces reconocerán que "yo soy" y que no hago nada por mi propia cuenta; lo que aprendí del Padre, eso enseño. El que me envió está conmigo y no me ha dejado solo, porque yo hago siempre lo que le agrada. Al oírlo hablar así, muchos creyeron en él". (Jn 8:25-30)

Mis notas:

Jesús se presentó como el camino, la verdad y la vida (Jn 14:6). Quienes lo escuchaban hablar de la verdad pensaban que se refería a una que les permitiría conocer algo nuevo o saber algo diferente.

Él les dijo que era una verdad diferente, que más allá de conceptos filosóficos o revelaciones doctrinales, era una verdad que les permitiría vivir con libertad. ¡Una verdad liberadora!

Ellos, de inmediato, se refugiaron diciéndole que no necesitaban ser libres porque eran descendientes de Abraham y, por lo tanto, no eran esclavos de nadie. Libres, según ellos, por descendencia religiosa.

Su religión les hacía creer que no necesitaban nada y, en lugar de permitirles apertura, los encerraba en lo que ya sabían, y solo en eso. Era una forma de creer para no crecer.

"Dirigiéndose a los judíos que habían creído en él, dijo Jesús: — Si se mantienen fieles a mi mensaje, serán verdaderamente mis discípulos, conocerán la verdad y la verdad los hará libres. Ellos le replicaron: — Nosotros somos descendientes de Abrahán y nunca hemos sido esclavos de nadie; ¿qué significa eso de que "seremos libres"? — Yo les aseguro —les contestó Jesús— que todo el que comete pecado es esclavo del pecado. Y el esclavo no forma parte de la familia de modo permanente; el hijo, por el contrario, es siempre miembro de la familia. Por eso, si el Hijo les da la libertad, serán verdaderamente libres". (Jn 8:31-36)

LIBERTAD
QUE OFENDE

Al hablar acerca del pecado, Jesús lo relaciona con la esclavitud y la muerte. Quien peca, es decir, quien olvida el valor de sí mismo y desconoce el de los demás, se deshumaniza y se hace esclavo de su forma de ser. Para Jesús, entonces, el pecado no se conecta con una falta en contra de la religión, sino con un atentado contra la vida misma.

Por eso, invitó a sus nuevos seguidores a que se mantuvieran fieles a sus enseñanzas y fueran realmente sus discípulos. De esa manera reconocerían las implicaciones de su Evangelio y descubrirían que vivir así los haría libres. Libertad que viene por el amor así mismo y a los demás, por el respeto, la solidaridad, la búsqueda de la paz y la justicia.

Jesús no buscaba tener gente que lo hiciera famoso como maestro, sino que su mensaje contribuyera a un mundo de gente libre, no esclava, apta para la vida plena. Por esto procuraban matarlo (Jn 8:37). En ciertos círculos religiosos, la libertad es un insulto.

"Jesús se dirigió entonces a los judíos que habían creído en él, y les dijo: —Si se mantienen fieles a mis enseñanzas, serán realmente mis discípulos; y conocerán la verdad, y la verdad los hará libres. —Nosotros somos descendientes de Abraham —le contestaron—, y nunca hemos sido esclavos de nadie. ¿Cómo puedes decir que seremos liberados? —Ciertamente les aseguro que todo el que peca es esclavo del pecado —respondió Jesús—. Ahora bien, el esclavo no se queda para siempre en la familia; pero el hijo sí se queda en ella para siempre. Así que, si el Hijo los libera, serán ustedes verdaderamente libres. Yo sé que ustedes son descendientes de Abraham. Sin embargo, procuran matarme porque no está en sus planes aceptar mi palabra. Yo hablo de lo que he visto en presencia del Padre; así también ustedes, hagan lo que del Padre han escuchado. —Nuestro padre es Abraham —replicaron. —Si fueran hijos de Abraham, harían lo mismo que él hizo. Ustedes, en cambio, quieren matarme, ¡a mí, que les he expuesto la verdad que he recibido de parte de Dios! Abraham jamás haría tal cosa. Las obras de ustedes son como las de su padre. —Nosotros no somos hijos nacidos de prostitución —le reclamaron—. Un solo Padre tenemos, y es Dios mismo. —Si Dios fuera su Padre —les contestó Jesús—, ustedes me amarían, porque yo he venido de Dios y aquí me tienen. No he venido por mi propia cuenta, sino que él me envió". (Jn 8:31-42)

Mis notas:

Mis notas:

Las enseñanzas de Jesús, como lo afirmó él mismo ante un grupo de seguidores, son una luz que alumbra nuestros caminos (Jn 8:12) y un patrón de vida que nos conduce hacia la libertad (8:32). A esas dos figuras agregó una más, quizá la más categórica: sus palabras libran de la muerte.

Cuando los judíos oyeron eso de vida hasta la eternidad, replicaron diciendo que no era posible puesto que sus grandes referentes de fe, como Abraham, habían muerto. "¿Quién te crees tú?" (8:53). Ante la réplica, Jesús respondió que él era más que el padre Abraham. Entonces sus oyentes quisieron apedrearlo.

Los referentes de fe, así como las creencias tradicionales, sirven y enriquecen la vida, hasta cuando los convertimos en absolutos que nadie puede tocar. En estos casos, pierden su valor y comienzan a atentar contra lo más relevante de la misma fe. Apagan la luz, esclavizan la vida y le restan su dimensión de eternidad.

> *"Ciertamente les aseguro que el que cumple mi palabra nunca morirá. —¡Ahora estamos convencidos de que estás endemoniado! —exclamaron los judíos—. Abraham murió, y también los profetas, pero tú sales diciendo que, si alguno guarda tu palabra, nunca morirá. ¿Acaso eres tú mayor que nuestro padre Abraham? Él murió, y también murieron los profetas. ¿Quién te crees tú? —Si yo me glorifico a mí mismo —les respondió Jesús—, mi gloria no significa nada. Pero quien me glorifica es mi Padre, el que ustedes dicen que es su Dios, aunque no lo conocen. Yo, en cambio, sí lo conozco. Si dijera que no lo conozco, sería tan mentiroso como ustedes; pero lo conozco y cumplo su palabra. Abraham, el padre de ustedes, se regocijó al pensar que vería mi día; y lo vio y se alegró. —Ni a los cincuenta años llegas —le dijeron los judíos—, ¿y has visto a Abraham? —Ciertamente les aseguro que, antes de que Abraham naciera, ¡yo soy! Entonces los judíos tomaron piedras para arrojárselas, pero Jesús se escondió y salió inadvertido del templo". (Jn 8:51-59)*

Mis notas:

E l efecto del mensaje de Jesús se resume en esto: evitar la muerte (Jn 8:51). Y, como siempre, sus incrédulos oyentes lo interpretaron de manera literal, como si significara no morir en la realidad terrena. ¡Aquí todos mueren! le objetaron.

No lo entendían porque para ellos el presente era una rutinaria extensión del pasado, sin lugar para que lo viejo se interpretara de formas nuevas (mentalidades conservadoras).

Si los patriarcas habían muerto y también los profetas, ¿de dónde aparecía Jesús prometiendo que quienes aceptaran su mensaje no morirían jamás? ¿Acaso Jesús era más que Abrahán? (8:53).

Al final Jesús afirmó que no lo comprendían puesto que no conocían a su Padre. Comprende (asunto de la razón) quien conoce (asunto de la experiencia).

"No busco entender para poder creer, sino que creo para poder entender" ("Neque enim quaero intelligere ut credam, sed credo ut intelligam"), decía Anselmo de Canterbury (siglo XII).

"Les aseguro que el que acepta mi mensaje, jamás morirá. Al oír esto, los judíos le dijeron: — Ahora estamos seguros de que estás endemoniado. Abrahán murió, los profetas murieron, ¿y tú dices que quien acepta tu mensaje jamás morirá? ¿Acaso eres tú más que nuestro padre Abrahán? Tanto él como los profetas murieron. ¿Por quién te tienes tú? Jesús respondió: — Si yo me alabara a mí mismo, mi alabanza carecería de valor. Pero el que me alaba es mi Padre; el mismo de quien ustedes dicen que es su Dios. En realidad no lo conocen; yo, en cambio, lo conozco, y si dijera que no lo conozco, sería tan mentiroso como ustedes. Pero yo lo conozco y cumplo sus mandatos". (Jn 8:51-55)

Mis notas:

De acuerdo con la enseñanza de Jesús, Abrahán había vislumbrado muchos siglos antes lo que estaba pasando ante los ojos de sus oyentes: Dios presente en su Hijo para anunciar la libertad (Jn 8:36). Y, al viejo patriarca, esa fe le dio esperanza y lo llenó de alegría.

Sus antagonistas, de inmediato le dijeron que eso que decía era falso puesto que no era posible hablar así de Abrahán, como si lo hubiera conocido, sin ni siquiera tener cincuenta años de edad. Y Jesús, para trastornarlos aún más en sus enclenques literalismos, les dijo que antes de que el patriarca hubiera nacido, él ya existía (8:58).

Dos maneras de interpretar las historias religiosas del pasado: la de Jesús, quien las explicaba para vivir y darle sentido al presente (el ayer para el hoy) y la de sus oyentes, que las recordaban para quedarse encadenados al pasado (el ayer para el ayer). La primera produce, lo que también tuvo Abrahán: esperanza y alegría (8:56); la segunda, terquedad y desconsuelo.

"Abrahán, el padre de ustedes, se alegró con la esperanza de ver mi día; lo vio y se alegró. Los judíos le replicaron: —¿De modo que tú, que aún no tienes cincuenta años, has visto a Abrahán? Jesús les respondió: — Les aseguro que antes de que Abrahán naciera, existo yo. Intentaron, entonces, apedrearlo; pero Jesús se escondió y salió del Templo". (Jn 8:56-59)

LUZ PARA
LOS DE ADENTRO

12
septiembre

N o solo los adversarios de Jesús le lanzaban preguntas contradictorias con el mensaje que él enseñaba. También sus discípulos lo hacían. En este caso, al ver a un hombre ciego de nacimiento, le preguntaron por qué pecado era culpable de su mal, sobre todo quien lo había cometido, si él ciego o sus padres.

Era común en aquella sociedad que los males físicos se atribuyeran a fallas morales. Las enfermedades se explicaban a partir de lo inexplicable, como el pecado del enfermo o de un familiar cercano. En esa fórmula, Dios aparecía como el ser que aplicaba castigos y asignaba enfermedades. ¡Pobre Dios!

Jesús, de manera categórica desmontó esas formas de creer: no es culpa de nadie, les dijo (Jn 9:3). Y agregó que iban a usar ese caso para, primero, abrirles los ojos a ellos antes que al ciego. El milagro, en este caso, revelaría el poder de Dios resplandeciendo sobre el ciego… y sobre ellos.

Eran los de adentro (los discípulos) los que necesitan la luz, aún más que el de afuera (el joven ciego).

"Iba Jesús de camino cuando vio a un hombre ciego de nacimiento. Sus discípulos le preguntaron: Maestro, ¿quién tiene la culpa de que haya nacido ciego este hombre? ¿Sus pecados o los de sus padres? Jesús respondió: Ni sus propios pecados ni los de sus padres tienen la culpa; nació así para que el poder de Dios resplandezca en él. Mientras es de día debemos realizar lo que nos ha encomendado el que me envió; cuando llega la noche, nadie puede trabajar. Mientras estoy en el mundo, yo soy la luz del mundo". (Jn 9:1-5)

YO MISMO,
PERO NO EL MISMO

Mis notas:

Jesús sanó al hombre ciego de nacimiento y lo hizo de una manera inusual, haciendo lodo con su saliva y poniéndolo sobre los ojos del ciego. Quizá haya aquí una evocación al relato de la Creación, en el libro de Génesis, donde Dios usó el polvo del suelo y barro para la obra de la creación.

Posiblemente, era una manera de enseñar que Dios sigue creando y buscando "hacer la luz" (Gn 1:3) donde hay oscuridad y tinieblas.

El milagro desconcertó a los vecinos quienes se preguntaban si era el mismo hombre que habían conocido pidiendo limosna. ¿Era el mismo o era alguien parecido? ¡Tanto había cambiado su aspecto (físico, emocional y espiritual) que no lo conocían!

Y el que había sido ciego aclaró las dudas: "soy yo mismo…" pero no el mismo, porque ahora veía, se desplazaba por si mismo y había vuelto a la luz. Dios, como en el Génesis, seguía disipando las tinieblas y trayendo luz.

> *"Dicho esto, escupió en el suelo, hizo un poco de lodo y lo extendió sobre los ojos del ciego. Después le dijo: Ahora vete y lávate en el estanque de Siloé (palabra que significa "enviado"). El ciego fue, se lavó y, cuando regresó, ya veía. Sus vecinos y todos cuantos lo habían visto antes pidiendo limosna, comentaban: ¿No es este el que se sentaba por aquí y pedía limosna? Unos decían: Sí, es el mismo. Otros, en cambio, opinaban: No es él, sino uno que se le parece. Pero el propio interesado aseguraba: Soy yo mismo". (Jn 9:6-9)*

¿QUÉ NOS ALEGRA?

Mis notas:

Los vecinos del joven que había sido ciego, cuando comprobaron que sí era el mismo que habían conocido, pasaron a preguntarle cómo era que ahora podía ver. ¡Era inexplicable que se estuviera desplazando sin la ayuda de nadie!

El joven les dijo que el milagro lo había hecho un tal Jesús. Les contó los detalles del milagro y el procedimiento que se había aplicado, paso a paso. Entonces le preguntaron dónde estaba "ese hombre".

Hasta aquí nadie se alegra porque el hombre pueda ver. Nadie celebra el milagro. Ninguno se interesa por el joven en sí. Se interesan, primero por el milagro y después por el milagrero.

En este Evangelio, desde el inicio, hay interés en mostrar a Jesús como el autor de la luz (Jn 1:4-5) y dejar en evidencia a esa religiosidad que oscurece la vida. Tal religión se reconoce, no tanto por sus doctrinas como sí por sus motivos de alegría y sus preguntas.

Qué nos alegra y por quien (y qué) preguntamos, define también nuestra fe.

"Ellos le preguntaron: — ¿Y cómo has conseguido ver? Él les contestó: — Ese hombre que se llama Jesús hizo un poco de lodo con su saliva, me lo extendió sobre los ojos y me dijo: "Vete y lávate en el estanque de Siloé". Fui, me lavé y comencé a ver. Le preguntaron: — ¿Y dónde está ahora ese hombre? Respondió: — No lo sé". (Jn 9:10-12)

UNA POBRE RELIGIÓN

Mis notas:

Otra vez, el problema para los fariseos era el santo sábado. Se inquietaban porque la curación del joven ciego se había hecho ese día. Y, tratando de convertir el milagro en una polémica religiosa, le preguntaron al joven cómo había conseguido ver. ¡Vaya pregunta más insulsa!

Y, cuando les contó los detalles del suceso, lo único que se les ocurrió decir fue que su curador no podía ser un hombre de Dios puesto que no había respetado el santo día de Dios. Mientras tanto, otros, con un poco más de juicio, se preguntaban si Jesús de verdad era tan pecador como ellos decían.

Para estos fariseos, el acatamiento de la tradición religiosa era más importante que la sanidad del hombre ciego, lo cual le hacía difícil la vida a Jesús, pero más difícil a ellos.

Cuando lo que llena de sentido la vida es solo el cumplimiento de las tradiciones religiosas y no la vida misma, se atenta contra la religión y se arruina la vida. Pobres hombres cumplidores de una pobre norma.

"Llevaron ante los fariseos al hombre que había sido ciego, pues el día en que Jesús había hecho lodo con su saliva y le había dado la vista era sábado. Y volvieron a preguntarle cómo había conseguido ver. Él les contestó: Extendió un poco de lodo sobre mis ojos, me lavé y ahora veo. Algunos de los fariseos dijeron: No puede tratarse de un hombre de Dios, pues no respeta el sábado. Otros, en cambio, se preguntaban: ¿Cómo puede un hombre hacer tales prodigios si es pecador? Esto provocó la división entre ellos". (Jn 9:13-16)

Mis notas:

No es suficiente ver para creer. Así lo confirman los hombres de la religión del noveno capítulo del Evangelio de Juan, quienes, aun viendo al joven que había sido ciego, no creían, porque no querían creer. Tenían todas las evidencias, pero les faltaba actitud. Se resistían a aceptar lo que estaban viendo (Jn 9:18).

Cuando interrogaron al que había sido ciego y a sus padres, recibieron la confirmación de lo que había pasado: era ciego y ahora veía. Era todo lo que podían decir. Hubieran podido decir algo más, como por ejemplo dar su opinión sobre lo que pensaban de Jesús, pero prefirieron callarlo. Lo callaron por miedo a que los expulsaran de la sinagoga (9:22).

Estos hombres de la sinagoga, aunque tenían pruebas para creer, les faltaba voluntad para hacerlo. Y, aunque les faltaba fe, les sobraba poder para expulsar de su lugar de culto a los que no creyeran como ellos. En otras palabras, creían lo que querían creer y decidían lo que los demás debían creer.

Es el retrato de cuando a los patrones de la fe les falta fe. En ese caso se aferran a su infundado poder, con el que se ahogan a sí mismos, porque los demás… los demás siguen creyendo como quieren, aunque en silencio.

"Entonces volvieron a preguntar al que había sido ciego: — Puesto que te ha hecho ver, ¿qué opinas tú sobre ese hombre? Respondió: — Creo que es un profeta. Los judíos se resistían a admitir que aquel hombre hubiera estado ciego y hubiese comenzado a ver. Así que llamaron a sus padres y les preguntaron: — ¿Es este su hijo, del que ustedes dicen que nació ciego? ¿Cómo se explica que ahora vea? Los padres respondieron: — Sabemos que este es nuestro hijo y que nació ciego. Cómo es que ahora ve, no lo sabemos; tampoco sabemos quién le ha dado la vista. Pregúntenselo a él; tiene edad suficiente para responder por sí mismo. Los padres contestaron así por miedo a los judíos, pues estos habían tomado la decisión de expulsar de la sinagoga a todos los que reconocieran que Jesús era el Mesías. Por eso dijeron: "Pregúntenselo a él, que ya tiene edad suficiente". (Jn 9:17-23)

Mis notas:

Juan, en este capítulo de su Evangelio, sobreabunda en los detalles del interrogatorio que le hacen los representantes de la sinagoga al joven que había sido ciego. Son muchas y repetidas las preguntas. Preguntan lo mismo y el joven, en cada ocasión, responde distinto.

Casi al final, lanzan la acusación de que Jesús es un pecador y, de paso, le piden al muchacho que declare lo mismo. La genialidad con la que éste se sale del embrollo es notable "Yo no sé si es pecador. Lo único que sé es que yo antes estaba ciego y ahora veo" (Jn 9:25).

Esta afirmación va en consonancia con una de las enseñanzas centrales del cuarto Evangelio: la fe es, ante todo una experiencia de vida —personal y comunitaria— que no siempre se puede explicar, aunque siempre se puede expresar por medio de gestos concretos en la vida diaria.

Son dos formas de teología: la de los fariseos, centrada en la razón abstracta y conceptual (útil para concentrar su poder), y la del muchacho y su familia, expresada en experiencia vital (mística transformadora de vida).

> *"Los fariseos llamaron por segunda vez al que había sido ciego y le dijeron: — Nosotros sabemos que ese hombre es pecador. Reconócelo tú también delante de Dios. A lo que respondió el interpelado: — Yo no sé si es pecador. Lo único que sé es que yo antes estaba ciego y ahora veo. Volvieron a preguntarle: — ¿Qué fue lo que hizo contigo? ¿Cómo te dio la vista? Él les contestó: — Ya se lo he dicho a ustedes y no me han hecho caso; ¿para qué quieren oírlo otra vez? ¿O es que quieren también ustedes hacerse discípulos suyos? Los fariseos reaccionaron con insultos y le replicaron: — Discípulo de ese hombre lo serás tú; nosotros lo somos de Moisés". (Jn 9:24-28)*

DIOS COMO ETERNA SORPRESA

18

septiembre

Mis notas:

Para los que convierten la fe en una mera conservación de tradiciones (conservadurismo religioso), Dios se reduce a lo que ya se ha sabido acerca de Él, sin lugar alguno para las sorpresas.

En el caso de la sinagoga antigua, sus representantes oficiales pensaban que Dios había hablado solo a Moisés y, por lo tanto, éste era el vocero autorizado del Eterno.

La religión no pasaba de ser un rito por medio del cual se leían los textos mosaicos, se repetían las interpretaciones ya dadas y se imponían sus normas. Más allá no llegaba Moisés, ni tampoco Dios. Una religión sin sobresaltos inesperados.

Pero apareció un joven, el que había sido ciego, insinuándoles a los de la sinagoga una nueva forma de comprender la vida espiritual, ¡el camino de la sorpresa!

Para el joven, Dios va más allá de Moisés. Él era testigo de eso puesto que a él lo había sorprendido por medio de Jesús.

Esto era todo lo que el muchacho tenía para decirles. Y era todo lo que el cuarto Evangelio quería trasmitir.

"Nosotros sabemos que a Moisés le habló Dios; en cuanto a este, ni siquiera sabemos de dónde es. Él contestó: — ¡Eso es lo verdaderamente sorprendente! Resulta que a mí me ha dado la vista, y ustedes ni siquiera saben de dónde es. Todo el mundo sabe que Dios no escucha a los pecadores; en cambio, escucha a todo aquel que lo honra y cumple su voluntad. Jamás se ha oído decir de alguien que haya dado la vista a un ciego de nacimiento. Si este hombre no viniese de Dios, nada habría podido hacer. Ellos replicaron: — ¿Es que pretendes darnos lecciones a nosotros, tú, que de pies a cabeza naciste envuelto en pecado? Y lo expulsaron de la sinagoga". (Jn 9:29-34)

Mis notas:

Y así termina el noveno capítulo del Evangelio de Juan: Jesús revela su identidad como Hijo del hombre ante el joven que había sido curado de su ceguera. La conclusión es teológica y literariamente magistral.

Declara, además, en que consiste la tarea del Hijo del hombre, en hacer justicia, permitir que los que no ven, vean, y agregó algo inesperado, dejar más ciegos a los que pretenden ser los únicos videntes de este mundo (Jn 9:39).

Esta última afirmación despertó la inquietud de algunos de los fariseos y por eso le preguntaron si acaso se estaba atreviendo a llamarlos ciegos. Esta es la única vez que ellos interpretan correctamente a Jesús. ¡Por fin!

Jesús les respondió que sí, pero como siempre, a su manera, diciéndoles que el peor ciego es el que no reconoce su ceguera, sino que, por el contrario, hace alarde de ver mejor que los demás.

Creerse el mejor intérprete de Dios puede llevar a ser su deformador. Pensar que se sabe sobre Dios lo que nadie más conoce, puede conducir a una arrogante ignorancia espiritual. Proclamarse dueño de la verdad, puede llevar a ser el mejor difusor de la mentira.

"Llegó a oídos de Jesús la noticia de que lo habían expulsado de la sinagoga, y, haciéndose el encontradizo con él, le preguntó: — ¿Crees en el Hijo del hombre? Respondió el interpelado: — Dime quién es, Señor, para que crea en él. Jesús le dijo: — Lo estás viendo; es el mismo que habla contigo. El hombre dijo: — Creo, Señor. Y se postró ante él. Entonces exclamó Jesús: — Yo he venido a este mundo para hacer justicia: para dar vista a los ciegos y para privar de ella a los que se hacen la ilusión de ver. Al oír esto, algunos fariseos que estaban a su lado le preguntaron: — ¿Quieres decir que también nosotros estamos ciegos? Jesús respondió: — Si aceptaran ser ciegos, no habría pecado en ustedes; pero como ustedes presumen de ver, su pecado es patente". (Jn 9:35-41)

PASTORES
Y PASTORES

Mis notas:

En el camino de la fe aparecen guías traicioneros que engañan con hábiles malabarismos religiosos. Jesús advirtió acerca de ellos y, sin rodeos, los calificó de ladrones y bandidos.

Por lo anterior, en ese peregrinaje, como pasa con las ovejas, se debe afinar la capacidad de diferenciar los verdaderos acompañantes espirituales de los que son embaucadores. Afinar el oído para saber cuál es la voz qué hay que seguir (el arte del discernimiento).

Hay que saber por dónde entra el pastor al aprisco (¿rectitud?), quién le abre la puerta (¿confianza?), quién reconoce su voz (¿familiaridad?), cómo llama a las ovejas y qué lugar ocupa ante ellas (¿humildad?).

Cuando Jesús termino de decir esto, los fariseos, "no comprendieron su significado" (Jn 10:6)… o comprendieron tan bien que prefirieron pasar por distraídos.

"Les aseguro que quien no entra por la puerta en el aprisco de las ovejas, sino por cualquier otra parte, es un ladrón y un salteador. El pastor de las ovejas entra por la puerta. A este, el guarda le abre la puerta y las ovejas reconocen su voz; él las llama por su propio nombre y las hace salir fuera del aprisco. Cuando ya han salido todas, camina delante de ellas y las ovejas siguen sus pasos, pues lo reconocen por la voz. En cambio, nunca siguen a un extraño, sino que huyen de él, porque su voz les resulta desconocida. Jesús les puso este ejemplo, pero ellos no comprendieron su significado". (Jn 10:1-6)

LIBRES Y REPLETAS
DE VIDA

Mis notas:

Una de las figuras usadas por Jesús para presentarse y definir su tarea es la de un pastor de ovejas. Era una alegoría muy familiar para su época (no para hoy) puesto que el pastoreo en Israel era una ocupación muy común.

El sustantivo pastor va acompañado del calificativo bueno. Es un buen pastor y lo afirma él mismo (Jn 10:11), en contraste con los pastores malvados (10:12).

Junto a esa figura, expone otra, la de la puerta del aprisco (10:7). Sea como pastor o como puerta, enseña que su Evangelio es de liberación, no se opresión; de libertad, no de sumisión.

Pasar por esa puerta, es un acto voluntario. Y quien lo haga "estará a salvo; entrará y saldrá libremente y siempre encontrará su pasto" (10:9). En su redil las ovejas brincan libres, repletas de vida (10:10).

"Entonces Jesús les dijo: — Les aseguro que yo soy la puerta del aprisco. Todos los que se presentaron antes de mí eran ladrones y salteadores. Por eso, las ovejas no les hicieron ningún caso. Yo soy la puerta verdadera. Todo el que entre en el aprisco por esta puerta, estará a salvo; entrará y saldrá libremente y siempre encontrará su pasto. El ladrón solo viene para robar, matar y destruir. Yo he venido para que todos tengan vida, y la tengan abundante. Yo soy el buen pastor. El buen pastor se desvive por las ovejas. En cambio, el asalariado, que no es verdadero pastor ni propietario de las ovejas, cuando ve venir al lobo, las abandona y huye, dejando que el lobo haga estragos en unas y ahuyente a las otras. Y es que, al ser asalariado, las ovejas lo traen sin cuidado.

"Yo soy el buen pastor y conozco a mis ovejas y ellas me conocen a mí, del mismo modo que el Padre me conoce a mí y yo conozco al Padre. Y doy mi vida por las ovejas. Tengo todavía otras ovejas que no están en este aprisco a las que también debo atraer; escucharán mi voz y habrá un solo rebaño bajo la guía de un solo pastor". (Jn 10:7-16)

LA LOCURA DE SER LIBRE

22
Septiembre

Mis notas:

La libertad que Jesús le concede a sus ovejas (Jn 10:9) tiene como antecedente la libertad que caracteriza la vida de Jesús. Es un pastor libre con un aprisco libre.

Así, al hablar de que él entrega su vida por sus ovejas, explica que esa entrega no es forzada, ni fortuita, sino voluntaria: "Nadie me la quita por la fuerza; soy yo quien libremente la doy" (10:18).

Tantas palabras de libertad también molestaron a los judíos y hasta llegaron a decir que se debían a que Jesús estaba loco o poseído por un demonio (10:20).

Para quienes usan a Dios como instrumento de esclavitud, la libertad les parece demoníaca; tanta libertad les parece exceso de locura.

"El Padre me ama porque yo entrego mi vida, aunque la recuperaré de nuevo. Nadie me la quita por la fuerza; soy yo quien libremente la doy. Tengo poder para darla y para volver a recuperarla; y esta es la misión que debo cumplir por encargo de mi Padre. Estas palabras de Jesús fueron la causa de una nueva división de opiniones entre los judíos. Muchos decían: — Está poseído de un demonio y ha perdido el juicio; ¿por qué le prestan atención? Otros, en cambio, replicaban: — Sus palabras no son precisamente las de un endemoniado. ¿Podría un demonio dar la vista a los ciegos?". (Jn 10:17-21)

23 septiembre

Mis notas:

El Evangelio de Juan, al presentarnos una de las controversias de Jesús con los judíos, abunda en detalles. Primero sobre las condiciones del momento: era durante los días de una gran fiesta religiosa, era invierno, Jesús estaba paseando por la parte interna de uno de los pórticos del Templo.

Después nos presenta la pregunta provocadora de los judíos: ¿Hasta cuándo vas a tenernos en vilo? Una pregunta acerca de si Jesús era o no era el Mesías que se les había prometido.

Al final, la respuesta de Jesús: ya les he dicho que sí, he sido claro y directo, pero ustedes no me han creído. Han oído, pero no han atendido. Y concluyó que si fueran ovejas de su redil habrían escuchado su voz.

Según el rebaño, así el pastor y, por consiguiente, la voz que se escucha. Quien lo sigue, reconoce su voz (como la oveja al pastor). O también al revés: quien reconoce su voz, por eso lo sigue. Porque creer es asunto de seguir.

"Se celebraba aquellos días la fiesta que conmemoraba la dedicación del Templo. Era invierno y Jesús estaba paseando por el pórtico de Salomón, dentro del recinto del Templo. Se le acercaron entonces los judíos, se pusieron a su alrededor y le dijeron: — ¿Hasta cuándo vas a tenernos en vilo? Si eres el Mesías, dínoslo claramente de una vez. Jesús les respondió: — Se lo he dicho y ustedes no me han creído. Mis credenciales son las obras que yo hago por la autoridad recibida de mi Padre. Ustedes, sin embargo, no me creen, porque no son ovejas de mi rebaño. Mis ovejas reconocen mi voz, yo las conozco y ellas me siguen. Yo les doy vida eterna, jamás perecerán y nadie podrá arrebatármelas; como no pueden arrebatárselas a mi Padre que, con su soberano poder, me las ha confiado. El Padre y yo somos uno". (Jn 10:22-30)

TRES MUJERES Y UN HOMBRE

Mis notas:

Tres mujeres y un hombre acompañaron a Jesús hasta el momento de su muerte en la cruz: María, su madre, María la esposa de Cleofás que, según el relato del cuarto Evangelio era pariente de Jesús, María Magdalena y uno de los discípulos, a quien se le presenta como alguien muy querido por Jesús.

Los detalles de la narración están llenos de afecto humano y personal. El género que usa no es periodístico, sino testimonial. Es verdad que los evangelistas y sus comunidades nos narran la vida de Jesús y sus enseñanzas, pero, ante todo, se narran a sí mismos con sus afectos, amores y compromisos.

Este es el cuadro en resumen: mujeres que aman a Jesús y van con él hasta la cruz; un discípulo amado y que, a su vez, ama; Jesús que desde la agonía de la cruz cuida de su mamá y un discípulo que asume el cuidado de ella; Jesús sintiendo sed y, al final, expirando.

Esta una escena teológica de lo que significa seguir el Evangelio, que es: ser un humano sensible, cuidador y amistoso; vivir la vulnerabilidad en comunidad y acogerse a la gracia del Padre, que escucha los reclamos de desamparo, aunque a veces calla.

"Junto a la cruz de Jesús estaban su madre, María la mujer de Cleofás, que era hermana de su madre, y María Magdalena. Jesús, al ver a su madre y, junto a ella, al discípulo a quien tanto quería, dijo a su madre: — Mujer, ahí tienes a tu hijo. Después dijo al discípulo: — Ahí tienes a tu madre. Y desde aquel momento, el discípulo la acogió en su casa. Después de esto, plenamente consciente de que todo había llegado a su fin, para que se cumpliese la Escritura, Jesús exclamó: — Tengo sed. Empaparon una esponja en vinagre, la colocaron en la punta de una caña de hisopo y se la acercaron a la boca. Jesús probó el vinagre y dijo: — Todo está cumplido. Inclinó, entonces, la cabeza y expiró". (Jn 19:25-34)

LA EXPERIENCIA
DE LA FE

Mis notas:

Al sepulcro llegó primero María de Magdala. Ella, al ver la tumba vacía y no entender qué había pasado, fue donde Pedro y otro discípulo para contarles su experiencia (los relatos de la Resurrección van de experiencia en experiencia). Ellos fueron, vieron, comprobaron, creyeron e interpretaron lo acontecido con lo que ya decían las Escrituras (Jn.20:9). Después, regresaron a la casa.

Pero María, que se había quedado fuera llorando, regresó aún con lágrimas a la tumba porque pensaba que el cuerpo de Jesús se había perdido. Una voz le preguntó por qué lloraba. No era la voz del jardinero, sino la de Jesús quien la llamó por su nombre: María, y ella respondió llamándolo a él por su rango: Maestro.

María fue testigo excepcional de la Resurrección. Según el cuarto Evangelio, fue a la primera persona a quien Jesús se le apareció. Y a ella también le dio el encargo de ir y contarle a los discípulos lo que había pasado; a Jesús y a ella. Su mensaje se resumió así: "He visto al Señor".

Así, sin grandes argumentos controversiales, ni minuciosas explicaciones teóricas, habló de la Resurrección. Dijo lo que vio, contó lo que vivió y trasmitió lo que le fue encargado. Nada mejor que eso.

"María se había quedado fuera, llorando junto al sepulcro. Sin cesar de llorar, se asomó al interior del sepulcro y vio dos ángeles vestidos de blanco, sentados en el lugar donde había estado el cuerpo de Jesús, uno a la cabecera y otro a los pies. Los ángeles le preguntaron: — Mujer, ¿por qué lloras? Ella contestó: — Porque se han llevado a mi Señor y no sé dónde lo han puesto. Volvió entonces la vista atrás, y vio a Jesús que estaba allí, pero no lo reconoció. Jesús le preguntó: — Mujer, ¿por qué lloras? ¿A quién estás buscando? Ella, creyendo que era el jardinero, le contestó: — Señor, si te lo has llevado tú, dime dónde lo has puesto y yo misma iré a recogerlo. Entonces Jesús la llamó por su nombre: — ¡María! Ella se volvió y exclamó en arameo: — ¡Rabboní! (que quiere decir "Maestro"). Jesús le dijo: — No me retengas, porque todavía no he ido a mi Padre. Anda, ve y diles a mis hermanos que voy a mi Padre, que es también el Padre de ustedes; a mi Dios, que es también el Dios de ustedes. María Magdalena fue a donde estaban los discípulos y les anunció: — He visto al Señor y esto es lo que me ha encargado". *(Jn 20:11-18)*

Mis notas:

¿Quién entiende a los que quieren descalificar a Jesús? ¿Querían un maestro de costumbres rigurosas y un asceta rígido? Este era Juan, y no lo aceptaron ¿Querían un profeta apacible de conductas menos legalistas? Este era el Hijo del hombre, y lo rechazaron.

A Jesús lo acusaron de glotón, borracho y amigo de personas indeseables. Y, aceptémoslo, esta no era una acusación del todo falsa. No se puede negar que Jesús, en muchas ocasiones, aparecía rodeado de publicanos corruptos y de mujeres y hombres de dudosa moralidad. Por otra parte, comía cuando no debía, y, peor aún, de la manera incorrecta; en cuanto al vino, pues… su primer milagro consistió en convertir insípidos galones de agua en exquisito vino.

El Maestro no habitó entre nosotros para satisfacer los caprichos de los religiosos, siempre tercos e inconsecuentes. Y, además, si se hubiera acogido a sus reglas, se hubiera acompañado de «gente decente» y para su dieta se hubiera regido por el menú del Templo; tampoco lo habrían aceptado. Su código religioso ya les había marcado lo aceptable y lo rechazable.

Cuando la religión (la religiosidad tradicionalista e insensible) domina la vida, sus seguidores limitan su capacidad de juzgar con libertad. Todas las verdades ya están dictadas por el dogma o el código sagrado. Ya no resta necesidad de discernir entre lo que es y lo que no es. La religión señala lo que debe ser… y eso, para ellos, es más que suficiente.

«Porque vino Juan, que no comía ni bebía, y ellos dicen: "Tiene un demonio." Vino el Hijo del hombre, que come y bebe, y dicen: "Éste es un glotón y un borracho, amigo de recaudadores de impuestos y de pecadores." Pero la sabiduría queda demostrada por sus hechos». (Mt 11:18-19)

REVELACIÓN PREFERENCIAL DE LOS SENCILLOS

Mis notas:

Mientras que la teología clásica se interesó —y se sigue interesando— en la naturaleza de la Revelación divina (¿en qué consiste la Revelación?), Jesús, según los Evangelios, se interesó en los destinatarios de ella (¿a quiénes se revela el Padre?).

En varias oportunidades afirmó algo inaudito para los oídos del fariseísmo antiguo (porque también hay uno moderno). Dijo que Dios prefería revelar sus misterios más recónditos a las personas más sencillas. ¡Pero si hubiera dicho solo eso no hubiera habido problema! Dijo, también, algo aún más escandaloso: que Dios, de manera deliberada oculta sus secretos a los que se creen sabios y entendidos, a los que con orgullo y arrogancia se creen dueños de Dios y propietarios de su texto sagrado.

A estos los dejó en la ignorancia (aunque estos se crean sabios) y a los humildes y sencillos les entregó su sabiduría (aunque a estos los traten como ignorantes).

Así es el Dios de Jesús: sabe a quién se revela y a quien se oculta. Porque la Revelación también es asunto del corazón (sencillez) y no solo de la razón (entendimiento).

"Por aquel entonces dijo Jesús: — Padre, Señor del cielo y de la tierra, te doy gracias porque has ocultado todo esto a los sabios y entendidos y se lo has revelado a los sencillos. Sí, Padre, así lo has querido tú. Mi Padre lo ha puesto todo en mis manos y nadie sabe quién es el Hijo, sino el Padre; y nadie sabe quién es el Padre, sino el Hijo y aquellos a quienes el Hijo quiera revelárselo". (Mt 11:25-27)

IGUAL FONDO, DIFERENTE FORMA

Mis notas:

Muchas de las enseñanzas de los rabinos y maestros religiosos del viejo Israel se concebían como una carga pesada, muy pesada, que los fieles debían soportar. Además de las que se establecían en los libros sagrados (Torá como tradición escrita) existían otras derivadas de la tradición oral (el Talmud, por ejemplo).

Así, la religión en los tiempos de Jesús era percibida como un sistema opresivo que, en lugar de ofrecer bienestar a la vida, le ocasionaba malestar y pesadumbre. Como si entre más se padeciera, más cerca se pudiera estar del Señor. Esta correlación entre severidad religiosa y paz espiritual ha estado presente en casi todos los sistemas religiosos.

Jesús quiso mostrar —y demostrar— que su enseñanza era diferente; radicalmente distinta. Coincidía en que la fe era una invitación a vivir el camino espiritual amando a Dios y al prójimo (asuntos de antaño establecidos en las leyes antiguas de Deuteronomio y Levítico), pero difería en la manera cómo esto se debían vivir y experimentar. No como un yugo religioso tedioso y agobiador, sino como una vivencia que provocara descanso, reposo y libertad. Solo un ser libre y trasformado puede aspirar a construir un mundo libre y trasformado (Jn 8:32).

Jesús, entonces, no desechó la fe, ni siquiera la religión (como experiencia que nos re-liga con la trascendencia), sino que les dio un original significado (resignificó). Dejó el mismo fondo y revolucionó la forma.

"¡Vengan a mí todos los que están cansados y agobiados, y yo les daré descanso! ¡Pongan mi yugo sobre ustedes y aprendan de mí, que soy sencillo y humilde de corazón! Así encontrarán descanso para su espíritu, porque mi yugo es fácil de llevar, y mi carga ligera". (Mt 11-28)

POR LA VIDA,
HASTA LA VIDA MISMA

29
septiembre

Jesús supo desde muy temprano que sus enemigos y perseguidores ponían en riesgo su vida. Sus paisanos quisieron matarlo después de su primer mensaje en la sinagoga (Lc 4:28-29) y después, los jefes religiosos y otros líderes del pueblo, buscaron lo mismo (Mr 14:1).

Los Evangelio se empeñan en decir que cada vez que Jesús se veía en peligro, huía; o se abría paso en medio de ellos y se iba (Lc 4:30). Esas imágenes de Jesús huyendo son excepcionales y necesarias para rehacer una cristología más humanizada y menos angelical.

Son nuestras interpretaciones las que a veces afirman que Jesús, obediente al Padre, quería la muerte y buscaba morir. Como si él estuviera siguiendo un libreto teológico para dar cumplimiento al drama de la redención. ¡No se puede saber cuánto daño ha hecho esta suposición que presenta a Jesús enamorado de la muerte!

Jesús no quería morir; no amaba la persecución, no buscaba el martirio. Su vocación no era la muerte, sino la vida. Expresión de ese amor fueron las curaciones que realizaron, a la gente a la que protegió y la justicia que promovió. Y por amar la vida fue que sufrió la muerte. Su vida es la que nos salva; aunque su muerte fue el precio que debió pagar.

"Los fariseos, por su parte, se reunieron, al salir, y se confabularon para matar a Jesús. Jesús, al saberlo, se fue de allí. Mucha gente lo seguía, y él curaba a todos los que estaban enfermos, si bien les ordenaba que no divulgaran que había sido él. Así se cumplió lo dicho por medio del profeta Isaías: Este es mi siervo, a quien yo he elegido; lo amo y me complazco en él. Le daré mi espíritu y llevará mi enseñanza a todos los pueblos. No disputará con nadie no andará dando gritos, ni se oirá su voz por las calles. No romperá la caña quebrada ni apagará el pábilo humeante hasta que haga triunfar la justicia. Y en él pondrán los pueblos su esperanza". (Mt 12:14-21)

Mis notas:

Jesús era un maestro. Ese fue el título que aceptó y que preferiría (Jn 13:13). No era un maestro más, de los muchos que abundaban en la vieja Palestina. Su forma de enseñar admiraba, por lo que decía, por cómo lo decía, pero sobre todo, por quien lo decía (Mr 1:22).

Una de los recursos más usados para su enseñanza fueron las parábolas, que eran breves narraciones por medio de las cueles buscaba destacar una lección espiritual. En ellas usaba el lenguaje coloquial, del pueblo sencillo, con referencias a la vida cotidiana, y, por eso, fácil de entender.

Se entendían con facilidad, aunque su interpretación espiritual no siempre se captaba con claridad. Así pasó con la parábola del sembrador. ¿Quién es el que siembra? ¿Cuál es la semilla? ¿Qué significa cada uno de los terrenos?

El Evangelio, aunque se explique bien, no por eso se comprende y se acepta con facilidad. Jesús lo sabía. Por eso, al terminar aquella parábola dijo que "quien pueda entender esto, que lo entienda" (Mt 13:9). El Reino de Dios requiere el uso de la razón, pero, sobre todo del corazón y de la pasión del compromiso. No se agota en una técnica de pedagogía brillante, ni menos de publicidad (o mercadeo) deslumbrante.

"El corazón tiene razones que la razón no comprende" (Pascal).
El Evangelio es asunto del corazón; asunto del espíritu.

"Aquel día salió Jesús de casa y fue a sentarse a la orilla del lago. Se reunió tanta gente en torno a él que decidió subir a una barca y sentarse en ella, mientras la gente se quedaba en la orilla. Entonces Jesús comenzó a exponerles muchas cosas por medio de parábolas. Les decía: — Una vez, vinieron unos pájaros y se la comieron. Otra parte cayó en terreno pedregoso, donde había poca tierra; y como la tierra no era profunda, la semilla brotó muy pronto; pero, apenas salió el sol, se quemó y, al no tener raíz, se secó. Otra parte de la semilla cayó entre cardos, y los cardos crecieron y la ahogaron. Otra parte, en fin, cayó en tierra fértil, y dio fruto: unas espigas dieron grano al ciento; otras al sesenta, y otras, al treinta por uno. Quien pueda entender esto, que lo entienda". (Mt 13:1-9)

MENOS
PODRÍA SER MÁS

Mis notas:

E l Evangelio de Jesús es una propuesta de vida diferente. Diferente en la forma de relacionarse con los demás, de ser ciudadano del mundo, de soñar con la sociedad que Dios quiere y de lidiar con el sufrimiento, la culpa y la muerte (La triada trágica, según V. Frankl). Es tan diferente que iniciarse en ella equivale, en palabras de Jesús, a "nacer de nuevo" (Jn 3:5). No es un cambio de afiliación religiosa, es una vida nueva (2 Co 5:17).

Sobran las razones para no querer vivir esta novedad. Algunas personas prefieren una vida frívola; escuchan con alegría el Evangelio, pero esas palabras no echan raíces. Otras están de acuerdo con las afirmaciones de Jesús, pero solo eso, porque tienen apegos y problemas que compiten con esas enseñanzas.

Los que deciden por Jesús, hoy como ayer, son un grupo, a veces pequeño. Pequeño, pero, como sucede con algunas semillas, fructífero. Son "como las espigas que dieron cien, sesenta o treinta granos por semilla" (Mt 13:23)

Jesús no se molestó porque su mensaje no hubiera sido aceptado por las multitudes, ni aplaudido por todos, ni convertido en un "producto de masas". Quizá creía que, en este caso como en otros, menos era más. Y la historia cuenta que cuando esa fe ha sido más (vulgarizada y triunfante), ha significado menos.

"Escuchen, pues, lo que significa la parábola del sembrador: Hay quien oye el mensaje del Reino, pero no le presta atención; llega el maligno y le arranca lo que tenía sembrado en el corazón; es como la semilla que cayó al borde del camino. Hay quien es como la semilla que cayó en terreno pedregoso: oye el mensaje y de momento lo recibe con alegría; pero no tiene raíces y es voluble; así que, cuando le llegan pruebas o persecuciones a causa del propio mensaje, al punto sucumbe. Hay quien es como la semilla que cayó entre cardos: oye el mensaje, pero los problemas de la vida y el apego a las riquezas lo ahogan y no le dejan dar fruto. Pero hay quien es como la semilla que cayó en tierra fértil: oye el mensaje, le presta atención y da fruto al ciento, al sesenta o al treinta por uno". (Mt 13:18-23)

Mis notas:

Jesús, en varias de sus enseñanzas, mostró predilección por lo pequeño (y los pequeños). En una ocasión, llamó a su grupo de discípulos "manada pequeña" (Lc 12:32). En otra, señaló que las personas más grandes en su reino eran las que tenían la capacidad de hacerse pequeñas (Mt 18:4). Y, en una de sus parábolas, enseñó que el reino de los cielos era como una semilla muy pequeña, la más pequeña de todas (Mt 13:32).

En esta parábola —la de la semilla de mostaza—- dijo algo más: que aquella semillita tan diminuta, se convertía en un árbol frondoso y tan grande que, servía para que las aves hicieran sus nidos.

Jesús, entonces, no desestimaba la grandeza. Lo que rechazaba era la grandeza que no servía para nada. El árbol de la parábola no solo era grande, sino también útil para las aves que buscaban refugio.

La grandeza que no sirve para nada, es la que no sirve. Esta es la que rechaza el Evangelio: la grandeza inútil.

> *"También les contó Jesús esta otra parábola: El reino de los cielos puede compararse al grano de mostaza que el labrador siembra en el campo. Se trata, por cierto, de la más pequeña de todas las semillas, pero luego crece más que las otras plantas y llega a hacerse como un árbol, hasta el punto de que en sus ramas anidan los pájaros. También les dijo: El reino de los cielos puede compararse a la levadura que toma una mujer y la mezcla con tres medidas de harina para que fermente toda la masa. Jesús expuso todas estas cosas en parábolas a la gente, y sin parábolas no les decía nada, para que se cumpliera lo dicho por medio del profeta: Hablaré utilizando parábolas; pondré de manifiesto cosas que han estado ocultas desde el principio del mundo".*
> *(Mt 13:31-35)*

ABRAZARSE A ÉL

3
octubre

L as enseñanzas de Jesús no fueron bien comprendidas por todos sus oyentes, pese a que las exponía con grandiosa habilidad de Maestro. A sus discípulos, después de explicarles una parábola les dijo: "Quien pueda entender esto, que lo entienda" (Mt 13:43)

Es que, a veces, para comprender el Evangelio se requiere tiempo y paciencia. Hay aspectos que se disciernen después de algunos años y gracias a la experiencia de la vida (Jn 13:7). Además de que se necesita humildad, sencillez y apertura al Espíritu (que es libre y sorpresivo).

Es aún más difícil de entender para quienes viven apegados al ritualismo espiritual o al fanatismo religioso. La religiosidad rígida y severa endurece el corazón (Mr 3:5) y nos distancia de la ternura evangélica.

Jesús, de todos modos, paciente y comprensivo, sigue enseñando. Cerca de sus discípulos, entra en su casa y se queda con ellos. Quien pueda entenderlo, que lo entienda. Quien pueda sentirlo, que lo acepte y se abrece a él.

"Después de esto, Jesús se despidió de la gente y entró en casa. Sus discípulos se le acercaron y le dijeron: — Explícanos lo que significa la parábola de la cizaña en el campo. Él les respondió: — El labrador que siembra la buena semilla es el Hijo del hombre, y el campo es el mundo. La buena semilla representa a los que pertenecen al Reino, y la cizaña representa a los que pertenecen al diablo. El enemigo del dueño, aquel que sembró la cizaña, es el diablo; la siega representa el fin del mundo, y los segadores son los ángeles. Del mismo modo que se recoge la cizaña y se hace una hoguera con ella, así sucederá al fin del mundo. El Hijo del hombre enviará entonces a sus ángeles, y ellos recogerán de su reino a todos los que son causa de pecado y a los que hacen el mal, y los arrojarán al horno encendido, donde llorarán y les rechinarán los dientes. Entonces los justos resplandecerán como el sol en el reino de su Padre. Quien pueda entender esto, que lo entienda". (Mt 13:36-43)

Mis notas:

El seguimiento de Jesús se ha hecho parecer más a una ceremonia lúgubre que a una fiesta jubilosa. Como si tener fe en el fuera similar a renunciar a la alegría, a sacrificar la existencia (la de uno y la de otros) y a privarse de disfrutar de la dicha de estar vivos. En esta fúnebre versión del cristianismo, la fe tiene rostro de tormentos y amarguras.

Es cierto que Jesús advirtió que los suyos estarían expuestos a pruebas y aflicciones (Jn 16:33). Pero estas serían consecuencia de vivir la fe con radicalidad. Eran la consecuencia, pero no la esencia de la fe. Pues quien abraza el Evangelio puede tropezar con la persecución y el sufrimiento, pero nadie debería abrazarla para ser perseguido y vivir sufriendo.

Jesús, en una de sus prodigiosas parábolas —por cierto, la más breve de todas— enseñó que encontrar el Evangelio era semejante a haberse topado con un tesoro escondido en el campo. Un hallazgo que produce una inmensa alegría. Y por ser un tesoro tan valioso, el agraciado vende todo lo que tiene para comprarlo.

"Dios es alegría infinita", según Teresa de los Andes (1900-1920). Si, infinita y sempiterna. Es la alegría de quienes saben que con Jesús la vida es más plena. El Evangelio es el tesoro por antonomasia.

"El reino de los cielos puede compararse a un tesoro escondido en un campo. El que lo encuentra, lo primero que hace es esconderlo de nuevo; luego, lleno de alegría, va a vender todo lo que tiene y compra aquel campo. También puede compararse el reino de los cielos a un comerciante que busca perlas finas. Cuando encuentra una de mucho valor, va a vender todo lo que tiene y la compra". (Mt 13:44-46)

DEJAR A DIOS
SER DIOS

Con el anhelo de custodiar la verdad pura, la institucionalidad cristiana ha ingeniado métodos y criterios para diferenciar lo que es (o se supone que es) la verdad, de lo que es (o también se supone que es) el error. La teología y los credos oficiales ha sido uno de sus recursos más preciados: ¡aquí está la verdad de Dios! Y así, quien se acoge a ella es aceptado y quien la modifica, rechazado.

Mis notas:

Diferentes comunidades de fe —católica, evangélicas, protestantes, ortodoxas y otras— han definido su razón de ser como guardianas de la verdad, escoltas del Evangelio y protectoras de Dios mismo.

Esa fue también la tentación de los discípulos (Lc 9:54). Jesús, con admirable paciencia, quiso enmendar su furor diciéndoles que su reino estaba a disposición de todas las personas, sin excepción alguna. Por ese reino entran, como por una gran red lanzada en el mar, toda clase de peces. Piadosos e impíos, buenos y malos, sensibles e insensibles, correctos e incorrectos; en fin. Y que el único que puede discernir cuáles son los unos y cuáles los otros, es Dios, quien hará esa distinción en su tiempo (al final de todo) y a su manera.

Si Dios separará lo que es de lo que no es, lo mejor es, entonces, dejar a Dios ser Dios.

No ser nosotros dioses, es el secreto para vivir en paz, para abrazar con amor sincero al semejante y tratarnos con compasión a nosotros mismos.

"El reino de los cielos puede compararse también a una red lanzada al mar, que se llena de toda clase de peces. Cuando la red está llena, los pescadores la arrastran a la orilla y se sientan a seleccionarlos: ponen los buenos en cestos y desechan los malos. Así sucederá al fin del mundo: los ángeles saldrán a separar a los malos de los buenos. Y arrojarán a los malos al horno encendido donde llorarán y les rechinarán los dientes. Jesús les preguntó: ¿Han entendido todo esto? Ellos contestaron: Sí. Y él añadió: Cuando un maestro de la ley se hace discípulo del reino de los cielos, viene a ser como un amo de casa que de sus pertenencias saca cosas nuevas y cosas viejas". (Mt 13:47-52)

UN LAGO LIBRE, UNA SINAGOGA ESTRECHA

Mis notas:

En el capítulo 13 del Evangelio de Mateo, Jesús, sentado junto a la orilla del lago de Galilea, enseñó a la multitud seis parábolas: la del sembrador (13:1-17), la cizaña y el trigo (13:24-30), la mostaza y la levadura (13:31-33), la del tesoro escondido (13:44), la perla preciosa (13:45) y, al final, la red lanzada en el mar (13:46-50).

Al terminar esa magistral jornada, se fue a su pueblo de Nazaret para enseñar en la sinagoga. Allí desconcertó a sus paisanos. No entendían de dónde un hijo de un carpintero del pueblo sacaba esa sabiduría.

Mateo registra que allí no pudo hacer milagros porque no encontró fe. Tanta sabiduría y poder no fueron suficientes ante tanta incredulidad. Lo que fue posible en el lago (enseñanza extensa y bien recibida) resultó imposible en la sinagoga (allí solo una enseñanzas breve y objetada).

Quizá Mateo esté haciendo un contraste entre la libertad y apertura del del lago y la obstinación y estrechez de la sinagoga, lugar de culto. La fe que se desplaza con libertad, más allá de donde la institución le ha decretado sus límites.

"Cuando Jesús terminó de contar estas parábolas, marchó de allí y se fue a su pueblo donde se puso a enseñar en su sinagoga, de tal manera que la gente no salía de su asombro y se preguntaba: — ¿De dónde le vienen a este los conocimientos que tiene y los milagros que hace? ¿No es este el hijo del carpintero? ¿No es María su madre, y sus hermanos Santiago, José, Simón y Judas? Y sus hermanas, ¿no viven todas ellas entre nosotros? ¿De dónde ha sacado todo eso? Así que estaban desconcertados a causa de Jesús. Por eso les dijo: — Solo en su propia tierra y en su propia casa menosprecian a un profeta. Y a causa de su falta de fe, no hizo allí muchos milagros". (Mt 13:53-58)

GOBERNANTES INFAMES

L os gobernantes de la época estuvieron confundidos en cuanto a saber realmente quién era Jesús. Ellos, que todo lo creían saber, en este caso no supieron nada. Herodes, el gobernante de Galilea, pensó que era Juan el Bautista que había resucitado. ¡Qué miedo debió sentir! porque él lo había matado.

Mis notas:

Igual de confundido estuvo su padre, Herodes el Grande (Mt 2), quien presa del miedo pensó que el niño Jesús, que recién había nacido, era su adversario político.

Ambos, padre e hijo, destacan por su crueldad. El primero mandó a matar a todos los niños del poblado y su hijo asesinó al Bautista. Mateo reseña solo estos hechos para dejar constancia de la desmedida maldad con la que gobernaban.

Jesús pasó su vida entre gobernantes infames: Herodes el Grande, Arquelao, Herodes Antipas, Herodes Filipo II y Poncio Pilato. Todos bajo la égida de los más crueles emperadores de Roma. En medio de las atrocidades de estos poderosos, el nazareno vivió la sencillez de su reinado.

Ante la crueldad del poder abusivo, el reino de Dios prescribe la bondad del amor transformador. No de otra manera se puede aspirar a renovar el mundo.

"Por aquel tiempo, Herodes, que gobernaba en Galilea, oyó hablar de Jesús y comentó con sus cortesanos: — Este es Juan el Bautista, que ha resucitado de entre los muertos. Por eso tiene poder para hacer milagros. Es que Herodes había hecho arrestar a Juan, lo encadenó y lo encerró en la cárcel por causa de Herodías, la esposa de su hermano Filipo. Pues Juan le había dicho: — No te es lícito tenerla por mujer. Por eso, Herodes quería matar a Juan. Sin embargo, no se atrevía a hacerlo, porque temía al pueblo que tenía a Juan por profeta. Pero el día del cumpleaños de Herodes, la hija de Herodías salió a bailar en medio de los invitados; y tanto le gustó a Herodes, que le prometió bajo juramento darle todo lo que le pidiera. Ella entonces, aconsejada por su madre, le dijo: — Dame ahora mismo, en una bandeja, la cabeza de Juan el Bautista. La petición entristeció al rey; pero como se había comprometido con su juramento delante de los invitados, ordenó que se la entregaran y mandó que decapitaran a Juan en la cárcel. En seguida trajeron la cabeza en una bandeja, se la dieron a la muchacha y esta, a su vez, se la entregó a su madre. Después de esto, los discípulos de Juan recogieron su cadáver y lo llevaron a enterrar. Luego fueron a comunicar la noticia a Jesús". (Mt 14:1-12)

Mis notas:

Muchos de los días de Jesús eran extenuantes y muy agotadores. Según los evangelistas, había días en los que sanaba, después enseñaba, más tarde polemizaba y, al final, cuando caía la noche, lo buscaban sus discípulos para que les explicara algo que no habían entendido.

Se podría decir —si no se le conociera bien, como lo conocen los Evangelios— que era un activista religioso de los que conocemos hoy. Pero no, Mateo, por ejemplo, narra que inmediatamente después de una de esas largas jornadas, les pidió a sus discípulos que se subieran a una barca y fueran hasta la otra orilla del lago, mientras él despedía a la gente. ¡Quería que lo dejaran solo!

Jesús deseaba despedir a los que habían quedado después del milagro de la multiplicación de los panes y los peces. Sobre todo, quería quedarse solo para orar. Orar en la soledad, sin la compañía de nadie más que el Padre.

"Ora et labora" (ora y trabaja), enseñaba Benito de Nursia (480-547). Jesús conocía el secreto de estar quieto y a solas. Oraba en la opacidad de la calma; cuando calla el bullicio alborozado de los aplausos (como el del pueblo, después de los milagros).

La oración reposada y serena hace bien al alma, descansa el cuerpo y nos libera de la tiranía en la que se puede convertir la eficacia productiva... así sea ésta la espiritual.

"A continuación Jesús hizo que sus discípulos subieran a la barca para que llegaran antes que él a la otra orilla del lago, mientras él despedía a la gente. Después de despedirla, subió al monte para orar a solas. Y todavía seguía allí él solo al llegar la noche". (Mt 14:22-23)

ESE JESÚS
QUE NOS ESPANTA

Mis notas:

I nmediatamente después del asesinato de Juan el Bautista por Herodes Antipas, el gobernante de Galilea (Mt 14:1), Jesús tomó una barca y se alejó (Mt 14:13), pero las multitudes, encariñadas con su mensaje, lo buscaron hasta encontrarlo. Él, siempre atento a las necesidades de la gente, abandonó su plan de retirarse por un momento y sanó a los enfermos y alimentó a la multitud. Allí fue el milagro de la multiplicación de los panes y los peces.

Después retomó el plan de alejarse y les pidió a los discípulos que regresaran a la barca y cruzaran solos al otro lado del lago de Galilea. Entonces, estando sin ellos, despidió a la gente (es seguro que no se querían ir) y subió a las colinas para orar a solas. Después de la multitud, la soledad. Después del milagro, la intimidad. Luego de las palabras, el silencio.

Pero allá, a lo lejos, los discípulos, en medio del lago enfurecido, estaban sufriendo una tormenta. A las tres de la madrugada Jesús fue hacia ellos. Cuando lo vieron se llenaron de miedo. Al parecer, los asustó más su presencia misteriosa que la furia de las olas. Exclamaron: ¡Es un fantasma!

Jesús, a veces, espanta; su mensaje, intranquiliza (Mr 10:22); su celo por la justicia, ofende (Lc 11:45). Aparece en medio de la noche, en la oscuridad de la tormenta, y asusta más que la misma tempestad. Es una presencia misteriosa que, aunque se acerca para acogernos con ternura, nuestros propios temores nos ahuyentan. Allí donde aparece su amor, advertimos fantasmas.

"Inmediatamente después, Jesús insistió en que los discípulos regresaran a la barca y cruzaran al otro lado del lago mientras él enviaba a la gente a casa. Después de despedir a la gente, subió a las colinas para orar a solas. Mientras estaba allí solo, cayó la noche.

Mientras tanto, los discípulos se encontraban en problemas lejos de tierra firme, ya que se había levantado un fuerte viento y luchaban contra grandes olas. A eso de las tres de la madrugada, Jesús se acercó a ellos caminando sobre el agua. Cuando los discípulos lo vieron caminar sobre el agua, quedaron aterrados. Llenos de miedo, clamaron: «¡Es un fantasma!».

Pero Jesús les habló de inmediato:

—No tengan miedo —dijo—. ¡Tengan ánimo! ¡Yo estoy aquí!".
(Mt 14:22-33)

TRAICIONAR A DIOS
CON DIOS

Mis notas:

Otro cuadro de la realidad que nos presenta el Evangelio de Mateo es el de la religión que, por tratar de enaltecer a Dios, humilla a los humanos. Para Mateo, este es la peor forma de distorsionar la fe y al mismo Dios.

Para esa enseñanza, se vale de varios encuentros (o desencuentros) de Jesús con los fariseos. En el del capítulo 15, los fariseos le reclaman a Jesús por qué sus discípulos violan la tradición religiosa al no lavarse las manos antes de comer.

Jesús les respondió que los verdaderos violadores de las leyes de Dios eran ellos porque preferían ofrendar dinero al Templo antes que atender las necesidades económicas de sus papás y mamás.

"De este modo, con la propia tradición de ustedes anulan lo que Dios había dispuesto" (Mt 15:6). Es decir, con Dios, traicionan a Dios y abandonan al prójimo en el que realmente se encuentra Él.

"Se acercaron a Jesús unos fariseos y maestros de la ley que procedían de Jerusalén, y le preguntaron: — ¿Por qué tus discípulos violan la tradición de nuestros antepasados? ¿Por qué no se lavan las manos cuando van a comer? Jesús les respondió: — ¿Y por qué ustedes violan lo que Dios ha mandado por seguir sus propias tradiciones? Porque Dios ha dicho: Honra a tu padre y a tu madre; y también: El que maldiga a su padre o a su madre será condenado a muerte. En cambio, ustedes afirman: "Si alguno dice a su padre o a su madre: 'Lo que tenía reservado para ayudarte lo he convertido en ofrenda para el Templo', queda liberado de la obligación de prestarles ayuda". De este modo, con la propia tradición de ustedes anulan lo que Dios había dispuesto. ¡Hipócritas! Bien profetizó Isaías acerca de ustedes cuando dijo: Este pueblo me honra de labios afuera, pero su corazón está muy lejos de mí. Inútilmente me rinden culto, pues enseñan doctrinas que solo son preceptos humanos". (Mt 15:1-9)

OFENDIENDO
A LOS OFENSORES

Jesús, a su ternura, no le negaba firmeza. Por ser noble y tierno, era firme y valiente, sobre todo cuando se enfrentaba a quienes desconocían la dignidad de los demás y lo hacían en nombre del Padre.

Muchas veces, en esas controversias, sus adversarios se sentían ofendidos. Y sus discípulos se encargaban de hacérselo saber: "¿Sabes que los fariseos se han sentido ofendidos al oírte?" (Mt 15:12).

Y Jesús, en lugar de disculparse, confirmaba lo anterior diciendo que eran ciegos que estaban guiando a otros ciegos y que un día terminarían junto con sus seguidores en el mismo hoyo.

Él sabía que sus palabras ofendían a quienes ofendían a Dios y hacían tanto daño al prójimo. Era una parte de su misión.

"Y recabando la atención de la gente, prosiguió: — Oigan y entiendan esto: lo que hace impura a una persona no es lo que entra por la boca. Lo que verdaderamente la hace impura es lo que sale de la boca. Entonces los discípulos se acercaron a Jesús y le preguntaron: — ¿Sabes que los fariseos se han sentido ofendidos al oírte? Jesús les contestó: — Toda planta que no haya plantado mi Padre celestial será arrancada de raíz. Déjenlos, pues son ciegos que guían a otros ciegos. Y si un ciego guía a otro ciego, los dos caerán en el hoyo". (Mt 15:10-14)

Mis notas:

MANOS SUCIAS, CORAZÓN LIMPIO

Jesús uso expresiones que desacreditaban a los fariseos en público. Fueron tan crudas y directas que ni los discípulos las entendieron. Pedro se atrevió a pedirle una explicación.

Jesús, usando un lenguaje coloquial, les explicó que los comportamientos religiosos no deberían depender de lo externo, como lo creían los fariseos (reglas y ritos), sino de lo interno (intenciones y sentidos), como lo quiere Dios.

Es del corazón de dónde proceden los comportamientos que dañan la convivencia humana, que denigran del prójimo y nos autodestruyen. Estos males no se arreglan con ritos, sino con un corazón perdonador, justo y amoroso.

Se puede comer con las manos sucias; eso no importa si se tiene un corazón solidario para amar y compartir.

"Pedro pidió a Jesús: — Explícanos qué significa lo que has dicho. Jesús contestó: — ¿Tampoco ustedes son capaces de entenderlo? ¿No comprenden que todo lo que entra por la boca pasa al vientre y va a parar a la letrina? En cambio, lo que sale de la boca procede del corazón, y eso es lo que hace impura a la persona. Porque del corazón proceden las malas intenciones, los asesinatos, los adulterios, las inmoralidades sexuales, los robos, las calumnias y las blasfemias. Todo esto es lo que hace impura a una persona, y no el sentarse a comer sin haberse lavado las manos". (Mt 15:15-20)

MAESTRO EXCELSO Y NOBLE APRENDIZ

Jesús fue un judío, educado dentro de las tradiciones culturales de su pueblo y heredero de muchas de las creencias religiosas de Israel. Con el paso del tiempo, fue descubriendo nuevas formas de comprender la ley, de interpretar los textos sagrados y de relacionarse con Dios.

Esos cambios se hicieron evidentes cuando, convertido en predicador y maestro, encaró a los líderes religiosos y anunció que era el Hijo de Dios, enviado por el Padre (Jn 8:14).

Sin embargo —y esto es de suma utilidad para comprender su naturaleza humana— hubo aspectos de la fe de Israel de los que solo se desligó cuando había transcurrido cierto tiempo de su ministerio público.

Él, por ejemplo, creía que su Padre lo había enviado solo a predicar "a las ovejas perdidas de la casa de Israel" (Mt 15:24). De esa presunción exclusivista cayó en la cuenta un día que se encontró con una mujer cananea en la comarca de Tiro y Sidón (territorio de frontera).

Ella, mujer, extranjera, de otra religión y necesitada de un milagro... hizo también un milagro. El milagro que solo ocurre cuando hay, como en Jesús, ternura para escuchar, humildad para aprender y sencillez para descubrir cuán amplía es la ternura del Padre.

¡Grande es tu fe, mujer!", le dijo Jesús. Ella hubiera podido responder: ¡Y grande también la tuya, Jesús! La fe del que aprende, aun siendo el excelso maestro de Israel.

"Jesús salió de aquel lugar y se dirigió a la comarca de Tiro y Sidón. En esto, una mujer cananea que vivía por aquellos lugares vino a su encuentro gritando: — ¡Señor, Hijo de David, ten compasión de mí! Mi hija está poseída por un demonio que la atormenta terriblemente. Como Jesús no le contestaba ni una palabra, los discípulos se acercaron a él y le rogaron: —Atiéndela, porque no hace más que gritar detrás de nosotros. Jesús entonces dijo: — Dios me ha enviado solamente a las ovejas perdidas del pueblo de Israel. Pero la mujer, poniéndose de rodillas delante de Jesús, le suplicó: — ¡Señor, ayúdame! Él le contestó: — No está bien quitarles el pan a los hijos para echárselo a los perros. Ella dijo: — Es cierto, Señor; pero también los cachorrillos comen las migajas que caen de la mesa de sus amos. Entonces Jesús le respondió: — ¡Grande es tu fe, mujer! ¡Que se haga lo que deseas! Y su hija quedó curada en aquel mismo instante". (Mt 15:21-28)

Mis notas:

Mis notas:

El Sermón del Monte terminó con una invitación a que los oyentes no solo escucharan lo que Jesús había enseñado, sino a que lo pusieran en práctica. Quiso dejar en claro que él no era un retórico más de los muchos que abundaban en la época, que adornaban con palabras sus discursos elocuentes, pero que, en el fondo, dejaban la vida igual.

Se puede hablar o escribir para entretener y esto, en literatura, por ejemplo, tiene mucho valor y debe ser cultivado. Pero la enseñanza de la fe tiene otro fin, según Jesús. Sus instrucciones acerca del perdón, el amor al prójimo, la oración, el ayuno, el manejo del dinero, la ira y tantos otros asuntos de su sermón, no tienen otro objetivo que transformarnos y ayudar a que trasformemos el mundo. Su fin es la vida buena (plena).

Por lo anterior, oír y no hacer o atender, pero no aplicar, es semejante a una persona que construye su casa sobre cimientos enclenques. La construcción, aunque atractiva por fuera, resulta peligrosa por dentro porque, cuando vienen las tempestades, se hunde.

Así pasa con nosotros. Las lluvias, las aguas torrenciales y los vientos huracanados son los que prueban el cimiento sobre el cual se ha construido la vida. Una existencia fundada en el Evangelio del amor, tiene cimientos que la socorren. Cuando los vientos azotan la casa, no cae porque está construida sobre "roca viva".

"No todos los que dicen: «Señor, Señor» entrarán en el reino de los cielos, sino los que hacen la voluntad de mi Padre que está en los cielos...

Todo aquel que escucha mis palabras y obra en consecuencia, puede compararse a una persona sensata que construyó su casa sobre un cimiento de roca viva. Vinieron las lluvias, se desbordaron los ríos y los vientos soplaron violentamente contra la casa; pero no cayó, porque estaba construida sobre un cimiento de roca viva. En cambio, todo aquel que escucha mis palabras, pero no obra en consecuencia, puede compararse a una persona necia que construyó su casa sobre un terreno arenoso. Vinieron las lluvias, se desbordaron los ríos y los vientos soplaron violentamente contra la casa que se hundió terminando en ruina total". (Mt 15:21, 24-27)

LA ABUNDANCIA DEL REINO

15
octubre

Mis notas:

Jesús subió al monte a orillas del lago de Galilea. Mucha gente, al darse cuenta de que estaba en el lugar, trajeron a sus enfermos para que los sanara. Sabían que el Evangelio de Jesús era compasión que se movilizaba a favor de las necesidades humanas y de su bienestar integral.

Al ver que los enfermos recuperaban su salud, la gente alababa al Dios de Israel. Porque ese Dios del Primer Testamento, al que a veces se le atribuye ira y venganza, —por lecturas literales y dañosas— es misericordia y no crueldad.

Después de tres días, Jesús se dio cuenta de que la gente ya no tenía qué comer. Y llamó a sus discípulos. Ellos no tenían dinero para resolver el problema. Así que Jesús les preguntó qué tenían. Dijeron que siete panes y unos peces. Y eso fue suficiente para que todos saciaran su hambre y al final, hasta sobrara comida.

Así es la "lógica económica" del Reino: abrir el corazón con generosidad, aunque se tenga poco, con la esperanza de que todos tengan algo, en lugar de cerrarlo para que solo unos pocos tengan todo.

"Marchando de allí, Jesús se dirigió a la orilla del lago de Galilea. Cuando llegó, subió al monte y se sentó. Se le acercó mucha gente, trayendo consigo cojos, ciegos, tullidos, mudos y otros muchos enfermos. Los pusieron a los pies de Jesús, y él los curó a todos. La gente estaba asombrada al ver que los mudos hablaban, los tullidos recobraban la salud, los cojos andaban y los ciegos veían. Y todos alabaron al Dios de Israel. Jesús llamó a sus discípulos y les dijo: — Me da lástima esta gente. Ya hace tres días que están conmigo y no tienen nada que comer. No quiero que se vayan en ayunas, no sea que desfallezcan por el camino. Los discípulos le dijeron: — ¿No ves que estamos en un lugar apartado? ¿De dónde vamos a sacar suficiente pan para dar de comer a toda esta gente? Jesús les preguntó: — ¿Cuántos panes tenéis? Ellos contestaron: — Siete y unos cuantos peces.

Jesús dispuso que la gente se sentara en el suelo. Luego tomó los siete panes y los peces, dio gracias a Dios, los partió y se los fue dando a los discípulos y estos se los fueron dando a la gente. Todos comieron hasta quedar satisfechos; y aun así se llenaron siete espuertas con los trozos de pan que sobraron". (Mt 15:29-37)

DISPARATES POR ALLÁ, DISPARATES POR ACÁ

Mis notas:

De Jesús se decían muchas cosas y un día él mismo quiso saber cuáles eran. Sus discípulos le contaron los disparates que se escuchaban, que era Juan el Bautista que había resucitado, el profeta Elías o Jeremías que habían regresado. ¡Quién sabe qué tantas cosas más decían!

Después, y sin detenerse en esas versiones, preguntó lo que más le interesaba, qué decían y creían sus discípulos acerca de él.

Que digan de Jesús lo que quieran decir. Y la verdad es que se siguen diciendo muchas cosas. Pero lo que más importa es qué decimos lo que creemos estar cerca de él. También aquí, entre nosotros, se escuchan disparates. Aquí también falta la voz del Padre que revele lo que no puede hacer mortal alguno.

"Cuando llegó a la región de Cesarea de Filipo, Jesús preguntó a sus discípulos: —¿Quién dice la gente que es el Hijo del hombre? Le respondieron: —Unos dicen que es Juan el Bautista, otros que Elías, y otros que Jeremías o uno de los profetas. —Y ustedes, ¿quién dicen que soy yo? —Tú eres el Cristo, el Hijo del Dios viviente —afirmó Simón Pedro. — Dichoso tú, Simón, hijo de Jonás —le dijo Jesús—, porque eso no te lo reveló ningún mortal, sino mi Padre que está en el cielo. Yo te digo que tú eres Pedro, y sobre esta piedra edificaré mi iglesia, y las puertas del reino de la muerte no prevalecerán contra ella. Te daré las llaves del reino de los cielos; todo lo que ates en la tierra quedará atado en el cielo, y todo lo que desates en la tierra quedará desatado en el cielo". (Mt 16:13-19)

ROCA
DE LA IGLESIA

Cerca de las fuentes del Jordán, en el monte Hermón, uno de los hijos de Herodes el Grande, Filipo, construyó una ciudad y le puso por nombre Cesarea de Filipo.

Ha sido esa la forma como los gobernantes de este mundo han buscado, desde siempre, perpetuar su nombre y obtener la grandeza que no lograron por su gestión social y política. Una especie de "salvación por obras" (en este caso, arquitectónicas).

Fue en ese lugar, donde la prepotencia de un gobernante imperial tenía su centro, donde Pedro, gracias a una revelación proveniente del Padre del cielo, declaró que Jesús era el Mesías, el mismísimo Hijo de Dios vivo.

Declaración que es el fundamento —o piedra— de la Iglesia. La roca no es Pedro, es su confesión (Martha García Fernández), porque la iglesia se funda sobre la fe de quienes, como Pedro, confían en Jesús y no lo confunden, ni con el Bautista, ni con Elías. Los que tienen la osadía de confesarlo Hijo de Dios, en los lugares donde otros se creen dioses y hacen alarde de su falsedad. ¡Felices los que así lo hagan!

"Cuando Jesús llegó a la región de Cesarea de Filipo, preguntó a sus discípulos: — ¿Quién dice la gente que es el Hijo del hombre? Ellos contestaron: — Unos dicen que es Juan el Bautista; otros, que Elías, y otros, que Jeremías o algún otro profeta. Jesús les preguntó: — Y ustedes, ¿quién dicen que soy? Entonces Simón Pedro declaró: — ¡Tú eres el Mesías, el Hijo de Dios vivo! Jesús le contestó: — ¡Feliz tú, Simón, hijo de Jonás, porque ningún mortal te ha revelado esto, sino mi Padre que está en los cielos! Por eso te digo que tú eres Pedro, y sobre esta piedra voy a edificar mi Iglesia, y el poder del abismo no la vencerá. Yo te daré las llaves del reino de los cielos: lo que ates en la tierra quedará atado en el cielo, y lo que desates en la tierra quedará desatado en el cielo. Entonces Jesús ordenó a sus discípulos que no dijeran a nadie que él era el Mesías". (Mt 16:13-20)

Mis notas:

SAGRADA OSADÍA

Los maestros del Templo le tenían miedo a Jesús por la buena fama que gozaba ante el pueblo y, como le tenían miedo, procuraban matarlo (Mr 11:18). Así refleja el evangelista Marcos, con fina intuición psicológica, esa relación entre tener miedo y asesinato (S. Freud hizo de esta relación un tema de sus estudios).

Entonces, en el trasfondo de estas controversias con los sacerdotes está el miedo hacia Jesús y sus actitudes, no de valientes, sino cobardes. Por eso, en lugar de confrontar públicamente a Jesús, lo provocan a un debate de ideas: "¿Quién te ha autorizado a hacer lo que estás haciendo?" (Mr 11:29).

Jesús, ante la cobardía de los dueños del Templo, no se intimidó, ni cayó en su trampa. En lugar de eso respondió con otra pregunta capciosa que puso a los sacerdotes en una encrucijada.

Ante la agresión, Jesús actuó con valentía; ante las trampas, con inteligencia; y ante las demás maquinaciones de sus enemigos, con sagrada osadía. Estos también son dones que proceden del Espíritu (Mr 13:11).

> *"Cuando llegaron de nuevo a Jerusalén, mientras Jesús estaba paseando por el Templo, se acercaron a él los jefes de los sacerdotes, los maestros de la ley y los ancianos, y le preguntaron: — ¿Con qué derecho haces tú todo eso? ¿Quién te ha autorizado a hacer lo que estás haciendo? Jesús les contestó: — Yo también voy a preguntarles una cosa. Respóndanme y les diré con qué derecho hago todo esto. ¿De quién recibió Juan el encargo de bautizar: de Dios o de los hombres? ¡Respóndanme! Ellos se pusieron a razonar entre sí: "Si contestamos que lo recibió de Dios, él dirá: '¿Por qué, pues, no le creyeron?' Pero ¿cómo vamos a decir que lo recibió de los hombres?". Y es que temían la reacción del pueblo, porque todos tenían a Juan por profeta. Así que respondieron: — No lo sabemos. Entonces Jesús les replicó: — Pues tampoco yo les diré con qué derecho hago todo esto". (Mr 11:27-33)*

PRIMERO LA GENTE

La parábola de la viña y los labradores malvados es una de las más duras entre las más de cuarenta contadas por el Maestro. La crueldad de sus protagonistas refleja la maldad de la que es capaz es el ser humano.

Mis notas:

Los labradores de aquella viña golpearon al primer criado, hirieron en la cabeza e injuriaron al segundo y asesinaron al tercero. El dueño de la viña, al saber que el labrador era tan despiadado, decidió enviar a su hijo pensando que tendrían respeto. Pero no; al hijo lo mataron para quedarse con la propiedad.

Esta parábola muestra la forma atroz como se desechó a Jesús. No solo se contradijo su mensaje. Si solo eso hubiera hecho, no habría sido más que una polémica religiosa, y punto. Pero, fue más que eso, fue un acto de inhumanidad que los convirtió en asesinos.

Contrariar ideas, ya sean religiosas, políticas u otras, encierra siempre el riesgo de confundir la contradicción de las ideas que se exponen con la dignidad de la persona que las expone. Las ideas se deben debatir con firmeza, si se quiere, pero a los seres humanos se les debe respetar y dignificar… así no se quiera. La gente primero, como lo enseña el Evangelio.

"Jesús les contó entonces esta parábola: — Un hombre plantó una viña, la cercó con una valla, construyó un lagar y levantó una torre; luego la arrendó a unos labradores y se fue de viaje. En el tiempo oportuno envió un criado para percibir de los labradores la parte correspondiente del fruto de la viña. Pero ellos le echaron mano al criado, lo golpearon y lo mandaron de vuelta con las manos vacías. Volvió a enviarles otro criado, y ellos lo hirieron en la cabeza y lo llenaron de injurias. Luego mandó a otro, y a este lo asesinaron. Y lo mismo hicieron con otros muchos; a unos los hirieron y a otros los mataron. Cuando al amo ya únicamente le quedaba su hijo querido, lo envió por último a los viñadores pensando: "A mi hijo lo respetarán". Pero aquellos labradores se dijeron unos a otros: "Este es el heredero. Matémoslo, y la herencia será nuestra". Y, echándole mano, lo asesinaron y lo arrojaron fuera de la viña. ¿Qué hará, pues, el dueño de la viña? Llegará, hará perecer a esos labradores y dará la viña a otros. ¿No han leído ustedes este pasaje de las Escrituras: La piedra que desecharon los constructores, se ha convertido en la piedra principal. Esto lo ha hecho el Señor, y nos resulta verdaderamente maravilloso? Sus adversarios comprendieron que Jesús se había referido a ellos con esta parábola. Por eso trataban de apresarlo, aunque finalmente desistieron y se marcharon, porque temían a la gente". (Mr 12:1-12)

CON MAÑA
DE TRAMPOSOS

La alianza entre la religión y los intereses politiqueros (que pervierten el sentido de lo realmente político) se retrata de cuerpo entero en el capítulo trece del Evangelio de Marcos cuando aparecen los fariseos (observantes escrupulosos de la Ley) unidos a miembros del partido de Herodes (observantes rigurosos del poder romano).

La alianza tenía como fin sorprender a Jesús para desprestigiarlo ante el pueblo y deshonrar su ministerio. Por eso, rebuscaban qué preguntarle y se lo preguntaban con maña de tramposos, llamándole Maestro, elogiándolo por su sinceridad y alabando su piedad. ¡Expertos aduladores!

En esta ocasión le preguntaron acerca de los impuestos a Roma, pero Jesús, en lugar de ensartarse en su juego, supo que lo que había era simple hipocresía (Mr 13:16), por eso prefirió darles una respuesta que los dejara estupefactos (Mr 13:17).

Él enseñaba a quienes querían aprender, debatía con quienes buscaban aclarar sus dudas, pero evadía a los que solo procuraban tenderle trampas. Entre estos últimos estaban los jefes de la religión enmascarada de política.

"Los fariseos y los del partido de Herodes enviaron algunos de los suyos con el encargo de sorprender a Jesús en alguna palabra comprometedora. Vinieron, pues, y le preguntaron: — Maestro, sabemos que tú eres sincero y que no te preocupa el qué dirán, pues no juzgas a la gente por las apariencias, sino que enseñas con toda verdad a vivir como Dios quiere; así pues, ¿estamos o no estamos obligados a pagar el tributo al emperador romano? ¿Tenemos o no tenemos que dárselo? Jesús, conociendo la hipocresía que había en ellos, les contestó: — ¿Por qué me ponen trampas? Tráiganme un denario para que yo lo vea. Ellos se lo presentaron y Jesús (les preguntó: — ¿De quién es esta efigie y esta inscripción? Le contestaron: — Del emperador. Entonces Jesús les dijo: — Pues den al emperador lo que es del emperador, y a Dios lo que es de Dios. Con esta respuesta quedaron estupefactos". (Mr 12:13-17)

EL AMOR PRIMERO. LO DEMÁS, ES LO DE MENOS

Un maestro (con minúscula), le preguntó al Maestro (con mayúscula) cuál era el mandamiento más importante de los miles que contenía la ley. Esta era una pregunta muy común entre los intérpretes de aquellos tiempos y en ella se entretenían muchas horas, hablando, discutiendo y escribiendo.

Jesús, que no estaba hecho para discusiones interminables, ni para escribir textos inservibles, le respondió que lo más importante era amar, porque en el amor se resumía toda la ley, la de Israel y la de todos los pueblos. El hombre aceptó la respuesta, le dio la razón a Jesús y dejó de seguir preguntando. "Y desde entonces nadie se atrevió a hacerle más preguntas" (Mr 12:34), por lo menos por un tiempo.

En el reino de Dios, lo humano vale más que lo religioso, por eso, el amor está primero que los holocaustos y sacrificios. Entonces, ¿cuál es el lugar de los gestos religiosos? Cuando son sinceros y motivados por la honestidad del corazón, nos relacionan con el Trascendente (el totalmente Otro, según K. Barth) y nos ponen en contacto con nosotros mismos (el profundamente Propio), para hacernos más humanos y vivir el amor como Dios quiere.

Mis notas:

"Uno de los maestros de la ley se acercó y los oyó discutiendo. Al ver lo bien que Jesús les había contestado, le preguntó:

—De todos los mandamientos, ¿cuál es el más importante?

—El más importante es: "Oye, Israel. El Señor nuestro Dios es el único Señor —contestó Jesús—. Ama al Señor tu Dios con todo tu corazón, con toda tu alma, con toda tu mente y con todas tus fuerzas". El segundo es: "Ama a tu prójimo como a ti mismo". No hay otro mandamiento más importante que estos.

—Bien dicho, Maestro —respondió el hombre—. Tienes razón al decir que Dios es uno solo y que no hay otro fuera de él. Amarlo con todo el corazón, con todo el entendimiento y con todas las fuerzas, y amar al prójimo como a uno mismo, es más importante que todos los holocaustos y sacrificios.

Al ver Jesús que había respondido con inteligencia, le dijo:

—No estás lejos del reino de Dios.

Y desde entonces nadie se atrevió a hacerle más preguntas". (Mr 12: 28-34)

22
octubre

UN MISMO TEXTO, PERO CON DIFERENTES LENTES

Mis notas:

Jesús leía las mismas Escrituras que los fariseos y otros letrados de la ley. Juntos admitían que eran textos sagrados a través de los cuales se expresaba el designio divino.

Aunque seguían los mismos textos, los leían con diferentes lentes. Los maestros tradicionales solo veían lo que sus antepasados habían visto. No interpretaban, ni actualizaban, sino que repetían lo que ya había sido interpretado antiguamente. Su tarea era conservaban (de allí el calificativo de conservadores).

Jesús, por el contrario, interpretaba los textos, los actualizaba a la luz de su contexto y, así, probaba que eran fuente de vida para calmar la sed de sus contemporáneos. Por esto, los del pueblo se admiraban: "era mucha la gente que disfrutaba escuchando a Jesús" (Mr 12:37)

No lo admiraban por la retórica de sus argumentos, ni por la elocuencia de su discurso. Solo saboreaban (era sabor, más que saber) la calidez de las Escrituras y la frescura del Espíritu que se expresaba en los viejos textos.

La hermenéutica contextual y comunitaria de los textos bíblicos es menester perentorio de nuestras iglesias. Para que los textos vuelvan a vivir. Y con ellos sus oyentes.

"Jesús estaba enseñando en el Templo e interpelaba a sus oyentes diciendo: — ¿Cómo es que los maestros de la ley dicen que el Mesías es hijo de David? El propio David afirmó, inspirado por el Espíritu Santo: Dijo el Señor a mi Señor: "Siéntate a mi derecha hasta que ponga a tus enemigos debajo de tus pies". Pues si el propio David llama Señor al Mesías, ¿cómo puede el Mesías ser hijo suyo? Y era mucha la gente que disfrutaba escuchando a Jesús". (Mr 12:35-37)

ESCRITURAS FALSEADAS

D espués de que los fariseos y los del partido de Herodes no pudieron hacer caer en sus trampas retóricas a Jesús, llegaron otros embaucadores, los saduceos, para intentar lo mismo.

Mis notas:

Mientras los fariseos y herodianos presentaron una trampa política relacionada con los impuestos (Mr 12:14-15), estos llegaron con una trampa teológica, relacionada con la vida después de la muerte. ¡Vaya tema!

Apelaron a una ley antigua, la del levirato (Dt 25:5-10), que regulaba que las viudas pasaban a ser esposas de uno de los hermanos del marido fallecido. Originalmente era una práctica de protección ante el desamparo que vivían las mujeres viudas en aquellas sociedades, pero también una ley (patriarcal) que pretendía perpetuar el nombre del marido y asegurar la propiedad.

Jesús fue directo al corazón de la trampa: aunque usaban textos bíblicos, no por eso había que creer en sus intenciones (Mr 12:24).

Usaban las Escrituras, pero sin conocer su sentido porque "no tienen ni idea" de cómo actuaba Dios. Al desconocer lo que mueve el corazón de Dios (el amor compasivo) se falsea lo que dicen las Escrituras.

"Después de esto vinieron unos saduceos que, como dicen que no hay resurrección, hicieron a Jesús esta pregunta: — Maestro, Moisés nos dejó escrito que si el hermano de uno muere y deja esposa, pero no hijos, el hermano mayor superviviente deberá casarse con la viuda para dar descendencia al hermano difunto. Pues bien, hubo una vez siete hermanos; el primero de ellos se casó, pero murió sin haber tenido descendencia. Entonces el segundo hermano se casó con la viuda, pero él también murió sin dejar descendencia. Lo mismo pasó con el tercero, y con los siete: ninguno tuvo descendencia de aquella mujer, que fue la última de todos en morir. Así, pues, en la resurrección, cuando todos resuciten, ¿de cuál de ellos será esposa, si los siete estuvieron casados con ella? Jesús les dijo: — Ustedes están en esto muy equivocados al no conocer las Escrituras ni tener idea del poder de Dios. En la resurrección ya no habrá matrimonios, sino que todos serán como los ángeles que están en los cielos. En cuanto a que los muertos han de resucitar, ¿no han leído en el libro de Moisés, en el pasaje de la zarza, lo que Dios le dijo: Yo soy el Dios de Abrahán, el Dios de Isaac y el Dios de Jacob? Pues bien, él es Dios de vivos y no de muertos. ¡Ustedes están muy equivocados!". (Mr 12:18-27)

Mis notas:

Ante la pregunta, muy popular por aquellos tiempos, acerca de cuál era el mandamiento más importante, Jesús optó por una síntesis de dos mandamientos, ambos enmarcados en una sola ley, la del amor.

El primero, amar a Dios, con afecto de corazón, fundamento de razón ("con toda tu inteligencia") y dosis de pasión ("con todas tus fuerzas"). El segundo, amar al prójimo, así como uno se ama (o se debería amar) así mismo.

Este es el sumum (grado más alto) de la fe: el amor a Dios, a quien nadie ha visto (Jn.1:18) expresado en el amor al prójimo a quien sí vemos, y este último, mediado por la calidad del amor que nos damos a sí mismos.

Amarse (dignificarse, cuidarse y cultivarse) es necesario para amar a otros. Y, amar a otros es la prueba de que amamos a Dios (1 Jn 4:20).

Esta es una fe palpable, que vive con el que está aquí (en esta tierra), lo que dice creer en él que está allá (en el cielo).

"Uno de los maestros de la ley que había escuchado toda la discusión, al ver lo bien que Jesús les había respondido, se acercó a él y le preguntó: — ¿Cuál es el primero de todos los mandamientos? Jesús le contestó: — El primero es: Escucha, Israel: el Señor, nuestro Dios, es el único Señor. Amarás al Señor tu Dios con todo tu corazón, con toda tu alma, con toda tu inteligencia y con todas tus fuerzas. Y el segundo es: Amarás a tu prójimo como a ti mismo. No hay ningún mandamiento mayor que estos. El maestro de la ley contestó a Jesús: — ¡Muy bien, Maestro! Es cierto lo que dices: Dios es único y no hay otro fuera de él. Y amar a Dios con todo nuestro corazón, con todo nuestro entendimiento y con todas nuestras fuerzas, y amar al prójimo como a uno mismo, vale más que todos los holocaustos y sacrificios. Jesús entonces, viendo que había contestado con sabiduría, le dijo: — Tú no estás lejos del reino de Dios. Después de esto, ya nadie se atrevió a hacerle más preguntas". (Mr 12:28-34)

EL OTRO ROSTRO DE LA TERNURA

Mis notas:

L a forma de vestir, la forma de ganarse el reconocimiento de los demás con gestos de cortesía, así como los espacios que se ocupa en las reuniones públicas, forman parte de la "estética del poder" que, tanto ayer como hoy, delatan a los sagaces adalides de la religión (y la política). Jesús delató esas habilidades.

Pero también, y más allá de avisar sobre su perversa estética, denunció su falta ética. Les dijo que eran ladrones que devoraban las haciendas de las viudas, y todo esto bajo el manto de una falsa piedad, con largas oraciones y ritos. Por ser así, no merecían más que un severo castigo divino.

Estas palabras tan crudas, a veces desconciertan, porque no corresponden con esa idea tan difundida por la religiosidad popular (católica y evangélica) que muestra a Jesús como un maestro bueno, tierno y dulce que abraza a los niños, sana a los enfermos y perdona a los pecadores. Pero, ¿Jesús denunciando a los corruptos?

Los evangelistas fueron cuidadosos en mostrarnos las dos caras del rostro tierno del Maestro: rostro tierno que abraza, sana y perdona, y rostro tierno que se indigna ante la injusticia que se comete con quienes más sufren desde el reverso de la historia, en este caso, las viudas.

"Decía también Jesús en su enseñanza:

— Guardaos de esos maestros de la ley, a quienes agrada pasear vestidos con ropaje suntuoso, ser saludados en público y ocupar los lugares preferentes en las sinagogas y los primeros puestos en los banquetes. ¡Esos que devoran las haciendas de las viudas, recitando largas oraciones para disimular, recibirán el más severo castigo!

Estaba Jesús sentado frente al arca de las ofrendas y miraba cómo la gente echaba dinero en ella. Muchos ricos echaban en cantidad. En esto llegó una viuda pobre que echó dos monedas de muy poco valor. Jesús llamó entonces a los discípulos y les dijo:

— Os aseguro que esta viuda pobre ha echado en el arca más que todos los demás. Porque todos los otros echaron lo que les sobraba, pero ella, dentro de su necesidad, ha echado cuanto poseía, todo lo que tenía para vivir". (Mr 12:38-44)

Mis notas:

Jesús oró y enseñó a sus discípulos a orar. La tarea que había emprendido no era política, aunque se cruzaba con las dinámicas políticas del Imperio y sus representantes. Tampoco era la de un activista social, de los que reducen el cambio al diseño de proyectos de transformación comunitaria. Su mensaje iba tras un cambio más profundo, donde las fuerzas humanas y las estrategias sociales son insuficientes.

Su mensaje era la conversión profunda, no religiosa, del corazón. Según él, ahí es donde se anidan los grandes males: los odios, la intolerancia, el despojo y todo lo que ocasiona el desorden social (Mt 15:19). Y, si esta era la tarea, había que acudir a Aquel que lo trascendía, el Padre bueno y justo. Y, en nuestro caso, que nos trasciende y nos permite ir más allá de "lo que da de sí la condición humana" (J. M. Castillo).

La oración es una expresión de humildad, del ser que se reconoce finito. Es señal de confianza, del ser que no se resigna a su finitud y clama al infinito. Es un clamor insistente, que pide justicia y no renuncia, que mantiene la fe hasta el final, aun cuando otros la hayan perdido.

> *"Jesús les contó una parábola para enseñarles que debían orar en cualquier circunstancia, sin jamás desanimarse. Les dijo: — Había una vez en cierta ciudad un juez que no temía a Dios ni respetaba a persona alguna. Vivía también en la misma ciudad una viuda, que acudió al juez, rogándole: "Hazme justicia frente a mi adversario". Durante mucho tiempo, el juez no quiso hacerle caso, pero al fin pensó: "Aunque no temo a Dios ni tengo respeto a nadie, voy a hacer justicia a esta viuda para evitar que me siga importunando. Así me dejará en paz de una vez".*

> *El Señor añadió: — Ya han oído ustedes lo que dijo aquel mal juez. Pues bien, ¿no hará Dios justicia a sus elegidos, que claman a él día y noche? ¿Creen que los hará esperar? Les digo que les hará justicia en seguida. Pero cuando venga el Hijo del hombre, ¿aún encontrará fe en este mundo?". (Lc 18:1-8)*

RELIGIOSIDADES ARROGANTES

Mis notas:

Confiar en sí mismo, considerándose autosuficiente y proyectándose egoísta es, por contradicción, el efecto que producen algunas religiosidades legalistas y rígidas. La parábola del fariseo y el publicano, inicia refiriéndose a estos casos: "A algunos que, confiando en sí mismos, se creían justos y que despreciaban a los demás".

El fariseo era tan religioso que había perdido el sentido de lo humano. Al parecer, solo le interesaba el dios (con minúscula) que, por una plegaria, le devolvía una mentira, la de hacerle creer que era superior a los demás.

La religión, cuando acrecienta la discriminación y hace pensar que el valor de un ser humano se define por su rito o por su Credo, pierde su esencia de humanidad y, al perderla, arruina su principal valor: ayudarnos a ser más sensibles (tiernos) y reconocernos hijos e hijas de un mismo Padre misericordioso (Mt 5:45).

Jesús concluyó la parábola diciendo lo que bien sabemos, que "el que a sí mismo se enaltece será humillado, y el que se humilla será enaltecido".

"A algunos que, confiando en sí mismos, se creían justos y que despreciaban a los demás, Jesús les contó esta parábola: «Dos hombres subieron al templo a orar; uno era fariseo, y el otro, recaudador de impuestos. El fariseo se puso a orar consigo mismo: "Oh Dios, te doy gracias porque no soy como otros hombres —ladrones, malhechores, adúlteros— ni mucho menos como ese recaudador de impuestos. Ayuno dos veces a la semana y doy la décima parte de todo lo que recibo". En cambio, el recaudador de impuestos, que se había quedado a cierta distancia, ni siquiera se atrevía a alzar la vista al cielo, sino que se golpeaba el pecho y decía: "¡Oh Dios, ten compasión de mí, que soy pecador!" »Les digo que este, y no aquel, volvió a su casa justificado ante Dios. Pues todo el que a sí mismo se enaltece será humillado, y el que se humilla será enaltecido»." (Lc 18:9-14)

28
octubre

CIEGOS QUE VEN.
VIDENTES QUE NO PUEDEN

Mis notas:

Acercándose Jesús a Jericó y kilómetros antes de llegar a Jerusalén, un ciego pobre, que estaba sentado junto al camino, escuchó el bullicio y preguntó qué estaba pasando. Era un mendigo. Le respondieron que Jesús de Nazaret iba de paso hacia la capital.

Entonces, se puso a gritar: ¡Jesús, hijo de David, ten compasión de mí! Usó una expresión mesiánica conocida en Israel, hijo de David, con la que se hacía referencia al heredero de las promesas davídicas (Sal 89:29-38).

Este ciego veía lo que los videntes no estaban viendo, entre estos los mismos discípulos, quienes antes de este episodio, ni comprendían, ni entendían lo que el Maestro les decía. Sus palabras eran para ellos "un misterio" (Lc 18:34).

Al ciego, le pidieron que se callara, pero él siguió gritando. Volvió a llamarlo ¡Hijo de David! y repitió su pedido, que tuviera compasión de él. Jesús paró su marcha, se acercó al hombre, le preguntó qué quería y, escuchando la respuesta, lo sanó.

En pocos versículos, este Evangelio nos ofrece numerosos detalles que van más allá de un hecho periodístico, son, como son los demás Evangelios, textos de espiritualidad y teología con intención pastoral y catequética. Nos muestran cómo actúa Jesús, como proceden las personas necesitadas, cuál es la reacción del pueblo, quiénes eran y cómo pensaban los discípulos. Sobre todo, qué significa seguir a Jesús y cuál es su buena nueva.

Mis notas:

El Evangelio nos ofrece una nueva manera de ver. Ante tantas cegueras que nos enajenan (José Saramago las retrató en su Ensayo sobre la ceguera), Jesús nos abre los ojos y sensibiliza la mirada, acerca del prójimo, de Dios y de nosotros mismos. ¡Jesús, hijo de David, ten compasión de nosotros!

"Jesús iba acercándose a Jericó. Y un ciego que estaba sentado junto al camino pidiendo limosna, al oír el alboroto de la gente que pasaba, preguntó qué era aquello. Le contestaron:

— Es que está pasando por aquí Jesús de Nazaret.

Entonces el ciego se puso a gritar: — ¡Jesús, hijo de David, ten compasión de mí!

Los que iban delante le mandaban que callara, pero él gritaba cada vez más: — ¡Hijo de David, ten compasión de mí!

Jesús, entonces, se detuvo y mandó que se lo trajeran. Cuando ya lo tenía cerca, le preguntó: — ¿Qué quieres que haga por ti?

El ciego contestó: — Señor, que vuelva a ver.

Jesús le dijo: — Recobra la vista. Tu fe te ha salvado.

En el mismo instante, el ciego recobró la vista y, dando gloria a Dios, se unió a los que seguían a Jesús. Y todo el pueblo que presenció lo sucedido alabó también a Dios". (Lc 18:35-43)

Mis notas:

En el último tramo del viaje hacia Jerusalén, Jesús se encontró con Zaqueo, un hombre rico, con un cargo destacado entre los recaudadores de impuestos romanos, que quería conocer al Maestro.

Como era de baja estatura y había tanta gente alrededor, se encaramó en un árbol para poderlo ver. Solo quería eso, verlo, sin embargo, para su sorpresa y para desconcierto de todos, Jesús lo volteó a ver y le pidió que lo invitara a su casa.

¡Qué maravilla! Zaqueo solo quería mirarlo, pero, al final, fue Jesús quien quiso mirarlo a él; por eso le pidió ir a su casa. Y, como bajó rápido el árbol y llevó a Jesús a su casa, los fariseos, que no perdían oportunidad para aguar las fiestas, murmuraron contra Jesús porque había ido a la casa de "ese canijo de mala fama".

Zaqueo experimentó el cambio más grande de su vida. Dejó su descarada manera de robar, devolvió lo robado y decidió compartir con los pobres sus bienes. Jesús, al ver esto, declaró que ese día había llegado la salvación a esa casa y que era un hijo de Abraham (hijo de la fe).

En eso consiste la salvación: en ser libre de aquello que nos ata, en soltar lo que nos amarra y en poder bailar, así, sueltos, la danza de la liberación.

"Jesús entró en Jericó e iba recorriendo la ciudad. Vivía allí un hombre rico llamado Zaqueo, que era jefe de recaudadores de impuestos y que deseaba conocer a Jesús. Pero era pequeño de estatura, y la gente le impedía verlo. Así que echó a correr y, adelantándose a todos, fue a encaramarse a un sicómoro para poder verlo cuando pasara por allí. Al llegar Jesús a aquel lugar, miró hacia arriba, vio a Zaqueo y le dijo: —Zaqueo, baja enseguida, porque es preciso que hoy me hospede en tu casa. Zaqueo bajó a toda prisa, y lleno de alegría recibió en su casa a Jesús. Al ver esto, todos se pusieron a murmurar diciendo: —Este se aloja en casa de un hombre de mala reputación. Zaqueo, por su parte, se puso en pie y, dirigiéndose al Señor, dijo: —Señor, estoy decidido a dar a los pobres la mitad de mis bienes y a devolver cuatro veces más a los que haya defraudado en algo. Entonces Jesús le dijo: —Hoy ha llegado la salvación a esta casa, pues también este es descendiente de Abrahán. En efecto, el Hijo del hombre ha venido a buscar y salvar lo que estaba perdido".
(Lc 19:1-10)

¿ELLOS DEPENDÍAN DE ELLAS?

Mis notas:

L a Biblia ofrece un repertorio de personajes que han sido silenciados, ocultados y, en casos, desprestigiados.

En la multiplicación de los panes y los peces, por ejemplo, se ignora la centralidad del muchacho que ofreció sus cinco panes y dos peces. Ni Mateo, ni Marcos, ni Lucas (los llamados evangelios sinópticos) lo mencionan. Solo Juan lo tiene en cuenta (Jn 6:9). Y en el uso pastoral, en muchos casos, tampoco esa referencia de Juan es suficiente para que se reconozca su importancia.

Y ni qué decir de María Magdalena. Basta observar sus representaciones en la teología y el arte cristiano para darse cuenta de su desprestigio (la "santa polivalente").

A esta María, Jesús la sanó y liberó. Fue una seguidora, como los Doce, y una mujer que, junto con Juana, Susana y otras, ayudaba con sus recursos a Jesús... y a sus discípulos. Al parecer, económicamente, ellos dependían de ellas.

"Más tarde, Jesús andaba recorriendo pueblos y aldeas, proclamando la buena noticia del reino de Dios. Lo acompañaban los Doce y algunas mujeres a quienes había liberado de espíritus malignos y de otras enfermedades: María, llamada Magdalena, de la que Jesús había hecho salir siete demonios; Juana, la mujer de Cusa, administrador de Herodes; Susana y muchas otras. Todas ellas ayudaban con sus propios recursos a Jesús y sus discípulos". (Lc 8:1-3)

PROPAGANDISTAS DE FATALIDAD

El Templo era una de las más grandes instituciones de Israel, junto con la Ley y la tierra. Era el centro de la religión y, para muchos, el lugar donde habitaba Dios mismo. A este fervor religioso se sumaba la belleza arquitectónica de aquel lugar, majestuoso y, como tal, inobjetable.

Por eso, lo que dijo Jesús causó extrañeza, que todo el Templo, piedras incluidas, sería destruido. ¡Todo será destruido! Así, sin recato alguno anunció el fin de aquello que para la tradición de su pueblo era tan sagrado. Para él, como ya lo había afirmado otras veces, Dios es superior al Templo y a sus ritos. Lo más importante no son los lugares de adoración, sino las calidades internas con las que se adora (Jn 4:23-24).

Pero advirtió algo más, que se cuidaran de los falsos agoreros religiosos que, en nombre del Dios del Templo anunciaban la catástrofe final del mundo. Gente interesada en propagar miedo (la religión es muy útil para eso) y presentar un supuesto evangelio (con minúscula) de pánico: amenazando con desgracias (unas ciertas y otras infundadas) y proyectando guerras, complots y revoluciones espeluznantes. Cómo si Dios trasmitiera su amor infundiendo terror.

El demonio de las guerras siempre ha estado presente en la historia. No hay que asustarse con las que vendrán, sino advertir las que ya tenemos y discernir las que sucederán, tratando de ser apóstoles de esperanza y no propagandistas de fatalidad. "Tengan cuidado", "no les hagan caso", "no se asusten", dijo Jesús.

"Algunos estaban hablando del Templo, de la belleza de sus piedras y de las ofrendas votivas que lo adornaban. Entonces Jesús dijo: —Llegará un día en que no quedará piedra sobre piedra de todo eso que ustedes están viendo. ¡Todo será destruido! Los discípulos le preguntaron: —Maestro, ¿cuándo sucederá todo esto? ¿Cómo sabremos que esas cosas están a punto de ocurrir? Jesús contestó: —Tengan cuidado, no se dejen engañar. Porque vendrán muchos en mi nombre, diciendo: «Yo soy» o «El momento ha llegado». No les hagan caso. Cuando ustedes oigan noticias de guerras y revoluciones, no se asusten. Aunque todo eso ha de suceder primero, todavía no es inminente el fin. Les dijo también: —Se levantarán unas naciones contra otras, y unos reinos contra otros; por todas partes habrá grandes terremotos, hambres y epidemias, y en el cielo se verán señales formidables". (Lc 21:5-11)

MUNDO DESALMADO

Ante las calamidades y catástrofes, las que padecemos y las que se avecinan, ¿qué hacer? Jesús había dicho que los suyos debían cuidarse de aquellos falsos profetas que se aprovechan de estos eventos aciagos para sembrar miedo o para presentarse como representantes de Dios (Lc 21:8-9). En lugar de desaliento, hay que esparcir esperanza y en lugar de odio, amor.

Mis notas:

Pero, dijo algo más: que cuando llegan esos desastres, muchos ocasionados por el egoísmo humano y la avaricia de poder (guerras, hambres y epidemias), los que permanecen fieles al Evangelio de Jesús pueden sufrir persecución. Es probable que cuando se escribió este Evangelio, algunos cristianos y cristianas ya sufrían persecución en Palestina.

Por lo tanto, Jesús les pide que su fe se mantenga incólume, sin importar que los adversarios sean los poderosos: reyes, sacerdotes y otros gobernantes (juntos causan mucho mal). En esto consiste dar testimonio de la fe, en vivir con el atrevimiento, pero también con la confianza con la que vivió el Maestro (en el idioma griego, hay una estrecha relación entre las palabras testigo y mártir).

Quien tiene una fe así, no claudica. Confía en el Señor y está seguro de que, cuando crezcan las pruebas, le infundirá valor y le dará sabiduría. Quien persevera de esta manera, salva su alma y ayuda a que este mundo desalmado salve la suya.

"Pero, antes de todo esto, os echarán mano y os perseguirán, entregándoos a las sinagogas y cárceles y llevándoos ante reyes y gobernadores por mi nombre; esto os sucederá para que deis testimonio.

Proponed, pues, en vuestro corazón no preparar la defensa, porque yo os daré una elocuencia y una sabiduría a la que no podrán resistir ni contradecir todos vuestros adversarios.

Seréis entregados por padres, hermanos, parientes y amigos, y matarán a algunos de vosotros,

y seréis odiados de todos por causa de mi nombre. Pero no perecerá ni un cabello de vuestra cabeza.

Con vuestra perseverancia salvaréis vuestras almas".
(Lc 21:12-19)

Mis notas:

Se le conoce como el discurso escatológico y se ubica en Jerusalén, según el Evangelio de Lucas, inmediatamente después de la ofrenda de la viuda pobre (Lc 21:5-36). Jesús habla acerca del fin de los tiempos y de los signos que lo anunciarán. Por aquel entonces, pululaban los predicadores apocalípticos que, como casi siempre, vaticinaban el fin para infundir miedo.

Ahora, lo hace Jesús, para corregir ese tono desesperanzador y, por el contrario, anunciar esperanza e invitar a vivir el Evangelio con radicalidad, cualesquiera sean las circunstancias que se vivan. En su discurso habló de la destrucción del Templo (porque el que trasciende la historia es Dios, no sus lugares de adoración) y, entre otras cosas más, narró una parábola.

La figura que usó fue la de una higuera. Les enseñó que, así como ellos podían pronosticar la llegada del verano observando las plantas, así debían discernir los tiempos de Dios y de la historia, es decir, ver a Dios actuando en ella. Quien discierne así, puede vivir con plenitud (este es el propósito del mensaje de Jesús), sin dejarse esclavizar de nada, ni de nadie. "Estad atentos y no dejéis que os esclavicen…".

"Y les puso este ejemplo:

— Fijaos en la higuera y en los demás árboles. Cuando veis que comienzan a echar brotes, conocéis que el verano ya está cerca. Pues de la misma manera, cuando veáis que se realizan estas cosas, sabed que el reino de Dios está cerca. Os aseguro que no pasará la actual generación sin que todo esto acontezca. El cielo y la tierra pasarán, pero mis palabras no pasarán. Estad atentos y no dejéis que os esclavicen el vicio, las borracheras o las preocupaciones de esta vida, con lo que el día aquel caería por sorpresa sobre vosotros. Porque será como una trampa en la que quedarán apresados todos los habitantes de la tierra. Vigilad, pues, y no dejéis de orar, para que consigáis escapar de lo que va a suceder y podáis manteneros en pie delante del Hijo del hombre". (Lc 21:29-36)

EL REINO
AL REVÉS

Mis notas:

En los Evangelios, sobre todo los de Mateo y Marcos, se presenta a los discípulos —a los varones, no ASÍ a las mujeres que viajaban con él— como personas interesadas en el poder; no en el poder del servicio, sino en el otro, el de los reyes y poderosos. Rasgo por cierto común y muy humano.

Ellos lo veían hacer manifestaciones poderosas, sanar a los enfermos, resucitar a los muertos, convertir el agua en vino, dejar libres a los oprimidos por el mal y desconcertar a los opositores. ¡Quién no quisiera un poder así!

Y, en una ocasión, se le acercaron a Jesús y le preguntaron, sin vergüenza alguna, quién de ellos sería el más importante en el reino de los cielos (Mt 17:1). Jesús respondió con la maestría de un sabio. Llamó a un niño y lo puso en medio de ellos. Y en ese escenario de pedagogía vivencial les dijo (también sin vergüenza alguna) que, si ellos no renunciaban a sus ambiciones de poder humano, ni siquiera podrían entrar al reino. ¡Y ellos que estaban pensando en ser los más importantes!

Les dijo, en síntesis, que debían volverse como niños, porque en el reino el más importante es el que se vuelve pequeño, como aquel niño en medio de ellos. Además, que acoger a un niño y celebrar la pequeñez, era acogerlo a él mismo.

Este es "el reino al revés" (D.B. Kraybill), donde el que se hace más pequeño llega a ser el más grande. Es el reino que modeló Jesús: el más grande Maestro y amoroso Pastor.

"En aquella ocasión, los discípulos se acercaron a Jesús y le preguntaron: — ¿Quién es el más importante en el reino de los cielos?

Jesús llamó a un niño y, poniéndolo en medio de ellos, dijo: — Os aseguro que, si no cambiáis de conducta y volvéis a ser como niños, no entraréis en el reino de los cielos. El más importante en el reino de los cielos es aquel que se vuelve pequeño como este niño. Y el que recibe en mi nombre a un niño como este, a mí me recibe". (Mt 17:1-5)

4
noviembre

Mis notas:

Una de las más animadas discusiones entre los maestros de la ley en la época de Jesús, era dónde se encontraba la máxima autoridad espiritual o quiénes eran los supremos representantes de Dios.

Las respuestas más populares eran que esa potestad, si era escrita, la tenían los libros de la Ley y los profetas; si se trataba del lugar, estaba en el Templo de Jerusalén y, si se preguntaba por una tierra, esa era la de Israel. Estas eran las tres grandes instituciones de Israel: la ley, el Templo y la tierra.

Precisamente por lo anterior, Jesús tuvo enconadas polémicas con los representantes de esa religión, porque se atribuía una autoridad que, según ellos, no tenía. Y, para colmo de males, se declaraba el enviado de Dios (Jn 7:28-29), reinterpretaba la Ley (Mt 5:43-48) y cuestionaba la supremacía de Israel (Lc 4:25-30).

En una ocasión, tres de sus discípulos, presenciaron una revelación excepcional acerca de su autoridad: Jesús se les apareció junto a Moisés (representante de la Ley) y Elías (representante de los profetas). Y escucharon una voz que declaraba: "Este es mi Hijo amado, en quien me complazco. Escúchenlo".

El cristianismo invita a escuchar a Jesús quien es la Palabra encarnada. Ante él, que calle Moisés y guarde silencio Elías. Qué callen también quienes, hoy como ayer, se atribuyan la autoridad divina, se sientan herederos del cielo y fiduciarios de la verdad.

"Seis días después, Jesús tomó aparte a Pedro y a los hermanos Santiago y Juan y los llevó a un monte alto. Allí se transfiguró en presencia de ellos. Su rostro resplandeció como el sol y su ropa se volvió blanca como la luz. En esto, los discípulos vieron a Moisés y Elías conversando con él. Pedro dijo a Jesús: — ¡Señor, qué bien estamos aquí! Si quieres, haré aquí tres cabañas: una para ti, otra para Moisés y otra para Elías. Aún estaba hablando Pedro, cuando quedaron envueltos en una nube luminosa de donde procedía una voz que decía: — Este es mi Hijo amado, en quien me complazco. Escúchenlo. Al oír esto, los discípulos se postraron rostro en tierra, sobrecogidos de miedo. Pero Jesús, acercándose a ellos, los tocó y les dijo: — Levántense, no tengan miedo. Ellos alzaron los ojos, y ya no vieron a nadie más que a Jesús. Mientras bajaban del monte, Jesús les ordenó: — No cuenten esta visión a nadie hasta que el Hijo del hombre haya resucitado". (Mt 17:1-9)

OPINIONES QUE MATAN

L a confrontación entre lo que afirman los maestros de la ley y lo que ocurre en la realidad del reino, continúa. Ellos creen conocer los tiempos de Dios y piensan que hasta el mismo Dios debe sujetarse a sus pronósticos. Pretenden ser los dueños de los misterios eternos.

Pero la verdad es que, cuando ellos predicen que algo va a suceder, eso ya sucedió. Y cuando creen que algo va a pasar en primer lugar, pasa al final. Cuando ellos hablan de Elías, la historia indica que el personaje es Juan el Bautista. No aciertan, pero aún insisten en poseer el monopolio de la fe. Esas equivocaciones no serían graves si fueran simples opiniones para debatir en círculos académicos; pero lo son, y mucho, porque conducen a decisiones que trastocan la vida de la gente.

Los desaciertos proféticos de los maestros de la ley impidieron que el pueblo reconociera la identidad de Juan el Bautista y por eso «hicieron con él todo lo que quisieron» (17:12)… de igual manera actuarían también con el Hijo del hombre.

Equivocarse en materia de religión o teología muchas veces el resultado será grave y su costo, alto. Baste recordar las consecuencias de las Cruzadas, la quema de herejes, las guerras santas de ayer y las invasiones imperialistas de hoy.

La religión no es un fenómeno sin envergadura en el desarrollo de los pueblos; define la vida de personas concretas y permea la cultura… para bien o para mal.

> *«Entonces los discípulos le preguntaron a Jesús: —¿Por qué dicen los maestros de la ley que Elías tiene que venir primero? —Sin duda Elías viene, y restaurará todas las cosas —respondió Jesús—. Pero les digo que Elías ya vino, y no lo reconocieron, sino que hicieron con él todo lo que quisieron. De la misma manera va a sufrir el Hijo del hombre a manos de ellos. Entonces entendieron los discípulos que les estaba hablando de Juan el Bautista».*

Mis notas:

Mis notas:

Jesús lo seguían las multitudes, sobre todo las provenientes de los sectores más pobres de los poblados de la vieja Palestina. Eran personas necesitadas, no tanto de escuchar discursos elocuentes, sino de alguien que se identificara con ellas y resolviera sus carencias.

No les interesaba escuchar nuevas explicaciones celestiales, sino calmar el hambre, encontrar aceptación humana (inclusión social) y sanar sus dolencias físicas. A estos tres asuntos dedicó Jesús gran parte de su tiempo.

Esto de actuar, a los discípulos, no les resultaba tan fácil, ni natural. En una ocasión dijeron que no lo hacían porque para eso se necesitaba dinero (Mr 6:37). En otra ocasión actuaron, pero, por falta de fe, sus acciones fallaron.

Así como la fe conduce a la acción, esas acciones necesitan fe. Con un poco de fe se puede hacer mucho. Es fe lo que se necesita, más que dinero, o poder. La fe remueve montañas, sensibiliza el corazón y trasforma la vida; la nuestra y la de las personas más necesitadas.

"Cuando volvieron a donde estaba la gente, un hombre se acercó a Jesús y, puesto de rodillas delante de él, le dijo: — Señor, ten compasión de mi hijo. Le dan ataques que le hacen sufrir lo indecible y muchas veces se arroja al fuego o al agua. Lo he traído a tus discípulos, pero no han podido sanarlo. Jesús exclamó: — ¡Gente incrédula y perversa! ¿Hasta cuándo habré de estar entre ustedes? ¿Hasta cuándo tendré que soportarlos? Tráiganme aquí al muchacho. En seguida dio una orden, salió del muchacho el demonio y en aquel mismo instante quedó curado. Más tarde se acercaron a Jesús los discípulos y le preguntaron aparte: — ¿Por qué nosotros no pudimos expulsar ese demonio? Jesús les contestó: — Porque ustedes no tuvieron fe. Les aseguro que si tuvieran fe, aunque solo fuera como un grano de mostaza, le dirían a este monte: "¡Quítate de ahí y ponte allí!", y el monte cambiaría de lugar. Nada les resultaría imposible." (Mt 17:14-20)

ANTE TODO, LIBERTAD

Mis notas:

Jesús, ante sus discípulos, anuncio en varias ocasiones que lo iban a matar. La primera vez, Pedro trató de disuadirlo. "¡Que nada de eso te pase, Señor!" (Mt 16:22). En otra ocasión, estando en Galilea, el Maestro repitió el anuncio, entonces el grupo se entristeció. ¡No había nada más que hacer! Jesús había entendido que el precio de la libertad (para decir, hacer y ser lo que debía), en su caso, se iba a pagar con su vida.

Después de este episodio, y estando en Capernaum, se acercaron a Pedro los encargados de recaudar los impuestos del Templo para preguntarle si Jesús lo pagaba. Les dijo que sí. Jesús cumplía con el impuesto religioso (no era un impuesto civil).

¿Cómo explicar que ese mismo Jesús que por su libertad entregaba la vida, se sometiera al pago del impuesto del Templo? ¿Su libertad no le hubiera permitido rebelarse contra ese pago injusto? El Templo se había convertido en una "cueva de ladrones" (Lc 19:46).

La explicación que les dio el mismo Jesús es que lo pagaba "para que nadie se ofendiera" (Mt 17:27). Es decir, una persona libre decide cuándo, dónde y contra quién sublevarse. Y cuándo, dónde y contra quien actuar con sabia prudencia. Es la vida que solo logra quien transita por los senderos del Espíritu (Mt 4:1).

"Estando todos reunidos en Galilea, Jesús dijo a sus discípulos: — El Hijo del hombre va a ser entregado a hombres que lo matarán, pero al tercer día resucitará. Al oír esto, los discípulos se entristecieron mucho. Cuando llegaron a Capernaum, se dirigieron a Pedro los encargados de recaudar los impuestos del Templo y le preguntaron: — ¿No paga el Maestro de ustedes el impuesto del Templo? Pedro les contestó: — Sin duda que sí. Más tarde, al llegar Pedro a casa, Jesús lo abordó, diciéndole: — Simón, ¿qué te parece? Los reyes de este mundo, ¿de quiénes perciben impuestos y tributos? ¿De sus propios súbditos o de los extranjeros? Pedro contestó: — De los extranjeros. Y Jesús añadió: — Por tanto, los súbditos están exentos. Pero, en fin, para que nadie se ofenda, acércate al lago y echa el anzuelo al agua. En la boca del primer pez que pesques encontrarás la moneda precisa. Págales con ella el impuesto por ti y por mí". (Mt 17:22-27)

Mis notas:

En la teología tradicional del pecado y del perdón se ha hablado mucho de los pecados contra Dios y poco de los pecados que se cometen contra los seres humanos.

Esto explica que para muchas comunidades de fe (católicas, evangélicas y otras) sea más grave una blasfemia dicha contra Dios por una persona ebria, que un abuso cometido contra un niño por una persona sobria. El pecado contra Dios escandaliza, el otro se banaliza. Son consideradas graves las palabras del hereje, no así los delitos del maltratador.

Jesús, corrector de vida y modelo de existencia plena, habló, casi que exclusivamente, de las ofensas contra el hermano (Lc 6:37; Mt 18:15; Mr 11:25). Ofende a Dios quien maltrata al prójimo, quien actúa de manera injusta hacia él (Am 8:4-6) y quien desconoce su dignidad.

El ser humano es la imagen de Dios. Por eso, amarlo es amar a Dios; ultrajarlo es ultrajar a Dios, y perdonándolo se encuentra el perdón del Señor (1 Jn 4:20).

Ireneo De Lyon (130-202) enseñaba: "Gloria Dei, vivens homo" (La gloria de Dios es que el ser humano viva).

"Pedro, acercándose entonces a Jesús, le preguntó: — Señor, ¿cuántas veces he de perdonar a mi hermano si me ofende? ¿Hasta siete veces? Jesús le contestó: — No te digo hasta siete veces, sino hasta setenta veces siete. Y es que el reino de los cielos puede compararse a un rey que quiso hacer cuentas con la gente que tenía a su servicio. Para empezar, se le presentó uno que le debía diez mil talentos. Y como no tenía posibilidades de saldar su deuda, el amo mandó que los vendieran como esclavos a él, a su esposa y a sus hijos junto con todas sus propiedades, para que así saldara la deuda. El siervo cayó entonces de rodillas delante de su amo, suplicándole: "Ten paciencia conmigo, que yo te lo pagaré todo".

Mis notas:

El amo tuvo compasión de su siervo; le perdonó la deuda y lo dejó ir libremente. Pero, al salir, aquel siervo se encontró con uno de sus compañeros, que le debía cien denarios. Lo sujetó violentamente por el cuello y le dijo: "¡Págame lo que me debes!". Su compañero se arrodilló delante de él, suplicándole: "Ten paciencia conmigo, que yo te lo pagaré". Pero el otro no quiso escucharlo, sino que fue y lo hizo meter en la cárcel hasta que liquidara la deuda. Los demás siervos, al ver todo esto, se sintieron consternados y fueron a contarle al amo lo que había sucedido. Entonces el amo hizo llamar a aquel siervo y le dijo: "Siervo malvado, yo te perdoné toda aquella deuda porque me lo suplicaste; en cambio tú no has querido compadecerte de tu compañero como yo me compadecí de ti". Y, encolerizado, el amo ordenó que fuera torturado hasta que toda la deuda quedara saldada. Esto mismo hará mi Padre celestial con aquel de ustedes que no perdone de corazón a su hermano". (Mt 18:21-35)

Mis notas:

Los opositores religiosos de Jesús andaban al acecho buscando que dijera algo incoherente, contradictorio o "incorrectamente teológico". Se acercaban con preguntas capciosas, no para aprender, sino para tenderle trampas.

En una ocasión le hicieron una pregunta sobre un tema polémico, el del divorcio: ¿se le permite al hombre separarse de su mujer por cualquier motivo? (Nótese que no indagaron por lo permitido para la mujer, sino para el hombre).

Jesús salió de la trampa citando los textos sagrados. Y, ante una segunda pregunta, su argumento fue señalar la inconsecuencia del corazón humano. Es decir, Dios tenía un ideal (libro de Génesis), pero legisló por medio de Moisés una alternativa para cuando el ideal no pudiera alcanzarse (libro de Deuteronomio). Jesús respondió alternando el texto sagrado con la realidad humana. Pero faltaba algo más.

Al final, les dijo algo insólito que debió escandalizarlos. Puso en igualdad de derechos y condiciones a las mujeres y a los varones. Habló del varón que se separa de su mujer e infringe la ley. Esta era una afirmación explosiva puesto que los fariseos sostenían el derecho unilateral del varón (siguiendo la escuela rabínica de Hillel).

Texto sagrado, realidad humana e igualdad de derechos fue, en este caso, la fórmula para responder las preguntas de los fiscales. Fórmula teológica que ayudaría a dilucidar las trampas religiosas, morales y teológicas en las que nos hemos enfrascado hoy.

"En esto, se le acercaron unos fariseos que, para tenderle una trampa, le preguntaron: — ¿Le está permitido al hombre separarse de su mujer por un motivo cualquiera? Jesús les contestó: — Ustedes han leído que Dios, cuando creó al género humano, los hizo hombre y mujer y dijo: Por esta razón dejará el hombre a sus padres, se unirá a una mujer y ambos llegarán a ser como una sola persona. De modo que ya no son dos personas, sino una sola. Por tanto, lo que Dios ha unido, no debe separarlo el ser humano. Ellos le dijeron: — Entonces, ¿por qué dispuso Moisés que el marido dé a la mujer un acta de divorcio cuando vaya a separarse de ella? Jesús les contestó: — A causa de que ustedes son incapaces de entender los planes de Dios, Moisés consintió en que se separasen de sus esposas; pero al principio no era así. Y yo les digo esto: el que se separe de su mujer (a no ser en caso de inmoralidad sexual) y se case con otra, comete adulterio". (Mt 19:3-9)

Entre los contemporáneos de Jesús era común pensar —como aún muchos piensan hoy— que había personas que valían más que otras: el varón más que la mujer, el joven más que el anciano, el nativo más que el migrante y el adulto más que el niño.

Los niños y niñas se ubicaban en las escalas inferiores de valor y de respeto. Por eso, cuando un grupo de ellos se acercó a Jesús para que orara y les impusiera las manos, los discípulos reprendieron a quienes los traían. Valían poco.

Para los discípulos, la persona de valor era Jesús y no se le debía deshonrar con tanto bullicio irreverente. Jesús les llamó la atención y se enojó con ellos por su actitud (Mr 10:14). Y agregó algo insólito: que eso niños eran una metáfora del reino de los cielos, porque ese reino le pertenece a los que son como ellos.

Los discípulos querían defender a Jesús y, quizá ese día aprendieron, que a quien debían defender era a los niños, a los pequeños, a las personas que son tratadas como insignificantes del mundo.

En esto también consiste la defensa de la fe: en proteger a quienes defiende Jesús y su Evangelio.

"Por entonces le presentaron unos niños a Jesús para que orara poniendo las manos sobre ellos. Los discípulos reñían a quienes los llevaban, pero Jesús dijo: — Dejen que los niños vengan a mí y no se lo impidan, porque el reino de los cielos es para los que son como ellos. Y después de poner las manos sobre los niños, se fue de allí".
(Mt 19:13-15)

Mis notas:

UN JESÚS ASÍ, CAUSA AFLICCIÓN

En el Evangelio de Mateo sobresalen las polémicas con los líderes religiosos, en algunos casos llamados fariseos hipócritas. Esta calificación aparece casi quince veces.

Pero ese conflicto entre religiosidad añeja y el Evangelio fresco de Jesús también se presenta en otras narraciones, donde los personajes no son jerarcas religiosos, sino fieles, comunes y corrientes, que practican una fe estricta, legalista y severa.

Este es el caso de un joven rico que creía estar agradando a Dios por cumplir "al pie de la legra" los mandamientos. Creía en Dios, pero creía mucho más en su propio fervor religioso. Su duda era cómo obtener la vida eterna (inquietud representativa de estos temperamentos religiosos).

Jesús le recomendó algo que entristeció al rico: que pensara en las personas pobres y fuera con ellos generoso, dadivoso y solidario. Y que después, volviera y lo siguiera. Entonces, el joven se marchó muy afligido.

Jesús aflige a los orgullosos y llena de alegría a los humildes (Mt.5:5). Su camino no es el de la observancia religiosa que tiene como centro a un Dios abstracto e insensible. Es de la generosidad humana que, con el favor de Dios, piensa en los demás y los sirve con alegría.

"En cierta ocasión, un joven vino a ver a Jesús y le preguntó: — Maestro, ¿qué he de hacer de bueno para alcanzar la vida eterna? Jesús le respondió: — ¿Por qué me preguntas acerca de lo bueno? Solo uno es bueno. Si quieres entrar en la vida, cumple los mandamientos. Dijo el joven: — ¿Cuáles? Jesús le contestó: — No matarás, no cometerás adulterio, no robarás, no darás falso testimonio, honra a tu padre y a tu madre y ama al prójimo como a ti mismo. El joven respondió: — Todo eso ya lo he cumplido. ¿Qué otra cosa debo hacer? Jesús le dijo: — Si quieres ser perfecto, vete a vender lo que posees y reparte el producto entre los pobres. Así te harás un tesoro en el cielo. Luego vuelve y sígueme. Cuando el joven oyó esto, se marchó entristecido porque era muy rico". (Mt 19:16-22)

SU VIDA,
NOS INFUNDE VIDA

Mis notas:

Después del episodio del joven rico, Jesús hizo una declaración enfática que sorprendió a los discípulos y nos sigue desconcertando hoy. Dijo que era casi imposible que los ricos entraran en el reino de los cielos. "Para muestra un botón": el muchacho de marras (Mt 16:16-22).

Ante esa afirmación, los discípulos le preguntaron quién, entonces, podría salvarse. Porque, al fin y al cabo, todos podemos llevar un egoísta disimulado o un ambicioso disfrazado de piedad.

Jesús respondió con una máxima que solo entenderán quienes, como los discípulos, reconozcan su insuficiencia espiritual: "Para los seres humanos es imposible, pero para Dios todo es posible". En otras palabras, vivir como Jesús nos pide no es una hazaña de ejercicio voluntarista.

Vivir el Evangelio solo es posible por medio de la gracia del Espíritu y la acción misteriosa del amor de Dios que actúa en nosotros. "Es Dios mismo quien realiza en ustedes el querer y el hacer, más allá de la buena disposición que tengan." (Flp 2:13).

La vivencia del Evangelio no es un proyecto humano de gestión social. Va más al fondo, al fondo del corazón, donde solo se llega por una experiencia viva con el Resucitado, quien de su vida nos infunde vida.

"Entonces Jesús dijo a sus discípulos: — Les aseguro que a los ricos les va a ser muy difícil entrar en el reino de los cielos. Lo repito a ustedes: es más fácil para un camello pasar por el ojo de una aguja que para un rico entrar en el reino de los cielos. Los discípulos se quedaron muy sorprendidos al oír esto, y le preguntaron: — Pues, en ese caso, ¿quién podrá salvarse? Jesús los miró y les dijo: — Para los seres humanos es imposible, pero para Dios todo es posible. Entonces intervino Pedro y le preguntó: — Tú sabes que nosotros lo hemos dejado todo para seguirte; ¿qué recibiremos por ello? Jesús le respondió: — Les aseguro que el día de la renovación de todas las cosas, cuando el Hijo del hombre se siente en su trono glorioso, ustedes, los que me han seguido, se sentarán también en doce tronos para juzgar a las doce tribus de Israel. Y todos los que hayan dejado casas, hermanos, hermanas, padre, madre, hijos o tierras por causa de mí, recibirán el ciento por uno de beneficio y la herencia de la vida eterna. Muchos que ahora son primeros, serán los últimos, y muchos que ahora son últimos, serán los primeros". (Mt 19:23-30)

LA NORMALIDAD DE NUESTRAS SOCIEDADES ANORMALES

Mis notas:

El tema primordial de Jesús fue el reino de Dios. La mayoría de sus parábolas se propusieron explicar en qué consistía ese reino, cómo operaba en la práctica social y cuáles eran sus aspiraciones.

Nunca definió el reino, solo lo ilustró, lo modeló con su propia vida y afirmó que con su presencia, ese reino se había inaugurado (Mr 1:15). Algunas de sus parábolas, aunque dichas en lenguaje coloquial, no eran suficientes para descifrar todo el profundo significado del reino.

Es un reino paradójico, a veces contradictorio y no pocas veces ilógico. Va en contravía de lo que se considera razonable, prudente, sensato y efectivo. Contradice estas razones de la normalidad de nuestras sociedades anormales.

En una de las parábolas se presentó a un amo que le pagó el salario establecido legalmente a una persona que trabajó la jornada completa. Pero, cuando ya terminaba el día, decidió pagarle lo mismo por una hora a un desempleado que deambulaba por la plaza. ¡Eso es injusto! reclamaron los de la jornada completa. Y el amo respondió que eso no era injusto, sino generoso y que esa liberalidad no debería provocar envidia.

Así es el reino que, como principio de vida social ayudaría a construir una "normalidad diferente": basada en el principio de la generosidad, en lugar del egoísmo legitimado por la ley; del amor, en lugar del odio naturalizado por las prácticas culturales, y de la gracia desbordante de Dios, en lugar del rigor implacable de los códigos establecidos por algunos sistemas religiosos.

"Se presentaron, pues, los que habían comenzado a trabajar sobre las cinco de la tarde y cada uno recibió el salario correspondiente a una jornada completa. Entonces los que habían estado trabajando desde la mañana pensaron que recibirían más; pero, cuando llegó su turno, recibieron el mismo salario. Así que, al recibirlo, se pusieron a murmurar contra el amo diciendo: "A estos que solo han trabajado una hora, les pagas lo mismo que a nosotros, que hemos trabajado toda la jornada soportando el calor del día". Pero el amo contestó a uno de ellos: "Amigo, no te trato injustamente. ¿No convinimos en que trabajarías por esa cantidad? Pues tómala y vete. Si yo quiero pagar a este que llegó a última hora lo mismo que a ti, ¿no puedo hacer con lo mío lo que quiera? ¿O es que mi generosidad va a provocar tu envidia?". Así, los que ahora son últimos serán los primeros, y los que ahora son primeros serán los últimos". (Mt 20:1-16)

CON PODER
PARA VIVIR SIN OPRIMIR
NI ABUSAR

L a madre de Jacobo y Juan (¿la tía de Jesús?) le pidió al Maestro algo que no debía y que además tampoco sabía lo que significaba eso que estaba pidiendo: que sus dos hijitos ocuparan los puestos más destacados en el futuro reino de los cielos.

Ni ella sabía lo que estaba pidiendo, ni Jesús era el encargado de asignar esos puestos. Los discípulos en general no comprendían el mensaje de Jesús acerca del poder. Creían en el poder para mandar, como los gobernantes, y no en el poder para servir, como Jesús.

El Evangelio es un mensaje de poder. Eso es verdad, de poder para servir y donar la vida. Es el poder del amor, que trasforma nuestra ambición egoísta y nos hace libres para la entrega. ¡Se necesita mucho poder para vivir así!

"... Entonces la madre de Jacobo y de Juan, junto con ellos, se acercó a Jesús y, arrodillándose, le pidió un favor. —¿Qué quieres? —le preguntó Jesús. —Ordena que en tu reino uno de estos dos hijos míos se siente a tu derecha y el otro a tu izquierda. —Ustedes no saben lo que están pidiendo —les replicó Jesús—. ¿Pueden acaso beber el trago amargo de la copa que yo voy a beber? —Sí, podemos. —Ciertamente beberán de mi copa —les dijo Jesús—, pero el sentarse a mi derecha o a mi izquierda no me corresponde concederlo. Eso ya lo ha decidido mi Padre. Cuando lo oyeron los otros diez, se indignaron contra los dos hermanos. Jesús los llamó y les dijo: —Como ustedes saben, los gobernantes de las naciones oprimen a los súbditos, y los altos oficiales abusan de su autoridad. Pero entre ustedes no debe ser así. Al contrario, el que quiera hacerse grande entre ustedes deberá ser su servidor, y el que quiera ser el primero deberá ser esclavo de los demás; así como el Hijo del hombre no vino para que le sirvan, sino para servir y para dar su vida en rescate por muchos". (Mt 20:17-28)

Mis notas:

CON LA SENCILLEZ DE LAS PALOMAS

Mis notas:

Después de que Jesús tumbara las mesas de los cambistas del Templo, "los dueños" del mismo (los jefes de los sacerdotes), le hicieron el reclamo. Usaron la diplomacia propia de los farsantes. Le preguntaron ¿con qué derecho hacía eso y quién lo había autorizado?

Para estos, la religión se reduce a asuntos de derecho y autoridad. Y, en el fondo, lo que le reclaman es por qué no había acudido a ellos para tener ese derecho y contar con su autoridad. Son, según su propio concepto, fiduciarios de Dios.

Jesús respondió con la astucia de las serpientes y la sencillez de las palomas (Mt 10:6). Era, según su enseñanza, la forma de responder a los lobos (Mt 7:15). Les hizo una pregunta capciosa, muy difícil de que la respondieran porque, fuera cual fuera su respuesta, iban a enfrentar un serio problema político con la gente que los estaba escuchando. Entonces, respondieron con un avispado: "No lo sabemos".

Esa imagen quedó en la memoria de las primeras comunidades cristianas, las que, en ese momento, trataban de escapar de la persecución de estos mismos lobos.

Preguntan lo que no deben, responden lo que no saben y callan lo que sí conocen. Pretenden que Dios guarde silencio, que su Hijo los patrocine y que el pueblo les crea. Ese es su Credo; su único credo.

"Jesús entró en el Templo y mientras enseñaba se le acercaron los jefes de los sacerdotes y los ancianos del pueblo y le preguntaron:
— ¿Con qué derecho haces tú todo eso? ¿Quién te ha autorizado para ello?
Jesús les contestó:
— Yo también voy a preguntaros una cosa. Si me respondéis, os diré con qué derecho hago todo esto. ¿De quién recibió Juan el encargo de bautizar: del cielo o de los hombres?
Ellos se pusieron a razonar entre sí: "Si contestamos que lo recibió de Dios, él nos dirá: '¿Por qué, pues, no le creísteis?' Y si decimos que lo recibió de los hombres, corremos el peligro de la reacción del pueblo, porque todos tienen a Juan por profeta". Así que respondieron a Jesús:
— No lo sabemos.
A lo que él replicó:
— Pues tampoco yo os diré con qué derecho hago todo esto".
(Mt 21:23-27)

En la parábola del Hijo Pródigo, Jesús usa la comparación de "un padre que tenía dos hijos". No es la única vez que la emplea. Hay otro padre que tenía dos hijos y era dueño de una viña. A este papá le ocurrió algo inusual.

Cuando le dijo a uno de ellos que fuera a trabajar a la viña, este le respondió que no quería ir, pero, para sorpresa del padre, fue. El segundo hijo, en cambio, cuando le pidió lo mismo, le respondió de inmediato que sí, que iría… pero no fue.

El primero dijo que no, pero sí. El segundo, que sí, pero no. Entonces Jesús, al terminar la narración les preguntó a los jefes de los sacerdotes y otros de sus jerarcas (Mt 21:23), cuál de los dos había cumplido la voluntad del padre. Respondieron que el primero.

Hasta allí la historia, pero después, vino lo mejor. Jesús les dijo que los recaudadores de impuestos y las prostitutas representaban al primer hijo. Y que entrarían en el reino de Dios antes que ellos (si acaso ellos entrarían). ¡Se los dijo en su propia cara!

El reino no es para los que dicen tener fe, sino para los que la tienen. No es para los que parlotean, sino para los que actúan. No pertenece al dominio de la demagogia, ni de la apariencia. Por eso, los indeseables de aquí son aceptados allá. Entran primero los que han sido despreciados, que sus despreciadores. Aquellos creyeron.

"¿Qué os parece? Una vez, un hombre que tenía dos hijos le dijo a uno de ellos: "Hijo, hoy tienes que ir a trabajar a la viña". El hijo contestó: "No quiero ir". Pero más tarde cambió de idea y fue. Lo mismo le dijo el padre al otro hijo, que le contestó: "Sí, padre, iré". Pero no fue. Decidme, ¿cuál de los dos cumplió el mandato de su padre?

Ellos respondieron: — El primero.

Y Jesús añadió:

— Pues os aseguro que los recaudadores de impuestos y las prostitutas van a entrar en el reino de Dios antes que vosotros. Porque vino Juan mostrando con su vida cómo se debe cumplir la voluntad de Dios, y no le creísteis; en cambio, sí le creyeron los recaudadores de impuestos y las prostitutas. Y vosotros lo visteis, pero ni aun así cambiasteis de actitud dándole crédito". (Mt 21:28-32)

Mis notas:

17
noviembre

BUSCAR LO BUENO,
DE MANERA BUENA

Mis notas:

Son varias las parábolas que usan la comparación de una viña, una cosecha, un dueño y unos criados. La lección central se teje alrededor de los frutos. Así por ejemplo, en la parábola de la higuera estéril (Lc 13:6-9) se le acusa de no producir higos, por lo que el dueño le pide a su cuidador que la corte. ¿Para qué ocupar un terreno inútil?

Pero, en otra parábola (Mt 21:33-43) el problema no está en el fruto, sino en los cuidadores. El disgusto no es por la rentabilidad, sino por el comportamiento cruel e inhumano de los eficientes labradores.

Jesús deja en claro que en su reino se cuida tanto el qué como el cómo, la meta como el medio, lo que se busca y también la forma como se busca. Porque, por ejemplo, ¿qué sentido evangélico tiene cuidar la fe eliminando a los disidentes (herejes)? Como sucedió en la Santa Inquisición. O ¿qué tan cristiano es promover el Evangelio intimidando a los evangelizados? Como sucedió en la Conquista de América.

El Evangelio no solo busca cosas buenas, sino que también las busca de buenas maneras. No hay lugar para los sectarios que brillan por su eficiencia, ni los dogmáticos que se destacan por su efectividad. En la viña del Señor se debe labrar como Él labró (1 Jn 2:6).

"Escuchen esta otra parábola: Una vez un padre de familia plantó una viña, la cercó con una valla, construyó un lagar y levantó en ella una torre; luego la arrendó a unos labradores y se fue de viaje. Cuando llegó el tiempo de la vendimia, envió sus criados para percibir de los labradores el fruto que le correspondía. Pero los labradores, cayendo sobre los criados, golpearon a uno, mataron a otro y a otro lo apedrearon. El amo envió otros criados, en mayor número que la primera vez; pero los labradores hicieron lo mismo con ellos. Por último envió a su propio hijo, pensando: "A mi hijo lo respetarán".

Mis notas:

Pero cuando los labradores vieron que se trataba del hijo del amo, se dijeron: "Este es el heredero. Matémoslo, y apoderémonos de su herencia". Y, echándole mano, lo arrojaron fuera de la viña y lo asesinaron. Por tanto, cuando venga el dueño de la viña, ¿qué hará con aquellos labradores? Contestaron a Jesús: — Son unos miserables; los hará perecer sin compasión y confiará la viña a otros labradores que le entreguen a su tiempo el fruto que le corresponda. Añadió Jesús: — ¿Acaso no han leído ustedes en las Escrituras: La piedra que desecharon los constructores, se ha convertido en la piedra principal. Esto lo ha hecho el Señor, y nos resulta verdaderamente maravilloso? Por eso, les digo que el reino de Dios se les quitará a ustedes y será entregado a un pueblo que produzca los frutos que corresponden al Reino".
(Mt 21:33-43)

Mis notas:

L a bondad del ser humano es capaz de los más nobles gestos de sacrificio y amor, pero también, su capacidad de maldad es inimaginable. La historia de la humanidad da cuenta de esto. Sobre el potencial para el mal habló Jesús en una de sus últimas parábolas, cerca de su muerte.

Contó la historia del propietario de un viñedo que se fue de viaje y arrendó su propiedad a unos labradores que actuaban con violencia contra las personas que iban, de vez en cuando, para reclamar los intereses del dueño. Pero, en lugar de entregarle las cuentas, los golpeaban y apedreaban. Entonces, el dueño decidió enviar a su hijo; pensó que lo respetarían. Pero ¡vaya sorpresa!, mataron al hijo para quedarse con la herencia.

Al final de la parábola, Jesús dijo que él era ese hijo despreciado. Y, citando uno de los Salmos (118), afirmó que cuando se desprecia y se mata a otros, de muchas formas se desprecia y se mata a aquellos que traían nuestra salvación. Se elimina a aquello que nos hubieran podido salvar.

Este es el asunto crucial de la maldad del ser humano, que cuando elimina a otros, de alguna manera se está eliminando así mismo. El asesinato es, en este caso, un suicidio (F. Hinkelammert).

"Escuchen otra parábola: Había un propietario que plantó un viñedo. Lo cercó, cavó un lagar y construyó una torre de vigilancia. Luego arrendó el viñedo a unos labradores y se fue de viaje. Cuando se acercó el tiempo de la cosecha, mandó sus siervos a los labradores para recibir de estos lo que le correspondía. Los labradores agarraron a esos siervos; golpearon a uno, mataron a otro y apedrearon a un tercero. Después les mandó otros siervos, en mayor número que la primera vez, y también los maltrataron.

Mis notas:

Por último, les mandó a su propio hijo, pensando: "¡A mi hijo sí lo respetarán!" Pero, cuando los labradores vieron al hijo, se dijeron unos a otros: "Este es el heredero. Matémoslo, para quedarnos con su herencia". Así que le echaron mano, lo arrojaron fuera del viñedo y lo mataron.

Ahora bien, cuando vuelva el dueño, ¿qué hará con esos labradores?

—Hará que esos malvados tengan un fin miserable —respondieron—, y arrendará el viñedo a otros labradores que le den lo que le corresponde cuando llegue el tiempo de la cosecha.

Les dijo Jesús:

—¿No han leído nunca en las Escrituras:

"La piedra que desecharon los constructores
ha llegado a ser la piedra angular;
esto es obra del Señor,
y nos deja maravillados"?

Por eso les digo que el reino de Dios se les quitará a ustedes y se le entregará a un pueblo que produzca los frutos del reino.

Cuando los jefes de los sacerdotes y los fariseos oyeron las parábolas de Jesús, se dieron cuenta de que hablaba de ellos. Buscaban la manera de arrestarlo, pero temían a la gente porque esta lo consideraba un profeta". (Mt 21:33-43-45-46)

IR A LA FIESTA
Y QUEDARSE EN ELLA

Mis notas:

Con el fin de aclarar los misterios del reino de los cielos (o de Dios), Jesús contó la parábola de una fiesta de bodas convocada por un rey, con unos invitados de honor que, al unísono, dijeron que no podían asistir.

El hombre, entonces, decidió invitar a gente que nunca había estado en el palacio, ni sabía de comidas exquisitas y, algunos, ni tenía vestido para la ocasión. Invitó a los que nadie invitaba, gente mala y gente buena.

Cuando el rey entró, vio que un invitado no tenía el vestido apropiado, lo cual, en aquella cultura, era un desprecio peor que no asistir a la boda. Y el rey ordenó que lo sacaran de la fiesta. Jesús finalizó la narración diciendo: "Porque muchos son llamados, pero pocos escogidos".

El reino es fiesta. Esa fiesta es para todos. Pero, los que se supone que iban a estar, no van, y participan lo que jamás nadie había pensado en ellos. Pero, aunque es para todos, no es de cualquier manera como se participa. Cada quien escoge si se viste o no con el traje que corresponde. "Vístanse como escogidos de Dios... Sean, pues, profundamente compasivos, benignos, humildes, pacientes y comprensivos." (Col 3:12). Los crueles, inhumanos, arrogantes e intolerantes, no tienen parte en ese baile.

"Después dijo a los criados: "La boda está preparada, pero aquellos invitados no eran dignos de venir. Por tanto, vayan a las encrucijadas de los caminos inviten a la boda a todos los que encuentren". Salieron los criados a los caminos y reunieron a cuantos encontraron, lo mismo malos que buenos. De esa manera, la sala de bodas se llenó de comensales. Cuando el rey entró a ver a los invitados, observó que uno de ellos no llevaba traje de boda y le preguntó: "Amigo, ¿cómo entraste aquí sin traje de boda?". Él se negó a contestar. Entonces el rey dijo a los criados: "Átenlo de pies y manos y arrójenlo fuera, a la oscuridad. Allí llorará y le rechinarán los dientes". Porque muchos son llamados, pero pocos escogidos". (Mt 22:1-14)

LA ESENCIA DE LA FE ES EL AMOR

Mis notas:

En algunas controversias, Jesús optó por quedarse callado (Mt 26:63), en otras, dejó callados a sus oponentes. Este fue el caso de uno de los debates con los saduceos, que eran un grupo de aristócratas judíos, pertenecientes a las clases altas de la sociedad.

Pero, cuando los saduceos fueron callados, los fariseos arremetieron contra Jesús con una cuestión que lo ponía en aprietos. Le preguntaron cuál era el mandamiento más importante de todos.

Jesús respondió que toda la extensa y venerada Ley de Moisés, y todas las encumbradas enseñanzas de los profetas se resumía en amar a Dios, amar al prójimo y amarse uno mismo.

A Dios con pasión, emoción y razón. Es un amor sentipensante (Orlando Fals Borda). Y al prójimo como si fuera uno mismo. Porque se supone que quien ama a Dios se ama mucho a sí mismo. En esto se sostiene la Ley entera, los profetas, toda la Escritura, catecismos, credos y tratados de la fe.

Entonces, los objetos son tres, los mandamientos dos, pero una la esencia: el amor. Al fin y al cabo, Dios es amor (1 Jn 4:8).

"Cuando los fariseos oyeron que Jesús había hecho callar a los saduceos, se reunieron en torno a él y uno de ellos, doctor en la ley, le preguntó con intención de tenderle una trampa: —Maestro, ¿cuál es el mandamiento más importante de la ley? Jesús le contestó: —Amarás al Señor tu Dios con todo tu corazón, con toda tu alma y con toda tu inteligencia. Este es el primer mandamiento y el más importante. Pero hay un segundo mandamiento que es parecido a este: Amarás a tu prójimo como a ti mismo. En estos dos mandamientos se resume toda la ley de Moisés y la enseñanza de los profetas". (Mt 22:34-40)

BASTA CON
UN SOLO MAESTRO

La función de los maestros de la ley, según Jesús, es interpretar los sagrados textos de Moisés. Y, siendo la fe una experiencia existencial que procede de una reinterpretación de la vida, en la que se tiene en cuenta la perspectiva que tiene Dios acerca de ella, pues se debe tener un inmenso cuidado acerca de quiénes son los que nos interpretan a Dios y qué es lo que ellos piensan acerca de Dios y de la vida.

A veces aciertan en lo que dicen, aunque no en lo que hacen. En esos casos, dice Jesús que se debe acoger la interpretación, pero no el ejemplo de su vida. En otros casos, tergiversan los textos y, en lugar de explicarlos en el espíritu de libertad que tenían los autores originales (Shalom: vida con bienestar, armonía y plenitud) los convierten en su argumento para imponer cargas religiosas que hacen la vida más difícil de lo que ella misma es.

Ante esa realidad, es mejor no tener maestros a lo que se siga ciegamente y dicten cómo es que debe ser la vida y, además, se atribuyan ser representantes autorizados y exclusivos de Dios. Ni tener maestros así, ni ser así maestros de nadie... "porque tienen un solo Maestro y todos ustedes son hermanos".

"Después de esto, Jesús dijo a la gente y a sus discípulos: «Los maestros de la ley y los fariseos tienen la responsabilidad de interpretar a Moisés. Así que ustedes deben obedecerlos y hacer todo lo que les digan. Pero no hagan lo que hacen ellos, porque no practican lo que predican. Atan cargas pesadas y las ponen sobre la espalda de los demás, pero ellos mismos no están dispuestos a mover ni un dedo para levantarlas. »Todo lo hacen para que la gente los vea: Usan filacterias grandes y adornan sus ropas con borlas vistosas; se mueren por el lugar de honor en los banquetes y los primeros asientos en las sinagogas, y porque la gente los salude en las plazas y los llame "Rabí". »Pero no permitan que a ustedes se les llame "Rabí", porque tienen un solo Maestro y todos ustedes son hermanos. Y no llamen "padre" a nadie en la tierra, porque ustedes tienen un solo Padre, y él está en el cielo. Ni permitan que los llamen "maestro", porque tienen un solo Maestro, el Cristo. El más importante entre ustedes será siervo de los demás. Porque el que a sí mismo se enaltece será humillado, y el que se humilla será enaltecido". (Mt 23:1-12)

MENSAJE Y MENSAJERO

22
noviembre

El Evangelio de Mateo no descansa en su intención de hacer ver la pugna entre Jesús y los grandes maestros de la religión. Capítulo tras capítulo avanza en ese esquema hasta culminar en la cruenta crucifixión. Pero, en el último discurso público del Maestro, presenta unas palabras que desconciertan: "Obedézcanlos, pues, y cumplan cuanto les digan; pero no imiten su conducta, porque ellos mismos no hacen lo que enseñan" (Mt 23:3).

¿Obedecer a los fariseos y maestros de la Ley a quienes califica como hipócritas, estúpidos y ciegos (Mt 23:17)? ¿Aun así pide que se cumpla lo que enseñan? Sí, Jesús desmarca al mensajero (contradictorio y engañoso) del mensaje (válido y legítimo).

La Historia lo corrobora. El mensaje de Jesús ha sido predicado por mensajeros desatinados (ayer en la inquisición y hoy por muchas partes), pero su mensaje, aun así, permanece para siempre (1 P 1:25). El Evangelio (mensaje) es un tesoro custodiado entre vasos de barro, frágiles y engañosos (mensajeros) "...este tesoro lo guardamos en vasijas de barro para que conste que su extraordinario valor procede de Dios y no de nosotros." (2 Co 4:7).

Lo ideal, la congruencia; lo común, la incoherencia. Lo esencial, el mensaje de Jesús, lo supletorio, el mensajero. ¡Un solo Maestro basta! ¡Un solo Padre es suficiente!

"Jesús se dirigió entonces a la gente y a sus propios discípulos y les dijo: — Los maestros de la ley y los fariseos han sido los encargados de interpretar la ley de Moisés. Obedézcanlos, pues, y cumplan cuanto les digan; pero no imiten su conducta, porque ellos mismos no hacen lo que enseñan: echan cargas pesadas e insoportables sobre los hombros de los demás, pero ellos no están dispuestos a mover ni siquiera un dedo para llevarlas. Todo lo hacen para que la gente los vea. Usan filacterias más anchas y flecos más largos que ningún otro; les gusta ocupar los primeros puestos en los banquetes, sentarse en los lugares preferentes en las sinagogas, ser saludados en público y que la gente los llame "maestros". Ustedes, en cambio, no se hagan llamar "maestro"; el único maestro de ustedes es Cristo y todos ustedes son hermanos unos de otros. Ni tampoco llamen a nadie "padre nuestro" en este mundo, porque el único Padre de ustedes es el del cielo. Ni tampoco se hagan llamar "maestros", porque el único maestro de ustedes es Cristo. El más grande entre ustedes será el que se ponga al servicio de los demás. Al que se ensalce a sí mismo, Dios lo humillará; pero al que se humille a sí mismo, Dios lo ensalzará".
(Mt 23:1-12)

Mis notas:

Las controversias entre Jesús y los maestros de la religión llegaron a su clímax cuando los acusó de hipócritas, ciegos, deshonestos y traidores de la verdadera fe. Jesús arremete contra ellos en el discurso conocido como los "ayes" o malaventuranzas (Mt 23:13).

La ternura de Jesús, aquí, se expresa con firmeza, justicia y valor. Por su ternura, no guardó silencio ante el desastre espiritual que estaban causando estos jerarcas y maestros.

Y, en medio de su osado discurso, señaló que lo más importante de la ley era la justicia, la misericordia y la fe. Esto implica prácticas de vida personal transformada, búsqueda de justicia social y denuncias públicas de los atropellos que afectan la vida.

Causa conmoción hoy saber lo que Jesús reveló aquel día, que la religión podía convertirse en el peor enemigo de la fe.

"¡Ay de ustedes, maestros de la ley y fariseos hipócritas, que ofrecen a Dios el diezmo de la menta, del anís y del comino, pero no se preocupan de lo más importante de la ley, que es la justicia, la misericordia y la fe! Esto último es lo que deberían hacer, aunque sin dejar de cumplir también lo otro. ¡Guías ciegos, que cuelan el mosquito y se tragan el camello! ¡Ay de ustedes, maestros de la ley y fariseos hipócritas, que limpian por fuera la copa y el plato, mientras por dentro siguen sucios con el producto de su propia rapacidad y codicia! ¡Fariseo ciego, limpia primero la copa por dentro, y así quedará limpia también por fuera!".
(Mt 23:23-26)

TIERNO,
PERO NO COBARDE

24
noviembre

Mis notas:

Las personalidades religiosas que criticó Jesús, se comportaban con rigidez, fanatismo e hipocresía. Él, usando una figura asociada a la muerte, los llamó "sepulcros blanqueados", que dan apariencia de pulcritud, pero en su interior hay podredumbre.

Resulta sorprendente que Jesús haya usado este vocabulario tan mordaz hacia estos líderes. A Él lo asociamos más con el cariño el perdón y la acogida amistosa que con estas conductas acusatorias además de audaces.

La iconografía cristiana ha reforzado la imagen parcial del Maestro. Lo ha presentado con rostro sumiso, mirada apacible y manos débiles. Representaciones ciertas, mas, sin embargo, incompletas de lo que fue e hizo Jesús.

Jesús, es tierno, pero no cobarde; afectuoso, pero no ingenuo; prudente, pero no pusilánime. Por ser misericordioso, ama la justicia y por esta pasión, denuncia a quienes se apropian de la vida y desconocen el derecho. Peor aún, si quienes actúan así, lo hacen en nombre de la fe abusando del nombre de Dios. "¡Ay de ustedes!", les dice Jesús.

"¡Ay de ustedes, maestros de la ley y fariseos hipócritas, que son como sepulcros blanqueados, hermosos por fuera, pero llenos por dentro de huesos de muerto y podredumbre! Así también ustedes: se hacen pasar por justos delante de la gente, pero tienen el interior lleno de hipocresía y maldad. ¡Ay de ustedes, maestros de la ley y fariseos hipócritas, que construyen los sepulcros de los profetas y adornan los monumentos funerarios de los justos diciendo: "¡Si nosotros hubiéramos vivido en los tiempos de nuestros antepasados, no nos habríamos unido a ellos para derramar la sangre de los profetas!" Pero con ello están demostrando, contra ustedes mismos, que son descendientes de los que asesinaron a los profetas. ¡Completen, pues, ustedes la obra que comenzaron sus antepasados!". (Mt 23:27-32)

Mis notas:

Gran parte de las primeras comunidades cristianas creyeron que Jesús regresaría muy pronto. No faltó, incluso, quienes abandonaron sus deberes diarios, renunciaron a sus trabajos y se dedicaron a prepararse para la Parusía (venida) del Señor.

Pero, entre las décadas de los años 80 y 90 del primero siglo, cuando se escribió el Evangelio de Mateo, el paso del tiempo les había enseñado que, en lugar de vaticinar la venida del Señor, era mejor cuidar la manera como estaban siguiendo sus enseñanzas. A lo que Jesús los había llamado era a vigilar la vida, en lugar de controlar la historia.

La fe cristiana se vive con la actitud de un dueño de casa que, como nunca sabe cuándo pueden venir los ladrones, se mantiene atento, todos los días y siempre vigilando, para que cuando lleguen (si es que llegan), no lo puedan despojar de sus bienes.

Vigilar en lugar de controlar. Cuidar en lugar de dominar. Porque, aunque seguimos al Señor de la Historia, no por eso controlamos la Historia. No somos patronos de la sociedad, ni amos de la cultura, ni dueños de los demás. De lo que sí podríamos estar atentos —y necesitamos hacerlo— es de nuestra propia vida. Es de esto que nos debemos preocupar (Lc 21:34).

"Estén, pues, vigilantes ya que no saben en qué día vendrá el Señor. Piensen que si el amo de la casa supiera a qué hora va a llegar el ladrón, vigilaría para impedir que le perforen la casa. Así pues, estén también ustedes preparados, porque cuando menos lo piensen, vendrá el Hijo del hombre. Pórtense como el criado fiel e inteligente a quien su amo pone al frente de la servidumbre para que les tenga la comida dispuesta a su hora. ¡Feliz aquel criado a quien su amo, al llegar, encuentre cumpliendo con su deber! Les aseguro que le confiará el cuidado de toda su hacienda. Pero si otro mal criado piensa en su interior: "Mi señor se retrasa" y comienza a maltratar a sus compañeros y se junta a comer y beber con borrachos, un día, cuando menos lo espere, llegará de improviso su señor. Entonces lo castigará severamente dándole un lugar entre los hipócritas. Allí llorará y le rechinarán los dientes". (Mt 24:42-51)

EXCESO
DE SEGURIDAD

Mis notas:

J esús contó también una parábola sobre diez muchachas en una boda, cinco descuidadas y cinco prevenidas. La historia, más allá de advertencias morales sobre cómo prepararse para la catástrofe del fin de mundo, sugiere que la fe se vive con prudencia y no con arrogancia.

Dos capítulos antes Jesús había denunciado la hipocresía de los fariseos (Mt 23) que eran arrogantes, como las muchachas descuidadas que, por creer que todo lo tenían a su favor, se quedaron fuera de la fiesta.

La fe presuntuosa se siente segura de muchas cosas: de que Dios está a su favor y en contra de los demás, que la salvación les pertenece a ellos y a los demás la condenación, o que sus doctrinas y credos son la verdad mientras que los otros son falsedad. Por esto, se quedan por fuera de la fiesta, aunque se creen sus anfitriones.

Mejor, como dice la parábola, "estén muy atentos" y vivan con precaución (Flp 2:3).

"El reino de los cielos puede compararse a diez muchachas que en una boda tomaron sendas lámparas de aceite y salieron a recibir al novio. Cinco de aquellas muchachas eran descuidadas, y las otras cinco previsoras. Y sucedió que las descuidadas llevaron sus lámparas, pero olvidaron tomar el aceite necesario. En cambio, las previsoras, junto con las lámparas, llevaron también alcuzas de aceite. Como el novio tardaba en llegar, les entró sueño a todas y se durmieron. Cuando a eso de la medianoche se oyó gritar: "¡Ya viene el novio! ¡Salgan a recibirlo!", las diez muchachas se despertaron y comenzaron a preparar sus lámparas. Las descuidadas, dirigiéndose a las previsoras, les dijeron: "Nuestras lámparas se están apagando. Dennos un poco de su aceite". Las previsoras les contestaron: "No podemos, porque entonces tampoco nosotras tendríamos bastante. Mejor es que acudan a quienes lo venden y lo compren". Pero mientras estaban comprándolo, llegó el novio, y las que lo tenían todo a punto entraron con él a la fiesta nupcial, y luego la puerta se cerró. Más tarde llegaron las otras muchachas y se pusieron a llamar: "¡Señor, señor, ábrenos!". Pero él les contestó: "Les aseguro que no sé quiénes son ustedes". Estén, pues, muy atentos porque no saben ni el día ni la hora de la venida del Hijo del hombre". (Mt 25:1-13)

Mis notas:

En otro intento por explicar cómo opera el reino de los cielos (aquí en la tierra), Jesús contó una parábola en la que un hombre, antes de viajar, encargó a sus criados el cuidado sus bienes. A uno le dio un talento, que equivalía a 21.600 gramos de plata. Realmente una fortuna. A otro le dio el doble de esa cantidad y a otro cinco veces más de lo que le dio al primero.

Cuando, tiempo después, el amo regresó, el que había recibido cinco talentos le devolvió cinco más. Al que se le habían dado dos, le entregó dos más. Ambos se esforzaron para obtener los mejores resultados. Estos fueron administradores honrados y fieles.

Pero el que había recibido un talento, le devolvió el mismo talento. Cuando el señor le preguntó qué había pasado, respondió: "Señor, yo sabía que eres un hombre duro, que pretendes cosechar donde no sembraste y recoger donde no esparciste. Tuve miedo y escondí tu dinero bajo tierra. Aquí lo tienes" (Mt 25-24). El amo respondió: "Administrador malo y holgazán".

Esta parábola no es una lección de economía, ni de negocios exitosos. Hay que escarbar en su sentido espiritual. En este caso se puede decir que a este último siervo no le faltó rectitud, sino confianza (igual que al hijo mayor de la parábola del hijo pródigo). Le faltó lo que no debe faltar en la relación con Dios: amor, en lugar de miedo y libertad, en lugar de rigidez.

El miedo y el temor le roban a la fe lo más importante de ella: la libertad del amor hacia Dios que se traduce en liberalidad de servicio hacia los demás.

"Llegó después el que había recibido dos talentos, y dijo: "Señor, tú me entregaste dos talentos; mira, he logrado duplicarlos". El amo le dijo: "Está muy bien. Has sido un administrador honrado y fiel. Y como has sido fiel en lo poco, yo te pondré al frente de mucho más. Entra y participa en mi propia alegría". Por último, llegó el que solamente había recibido un talento, y dijo: "Señor, yo sabía que eres un hombre duro, que pretendes cosechar donde no sembraste y recoger donde no esparciste. Tuve miedo y escondí tu dinero bajo tierra. Aquí lo tienes". El amo le contestó: "Administrador malo y holgazán: si sabías que yo cosecho donde no he sembrado y recojo donde no he esparcido, ¿por qué no llevaste mi dinero al banco? Así, a mi regreso, yo habría recibido el capital más los intereses. ¡Quítenle, pues, la parte que le confié y entréguensela al que tiene diez partes! Porque a todo el que tiene, aún se le dará más, y tendrá de sobra; pero al que no tiene, hasta lo que tenga se le quitará. Y a este criado inútil arrójenlo fuera, a la oscuridad. Allí llorará y le rechinarán los dientes". (Mt 25:14-30)

ESE JESÚS QUE
NOS TIENE EN VILO

Mis notas:

E l Evangelio de Juan, al presentarnos una de las controversias de Jesús con los judíos, abunda en detalles. Primero sobre las condiciones del momento: era durante los días de una gran fiesta religiosa, era invierno, Jesús estaba paseando por la parte interna de uno de los pórticos del Templo.

Después nos presenta la pregunta provocadora de los judíos: ¿Hasta cuándo vas a tenernos en vilo? Una pregunta acerca de si Jesús era o no era el Mesías que se les había prometido.

Al final, la respuesta de Jesús: ya les he dicho que sí, he sudo claro y directo, pero ustedes no me han creído. Han oído, pero no han atendido. Y concluyó que si fueran ovejas de su redil habrían escuchado su voz.

Según el rebaño, así el pastor y, por consiguiente, la voz que se escucha. Quien lo sigue, reconoce su voz (como la oveja al pastor). O también al revés: quien reconoce su voz, por eso lo sigue. Porque creer es asunto de seguir.

"Se celebraba aquellos días la fiesta que conmemoraba la dedicación del Templo. Era invierno y Jesús estaba paseando por el pórtico de Salomón, dentro del recinto del Templo. Se le acercaron entonces los judíos, se pusieron a su alrededor y le dijeron: — ¿Hasta cuándo vas a tenernos en vilo? Si eres el Mesías, dínoslo claramente de una vez. Jesús les respondió: — Se lo he dicho y ustedes no me han creído. Mis credenciales son las obras que yo hago por la autoridad recibida de mi Padre. Ustedes, sin embargo, no me creen, porque no son ovejas de mi rebaño. Mis ovejas reconocen mi voz, yo las conozco y ellas me siguen. Yo les doy vida eterna, jamás perecerán y nadie podrá arrebatármelas; como no pueden arrebatárselas a mi Padre que, con su soberano poder, me las ha confiado. El Padre y yo somos uno". (Jn 10:22-30)

Mis notas:

En tan solo dos versículos, el Evangelio de Juan presenta con exquisitez literaria lo que está sucediendo con Jesús (10:22-23): en qué lugar estaba, en qué fecha y hasta el clima.

Fue durante la fiesta en la que se celebraba la purificación del Templo (sucedida en tiempos de Judas Macabeo), era invierno y estaba paseando dentro del Templo, por el pórtico de Salomón. Al cuadro no le faltaba nada, excepto la respiración de sus oponentes.

Respiraban odio, el odio de los fanáticos religiosos que piden volver a oír lo que ya se les ha dicho (10:25). Habían escuchado a Jesús decir que era el Mesías y el Hijo de Dios, pero no habían creído.

Es el odio de los fanáticos: no ven, no escuchan, porque no quieren creer. Solo creen en quienes creen como ellos y que a los demás hay que apedréalos (10:31).

"Se celebraba aquellos días la fiesta que conmemoraba la dedicación del Templo. Era invierno y Jesús estaba paseando por el pórtico de Salomón, dentro del recinto del Templo. Se le acercaron entonces los judíos, se pusieron a su alrededor y le dijeron: — ¿Hasta cuándo vas a tenernos en vilo? Si eres el Mesías, dínoslo claramente de una vez. Jesús les respondió: — Se lo he dicho y ustedes no me han creído. Mis credenciales son las obras que yo hago por la autoridad recibida de mi Padre. Ustedes, sin embargo, no me creen, porque no son ovejas de mi rebaño. Mis ovejas reconocen mi voz, yo las conozco y ellas me siguen. Yo les doy vida eterna, jamás perecerán y nadie podrá arrebatármelas; como no pueden arrebatárselas a mi Padre que, con su soberano poder, me las ha confiado. El Padre y yo somos uno. Intentaron otra vez los judíos apedrear a Jesús". (Jn 10:22-31)

OBRAS
ACLARAN PALABRAS

Mis notas:

Cuando los oyentes de Jesús decidieron apedrearlo, él, en su defensa, les preguntó por cuál de sus obras lo harían. ¿Por sanar a un ciego? ¿Por alimentar a los hambrientos? ¿Por cuál de ellas? Le respondieron que por ninguna de esas, sino por blasfemia, porque se hacía pasar por alguien igual a Dios.

Jesús, sabiendo que eran fanáticos de las Escrituras, mencionó unos textos (Éx 21, 22 y Sal 82) en los que se llama de manera metafórica "dioses" a personas comunes y corrientes. Y si así se hizo con ellos, ¿por qué no se podía decir lo mismo de él que tenía una relación más estrecha con el Padre?

Con los textos se confundían, con esos mismos ofendían y apedreaban y, como en este caso, se rendían en sus insustanciales debates religiosos. Siempre pasa cuando el lenguaje simbólico se lee como lenguaje literal. Por eso, Jesús les dijo que era mejor que se fijaran en lo que él hacía, en lugar de interpretar lo que decía: "...aunque no me crean a mí, crean a mis obras, para que sepan y entiendan que el Padre está en mí, y que yo estoy en el Padre." (Jn 10:38).

Es mejor que las obras aclaren las palabras, para no convertir la fe en un mero e insulso juego de hermenéuticas.

> *"Una vez más los judíos tomaron piedras para arrojárselas, pero Jesús les dijo: —Yo les he mostrado muchas obras irreprochables que proceden del Padre. ¿Por cuál de ellas me quieren apedrear? —No te apedreamos por ninguna de ellas, sino por blasfemia; porque tú, siendo hombre, te haces pasar por Dios. —¿Y acaso —respondió Jesús— no está escrito en su ley: "Yo he dicho que ustedes son dioses"? Si Dios llamó "dioses" a aquellos para quienes vino la palabra (y la Escritura no puede ser quebrantada), ¿por qué acusan de blasfemia a quien el Padre apartó para sí y envió al mundo? ¿Tan solo porque dijo: "Yo soy el Hijo de Dios"? Si no hago las obras de mi Padre, no me crean. Pero, si las hago, aunque no me crean a mí, crean a mis obras, para que sepan y entiendan que el Padre está en mí, y que yo estoy en el Padre. Nuevamente intentaron arrestarlo, pero él se les escapó de las manos. Volvió Jesús al otro lado del Jordán, al lugar donde Juan había estado bautizando antes; y allí se quedó. Mucha gente acudía a él, y decía: «Aunque Juan nunca hizo ninguna señal milagrosa, todo lo que dijo acerca de este hombre era verdad». Y muchos en aquel lugar creyeron en Jesús". (Jn 10:31-42)*

UN DIOS BLASFEMO

Mis notas:

Siendo que lo querían apedrear, Jesús preguntó por cuál de los milagros u otras obras a favor del pueblo lo iban a hacer. Ellos le dijeron que no era por las obras buenas que había hecho, sino por lo que había dicho. El "decir correcto", según la tradición oficial, era para ellos más importante que el "hacer bien" que habían visto en el Maestro.

Lo más blasfemo que le habían escuchado era haberse declarado Dios, siendo "un hombre como los demás" (Jn 10:33). Y Jesús, echando mano de su sabia habilidad para la exégesis oportuna, evocó un texto de las Escrituras (Sal 82:6). Según ese texto, Dios está presente en los que escuchan su mensaje. A éstos los llama dioses.

Escritura contra Escritura. Ellos recuerdan los textos como argumento para matar y Jesús alude a las mismas Escrituras para vivir y promover la vida. Les dice que si lo acusan de blasfemo entonces Dios ya lo era desde el principio. La blasfemia de identificarse con lo humano y hacerse uno con él.

"Pero él les dijo: — Muchas obras buenas he hecho ante ustedes en virtud del poder de mi Padre; ¿por cuál de ellas quieren apedrearme? Le contestaron: — No queremos apedrearte por ninguna obra buena, sino por haber blasfemado, ya que tú, siendo un hombre como los demás, pretendes hacerte pasar por Dios. Jesús les replicó: — ¿No está escrito en la ley que Dios dijo: ustedes son dioses? Si, pues, la ley llama dioses a aquellos a quienes fue dirigido el mensaje de Dios y, por otra parte, lo que dice la Escritura no puede ponerse en duda, ¿con qué derecho me acusan de blasfemia a mí, que he sido elegido por el Padre para ser enviado al mundo, por haber dicho que soy Hijo de Dios? Si no realizo las obras de mi Padre, no me crean; pero, si las realizo, fíense de ellas, aunque no quieran fiarse de mí. De este modo conocerán y se convencerán de que el Padre está en mí, y yo en el Padre". (Jn 10:32-38)

ESCAPAR
FUE LO MÁS SABIO

Mis notas:

Lo querían apedrear (Jn 10:31), lo acusaron de blasfemo (10:36) y, al final, buscaban arrestarlo (10:39), pero Jesús se les escapó. Ante tanta maldad, no valían argumentos, ni explicaciones, lo más sabio era eso, huir.

Y se fue al otro lado del río Jordán, allá lejos, donde en otro tiempo Juan el Bautista predicaba y bautizaba. A veces, lo mejor es huir.

En esas tierras lo acogieron y muchos creyeron en su mensaje gracias a lo que Juan les había enseñado sobre Jesús. Ese fue el único milagro del Bautista (10:41): dejarle preparado el camino a Jesús.

"A la vista de estos discursos, los judíos intentaron, una vez más, apresar a Jesús; pero él se les escapó de las manos. Jesús se fue de nuevo al otro lado del Jordán, al lugar donde tiempo atrás había estado bautizando Juan, y se quedó allí. Acudía a él mucha gente, y decían: — Cierto que Juan no hizo ningún milagro, pero todo lo que dijo acerca de este era verdad. Y fueron muchos los que en aquella región creyeron en él". (Jn 10:39-42)

Mis notas:

María, la madre de Jesús, era una joven excepcional, a quien Dios invitó (no obligó) a cumplir una tarea prodigiosa, la de recibir en su vientre al Hijo del Altísimo y ser, junto a José, su mentora de vida.

El ángel que le comunicó el encargo se acercó a ella con palabras de alegría, de favor de Dios (bienaventurada) y de valor (no temas). La invitó a que no tuviera miedo y, además, le explicó uno a uno los detalles de su cometido. Le habló acerca de lo que eso significaría para su vida.

Ella hizo preguntas. Trató al ángel con confianza y firmeza. Pidió explicaciones y expuso su confusión. En ningún momento se sintió objeto del mensaje divino, sino sujeto activo de la historia que Dios empezaría en su vientre. Era suyo y, por ende, a ella le correspondía decidir. El ángel no traía un mandato impositivo de parte de un Dios intransigente dirigido a una mujer silenciada. Ella habló, preguntó y él ángel, atento, respondió.

Al final del "diálogo angelical", María respondió que estaba bien, que Dios hiciera con ella conforme a su deseo. Esta es la grandeza de María, su disponibilidad al Espíritu, su entrega para que a través suyo se expresara al mundo el mensaje de redención. Mujer libre, y por eso, cauce de liberación.

"Al sexto mes, el ángel Gabriel fue enviado por Dios a Nazaret, un pueblo de Galilea, a visitar a una joven virgen llamada María, que estaba prometida en matrimonio a José, un varón descendiente del rey David. El ángel entró en el lugar donde estaba María y le dijo:

— Alégrate, favorecida de Dios. El Señor está contigo.

Mis notas:

María se quedó perpleja al oír estas palabras, preguntándose qué significaba aquel saludo. Pero el ángel le dijo:

— No tengas miedo, María, pues Dios te ha concedido su gracia. Vas a quedar embarazada, y darás a luz un hijo, al cual pondrás por nombre Jesús. Un hijo que será grande, será Hijo del Altísimo. Dios, el Señor, le entregará el trono de su antepasado David, reinará eternamente sobre la casa de Jacob y su reinado no tendrá fin.

María replicó al ángel:

— Yo no tengo relaciones conyugales con nadie; ¿cómo, pues, podrá sucederme esto?

El ángel le contestó:

— El Espíritu Santo vendrá sobre ti y el poder del Dios Altísimo te envolverá. Por eso, el niño que ha de nacer será santo, será Hijo de Dios. Mira, si no, a Elisabet, tu parienta: también ella va a tener un hijo en su ancianidad; la que consideraban estéril, está ya de seis meses, porque para Dios no hay nada imposible. María dijo:

— Yo soy la esclava del Señor. Que él haga conmigo como dices.

Entonces el ángel la dejó y se fue". (Lc 1:26-38)

LA FIESTA DE LO MÁS PROFUNDAMENTE HUMANO

Mis notas:

María, durante el embarazo de Jesús, emprendió un viaje a prisa hacia un pueblo entre las montañas de Judá, donde vivía su pariente Isabel, quien también estaba embarazada. En la escena aparecen María e Isabel y en sus vientres, Jesús y Juan el Bautista; junto a ellas José y Zacarías, sus esposos. Este es el texto conocido como la Visitación.

Lucas, en su relato, destaca algunos detalles con gran sentido humano y espiritual. Juan el Bautista salta de alegría en el vientre, Isabel queda llena del Espíritu Santo (¿un adelanto del Pentecostés?), grita con alborozo, bendice a Jesús y a su madre, agradece con júbilo la visita y con otras palabras emocionadas inspira un canto de extraordinaria alabanza en María (el Magníficat).

Dónde se comparte la humanidad con amistad y alegría, ahí está el Espíritu. Y donde está el Espíritu hay desborde de humanidad, de afecto entrañable, de gozo y de palabras que comunican afirmación, gratitud y alabanzas. En esto consiste la fiesta del Espíritu; la fiesta de lo más profundamente humano.

"Por aquellos mismos días María se puso en camino y, a toda prisa, se dirigió a un pueblo de la región montañosa de Judá. Entró en casa de Zacarías y saludó a Isabel. Y sucedió que, al oír Isabel el saludo de María, el niño que llevaba en su vientre saltó de alegría. Isabel quedó llena del Espíritu Santo, y exclamó con gritos alborozados: — ¡Dios te ha bendecido más que a ninguna otra mujer, y ha bendecido también al hijo que está en tu vientre! Pero ¿cómo se me concede que la madre de mi Señor venga a visitarme? Porque, apenas oí tu saludo, el niño saltó de alegría en mi vientre. ¡Feliz tú, porque has creído que el Señor cumplirá las promesas que te ha hecho! Entonces dijo María: — Todo mi ser ensalza al Señor. Mi corazón está lleno de alegría a causa de Dios, mi Salvador, porque ha puesto sus ojos en mí que soy su humilde esclava. De ahora en adelante todos me llamarán feliz, pues ha hecho maravillas conmigo aquel que es todopoderoso, aquel cuyo nombre es santo y que siempre tiene misericordia de aquellos que le honran. Con la fuerza de su brazo destruyó los planes de los soberbios. Derribó a los poderosos de sus tronos y encumbró a los humildes. Llenó de bienes a los hambrientos y despidió a los ricos con las manos vacías. Se desveló por el pueblo de Israel, su siervo, acordándose de mostrar misericordia, conforme a la promesa de valor eterno que hizo a nuestros antepasados, a Abrahán y a todos sus descendientes. María se quedó unos tres meses con Isabel, y luego regresó a su casa". (Lc 1:39-56)

LA FIRMEZA DE UN ¡NO!

Isabel, descendiente del sacerdote Aarón, fue la mamá de Juan el Bautista. Su padre, Zacarías, era sacerdote y pertenecía al grupo sacerdotal de Abdías (Lc.1:5). El bautista nació en un hogar de arraigada tradición sacerdotal, en esto, diferente a la historia familiar laica de Jesús.

Mis notas:

Según la tradición, a los ocho días de nacido, llevaron a Juan para cumplir el rito de la circuncisión. Y, cuando llegó el momento de ponerle el nombre al niño, los vecinos y parientes querían que también en esto se siguiera la tradición del pueblo y se llamara como el papá.

Pero, ni Isabel, ni Zacarías, quisieron cumplir con esta tradición, sino que optaron por seguir las indicaciones del ángel que les había dado el nombre (Lc 1:13).

La gente se extrañó de esa decisión y, además, que ambos estuvieran de acuerdo con ella. No era así como actuaban las familias tradicionales y religiosas del pueblo. Pero Isabel, con firmeza, dijo ¡no!

Un ¡no! procedente del Espíritu que supera los muchos síes que atrapan la vida y la reducen a un vacío ritual de tradiciones.

"Cuando se cumplió el tiempo de dar a luz, Isabel tuvo un hijo. Sus vecinos y parientes se enteraron de este gran don que el Señor, en su misericordia, le había concedido, y acudieron a felicitarla. A los ocho días del nacimiento llevaron a circuncidar al niño. Todos querían que se llamase Zacarías como su padre; pero la madre dijo: — No, su nombre ha de ser Juan. Ellos, entonces, le hicieron notar: — Nadie se llama así en tu familia. Así que se dirigieron al padre y le preguntaron por señas qué nombre quería poner al niño. Zacarías pidió una tablilla de escribir y puso en ella: "Su nombre es Juan", con lo que todos se quedaron asombrados. En aquel mismo momento, Zacarías recuperó el habla y comenzó a alabar a Dios, de modo que los vecinos que estaban viendo lo que pasaba se llenaron de temor. Todos estos acontecimientos se divulgaron por toda la región montañosa de Judea. Y cuantos oían hablar de lo sucedido, se quedaban muy pensativos y se preguntaban: "¿Qué va a ser este niño?". Porque era evidente que el Señor estaba con él". (Lc 1:57-66)

Mis notas:

En el pueblo de Betania, a tres kilómetros de Jerusalén, vivían Marta, María y Lázaro, tres amigos cercanos del Maestro (Jn 10:5). Una de ellas, María, será la misma que, un capítulo después, tendrá un gesto de amor desconcertante hacía él (12:1-8).

Cuando Lázaro enfermó, ellas enviaron un mensaje a Jesús para que supiera lo que estaba pasando con su amigo.

Jesús, en lugar de ir inmediatamente, se quedó dos días más en el lugar donde estaba, quizá por prudencia, porque había llegado a ese lugar escapando de sus perseguidores (10:39).

Había huido de sus oponentes, pero no se había escondido de sus amigos. Marta y María sí sabían dónde estaba. Las amistades eran el clandestino refugio que lo confortaban.

"Un hombre llamado Lázaro había caído enfermo. Era natural de Betania, el pueblo de María y de su hermana Marta. (María, hermana de Lázaro, el enfermo, era la misma que derramó perfume sobre los pies del Señor y se los secó con sus cabellos.) Las hermanas de Lázaro mandaron a Jesús este recado: — Señor, tu amigo está enfermo. Jesús, al enterarse, dijo: — Esta enfermedad no terminará en la muerte, sino que tiene como finalidad manifestar la gloria de Dios; por medio de ella resplandecerá la gloria del Hijo de Dios. Jesús tenía una gran amistad con Marta, con su hermana María y con Lázaro. Sin embargo, a pesar de haberse enterado de que Lázaro estaba enfermo, continuó en aquel lugar otro par de días". (Jn 11:1-6)

EL DIVINO DESTINO
DE LA AMISTAD

Cuando Jesús les dijo a sus discípulos que iba a regresar a Judea, ellos se sorprendieron y, con razón, le reclamaron por qué quería volver donde habían querido apedrearlo. ¡Ellos siempre interesados por estar en lugares seguros!

Él les respondido con unas frases, algo enigmáticas, que evocaban textos de las Escrituras (Is 59:10; Jr 13:16; Jb 5:15,12:15) y que con ellas recordaba una vez más lo que ya había afirmado, que él era la luz del mundo (Jn 8:12:12:46).

Jesús decidió regresar porque quería estar con Lázaro, su amigo enfermo. Sus discípulos hubieran preferido que lo sanara a la distancia. Se puede ser leal estando lejos, pensaban ellos.

Mientras fuera de día, había que actuar. Era la hora de manifestarse al mundo, de mostrar la luz antes de que llegara la noche. Y esa luz debía iluminar el camino de la amistad. En gestos humanos y cálidos era como él también manifestaba su gloria.

"Pasado este tiempo, dijo a sus discípulos: — Vamos otra vez a Judea. Los discípulos exclamaron: — Maestro, hace bien poco que los judíos intentaron apedrearte; ¿cómo es posible que quieras volver allá? Jesús respondió: — ¿No es cierto que es de día durante doce horas? Si uno camina mientras es de día, no tropezará porque la luz de este mundo ilumina su camino. En cambio, si uno anda de noche, tropezará ya que le falta la luz". (Jn 11:7-10)

Mis notas:

Ni los discípulos comprendían el mensaje de Jesús, ni Jesús se dejaba guiar por los intereses de ellos. Esa tensión está presente en los cuatro Evangelios.

Para las primeras comunidades de fe, lectoras originales de estos textos, debió sorprenderles saber que los discípulos más cercanos de Jesús no lo entendían. No había, pues, razón para encumbrarlos como santos impecables.

El yerro de los Doce era su extremado literalismo (interpretaban al pie de la letra). Jesús les dijo que Lázaro dormía y ellos entendieron que se refería al sueño natural.

Las palabras del Evangelio no se entienden por las definiciones restringidas del diccionario. Es simbólico y cordial (razón del corazón). Por eso, no basta con oír al Maestro, sino que también hay que sintonizar con su corazón.

"Y añadió: — Nuestro amigo Lázaro se ha dormido, pero yo voy a despertarlo. Los discípulos comentaron: — Señor, si se ha dormido, quiere decir que se recuperará. Creían ellos que Jesús se refería al sueño natural, pero él hablaba de la muerte de Lázaro. Entonces Jesús se expresó claramente: — Lázaro ha muerto. Y me alegro por ustedes de no haber estado allí, porque así tendrán un motivo más para creer. Vamos, pues, allá. Tomás, apodado "el Mellizo", dijo a los otros discípulos: — ¡Vamos también nosotros y muramos con él!". (Jn 11:11-16)

LO IMPOSIBLE QUE SIGUE SIENDO POSIBLE

Mis notas:

Cuando Jesús llegó a la casa de Marta, María y Lázaro, llegó tarde porque ya su amigo había muerto hacía cuatro días. Marta le reclamó: "Señor, si hubieras estado aquí, no habría muerto mi hermano" (Jn 11:21) y, junto al reclamo, declaró su fe: "aun así, yo sé que todo lo que pidas a Dios, él te lo concederá" (11:22).

Marta reconoce la realidad de lo que ha pasado (la muerte es real), pero, por encima de esa realidad, expresa su esperanza (la resurrección es posible). El "aun así" es la más clara demostración de su confianza en Jesús.

Todo esto ocurrió en medio de las expresiones de amistad de los judíos que habían ido a acompañarlas. Eran amigos que no podían hacer más que eso: acompañarlas con su amistad. De Jesús, en cambio, se podía esperar más.

La fe reconoce la realidad (nada de negacionismos) pero, por encima de ella, suspira por algo más; por eso no se resigna. El "aun así" se afirma en medio de las lágrimas y hace posible seguir confiando que con Jesús hay imposibles que siguen siendo posibles.

"A su llegada, Jesús se encontró con que Lázaro había sido sepultado hacía ya cuatro días. Como Betania está muy cerca de Jerusalén unos dos kilómetros y medio, muchos judíos habían ido a visitar a Marta y a María para darles el pésame por la muerte de su hermano. En cuanto Marta se enteró de que Jesús llegaba, le salió al encuentro. María, por su parte, se quedó en casa. Marta dijo a Jesús: Señor, si hubieras estado aquí, no habría muerto mi hermano. Pero aun así, yo sé que todo lo que pidas a Dios, él te lo concederá". (Jn 11:17-22)

LA RESURRECCIÓN DE MARTA

Mis notas:

Ante la confianza que Marta había depositado en Jesús (Jn 11:22) él respondió afirmando su esperanza: "tu hermano resucitará" (11:23). Sin embargo, ella pensó que se refería a la resurrección del final de los tiempos.

Jesús hizo un cambio de interpretación explicándole que no se refería a esa resurrección del futuro, sino a una que podía suceder ahora. Porque, según él, la resurrección, más allá de ser una esperanza para el mañana, es una experiencia con una persona: "Yo soy la resurrección y la vida. El que cree en mí, aunque muera, vivirá" (11:25). En ese momento Marta resucitó.

Resucita quien se encuentra con la vida, quien se da cuenta de que la eternidad (que era para el futuro) acontece en el presente. Quien sabe que lo celestial acontece aquí en lo terrenal. Y esta es una forma de vivir para siempre (11:26).

"Jesús le contestó: — Tu hermano resucitará. Marta replicó: — Sé muy bien que volverá a la vida al fin de los tiempos, cuando tenga lugar la resurrección de los muertos. Jesús entonces le dijo: — Yo soy la resurrección y la vida. El que cree en mí, aunque muera, vivirá; y ninguno de los que viven y tienen fe en mí morirá para siempre. ¿Crees esto? Marta contestó: — Sí, Señor; yo creo que tú eres el Mesías, el Hijo de Dios, que había de venir al mundo". (Jn 11:23-27)

HABLAR AL OÍDO

Mis notas:

E l capítulo 11 del Evangelio de Juan está escrito, no solo con el hondo sentido teológico que caracteriza todo el libro, sino también con una fina exposición de los afectos humanos: diálogos, lágrimas, amistades, reclamos y más.

Cuando Marta llamó a su hermana María para decirle que Jesús había llegado, se lo dijo al oído. ¡Qué imagen más sugestiva! En medio del dolor hablar al oído cura.

Le dijo que Jesús había llegado para acompañarlas y que, además, había preguntado por ella. En este caso, quería asegurarle que no era solo el sanador divino en quien tenían puesta su esperanza, sino el humano que se expresaba con gestos de amistad.

Ella saltó de inmediato para ir a encontrarse con él. Los judíos que estaban allí pensaron que iba a la tumba otra vez a llorar. No, iba al encuentro de Jesús, autor de la vida, quien sana con su amistad y acoge con brazos de resurrección (Jn 11:25).

"Dicho esto, Marta fue a llamar a su hermana María y le dijo al oído: — El Maestro está aquí y pregunta por ti. María se levantó rápidamente y salió al encuentro de Jesús, que no había entrado todavía en el pueblo, sino que estaba aún en el lugar en que Marta se había encontrado con él. Los judíos que estaban en casa con María, consolándola, al ver que se levantaba y salía muy de prisa, la siguieron, pensando que iría a la tumba de su hermano para llorar allí". (Jn 11:28-31)

Mis notas:

María le repitió a Jesús el reclamo que ya Marta le había hecho (Jn 11:21,32), aunque con la diferencia de hacerlo de rodillas ante él.

El cuarto Evangelio nos ofrece a su manera la diferencia entre los dos perfiles psicológicos y espirituales que Lucas presenta también en uno de sus capítulos (Lc 19:38-42): María, la contemplativa en la Palabra y la gesticulación y Marta, contemplativa, pero de otra manera, en la acción.

Jesús se conmovió al saber que su amigo Lázaro había muerto y pidió ir al lugar donde lo habían sepultado. Allí, lloró. Al verlo así, los demás amigos de la familia dijeron que era mucho lo que Jesús lo amaba.

En este caso, a Jesús los admira por sus lágrimas de afecto y amistad. Más adelante lo admirarán por otros milagros, pero aquí, con esta basta: el milagro de amar a un amigo hasta las lágrimas.

"Cuando María llegó a donde estaba Jesús, se puso de rodillas a sus pies, diciendo: Señor, si hubieras estado aquí, mi hermano no habría muerto. Jesús, al ver llorar a María y a los judíos que habían llegado con ella, se conmovió profundamente y se estremeció, y les preguntó: ¿Dónde lo sepultaron? Le dijeron: Ven a verlo, Señor. Y Jesús lloró. Los judíos dijeron entonces: ¡Miren cuánto lo quería!". (Jn 11:32-36)

Mis notas:

Los amigos y vecinos de Marta y María, cuando vieron llegar a Jesús, repitieron, a su manera, el reclamo que las dos hermanas habían hecho: que Jesús había llegado tarde, cuando Lázaro ya había muerto.

Ellos hablaron de un milagro en tiempo pasado (Jn 11:37), como si en el presente ya no se pudiera hacer nada. Marta había hablado de la resurrección en tiempo futuro (11:24), como si en el presente no hubiera más salida. Todos creyeron que Jesús era asunto del ayer o del mañana, pero no del hoy.

Jesús, emocionado (la emoción impulsa a la acción) ordenó que quitaran la piedra de la cueva donde se encontraba el muerto. Una de las hermanas le advirtió que "era caso perdido" porque llevaba cuatro días de muerto.

Jesús le recordó que quien tiene fe puede ver la manifestación de Dios hoy, sin importar cuán imposible sea el caso.

["Dios como la posibilidad de lo imposible", como lo describen J. Derrida y J. Caputto].

"Pero algunos dijeron: — Y este, que dio vista al ciego, ¿no podría haber hecho algo para evitar la muerte de su amigo? Jesús, de nuevo profundamente emocionado, se acercó a la tumba. Era una cueva cuya entrada estaba tapada con una piedra. Jesús les ordenó: — Quiten la piedra. Marta, la hermana del difunto, le advirtió: — Señor, tiene que oler ya, pues lleva sepultado cuatro días. Jesús le contestó: — ¿No te he dicho que, si tienes fe, verás la gloria de Dios?". (Jn 11:37-40)

Mis notas:

Jesús, ante la tumba de Lázaro, hizo una oración dirigida al Padre dándole gracias por escucharlo. No era común que él orara antes de hacer un milagro. Sanaba, restauraba y enseñaba bajo la certeza de que el Padre siempre lo acompañaba.

Pero esta vez oró y lo hizo en público (esto tampoco era común) para que los judíos que estaban allí lo oyeran y de esa manera creyeran lo que les había dicho.

En su oración, tuvo en cuenta más a estos incrédulos que a su amigo muerto. Lázaro era seguro que iba a resucitar, ¿pero ellos?

Cuando Lázaro salió de la tumba, Jesús pidió que le quitaran las vendas y lo dejaran andar. Anduvo y volvió a la vida, ¿pero los incrédulos que estaban allí? Unos creyeron (Jn 11:45), pero otros no; siguieron atados de pies y manos, sepultados en su propia terquedad.

"Quitaron, pues, la piedra y Jesús, mirando al cielo, exclamó: Padre, te doy gracias porque me has escuchado. Yo sé que me escuchas siempre; si me expreso así, es por los que están aquí, para que crean que tú me has enviado. Dicho esto, exclamó con voz potente: ¡Lázaro, sal afuera! Y salió el muerto con las manos y los pies ligados con vendas, y la cara envuelta en un sudario. Jesús les dijo: Quítenle las vendas y déjenlo andar".
(Jn 11:41-44)

Mis notas:

L as reacciones ante la resurrección de Lázaro fueron diversas: muchos creyeron en Jesús (Jn 11:45), otros fueron a buscar aliados con autoridad religiosa para que hicieran algo que frenara su popularidad (11:46) y, los jefes religiosos, comenzaron a tramar medidas contra él (11:47).

El Consejo Supremo, que era la instancia superior del oficialismo religioso (el sanedrín) se reunió en sesión extraordinaria puesto que el caso de Jesús no debía esperar más.

Según ellos, si no se hiciera algo contra él, su fama seguiría creciendo y podría destruir lo más sagrado, su Templo y la nación. Era un personaje peligroso al que había que callar.

Callar a Jesús. Esa fue la tarea de las autoridades. Y su argumento, el de siempre: las defensas de las instituciones religiosas y del statu quo, porque nada ni nadie debe atentar contra eso, a no ser que se exponga a morir.

"Al ver lo que había hecho Jesús, muchos de los judíos que habían ido a visitar a María creyeron en él. Otros, sin embargo, fueron a contar a los fariseos lo que Jesús acababa de hacer. Entonces, los jefes de los sacerdotes y los fariseos convocaron una reunión urgente del Consejo Supremo donde acordaron: — Es necesario tomar alguna medida ya que este hombre está haciendo muchas cosas sorprendentes. Si dejamos que continúe así, todo el mundo va a creer en él, con lo que las autoridades romanas tendrán que intervenir y destruirán nuestro Templo y nuestra nación". (Jn 11:45-48)

Mis notas:

● Sean perspicaces! es lo que les pide Caifás a los miembros del Sanedrín. Él era el sumo sacerdote durante ese año y, haciendo uso de esa posición, les hizo ese llamamiento.

La perspicacia, para él, significa actuar no como se debe, sino como conviene. Es el interés desalmado sobre la justicia humanizada. Este es el retrato crítico que le hace este Evangelio a las artimañas del poder.

Caifás propone matar a Jesús para que sobreviva el Templo y la nación (Jn 11:48). Y esa propuesta la disfraza con el discurso de querer proteger al pueblo: "que muera un solo hombre por el pueblo" (11:50).

Pero, según el mismo Evangelio, Dios es más astuto que las astucias de los poderosos y, en medio de sus maldades, continúa promoviendo su proyecto de bondad (11:51-52).

"Uno de ellos llamado Caifás, que era el sumo sacerdote aquel año, se explicó así: — Si ustedes fueran perspicaces, se darían cuenta de que es preferible que muera un solo hombre por el pueblo a que toda la nación sea destruida. En realidad, Caifás no hizo esta propuesta por su propia cuenta, sino que, por ocupar el cargo de sumo sacerdote aquel año, anunció en nombre de Dios que Jesús iba a morir por la nación. Y no solamente por la nación judía, sino para conseguir la unión de todos los hijos de Dios que se hallaban dispersos". (Jn 11:49-52)

UNA RELIGIÓN QUE NO CAMBIA

17

diciembre

Y decidieron matarlo. Y Jesús, una vez más, intentó escapar de sus perseguidores. Se retiró de Judea, de los lugares públicos y se fue con sus discípulos a un pueblo llamado Efraín, cerca de la soledad del desierto.

Esas amenazas de muerte, ocurrían al mismo tiempo que la gente llegaba a Jerusalén para celebrar la gran fiesta de la Pascua. Venían para cumplir los ritos religiosos que ordenaba la tradición. Jesús salió del Templo, mientras la gente llegó a ese mismo lugar. Él se ocultó y la gente se preguntaba dónde estaría.

Las imágenes transmiten movimiento, zozobra y mucha inquietud. Le gente, por un momento, olvida que había ido para celebrar el rito y parecen estar más interesados en Jesús. Se preguntan si regresará.

En la escena, las autoridades religiosas son las únicas que no cambian. Siguen siendo los mismos. A ellos lo único que les interesa es acabar con Jesús, quien es cada vez más amigo de la gente, y, para ellos, enemigo del Templo.

"A partir de aquel momento, tomaron el acuerdo de dar muerte a Jesús. Por este motivo, Jesús dejó de andar públicamente entre los judíos. Abandonó la región de Judea y se encaminó a un pueblo llamado Efraín, cercano al desierto. Allí se quedó con sus discípulos durante algún tiempo. Estaba próxima la fiesta judía de la Pascua. Ya antes de la fiesta era mucha la gente que subía a Jerusalén desde las distintas regiones del país para cumplir los ritos de la purificación. Como buscaban a Jesús, se preguntaban unos a otros al encontrarse en el Templo: —¿Qué les parece? ¿Vendrá o no vendrá a la fiesta? Los jefes de los sacerdotes y los fariseos habían dado órdenes terminantes de que, si alguien sabía dónde se encontraba Jesús, les informara para apresarlo". (Jn 11:53-57)

¡QUE EL MUERTO VUELVA A SU TUMBA!

Mis notas:

Cuando Jesús, por causa de la enfermedad de Lázaro, debió regresar a los lugares de dónde había huido (Jn 10:40), la gente, cuando lo supo, fueron a verlo y también a ver al muerto que había resucitado.

Sus perseguidores, entonces, tomaron la decisión de matar a Jesús y, en su enconado odio hacia la bondad del Maestro, eliminar también a Lázaro. ¡El que ha resucitado, que vuelva a su tumba! Lo contrario a lo que hacía Jesús.

Tanto odio tenía una razón: los judíos, antes leales al Templo y a sus administradores, estaban creyendo en Jesús y dándole crédito a sus milagros (Jn 11:45). La solución: eliminar al resucitador y al resucitado.

Ellos se creían dueños de Dios, y quien eso supone corre el riesgo de creerse dueño de la vida de los demás y árbitro de su muerte.

"Un gran número de judíos se enteró de que Jesús estaba en Betania, y fueron allá, no solo atraídos por Jesús, sino también para ver a Lázaro, a quien Jesús había resucitado. Los jefes de los sacerdotes tomaron entonces la decisión de eliminar también a Lázaro, pues, por su causa, muchos judíos se alejaban de ellos y creían en Jesús". (Jn 12:9-11)

L a preocupación de los fariseos acerca de Jesús siguió en aumento. Antes habían querido detener su populari-dad controvirtiendo sus afirmaciones teológicas, pero habían fallado (Jn 10:23). Intentaron apedrearlo, pero él se escapó (10:33).

Y después de que Jesús resucitó a Lázaro, su nombre fue más reconocido entre la gente del pueblo. En estos capítulos, el cuarto Evangelio teje despacio la trama y aclara la diferen-cia entre el pueblo (los judíos) y sus autoridades religiosas (los fariseos).

En este caso, los fariseos aparecen sufriendo una profunda decepción: "Ya ven que no conseguimos nada; todo el mundo lo sigue" (12:19).

Lo que les angustia es la popularidad de Jesús. Ellos, acos-tumbrados a ser los amos hegemónicos de la religión, ahora encuentran a alguien que les está restando números a sus esta-dísticas. Ese Jesús atenta contra el Templo, la nación, contra su Dios, pero algo aún más grave, contra ellos mismos.

Una religión miedosa es una fe peligrosa. Jesús lo sabía (12:23).

"Y la gente que estaba con él cuando resucitó a Lázaro y mandó que saliera del sepulcro, contaba también lo que había visto. Así que una multitud, impresionada por el relato del mi-lagro, salió en masa al encuentro de Jesús. En vista de ello, los fariseos comentaban entre sí: Ya ven que no conseguimos nada; todo el mundo lo sigue". (Jn 12:17-19)

NADA MÁS QUE UN ÚNICO GRANO DE TRIGO

Mis notas:

Llegado el momento crucial de la muerte, Jesús expresó cómo la enfrentaría y con qué razones la asumiría. Lo llamó el momento de su glorificación, no de su derrota.

La glorificación llegaría por la entrega, como pasa con la semilla de trigo que para dar fruto abundante debe primero entregarse a la tierra y morir. De lo contrario ese grano de trigo no será más que un único grano de trigo.

La vida, entonces, no le sería quitada, sino que la entregaría. Moriría como un ser libre que no se resigna a vivir preocupado solo por él. Vivir así, sería perder la vida y él lo que quiere es ganarla.

Se gana perdiendo. Y allí donde todos quieren ganar, salimos perdiendo todos.

"Jesús les dijo: — Ha llegado la hora en que el Hijo del hombre va a ser glorificado. Les aseguro que si un grano de trigo no cae en tierra y muere, seguirá siendo un único grano. Pero si muere, producirá fruto abundante. Quien vive preocupado solamente por su vida, terminará por perderla; en cambio, quien no se apegue a ella en este mundo, la conservará para la vida eterna. Si alguien quiere servirme, que me siga. Correrá la misma suerte que yo. Y todo el que me sirva será honrado por mi Padre". (Jn 12:23-26)

NADA MÁS
QUE UN GRANITO

Mis notas:

Jesús usó la figura del grano de trigo para explicar el principio de los frutos (de vida). Todos queremos obtener frutos abundantes y, según el principio mercantil, serán mejores en cuanto las inversiones hayan sido menores y las disfrute quien invirtió. ¡Suena lógico!

Esta es la ley que nos domina: invertir poco para ganar mucho y disfrutar solo. Pero Jesús, experto en leyes alternativas de la existencia, propuso una ley descabellada (según los criterios vigentes): inversiones sacrifícales para abundantes resultados compartidos.

En otras palabras: lo entregamos todo para que otros también obtengan los grandes resultados. Porque "Quien vive preocupado solamente por su vida, terminará por perderla" (Jn 12:25).

Así pasa, por ejemplo, cuando se tiene hijos e hijas, que se da mucho (se entrega todo, a veces) para ganar vida (porque ser padres o madres es crecer y ganar) y para que ellos ganen vida.

Pero, un grano que no se siembra, que no se entrega, que no muere, seguirá siendo solo eso, un grano. Solo un granito.

> *"Les aseguro que si un grano de trigo no cae en tierra y muere, seguirá siendo un único grano. Pero si muere, producirá fruto abundante. Quien vive preocupado solamente por su vida, terminará por perderla; en cambio, quien no se apegue a ella en este mundo, la conservará para la vida eterna. Si alguien quiere servirme, que me siga. Correrá la misma suerte que yo. Y todo el que me sirva será honrado por mi Padre". (Jn 12:24-26)*

Mis notas:

Frente a la muerte inminente, Jesús no pide librarse de ella. Confía tanto en el Padre que no teme enfrentar la realidad y, con brillante lucidez, decide cargar con ella.

Sabe que la realización de la vida no se alcanza huyendo de la realidad inevitable, ni acudiendo al Ser Superior para que lo libre. Cuando la hora ha llegado, la asume con altura... "¡he venido para vivir esta hora!" (Jn 12:27).

Mientras estaban escuchando su voz, otra voz habló desde el cielo. Algunos pensaron que era un trueno, o un ángel (12:29), pero no, era la voz del Padre confirmando lo dicho por el Hijo: se aproximaba la victoria de la vida sobre la muerte, el triunfo del vencido y la derrota del tirano. "Es ahora cuando este mundo va a ser condenado; es ahora cuando el que tiraniza a este mundo va a ser vencido". (12:31).

Era la hora de que la maldad revelara su oculto rostro de muerte y, así, labrara su propia derrota.

"Me encuentro ahora profundamente turbado; pero ¿acaso pediré al Padre que me libre de este trance? ¡Si precisamente he venido para vivir esta hora! Padre, glorifica tu nombre.

Entonces se oyó una voz venida del cielo:

— Ya lo he glorificado y volveré a glorificarlo.

De la multitud que estaba allí presente y que oyó la voz, unos pensaban que había sido un trueno, y otros, que le había hablado un ángel. Jesús aclaró:

— Esa voz no hablaba para mí, sino para que la oyerais vosotros. Es ahora cuando este mundo va a ser condenado; es ahora cuando el que tiraniza a este mundo va a ser vencido. Y cuando yo haya sido elevado sobre la tierra, atraeré a todos hacia mí.

Con esta afirmación, Jesús quiso dar a entender la forma de muerte que le esperaba". (Jn 12:27-33)

365 · Harold Segura - El evangelio en pocas palabras

Tantas veces habló Jesús en contra de la forma como los maestros del Templo interpretaban la ley de Moisés, que podía dejar la impresión de que esas letras, para él, ya no tenían vigencia o debían ser ignoradas.

Por esto, aclaró que no había venido a anular la ley, ni las enseñanzas de los profetas. ¡Ni la letra más pequeña debía ignorarse! Lo que sí buscaba era que esos textos sagrados no se manipularan, ni se tergiversaran, sino que cumplieran su fin.

Esas enseñanzas son texto escrito que, por la distancia del tiempo, están a expensas de sus intérpretes. Y pobre de la gente que escucha con reverencia a estos intérpretes creyendo que lo que enseñan siempre equivale a lo que dijeron Moisés y los profetas.

Jesús tiene aprecio por las Escrituras, pero contradice a sus intérpretes. Él ha venido a interpretarlas por medio de su vida y, así, darles a esas letras su verdadero significado.

"No piensen que yo he venido a anular la ley de Moisés o las enseñanzas de los profetas. No he venido a anularlas, sino a darles su verdadero significado. Y les aseguro que, mientras existan el cielo y la tierra, la ley no perderá ni un punto ni una coma de su valor. Todo se cumplirá cabalmente. Por eso, aquel que quebrante una de las disposiciones de la ley, aunque sea la menos importante, y enseñe a hacer lo mismo, será considerado el más pequeño en el reino de los cielos. En cambio, el que las cumpla y enseñe a otros a cumplirlas, ese será considerado grande en el reino de los cielos. Y les digo esto: Si ustedes no cumplen la voluntad de Dios mejor que los maestros de la ley y que los fariseos, no entrarán en el reino de los cielos". (Mt 5:17-20)

Mis notas:

Jesús prohíbe que juremos y lo afirma de manera contundente e incondicional: "No jures en manera alguna. No jures por el cielo, porque es el trono de Dios; ni por la tierra, porque es el estrado de sus pies; ni por Jerusalén, porque es la ciudad del gran Rey" (Mt 5:33-34).

Søren Kierkegaard, el filósofo danés dl siglo XIX, decía que era incoherente jurar colocando la mano sobre un libro que prohíbe jurar.

Es que quien jura, pone a Dios, o al cielo, o la autoridad que invoque, como testigo de lo que se está jurando. Es una forma de acudir a Dios (u a otra representación del poder) para que le de credibilidad al que jura. Una credibilidad que la persona, quizá, no tiene.

Por eso, jurar así, es tratar de utilizar a Dios y, de paso, de subestimar a la persona que jura. Si jura, se supone, es porque tiene credibilidad para cumplir. Por eso, ¡que no entrometa al Señor!

Pretenden manipular a Dios los que juran en un estrado judicial. También los que hacen negocios invocando su nombre como parte de su estrategia comercial; los que hacen "caridad cristiana" buscando sus propios intereses ideológicos o políticos; los que usan la Biblia para legitimar abusos, respaldar atropellos u obtener provecho partidista.

¡A Dios dejémoslo ser Dios! y nosotros, hagámonos responsables de nuestra humanidad, procuremos actuar con responsabilidad y hagámonos cargo de nuestros hechos. Mejor así, que pretender manipularlo a Él y tratar de utilizar al prójimo.

"Pero yo les digo: No jures en manera alguna. No jures por el cielo, porque es el trono de Dios; ni por la tierra, porque es el estrado de sus pies; ni por Jerusalén, porque es la ciudad del gran Rey. Ni siquiera jures por tu propia cabeza, porque no está en tu mano hacer blanco o negro ni uno solo de tus cabellos. Digan simplemente: "sí" o "no"; todo lo que se diga de más, procede del maligno". (Mt 5:33–37)

EVANGELIO QUE TRANSFORMA Y QUE TRASTORNA

Mis notas:

Unos pastores pobres y marginados que vivían cerca de Belén estuvieron entre los pocos privilegiados que recibieron el anuncio del nacimiento del Niño. Un ángel se encargó de darles la noticia. Y ellos, de inmediato, fueron a buscarlo para adorarlo y contarles a María y José lo que les había ocurrido.

La opción preferencial de Dios por las personas excluidas es un dato central de los relatos evangélicos: desde el inicio, los últimos fueron los primeros y los que se creían los primeros, como Herodes, se quedaron de últimos. Desde el pesebre Dios revela su plan de redención: transformar trastornando; salvar, perturbando.

"Así que fueron de prisa y encontraron a María y a José, y al niño que estaba acostado en el pesebre. Cuando vieron al niño, contaron lo que les habían dicho acerca de él, y cuantos lo oyeron se asombraron de lo que los pastores decían. María, por su parte, guardaba todas estas cosas en su corazón y meditaba acerca de ellas. Los pastores regresaron glorificando y alabando a Dios por lo que habían visto y oído, pues todo sucedió tal como se les había dicho.

Cuando se cumplieron los ocho días y fueron a circuncidarlo, lo llamaron Jesús, nombre que el ángel le había puesto antes de que fuera concebido". (Lc 2:16–21)

26
diciembre

Mis notas:

Herodes el Grande les pidió a los sabios de Oriente que le avisaran acerca del nacimiento del Niño y ellos, sin ser conscientes de las artimañas del rey, prometieron que lo harían. Después de que encontraron al Niño y lo adoraron, cuando se alistaban para regresar donde Herodes, tuvieron un sueño de parte del Espíritu que les advirtió que no lo hicieran.

Ellos, acogieron el consejo del sueño. Optaron por obedecer al Espíritu e incumplir el acuerdo con el rey. También para esto nos habilita el Espíritu, para saber a quién someternos y a quién no.

"Luego Herodes llamó en secreto a los sabios y se enteró por ellos del tiempo exacto en que había aparecido la estrella. Los envió a Belén y les dijo:

—Vayan e infórmense bien de ese niño y, tan pronto como lo encuentren, avísenme para que yo también vaya y lo adore.

Después de oír al rey, siguieron su camino, y sucedió que la estrella que habían visto levantarse iba delante de ellos hasta que se detuvo sobre el lugar donde estaba el niño. Al ver la estrella, se llenaron de alegría. Cuando llegaron a la casa, vieron al niño con María, su madre; y postrándose lo adoraron. Abrieron sus cofres y le presentaron como regalos oro, incienso y mirra. Entonces, advertidos en sueños de que no volvieran a Herodes, regresaron a su tierra por otro camino". (Mt 2:7-12)

Mis notas:

Jesús nació y fue educado como judío, entre personas que profesaban la fe de Israel y practicaban su piedad tradicional. Cuando llego a la juventud, optó por una fe diferente que, en muchos casos, desconcertó a sus más cercanos (Mr 3:21).

José y María lo presentaron en el Templo. Ana, la profetiza que lo recibió, no salía de allí entre ayunos, oraciones y viudez consagrada. Jesús, por su parte, predicó un mensaje fuera de las fronteras de ese Templo y, a veces, opuesto a él (Jn2:13-16).

Se es fiel a la tradición religiosa, cuando, siguiendo al Espíritu, ella se actualiza y vivifica, como lo hizo Jesús (Mt 5:43-48). Fidelidad evangélica no es lo mismo que testarudez religiosa.

"Había también una profetisa, Ana, hija de Penuel, de la tribu de Aser. Era muy anciana; casada de joven, había vivido con su esposo siete años, y luego permaneció viuda hasta la edad de ochenta y cuatro. Nunca salía del templo, sino que día y noche adoraba a Dios con ayunos y oraciones. Llegando en ese mismo momento, Ana dio gracias a Dios y comenzó a hablar del niño a todos los que esperaban la redención de Jerusalén. Después de haber cumplido con todo lo que exigía la ley del Señor, José y María regresaron a Galilea, a su propio pueblo de Nazaret. El niño crecía y se fortalecía; progresaba en sabiduría, y la gracia de Dios lo acompañaba". (Lc 2:36-40)

UNA FE INTERROGADORA
Y LIBRE

Jesús, en sus años de niño, fue formado según las tradiciones religiosas de su pueblo. José y María se esmeraron para que aprendiera lo mejor de esa fe que, entre fiestas, comidas, lecturas, ritos y tradiciones enseñaba que Dios atiende a los humildes y mira de lejos a los arrogantes y altivos (Sal.138:6). Entre estas lecciones creció Jesús.

Pero, pasados los años y madurado el espíritu, surgieron las preguntas y con ellas se atrevió, incluso, a retar a los doctores de la ley que enseñaban en Jerusalén. Un día, de esos en los que lo habían llevado al Templo, decidió quedarse allí sin que se dieran cuenta sus padres.

Ellos lo habían llevado, al Templo y a la fe. Ahora él decidía "llevarse", con sus propias preguntas y aspiraciones. Los doctores, al escucharlo preguntar y responder se admiraron por su inteligencia. Una fe así, es admirable: fe interrogadora, libre, personal e independiente de quienes fueron sus primeros maestros y maestras. Una fe inteligente.

"Los padres de Jesús iban todos los años a Jerusalén, a celebrar la fiesta de la Pascua. Cuando el niño cumplió doce años, subieron juntos a la fiesta, como tenían por costumbre. Una vez terminada la fiesta, emprendieron el regreso. Pero el niño Jesús se quedó en Jerusalén sin que sus padres lo advirtieran. Pensando que iría mezclado entre la caravana, hicieron una jornada de camino y al término de ella comenzaron a buscarlo entre los parientes y conocidos. Y como no lo encontraron, regresaron a Jerusalén para seguir buscándolo allí. Por fin, al cabo de tres días, lo encontraron en el Templo, sentado en medio de los doctores, escuchándolos y haciéndoles preguntas. Cuantos lo oían estaban asombrados de su inteligencia y de sus respuestas. Sus padres se quedaron atónitos al verlo; y su madre le dijo: — Hijo, ¿por qué nos has hecho esto? Tu padre y yo hemos estado muy angustiados buscándote. Jesús les contestó: — ¿Y por qué me buscaban? ¿No saben que debo ocuparme de los asuntos de mi Padre? Pero ellos no comprendieron lo que les decía. Después el niño regresó a Nazaret con sus padres y siguió sujeto a ellos. En cuanto a su madre, guardaba todas estas cosas en lo íntimo de su corazón". (Lc 2:41-51)

NIÑITO
CONTRADICTOR

Ya desde el inicio de su vida, el evangelista Lucas se adelanta a lo que será el final de Jesús. Porque este recién nacido, a diferencia de los dioses de entonces, no nace como signo de poder y armonía, sino de debilidad y contradicción. Así lo profetizó Simeón, el anciano del Templo.

Así fue, Jesús causó muchos dolores a María su madre y un sinnúmero de sinsabores a sus primeros seguidores. Porque vino para revelar "las intenciones de muchos corazones".

El Evangelio no esconde, sino que revela. Saca a la luz la oscuridad de nuestro propio corazón, aunque también ofrece una luz que nos redime de ella. En el pesebre se inició el camino de nuestra liberación ("levantamiento").

Mis notas:

> *"El padre y la madre del niño se quedaron maravillados por lo que se decía de él. Simeón les dio su bendición y le dijo a María, la madre de Jesús: Este niño está destinado a causar la caída y el levantamiento de muchos en Israel, y a crear mucha oposición, a fin de que se manifiesten las intenciones de muchos corazones. En cuanto a ti, una espada te atravesará el alma".*
> *(Lc 2:33-35)*

30

diciembre

LIBRE, QUE NOS LIBERA

Mis notas:

En el seno de su familia el niño Jesús aprendió el valor de la libertad, la autonomía y la responsabilidad. El pequeño tenía derecho a sus propias opciones de vida. ¡Y con ellas desconcertaba a los adultos!

La verdadera educación espiritual se propone la formación de seres libres que amen a Dios, sirvan al prójimo y sean leales a sí mismos.

«Sus padres se quedaron atónitos al verlo; y su madre le dijo: — Hijo, ¿por qué nos has hecho esto? Tu padre y yo hemos estado muy angustiados buscándote. Jesús les contestó: — ¿Y por qué me buscaban? ¿No saben que debo ocuparme de los asuntos de mi Padre? Pero ellos no comprendieron lo que les decía». (Lc 2:48-50)

DIOS RESPLANDECE EN LO HUMANO

Mis notas:

Jesús intentó varias veces y de muchas maneras explicar la relación que existe entre él y su Padre. Afirmó que quien creía en él, creía en el Padre y quien lo hubiera visto a él equivalía a ver visto al Padre.

Estas afirmaciones que para la cultura cristiana suenan hoy tan naturales, eran una blasfemia para el mundo judío de aquellos siglos. ¿Dios representado y visible en un galileo común y corriente?

Para aceptarlo se necesita luz, mucha luz. Rayos de luz que nos saquen de la oscuridad de creer que Dios no vive en lo humano. Luces radiantes que nos permitan ver a Dios amando y no condenando ("porque yo no he venido para condenar al mundo" Jn 12:47).

Esa luz es Jesús mismo: "Yo soy luz y he venido al mundo para que todo el que cree en mí no siga en las tinieblas" (Jn 12:46). Él es quien ilumina ese camino hacia el Padre; un camino hacia él mismo.

"Jesús, entonces, proclamó: — El que cree en mí, no solamente cree en mí, sino también en el que me ha enviado; y al verme a mí, ve también al que me ha enviado. Yo soy luz y he venido al mundo para que todo el que cree en mí no siga en las tinieblas. No seré yo quien condene al que escuche mis palabras y no haga caso de ellas, porque yo no he venido para condenar al mundo, sino para salvarlo. Quien me rechaza y no acepta mis palabras tiene ya quien lo juzgue: mi propio mensaje lo condenará en el último día. Porque yo no hablo por mi cuenta; el Padre, que me ha enviado, es quien me ha ordenado lo que debo decir y enseñar. Yo sé que sus mandamientos contienen vida eterna. Por eso, yo enseño lo que me ha dicho el Padre". (Jn 12:44-50)

ÍNDICE
DE REFERENCIAS ESCRITURALES

(Libro cita día/mes)

Antiguo Testamento

Génesis
1:3 **13/9**
2:2 **15/2**
9:26 **24/2**
12:3 **22/1**
19:26 **31/7**

Éxodo
17:6 **312/8**
17:16 **24/2**
20:1-17 **19/4**
20:8 **17/7**
20:10 **31/5**
21-22 **30/11**
21:23-25 **3/3 14/6**
28:41 **6/5**

Levítico
13:45-46 **29/7**
14 **29/7**
20:10 **2/8**
23:33ss **31/8**
27-28 **28/1**

Deuteronomio
15:9 **18/3**
21:22-23 **8/4**
22:22 **2/8**
24:1-4 **14/3**
25:5-10 **23/10**

2ª Reyes
1:8 **16/1**

Esdras
10:10-11 **24/2**

Job
5:15 **7/12**
12:15 **7/12**

Salmos
44:23 **26/3**
82 **30/11**
82:6 **1/12**
89:29-38 **28/10**
103:8 **12/7**
118 **18/11**

118:25-26 **2/4**
138:6 **28/12**

Proverbios
6:17 **14/7**
22:9 **18/3**

Isaías
40:3-5 **16/1**
61:1-2 **16/1**
59:10 **7/12**

Jeremías
13:16 **7/12**
19:9 **21/8**

Amós
8:4-6 **8/11**

Miqueas
6:8 **29/3 8/7**

Zacarías
9:9 **2/4**

Nuevo Testamento

Mateo
2 **7/10**
2:1 **19/6**
2:7-12 **26/12**
2:16 **5/5**
3:6 **1/1**

3:13-15 **1/1**
3:16-17 **2/1**
3:17 **24/1**
4:1 **7/11**
4:1-11 **4/7**
4:18-22 **10/1**

4:23-25 **11/1**
5:5 **11/11**
5:7 **15/3 16/4 13/7**
5:1-12 **25/1 6/3**
5:1-15 **25/5**
5:1-7:29 **3/3 24/5 14/6**

6:36–38 **13/3**
6:37 **8/11**
6:38 **5/8**
7:31–35 **1/2 28/3**
8:1–3 **30/10**
8:2 **10/4**
8:4:15 **27/5**
8:14–15 **27/5**
8:37 **26/5**
9:1–6 **4/5**
9:7–9 **5/5**
9:18–21 **6/5**
9:22–25 **7/5**
9:37–43 **8/5**
9:43 **8/5**
9:46–50 **9/5**
9:54 **13/7 5/10**
10:1–12 **10/5**
10:10 **18/5**
10:13–16 **11/5**
10:16 **11/5**
10:21–24 **12/5**
11:1 **27/7**
11:1–4 **2/7**
11:5–13 **3/7**
11:15–26 **4/7**
11:27–28 **5/7**
11:29–32 **6/7**
11:37–41 **7/7**
11:42–45 **8/7**
11:45 **8/7 9/10**
11:47–54 **9/7**
12:1–7 **10/7**
12:8–12 **12/7**
12:13–21 **11/7**
12:14 **11/7**
12:32 **2/10**
12:49–53 **13/7**
12:54–57 **13/7**
13:1–5 **15/7**
13:6–9 **16/7 17/11**
13:10–17 **17/7**
13:18–21 **18/7**
14:1–6 **19/7**
14:7–11 **20/7**
14:25–31 **21/7**
15:1–7 **22/7**

16:1–8 **24/7**
16:10–15 **25/7**
16:19–31 **26/7**
17:1–6 **27/7**
17:5 **27/7**
17:7–10 **28/7**
17:11–19 **4/7 29/7**
17:14 **21/8**
17:20–25 **30/7**
17:21 **4/7**
17:32–37 **31/7**
18:1–8 **26/10**
18:4 **2/10**
18:9–14 **27/10**
18:34 **28/10**
18:35–43 **28/10**
19:1–10 **29/10**
19:38–42 **12/12**
19:41–44 **29/3**
19:46 **7/11**
21:5–11 **31/10**
21:5–36 **2/11**
21:7 **1/4**
21:8–9 **1/11**
21:12–19 **1/11**
21:28 **1/4**
21:29–36 **2/11**
21:34 **25/11**
21:37–38; 22:1–2 **1/4**
23:6 **15/7**
24:13–35 **11/4**

Juan

1:29 **3/1**
1:47–51 **4/1**
2:1–12 **9/1 13/2**
2:13–16 **27/12**
2:6 **9/1**
2:20–22 **13/1**
2:23–25 **14/1**
3:1 **18/1**
3:1–8 **17/1**
3:4 **18/1**
3:5 **1/10**
3:7–17 **18/1**
3:16–21 **19/1 20/1**

3:22–30 **21/1**
3:31 **21/1**
3:31–36 **21/1**
4 **6/1**
4:1–3 **2/2**
4:4–7 **3/2**
4:8 **4/2 9/2**
4:8–11 **4/2**
4:10 **4/2**
4:11–15 **5/2**
4:14 **14/2**
4:16–19 **6/2 7/2**
4:19 **6/2**
4:20–24 **7/2**
4:23–24 **31/10**
4:24 **7/2**
4:25–27 **8/2**
4:26 **8/2 9/2 10/2**
4:27 **9/2**
4:27–30 **9/2**
4:28–31 **10/2**
4:30 **10/2**
4:32–38 **11/2**
4:39,42 **12/2**
4:43–54 **13/2**
5:1–3,5–9 **14/2**
5:1–16 **7/3**
5:10 **14/2**
5:24–29 **1/8**
5:25 **1/8**
5:28 **1/8**
5:30 **2/8**
5:30–34 **2/8**
5:31–47 **3/8**
5:34 **2/8**
5:35–40 **4/8**
5:37 **4/8**
5:39 **3/8 4/8**
5:40 **3/8**
5:45–47 **5/8**
5:46 **3/8**
6 **31/8**
6:1–15 **6/8 11/8**
6:9 **30/10**
6:14–15 **7/8**
6:15 **6/5 8/8**
6:16:21 **8/8**